Lia Buono Hodgart

capire l'Italia e l'italiano

lingua e cultura italiana oggi

Guerra Edizioni

Capire l'Italia e l'italiano

Autore
Lia Buono Hodgart

Progetto grafico
Salt & Pepper_Perugia

Stampa
Guerra guru s.r.l. - Perugia

Aprile 2004

3.   2.
2007   2006   2005   2004

I edizione
© Copyright 2002 Guerra Edizioni

ISBN 88-7715-602-3

Guerra Edizioni
via Aldo Manna, 25 - Perugia (Italia)
tel. +39 075 5289090
fax +39 075 5288244
e-mail: geinfo@guerra-edizioni.com
www.guerra-edizioni.com

Indice generale

A Giovanni Aquilecchia

Ogni lingua è la voce di una società. Ridurla a una struttura concettuale, a un modello conchiuso, a un corpo di regole puramente grammaticali, è certamente operazione legittima, utile, stimolante o perfino necessaria (a seconda delle circostanze): ma per chi voglia colmare il golfo fra conoscenza superficiale e più intima familiarità, o fra padronanza astratta di norme e concreta comprensione della sostanza e del senso di un organismo linguistico, non c'è che una via. Bisognerà prendere contatto con la cultura e con la società che in quella lingua si esprimono.

Presto detto. Ma come effettuare questo contatto? Come realizzarlo, cioè, senza passare per l'immersione piena e permanente nel corpo sociale, attraverso la quale soltanto si forma il parlante autentico? Come supplire alla mancanza di quel contatto quotidiano e totale? Questo libro risponde alla domanda, e all'esigenza - sempre più acutamente sentita nella moderna metodologia linguistica - **di formare parlanti di lingua seconda che, oltre a snocciolare verbi e pronomi, oltre a saper chiedere un caffè al bar, siano anche consci del senso vivo e concreto dell'aggettivo "italiano", nelle sue combinazioni non solo con "lingua", ma anche con "cultura", "popolo", "vita"**.

Si manifesta, a questo punto, l'inevitabilità di una selezione. Il continuum dell'evoluzione linguistica (inestricabilmente connesso a quello della trasformazione socioculturale) dovrà venir notomizzato e parcellizzato, opportunamente suddiviso e impacchettato, per diventare accessibile e fruibile. La scelta è comunque arbitraria, e non potrà che essere incompleta. Ma perché sia sensata ed efficace, ci vorrà un criterio. Come scegliere, fra le infinite sfaccettature di una cultura? Per farlo bisognerà tentare di rispondere a una domanda cruciale e difficile: **quali sono i tratti organici meglio rappresentativi dell'italiano (in tutti i sensi) di oggi?** Qui si tratterà di evitare un doppio pericolo: quello dell'eccessiva volgarizzazione e semplificazione (pizza-sole-mafia-mandolini) ad uso delle masse incolte, e quello simmetrico dell'eccessiva rarefazione elitista (come se l'italianità si esprimesse esclusivamente nei suoi prodotti artistici e filosofici più alti e sofisticati).

Credo che **Lia Buono Hodgart**, armata di un'ampia e aggiornata cultura, di una buona dose di buon senso, e di un pizzico d'ironia, abbia saputo felicemente doppiare entrambi gli scogli: **nel suo libro l'obbiettivo primario di comunicare con il lettore su un terreno comune e non troppo impervio è raggiunto, ma non al prezzo** (che altri sembrano invece ben disposti a pagare) **di sacrificare ogni decoro**. Se gli argomenti generali sono tutti di grande attualità e interessanti per un pubblico non specializzato, il trattamento di ognuno non è però né semplicistico né superficiale, il materiale autentico è selezionato con cura e sempre di buona qualità, e l'elaborazione dei temi non rifugge da opportuni e circostanziati stimoli alla riflessione personale e all'approfondimento ulteriore. Per quanto riguarda il lavoro sulla lingua, all'approccio tematico si accompagna un intento eminentemente pratico, che si concretizza in una grande abbondanza di esercizi di vario tipo; ma se il libro rinuncia volontariamente a darsi una forma grammaticalmente strutturata, non cade però nel caos e nell'arbitrario, e fornisce al lettore, negli indici, un esatto quadro sintetico dei problemi affrontati.

Da tutto questo emerge una lingua viva, flessibile e aperta, ma sempre elegante e nobile, nel senso migliore della parola; e un'immagine dell'Italia moderna e variegata, ma per niente fasulla, volgare o appiattita nella facile banalità del già noto. È un buon libro, dal quale lo studente guadagnerà un italiano più raffinato e spigliato, e un'idea dell'italianità più concreta e piena.

Giuseppe Stellardi, *Università di Oxford*

Introduzione

"Capire l'Italia e l'Italiano" è un corso comunicativo di lingua e cultura italiana destinato a studenti di italiano di livello intermedio ed avanzato, con un background linguistico e culturale misto. Con questo, intendiamo studenti della scuola e dell'Università; studenti stranieri di varia nazionalità e cultura; studenti di origine italiana; adulti iscritti a corsi di perfezionamento, alle Università della terza età. In breve, il corso si rivolge a tutti coloro che siano già in possesso di una buona conoscenza dell'italiano di base e desiderino approfondire la conoscenza della lingua e della realtà italiana. Nel corso, la presentazione dei fatti di lingua risponde ad un approccio tematico, e non strutturale, in virtù così dell'utenza e delle sue esigenze diverse e differenziate, come di specifiche posizioni metodologiche relativamente all'acquisizione della lingua ed alla didattica della lingua. Ci riferiamo alle note teorie di Pienemann, Long e Krashen che definiscono il limite dell'intervento pedagogico e fissano il ruolo dell'insegnamento alla presentazione di una serie di input variati ed adeguati, tali da poter attivare facilmente i meccanismi dell'apprendimento.

L'approccio tematico è da preferirsi perché non altera la sequenza naturale dell'apprendimento e attiva tutte le abilità linguistiche degli studenti. Questo tipo di approccio permette anche all'insegnante di svolgere un ruolo attivo, di stimolo e di accelerazione nello sviluppo naturale dell'apprendimento, esponendo lo studente ad una vasta gamma di strutture morfosintattiche e lessicali e privilegiando, al tempo stesso, lo studio dei significati e degli usi della lingua in un determinato contesto.

Il corso si basa sulla convinzione che, nella pratica didattica, gli elementi di maggior importanza sono la testualità e l'autenticità dell'input. È convinzione, non solo nostra, che per cogliere tutti gli aspetti linguistici, ivi inclusi quelli più complessi (quali per esempio le varietà e le modalità d'uso dei connettivi testuali o delle figure retoriche) è necessario considerare il contesto interfrasale e non il singolo enunciato o la singola frase. La dimensione testuale è la sola che permette facilmente allo studente di misurarsi con la grammatica d'uso, del discorso e della comunicazione. Sono infatti i testi che forniscono il modo e l'occasione per la riflessione linguistica che viene condotta su fenomeni incontrati in contesto.

Il materiale del corso è costituito da testi autentici: si possono senz'altro definire come tali sia i testi preparati dall'autore (**Introduzioni** e **Schede** di approfondimento) che i testi selezionati per l'analisi più specificamente linguistica. Nessun testo è stato semplificato a livello morfosintattico o lessicale anche se alcuni testi sono stati accorciati per motivi editoriali. Per quanto riguarda la tipologia testuale, prevalgono i testi espositivi e argomentativi. Quanto alle variazioni della lingua, è stata fornita, ci pare, una buona gamma di varietà che vanno dall'italiano standard all'italiano colloquiale, dal registro formale al dialetto, con l'intenzione di allargare il repertorio a disposizione, sviluppando anche le capacità sociolinguistiche dello studente a riconoscere e saper usare un linguaggio più ricco e più variato.

Il corso è organizzato in cinque **Unità** tematiche e modulari che, nel loro insieme, vogliono offrire una panoramica ben strutturata e studiata del mondo italiano contemporaneo, con particolare riferimento agli ultimi quindici-venti anni. Argomento delle Unità sono cinque settori specifici e, a nostro avviso, fondamentali, della realtà italiana d'oggi: Il Costume, I Mass Media, Il Cinema, La Società e Il Design. Individualmente, le Unità possono essere considerate come modo e momento per esplorare, attraverso testi autentici e commentari di vario tipo (**Introduzione** all'Unità, **Schede di approfondimento** e **Note ai testi**), aspetti specifici e prominenti di ogni singolo settore.

Il fine ultimo di questo libro è di fornire, sul piano culturale, una rappresentazione non stereotipa ma multiforme e dinamica dell'Italia che possa essere, in virtù anche del suo apparato bibliografico, di interesse e di stimolo a studi e ricerche future; sul piano linguistico, il fine del libro è la presentazione di un contesto identificabile e credibile entro cui inquadrare i diversi momenti linguistici e le varie attività comunicative. Questo tipo di organizzazione del corso è stato preferito non solo perché permette di contestualizzare i fatti linguistici in un ben definito medium socioculturale, ma anche perché, proprio in virtù della contestualizzazione, sembra più idoneo a promuovere negli studenti stimolo e motivazione e a favorire, quindi, una migliore performance.

Le **Unità** non sono state organizzate in base ad un criterio di complessità crescente e possono essere usate nella sequenza ritenuta più appropriata. Per facilitare l'uso del volume si è dato un **Indice di difficoltà dei testi**, con indicazioni del livello di difficoltà dei singoli testi che sono oggetto di studio e di analisi.

Ogni **Unità** ha una struttura standard: è divisa in **Sezioni** e comprende una **Introduzione** con note esplicative; **Schede** di approfondimento; **Testi autentici** con **Eserciziario**; un programma di **Esercizi di scrittura sull'Unità**, una **Bibliografia essenziale**, un **Indice grammaticale degli esercizi** di grammatica e di lessico, e un **Indice degli esercizi di scrittura sui testi**.

Il tema dell'**Unità** viene proposto nell'**Introduzione** che ha il compito non solo di dare una visione panoramica del settore, ma anche di fornire informazioni sui temi, i personaggi e le problematiche trattate nelle singole sezioni. Ulteriori informazioni su questi aspetti specifici vengono fornite dalle **Schede** di approfondimento che sono preposte ai testi autentici. Le **Schede** sono finalizzate ad introdurre, per l'aspetto contenutistico, i testi autentici di cui anticipano l'argomento e a cui sono complementari.

L'**Introduzione** è corredata di **Note** che ne chiariscono, con opportuni riferimenti, il contenuto e le strutture linguistiche, a volte complesse. Le **Schede**, invece, s'intendono come elementi di facile consultazione e sono state, perciò, formulate in modo sintetico in un italiano 'medio' che, salvo qualche eccezione, non ci pare offra difficoltà di comprensione a studenti di livello intermedio e avanzato.

I **Testi** autentici sono stati scelti secondo i seguenti criteri: il grado di interesse intrinseco; il potenziale di attrattiva per un pubblico giovane e adulto; la funzionalità del loro contenuto nel contesto socioculturale dell'Unità; il livello di leggibilità; la qualità e necessità delle strutture linguistiche; l'efficienza come mezzo di comunicazione. I **Testi** autentici, di autori di varia estrazione e grandezza, provengono da fonti diverse (giornali, quotidiani, settimanali e riviste specialistiche) ed offrono, a livello contenutistico, uno spaccato della realtà italiana e degli italiani con punte spesso controverse o provocatorie ma, si spera, sempre interessanti. A livello linguistico, i testi offrono una vasta gamma di strutture, di registri, di sottocodici, di gerghi e di stili che rispecchiano, nella loro ricchezza e varietà, una parte della realtà sociolinguistica del paese.

I **Testi** autentici hanno un commentario in situ, essenzialmente lessicale e sinonimico, e note a pie' pagina. Queste ultime hanno varie funzioni: chiarire i riferimenti relativi al contenuto; offrire una più dettagliata spiegazione del lessico quando necessario; facilitare, anche per mezzo di esempi, l'apprendimento delle strutture morfosintattiche più complesse. I testi autentici non sono commentati in toto per lasciare allo studente uno spazio di ricerca e svilupparne le capacità di analisi e deduzione.

L'**Eserciziario** comprende **Esercizi di lessico e di grammatica** di tipo 'classico' (trasformazione, completamento, sostituzione e costruzione), **Esercizi di comprensione** ed **Esercizi di scrittura**. Gli esercizi di grammatica, di lessico e di comprensione sono basati esclusivamente sul testo autentico ed hanno funzioni di approfondimento, di verifica e di potenziamento dell'attività di comunicazione. Tutte le attività sono congegnate in modo tale che lo studente diventi parte attiva nel processo di apprendimento.

Delle quattro attività linguistiche si è favorito particolarmente l'attività di produzione scritta che, come è noto, è quella competenza in cui, a livello avanzato, si progredisce più lentamente. A questo fine si è dato grande spazio all'approfondimento del lessico e della fraseologia, favorendo un'ampia tipologia di esercizi che copre percorsi vari che vanno dalla sinonimia all'antinomia, dalla polisemia alla derivazione.

Gli **Esercizi di scrittura** di ogni sezione comprendono esercizi di analisi e di manipolazione del **Testo**, saggi, rapporti, commenti ed esercizi di produzione creativa. Questi ultimi si basano anche, ed a volte per larga parte, sulle informazioni contenute nella **Scheda**, nell'**Introduzione** all'Unità e su materiale specifico che viene indicato sotto la dicitura **Testi di riferimento**.

Un programma di **Esercizi di scrittura sull'Unità**, collocato a conclusione delle varie sezioni, comprende saggi ed esercizi di produzione creativa sulle tematiche trattate nel corso dell'Unità e su argomenti, problematiche o personaggi ad esse attinenti. Il programma comporta anche l'uso di materiale librario o visivo di cui si dà notizia specifica nella bibliografia essenziale dell'Unità. I Testi di riferimento vogliono essere modo ed occasione per approfondire la materia e, uscendo dal contingente, aprirsi a più ampi orizzonti culturali ed intellettuali.

Le scelte grammaticali includono aspetti morfologici, sintattici e pragmatici ed insistono su quegli elementi che sono, anche a livello avanzato, occasione di errore ad alta frequenza. Per quanto un trattamento sistematico della morfosintassi esuli dai fini di questo volume, in quanto la riflessione grammaticale è stata dettata dal testo, che è la vera "unità di insegnamento", si è cercato di coprire tutti gli aspetti della morfosintassi a più alta frequenza d'uso non tanto nella pratica orale quanto piuttosto nella pratica scritta. Si è venuti, così, a dare ampio spazio all'analisi del periodo e all'uso della subordinazione. Una **Filmografia** e una **Biblioteca minima** completano il volume.

Lia Buono Hodgart
Royal Holloway College, Università di Londra

Ringraziamenti

Ringrazio l'Ambasciata d'Italia a Londra, e particolarmente la dottoressa Franca Risso Brogi, addetto culturale, per avermi dato fiducia e supporto nella prima fase di progettazione di questo volume. Il mio grazie va poi ai colleghi Guido Bonsaver, Claudia Boscolo, Maria Bacilieri e Maddalena Triches del Dipartimento di italiano del Royal Holloway College, Università di Londra. Ugualmente ringrazio Arturo Tosi per avermi incoraggiata e consigliata nelle varie fasi di scrittura di questo libro. A Stephen Gundle esprimo tutta la mia riconoscenza per avermi dato accesso al suo materiale di archivio, aver letto parte del manoscritto, ed essere stato prodigo di suggerimenti e stimolante nella conversazione. Ricordo anche, con gratitudine, il dottor Antonio Borraccino, dell'Università di Westminster, con cui ho avuto illuminanti e proficue discussioni sulle varietà dell'italiano, e la dottoressa Antonietta Feroldi, cara amica e collega di molti anni, che mi ha pazientemente seguita, facendomi parte della sua alta competenza nella didattica della lingua italiana. Sono grata a mio marito Stephen per la sua paziente e sostanziale assistenza tecnica e a Francesca Chiarelli Morgan, del Royal Holloway College, per l'aiuto intelligente ed incondizionato. La sua vigile assistenza e competente supervisione sono state essenziali nella preparazione di questo volume. Infine, il mio affettuoso grazie a Giovanni Aquilecchia e Giuseppe Stellardi, che hanno generosamente acconsentito a leggere il manoscritto, fornendo dettagliati quanto costruttivi commenti e suggerimenti, di cui tutti si è tenuto conto nella stesura finale. Resta inteso che, nel libro, gli errori e le negligenze, sono di mia sola responsabilità.

Indice di difficoltà dei testi

Unità 1 / **Indice**

Unità 1

Capire l'Italia e l'italiano
Lingua e cultura italiana oggi
Lia Buono Hodgart

Il Costume

A PROPOSITO DI ITALIANITÀ

L'italianità è una materia varia, multiforme e contraddittoria. La definizione dell'italianità, cioè del carattere e dei comportamenti degli italiani ha visto, nei tempi, ingaggiati letterati, studiosi e uomini di cultura stranieri: Stendhal, Goethe, Montaigne, Ezra Pound, E. M. Forster[1] e molti altri, ci hanno lasciato, in opere ormai famosissime, straordinarie ed acute interpretazioni. Ora anche in Italia c'è, da alcuni decenni, una sorprendente fioritura[2] di studi sul carattere nazionale in un emblematico[3] quanto produttivo lavoro di autodefinizione e di autocoscienza.

Grandi scrittori, giornalisti e linguisti, fra cui Luigi Barzini, Giorgio Bocca, Arrigo Levi e Tullio De Mauro[4] hanno analizzato e variamente commentato i comportamenti sociali, culturali e linguistici degli italiani, proponendo vari tentativi di sintesi ma, quasi sempre, concludendo che, al di là dello stereotipo, non c'è un'Italia sola, ma ci sono tante Italie diverse. I costumi e la mentalità degli italiani non sottostanno[5] a uniche, per quanto ampie, definizioni, ma vengono rapportati[6] a gruppi specifici, distinti[7] ora per strati socioculturali, ora per gruppi regionali, più di rado per appartenenze ideologiche[8] e fasce generazionali[9]. Tenendo presente questa prospettiva di indagine, e rifacendoci agli studiosi dei vari campi, cerchiamo ora di dare, in poche pagine, una definizione dell'italianità.

Più di trent'anni fa Barzini cercò di descrivere, nel libro *Gli Italiani*, il fascino fatale ed incantatore dell'Italia. Ma l'Italia d'oggi incanta ancora? E il suo fascino, se c'è, è ancora fatale? E da dove deriva? Dalle straordinarie vestigia[10] del passato, di cui l'Italia è piena, o dai segni del presente, nonostante il malcostume[11] e la banalità? Le risposte non sono univoche e non nascono solo dai libri: nascono, ovviamente, anche dall'esperienza che il contatto diretto, con l'Italia e gli italiani, può dare.

Niente è unico. Tutti i caratteri che attribuiamo agli italiani appartengono anche ad altri popoli e culture. Le città arabe sono altrettanto rumorose. I mercati africani sono altrettanto colorati. Le salumerie francesi o le pasticcerie inglesi sono altrettanto maestose. La gioia di vivere si gusta ovunque. Arabi, francesi, africani e inglesi fanno festa quanto gli italiani. Pizza e pasta si mangiano dappertutto. Ogni paese ha le sue forme di esibizionismo. Soldi a parte, c'è tanta eleganza in una via di Dakar quanta ce n'è in via Montenapoleone a Milano o in via Condotti a Roma. Gli italiani non sono né più cordiali né più volgari, né più pii né più

---

1. **Stendhal** (1783-1842). Famoso scrittore francese. Amò molto l'Italia dove ambientò uno dei suoi più noti romanzi, *La Certosa di Parma*. Fu autore anche di alcuni diari di viaggio tra cui *Roma, Napoli e Firenze* e il famosissimo *Passeggiate romane*; **Goethe**, il celebre poeta tedesco (1749-1832), ci ha lasciato una testimonianza della sua ammirazione in *Viaggio in Italia*; **Montaigne** (1533-1592), scrittore e filosofo francese, autore di *Diario di viaggio in Italia*; **Ezra Pound**, poeta americano (1885-1972), visse e operò in Italia a cui dedicò i suoi *Canti pisani*; **E. M. Forster**, scrittore inglese (1879-1970), autore del celebre *Camera con vista*.
2. **fioritura** = (fig.) grande sviluppo/ diffusione e affermazione. La frase: "**c'è una sorprendente fioritura di studi**" significa: "sono apparsi, inaspettatamente, molti studi".
3. **emblematico** = simbolico, rappresentativo di un gusto specifico o di specifici interessi.
4. **Barzini, Bocca, Levi, De Mauro**. Cfr. Bibliografia essenziale di quest'Unità e dell'Unità IV.
5. **sottostanno** > sottostare = essere riducibile.
6. **rapportati** > rapportare = riferire, riportare.
7. **distinti** > distinguere = suddividere.
8. **appartenenze ideologiche** > appartenenza ideologica = adesione a una società che professa specifiche ideologie (politiche, religiose, etc.).
9. **fasce generazionali** = gruppi di persone divisi per categorie secondo la loro età.
10. **vestigia** = i resti delle grandi civiltà che sono fiorite in Italia. La parola si riferisce all'eredità culturale ed artistica relativa a epoche e civiltà diverse.
11. **malcostume** = immoralità e corruzione.

secolarizzati[12] di altri popoli, non amano più e meglio degli altri. È l'impasto[13] di queste componenti a tutti comuni a essere unico, come lo è, ovviamente, per arabi, senegalesi, francesi e inglesi, tanto per tenerci ai popoli ed ai gruppi etnici citati..

Gli italiani, in definitiva, sono contraddittori. Pensate a una coppia di opposti e applicatela agli italiani: sarete sicuri di non sbagliare. Troverete italiani arroganti e italiani gentili, italiani sordidi e italiani generosi, italiani egoisti e italiani altruisti, italiani chiusi e italiani cordiali, italiani sciatti e italiani eleganti... Ma solo quando scoprirete che in quell'italiano che vi sta parlando arroganza e gentilezza, egoismo e altruismo, chiusure e aperture convivono, almeno secondo il vostro giudizio, senza che ciò susciti in lui laceranti conflitti, allora potrete dire: ho cominciato a farmi un'idea dell'Italia.

SUBCULTURE REGIONALI E DIALETTI

Tratto distintivo[14] dell'italianità è il vasto mosaico[15] di subculture regionali, o addirittura locali, in cui essa si articola. A livello socioculturale l'italianità non esiste come fatto unico e nazionale, ma si alimenta, scandisce e vive [16] nelle individualità locali[17] - un sedimento[18] del passato che è riuscito a rinnovarsi senza soccombere alla forza eguagliatrice della modernità. A livello linguistico, tale tratto distintivo assume l'aspetto di una maggiore frammentazione rappresentata dall'uso dei dialetti, parlate locali distinte dall'italiano che sono ancora oggi usate da larghi strati della popolazione su tutta la penisola. In Italia le tradizioni locali operano a ogni livello: dal cibo alle feste, dalle abitudini di vita alle forme di socialità e di espressione linguistica.

Tali tradizioni sono potute sopravvivere perché all'Italia unita è mancato un centro dominante che imponesse un'egemonia[19]. Roma, la capitale politico-amministrativa, non è anche la capitale economica e culturale e non ha lo strapotere di Parigi e Londra. Così tutta l'Italia, Roma e Milano incluse, è insieme provincia e metropoli, centro e periferia. Esistono grandi differenze fra il Nord, il Centro Sud, il profondo Sud (Basilicata, Puglie, Calabria) e le isole, quanto a mentalità, stile di vita, abitudini sociali, atteggiamenti culturali e modo di parlare. Facciamo qualche esempio di regionalismo: la cucina, le feste, i dialetti.

Ogni regione (e persino villaggio) ha i suoi piatti tipici e il suo modo di definirli linguisticamente. Esiste un "risotto alla milanese" e un "risotto alla piemontese", una "pasta alla napoletana" e una "pasta alla calabrese" o "alla siciliana". I ravioli si chiamano così a Bologna, ma in Piemonte si chiamano "agnolotti" e si cucinano "alla piemontese". Gli gnocchi possono essere "alla bolognese" o "alla romana". A guardar bene, l'intera cucina italiana è a base regionale.

Le feste, nella vita sociale della regione, della città o del paese, sono un evento importante: esse sono occasione di allegria, di incontro e di scambio, ma sono anche elemento e modo di identificazione del

---

12. **secolarizzati** > secolarizzato = chi non crede in alcuna religione/ laico.
13. **impasto** = (fig.) combinazione.
14. **tratto distintivo** = elemento che distingue.
15. **mosaico** = mescolanza eterogenea.
16. **l'italianità si alimenta, scandisce e vive** = l'italianità nasce e si sviluppa in contesti differenti e diversificati a seconda dei

luoghi (regioni, città, paesi, campagna, zone urbane , zone rurali ecc.).
17. **individualità locali** = luoghi e contesti socioculturali differenti.
18. **sedimento** = (fig.) deposito/ resto.
19. **egemonia** = supremazia assoluta in campo politico, amministrativo, economico e culturale.

luogo dove avvengono. Basta pensare al Palio di *Siena,* alla festa della corsa dei Ceri di *Gubbio* o al Carnevale di *Viareggio* o di *Ivrea*, alla festa di Piedigrotta (quartiere di *Napoli*) e alla festa del Mandorlo ad *Agrigento*.

In qualsiasi paese d'Italia, poi, la festa più importante dell'anno è la festa del Santo patrono, cui è affidata la protezione del paese stesso. La festa è un evento sociale unico per la comunità: in quel giorno le scuole, i negozi e gli uffici pubblici vengono chiusi, e ci sono processioni, balli, sagre, lotterie, mercatini ambulanti e prodotti gastronomici tipici preparati e consumati per l'occasione. Il paese è in festa e la festa attrae anche gli abitanti dei paesi vicini o della città.

I dialetti, infine, sono l'elemento più caratterizzante del regionalismo. In Italia ci sono tanti dialetti quante regioni, città o addirittura paesi. Lingue autonome e derivanti direttamente dal latino, i dialetti sono stati, nei secoli, il solo mezzo di comunicazione orale di quella grossa parte della popolazione che non era in grado di parlare italiano perché analfabeta. Oggi gli italiani parlano in dialetto per scelta, non per necessità. E amano parlare in dialetto, quando ne hanno la possibilità, perché è un modo di essere informali, di ritrovarsi con gli amici, di stabilire un contatto più spontaneo e diretto con la gente. Parlare dialetto è anche affermare la propria provenienza, le proprie radici, poiché il dialetto è un immediato mezzo di identificazione a livello nazionale (fra il Nord e il Sud), regionale (fra la campagna e la città) o addirittura locale (fra paese e paese). Parlare dialetto, poi, fra coloro che sono emigrati, è un modo di esprimere la nostalgia, conscia o inconscia, per la propria terra e il proprio paese.

LA FAMIGLIA ITALIANA: ANCHE UN FATTO DI COSTUME

Uno dei tratti più distintivi dell'italianità è la famiglia italiana: nonostante si sia profondamente trasformata negli ultimi decenni (come si vedrà più dettagliatamente nell'Unità IV), essa rappresenta ancora oggi, nonostante le mutazioni[20], una delle maggiori "persistenze"[21] della società italiana. Nel contesto di quest'unità, si vuole solo mettere in evidenza uno specifico fatto di costume: le lunghe permanenze in famiglia. Abbiamo selezionato questo fenomeno perché ci è sembrato particolarmente significativo di questo momento storico durante il quale l'Italia, fatto unico in Europa, sembra stia diventando "il paese dei ragazzi a vita".

L'IMPORTANZA DELLO SPETTACOLO

L'importanza dello spettacolo è il titolo del capitolo forse più bello del già citato volume di Barzini. Molti anni dopo, quel capitolo, nella sostanza, continua a descrivere atteggiamenti mentali tipici degli italiani. Siamo evidentemente in presenza di una costante[22], di un tratto caratteristico dell'italianità che perdura da secoli. 'Essere' e 'apparire' sono sinonimi. L'italiano, maschio o femmina, vuole "fare bella figura"[23] e percepisce il mondo esterno come il suo personale teatro e gli altri come la sua personale platea.

Talora questo fare spettacolo è misurato, è uno stile naturale, ha garbo e finezza, talora invece eccede e diviene grossolanità e ostentato esibizionismo.

---

20. **mutazioni** > mutazione = cambiamento.
21. **persistenze** > persistenza = fattore di stabilità.
22. **una costante** = (s. f.) un elemento ricorrente ed immutato.

23. **fare bella figura** = figurare bene in società così da essere notato ed ammirato.

Secondo noi, questo atteggiamento ha a che fare con qualcosa di atavico[24]. Gli italiani hanno il senso della corporeità[25], la percepiscono e la esibiscono, la portano con sé ovunque vadano, belli o brutti, alti o tarchiati, magri od obesi che siano. La loro è una fisicità mediterranea, mai astratta, mai fredda. Di questa corporeità il gesticolare e la mimica non sono che un'espressione, forse un imprinting, una seconda lingua, una lingua complessa, un vero e proprio alfabeto dei gesti.

L'importanza dello spettacolo deriva anche dalla forma assunta nei secoli dall'ambiente urbano: la piazza è il luogo dove esternare sentimenti ed emozioni, magari rivedendo vecchi amici e vecchie conoscenze o instaurando nuovi rapporti, nuove relazioni.

L'importanza dello spettacolo deriva, infine, da fattori culturali e da atteggiamenti mentali. E qui troviamo quell'universale bisogno di distinguersi che nell'Italia odierna prende le vie della moda, un fenomeno di massa che per molti è un segno di decoro, di cura di sé, uno specchio della personalità, ma per altri diventa gretta ostentazione di uno status symbol.

TELEFONO, 'ERGO SUM'

Il bisogno di distinzione prende a volte forme grossolane. È il caso del maniaco dell'automobile: l'Italia è coperta di asfalto, ma l'idraulico o il bancario non possono vivere senza il loro fuoristrada[26]. È il caso dei ciclisti della domenica, che per perdere un po' di ciccia hanno ruote in titanio e contapulsazioni[27] che non usa nemmeno Pantani sull'Alpe di Huez. È il caso di certi nomi di battesimo tratti dall'ultimo fotoromanzo o dall'ultima telenovela, ma non solo: a Milano nel 1996 sono nate una ventina di Hilary, che non hanno la fortuna di chiamarsi Clinton bensì, più prosaicamente, Lo Bue o Mazzacurati o - semplicemente Rossi[28]. È il caso di certi cani, più costano e più sono ambiti: che ci faccia poi un San Bernardo[29] sulla Costa Smeralda è cosa che non riguarda i loro padroni. E il classico "Maria, butta la pasta" ormai anche il bidello deve dirlo con il cellulare[30], se solo qualcuno lo guarda. Portato alla cintura, come nel West si portavano i pistoloni, il telefonino dice al mondo: "Vedete, posso permettermelo; sono indaffarato, cercato, amato: sono importante. Anzi 'sono'"[31].

DOLCE VITA, ADDIO

Negli anni '50 l'Italia poteva ancora apparire un paradiso terrestre ove vivere allo stato di natura: sole, mare, cibo genuino, istinti, passioni e, soprattutto, il dolce far niente. Nulla di simile nell'Italia di oggi. Nel Belpaese[32] non si vive meglio che altrove. La natura è, a tratti, devastata e il paesaggio cementificato, i centri storici sono spesso afflitti da code senza scampo e da auto parcheggiate in doppia fila, i boschi sono ridotti a discariche[33] all'aperto e le spiagge inquinate o offese da seconde

---

24. **atavico** = ereditario e radicato nelle origini stesse.
25. **corporeità** = materialità del corpo/consistenza corporea.
26. **fuoristrada** = veicolo con caratteristiche speciali che si usa per andare su terreni e strade accidentate, non asfaltate. Gli italiani lo usano come status symbol, dato che l'Italia ha una vasta rete stradale asfaltata che non richiede l'uso del fuoristrada che è, invece, essenziale, per esempio, in certe zone dell'Africa..
27. **ruote in titanio e conta-pulsazioni** = parte di un equipaggiamento altamente specializzato che neppure i professionisti sempre usano (Pantani è un famoso ciclista professionista).
28. **Lo Bue, Mazzacurati, Rossi.** Nomi molto comuni in Italia... a differenza di Clinton .
29. **San Bernardo sulla Costa Esmeralda.** Un altro esempio di status symbol potrebbe essere l'esibire un San Bernardo, cane

da salvataggio di montagna, sulle spiagge chic della Sardegna più esclusiva, appunto la Costa Esmeralda.
30. **Maria, butta la pasta.** Stereotipo italiano che si riferisce al contesto sociale del Sud dove la giusta cottura della pasta è un fatto di primaria importanza. Si immagina, quindi, che il marito, volendo trovare, quando arriva a casa, la pasta pronta e cotta al punto giusto, si premuri di dare istruzioni precise per l'inizio della cottura ("buttare la pasta") non più per telefono, ma a mezzo del cellulare.
31. **anzi 'sono'.** Allusione alla celebre frase di Cartesio, "**cogito ergo sum**" che provava, filosoficamente, la sua esistenza (**sum**), per mezzo dell'evidenza del suo pensiero (**cogito**). Qui l'italiano prova la sua esistenza a mezzo del cellulare.
32. **Il Belpaese.** Così Dante e Petrarca chiamarono l'Italia.
33. **discariche** > discarica = zona in cui si raccolgono i rifiuti.

case[34] di triviale[35] fattura. L'Italia, terra dell'amore esaltata dalle canzoni napoletane (ma anche da Stendhal che la descriveva in termini di "sensualità e spontaneità"), è forse una favola raccontata da qualche scadente agenzia di viaggi, e se fosse vera non potrebbe, forse, reggere la concorrenza con la Tailandia o Tahiti. La vita a misura d'uomo, di cui parlava Barzini, non esiste più. Nemmeno la felliniana *dolce vita* esiste più, se mai è esistita. Nessuna Anita Ekberg, salvo tristi replicanti, penserebbe di bagnarsi nella fontana di Trevi. Gli italiani lavorano molto, in modo stressante, soprattutto nelle regioni del Nord dove si vive per competere, perché si è costretti a competere per vivere. I colori vivi dell'Italia di ieri hanno lasciato spazio a toni più sfumati, e si tratta spesso di sfumature del grigio.

WEEK-END

Se un segno di vitalità resta, questo è semmai il rumore, una chiassosità che non irrita più di tanto, con la quale si convive facilmente. La chiassosità, il parlare a voce alta, non infastidisce perché è il modo con cui gli italiani segnalano la loro esistenza, e soprattutto la loro voglia di divertirsi. Prendiamo le abitudini dei giovani (come si diceva più sopra, in Italia si è giovani dai quindici ai trentacinque anni, e anche più...). Dalla domenica al martedì non si esce la sera. Il week-end inizia a metà settimana e culmina il sabato, secondo una precisa scansione[36]. Il mercoledì si vedono le partite di 'coppa'[37] al bar: vedere le partite insieme aumenta la tensione, fa sembrare di essere allo stadio... Il giovedì, seconda sera di pre week-end, si esce con gli amici, di preferenza al bar, al ristorante, al cinema, a teatro, a seconda dei gusti e delle tasche. Il venerdì c'è doppia serata, con due distinte attività: ad esempio, prima un film e poi la discoteca. Il sabato è il momento dei grandi eccessi, con tripla serata e rientro all'alba, talora con esodi di massa di centinaia di chilometri verso le cattedrali del divertimento[38], dislocate negli incroci viari strategici o in territori altamente specializzati, come la riviera romagnola[39]. La domenica è destinata al riposo, a piccole gite pomeridiane, al tifo sportivo, e la sera, finalmente, qualcuno va a letto presto. Nella lunga estate italiana, infine, è sempre week-end: si esce ogni sera, da giugno a settembre, al Nord come al Sud, anche se non si rallentano i ritmi di lavoro.

IRONIA E SAVOIR-VIVRE

In ultima analisi, in Italia ci si sa ancora divertire, e questo dà alla vita più charme, perché se ne porta con meno fatica il peso. C'è bonomia[40], saggezza, affabilità; c'è ironia, un sano anti-eroismo. Non ci si preoccupa più di tanto, nemmeno dell'"entrata in Europa" e dell'Euro; si sa sorridere, si sa sdrammatizzare, si sa essere dolci. La maggior parte degli italiani ha la fortuna di condursi secondo la regola modesta di quello che chiameremmo un "minimalismo esistenziale"[41]: non si esagera in pretese[42], ci si perdona più facilmente i difetti, si sopportano più facilmente i limiti propri e quelli altrui. Una vita meno seriosa, meno ingessata dal rigorismo morale[43] è più serena e alla fine anche gli obiettivi più ardui[44] si riescono ad affrontare meglio.

---

34. seconde case = le abitazioni per la villeggiatura o dove non si vive abitualmente.

35. triviale = inelegante/ volgare.

36. scansione = divisione.

37. le partite di 'coppa'. Riferimento ai campionati di calcio, i cui trofei sono appunto rappresentati da 'coppe'.

38. cattedrali del divertimento. Sono chiamati così, con evidente senso ironico, gli enormi locali dove si balla e ci si diverte. Questi locali sono come cattedrali 'consacrate' al divertimento.

39. riviera romagnola. Quella parte della costa dell'Emilia Romagna che si affaccia sul Mar Adriatico (le località più famose sono Rimini e Riccione).

40. bonomia = bonarietà.

41. minimalismo esistenziale. Minimalismo = atteggiamento che sostiene la necessità di un programma minimo. Qui, in senso ironico, vuol dire l'"accontentarsi di poco per vivere".

42. pretese > pretesa = esigenza/aspettativa/ambizione.

43. una vita meno ingessata dal rigorismo morale = una vita in cui l'osservanza della morale non è rigidissima. "Ingessato" equivale, qui, a "rigido/costretto".

44. ardui > arduo = difficile.

IL SENSO DI APPARTENENZA

Gli italiani si identificano per appartenenze[45], e si riconoscono attraverso l'adesione a dei simboli. Le appartenenze politiche e religiose sono in declino. Le appartenenze al luogo d'origine o di residenza, invece, sono tuttora ancora molto sentite: esse hanno radici secolari e si esprimono nella rivalità tra regioni, città e paesi: il "campanilismo" (di cui si dirà nell'Introduzione all'Unità IV) si esprime nei modi più svariati ma, soprattutto, si esprime sempre nel calcio, tra opposte tifoserie sportive: ogni italiano ha una mamma e una squadra di calcio. "Di che squadra sei?" è una domanda molto frequente negli approcci[46] tra sconosciuti, subito dopo la domanda "di dove sei?". L'identificazione geografica, che si acquisisce in questi due modi, definisce già la persona appena conosciuta ancora prima che questa abbia parlato e ce ne siamo potuti fare un'opinione oggettiva.

Ma forse gli italiani non guardano molto all'oggettività nelle loro relazioni interpersonali... Negli anni '60 preferire Coppi o Bartali, la Lollo o la Loren, la Lambretta o la Vespa significava dividersi secondo discriminanti sottili[47], dettate dagli stili di vita e da sintonie profonde, quasi mai sovrapponibili a identità di tipo culturale o sociale. Oggi le stesse divisioni si rinnovano con altri pretesti, per lo più legati alla moda e ai prodotti di consumo: ad esempio le tribù giovanili si riconoscono per il tipo di scarpe e di magliette che indossano, ed hanno un analogo schema di eslusione.

UN DIFFICILE RAPPORTO CON SE STESSI

Gli italiani (non solo gli intellettuali, per tradizione ipercritici e cosmopoliti) hanno un difficile rapporto con l'italianità. La più radicata xenofilia convive con la più pericolosa xenofobia, il patriottismo più acritico con il più distruttivo autolesionismo. Il provincialismo[48] degli italiani si vede nella loro presunzione: bene come in Italia non si mangia da nessuna parte; la pittura è solo italiana, dopo Raffaello non c'è stato più nessuno; non c'è lingua più musicale dell'italiano; gli stranieri sono incivili perché non sanno bere o fare l'espresso; caldi e virili come gli italiani non c'è nessuno; bene come gli italiani non si veste nessuno... Osservate gli italiani in gita all'estero: niente piace, si lamentano sempre, non perdonano niente, si cercano tra loro, vogliono espresso e spaghetti perché, credendosi i migliori, non hanno motivo di essere curiosi, e si stupiscono se scoprono che anche gli altri hanno una cultura, una storia e un passato che vale il loro.

Lo stesso provincialismo si vede nel forte senso di inferiorità che li affligge. L'Italia fa schifo, niente funziona, tutti rubano, lo Stato li sfrutta, le tasse li spolpano: guarda, invece, in America... (in Germania, in Inghilterra, a seconda di cosa si parla). Così gli italiani sono spesso troppo generosi con se stessi, ma molto più spesso si sottovalutano e si avviliscono.

---

45. gli italiani si identificano per appartenenze = gli italiani si riconoscono individualmente o socialmente dal fatto che fanno parte di un certo club, o tifano per una certa squadra o si vestono secondo certe mode o indossano abiti firmati.

46. approcci > approccio = incontro.
47. discriminanti sottili = minime differenze.
48. provincialismo = chiusura mentale (quale si ritiene propria di chi vive in provincia).

CULTURE POPOLARI E RITI SOCIALI: GLI ITALIANI A TAVOLA

Secondo Giorgio Bocca ciò che unifica davvero gli italiani è la cucina: "Ci sono italiani che emigrano restando in Italia, si vestono, si atteggiano come gli stranieri ma sul cibo nessuno o pochi tradiscono". La cucina italiana si configura[49] come una serie pressoché infinita di varianti su alcuni temi che restano costanti. Il regionalismo, come si diceva poco fa, si esalta nel cibo. Non c'è zona d'Italia che non abbia una sua tradizione, una sua cultura alimentare e gastronomica, una sua specialità tramandata per secoli. La ricchezza inesauribile delle sue tradizioni regionali rende la cucina italiana forse meno ricercata ed elaborata di quella francese, meno creativa, ma più ricca di varianti, altrettanto sorprendente e non meno raffinata nel suo risultato finale.

Alcuni stereotipi comunemente diffusi sulle tradizioni alimentari degli italiani sono falsi. La cucina italiana non è riducibile ai soli «primi», anche se questi sono il suo pezzo forte. Gli italiani non mangiano più pizza degli inglesi, degli americani e dei tedeschi, almeno da quando la pizza ha colonizzato l'occidente. Inoltre, non mangiano più secondo i canoni della cucina mediterranea in ambedue i pasti: spesso mangiano in fretta, negli ormai comuni fast-food; e non disdegnano[50] usare surgelati e altri prodotti che consentano di risparmiare tempo. Infine, la cucina non è più solo affare[51] di donne: nella divisione del lavoro domestico, i mariti concorrono all'acquisto e alla preparazione del cibo molto più che in passato.

Altri stereotipi restano invece veri. Nonostante i mutamenti nei ritmi di lavoro, gli italiani seguitano a preoccuparsi molto di ciò che mangiano e della genuinità di quello che cucinano. Resta vero che la vitalità della cucina italiana si deve, come Luigi Barzini scriveva nel 1964, al radicamento[52] di una cultura preindustriale, artigianale nella preparazione degli alimenti e nella ricerca dei sapori. Questa artigianalità, questo rifarsi ai prodotti «della casa» si ritrova nell'insistente presentazione dei vari cibi, nei menu, con le dizioni «i nostri» o «nostrani»: così si dice «i nostri oli», «i nostri vini», «i nostri risotti», «il pane nostrano», «i dolci nostrani». Il cibo continua ad avere un significato sociale e simbolico più forte che in altri paesi d'Europa, ad eccezione, forse, della Francia. In Italia, il pasto è ancora il pasto familiare, il principale rito collettivo che rende tangibile l'esistenza della famiglia.

Gli italiani amano le grandi tavolate, i banchetti con decine di persone, in posti dove forse non si mangia benissimo ma dove si può fare chiasso e baldoria, in gruppo. E invitare parenti e amici - dentro o fuori casa che sia - è sempre un segno di riguardo, di familiarità. Pranzare o cenare con altri esalta il piacere e l'arte della conversazione, è un atto di considerazione e stima, che rinnova l'amicizia o l'amore, e serve a comunicare il desiderio di instaurare relazioni d'amicizia o d'amore, di socializzare o fraternizzare, di raggiungere un'intesa, di cooperare nel lavoro. Gli italiani aprono la porta della loro casa per condividere il pasto molto più di altri popoli, ma con una differenza tra il Nord e il Sud. Al Nord si invita di più in casa, mentre al Sud si preferisce ancora vedersi fuori. La scelta rivela una diversità culturale: stare dentro casa rappresenta un modo per rendere più intima la socialità, stare fuori una forma di estroversione.

---

49. si configura > configurarsi = presentarsi.
50. disdegnano > disdegnare = disprezzare.

51. affare = prerogativa.
52. radicamento = il fatto di attecchire/di prendere piede.

IL GUSTO MUSICALE DEGLI ITALIANI

Se pensate che la musica italiana sia quella degli stornelli e dei cantastorie accompagnati da chitarre o romantici mandolini, toglietevi ogni illusione: la musica popolare tradizionale è scomparsa a livello nazionale e sopravvive solo in certi ristoranti per giapponesi, turisti creduli ancora in cerca di quel "molto pittoresco" che, secondo Ennio Flaiano[53], gli americani vedevano dappertutto negli anni '50. Tuttavia un folk autentico, non artificialmente riprodotto a futura memoria, sopravvive ancora nelle subculture regionali e si può sentire per lo più nelle feste paesane. Per i cultori del genere ci sono anche delle buone raccolte, come per esempio, quella curata da Roberto Leydi e Filippo Crivelli per *Il nuovo canzoniere italiano*[54]. Anche la tradizione melodica di nobile ascendenza[55] (la romanza d'opera, il belcanto, la canzone napoletana) con cui si è da sempre identificata la canzone all'italiana, è in forte ribasso. La canzone melodica ebbe grande e rinnovata fortuna negli anni '50 con cantanti come Luciano Taioli, Claudio Villa e Nilla Pizzi. Un noto storico inglese, Stephen Gundle, così sintetizza l'evoluzione della canzone all'italiana: "Dopo essere sopravvissuta sia pure non senza difficoltà agli anni sessanta, la canzone melodica cominciò a perdere rapidamente colpi. Attaccata da più parti e sostituita nel cuore degli italiani, e specie dei giovani, da forme e generi di canzone molto più vicini alla realtà vissuta o sognata di tutti i giorni, regna sovrana sul *Festival di Sanremo*. Il Festival costituisce ormai una sorta di WWF per cantanti che magari, non vendendo più dischi, si piegano volentieri ai temi zuccherosi e alle melodie banali cari alla tradizione. Imbalsamata nel Festival la canzone italiana vive ancora tra artisti che inseguono non la pista di Villa e della Pizzi, ma la problematicità di Modugno o l'introspezione di Lucio Battisti, le parole poetiche dei cantautori e i ritmi contenuti di un certo pop internazionale. Vive e prospera nel soft rock di Lucio Dalla, nei cantautori 'morbidi', Claudio Baglioni e Riccardo Cocciante, Luca Carboni e nelle nuove voci dei giovani della periferia Eros Ramazzotti e Laura Pausini"[56].

Oggi il filone più tipico della musica leggera italiana è quello rappresentato dai cantautori, artisti che cantano i propri testi senza cederli ad altri. Il fenomeno data dagli anni '60 ed ha avuto varie fasi, ispirazioni e caratteristiche a seconda del periodo storico: i primi cantautori, tra cui Gino Paoli, Sergio Endrigo Fabrizio De Andrè, Giorgio Gaber e Enzo Jannacci "portarono una ventata di anticonformismo e spregiudicatezza nella canzone"[57]; gli esponenti della generazione successiva, Francesco Guccini, Francesco De Gregori, Antonello Venditti e Roberto Vecchioni "cercavano di coniugare impegno [politico] e canzone"[58]; negli anni '90, Paolo Conte ha raggiunto un successo internazionale abbinando un vero talento letterario ad un originale talento musicale.

53. Ennio Flaiano, (1910-1972) narratore e sceneggiatore di film di Fellini e di altri noti registi.

54. Leydi Roberto. Cfr. Bibliografia essenziale di quest'Unità.

55. ascendenza = derivazione. (Per questo rapporto di derivazione si veda più oltre la scheda 5).

56. Stephen Gundle. Cfr. *Stato dell'Italia*, cit. cap. *La cultura*, pp. 606-609.

57. Ibid.

58. Ibid.

Unità 1 / Sezione 1

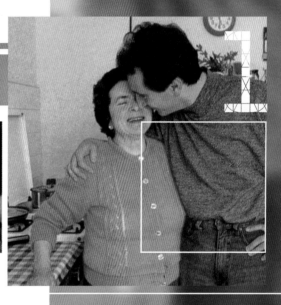

Capire l'Italia e l'italiano   Lia Buono Hodgart   Il Costume   **I ragazzi a vita**
Lingua e cultura italiana oggi

I ragazzi a vita

I ragazzi a vita

Una battuta che ha trovato spazio in più di un testo scritto da stranieri sul costume degli italiani, dice più o meno così. Quando un giovane inglese o americano resta ancora in famiglia dopo i venti, venticinque anni, i suoi connazionali si chiedono: "Che cosa non va in quel giovane?", mentre quando la stessa cosa accade a un italiano i suoi connazionali si chiedono: "Che cosa non va in quella famiglia?". Non troviamo un modo più efficace di questa battuta, che coglie perfettamente un aspetto della mentalità italiana, per introdurre il brillante brano che segue, scritto da uno dei più grandi americanisti e manager culturali italiani, il giornalista e saggista Furio Colombo.

Dopo la grande rivolta contro i padri della fine degli anni '60 e dei primi anni '70, che indusse molti giovani a uscire di casa per sperimentare nuove forme di convivenza, l'abitudine dei figli a vivere in famiglia fino al momento del matrimonio ed oltre ha ripreso piede negli anni '80 ed è diventata un macroscopico fatto di costume negli anni '90.

Questo comportamento, così anomalo rispetto agli altri paesi occidentali, ha trovato alimento in due difficoltà oggettive, legate alla realtà socioeconomica del paese ed a carenze inerenti al sistema stesso: la difficoltà dei figli a trovare un lavoro al termine degli studi, così da potersi rendere finanziariamente autonomi dalla famiglia e la difficoltà a trovare un alloggio a prezzi ragionevoli. Questa seconda difficoltà risulta particolarmente gravosa ed opprimente per le giovani coppie che vogliono sposarsi e sono spesso costrette, a matrimonio avvenuto, a convivenze problematiche con la famiglia di uno dei due sposi. Le ragioni degli alti prezzi delle case in Italia sono molteplici ed investono anche il rapporto fra lo Stato ed il cittadino in materia di tassazione: è un dato di fatto che solo recentemente è stata varata una legislazione che incoraggia ed agevola l'acquisto della prima casa, ora considerato come un diritto e non più un bene voluttuario, sinonimo di ricchezza tassabile.

Accanto ai giovani, le cui permanenze in famiglia sono per così dire 'forzate', ce ne sono altri che scelgono di restare a vivere in casa senza una necessità impellente. Hanno un lavoro fisso, hanno un salario adeguato, sono single e, a volte, anche fidanzati, ma non hanno alcuna fretta di sposarsi e di mettere su famiglia. Questi giovani sono un esercito sterminato che sfugge alle più attente statistiche: sono loro che hanno contribuito a trasformare una semplice consuetudine in un fatto di costume dalle estese proporzioni.

Su questi 'ragazzi a vita', su questi figli eterni ospiti, riportiamo qui alcuni pareri. Primo fra tutti, quello di un padre, Enzo Siciliano, noto scrittore, giornalista e Presidente della Rai (Radio Televisione Italiana) dal 1996 al 1998.

Siciliano ci dice: "Per me i figli se ne devono andare di casa a 23, 24 anni al massimo. Anzi, meglio ancora se l'università la fanno da un'altra parte, non nella propria città. Lontano, che aiuta a crescere. Perché c'è una sanità nel distacco. Anche se poi, confesso, io mi ammalo di nostalgia. E vorrei Bernardo e Francesco a discutere con me, non su appuntamento, ma nell'intercalare quotidiano. Nostalgia ingiusta, però. Sbagliata per me e per loro. Tossica. Una tentazione da evitare. Bisogna lasciarsi, anche se la lavatrice resta decisamente in comune... Ah figuriamoci: tuo figlio si trova una casetta, stavolta guadagna quanto basta per vivere da solo, ma per i servizi sussidiari bussa sempre, specie per il bucato. Non più tanto per la cucina...".

Ed ecco ora il parere di suo figlio Francesco, 28 anni, attore, che è tornato alla casa paterna dopo aver vissuto, per un certo tempo, per conto suo. "Col mio lavoro periodico, spesso con l'addensarsi casuale, mai regolare, di impegni, non avevo garanzie. Io mi ero chiuso la porta alle spalle baldanzoso. Ma poi ho dovuto tornare ed è stato uno schiaffo. O facevo la fame per pagarmi l'affitto o dovevo consegnarmi al portafoglio del babbo e questo non mi andava. Così sono tornato. Ma mi è pesato, certo. Ho avvertito una sconfitta professionale. Il mammismo è un vizio per chi ha poche prospettive. Una faccenda materiale, non sentimentale".

Sentiamo ora una madre, la signora Maria Rosa Salzano di Ferrara, che ha cacciato il figlio Luca di casa ma è stata obbligata da un'ordinanza del pretore a riprenderselo. Luca aveva, infatti, sporto denuncia contro il "comportamento illegale" della madre e il giudice gli ha dato ragione. Ecco la storia: Luca fa il benzinaio e guadagna più di sua madre, che è operaia stagionale e non ha salario fisso. Nonostante la sua stabilità economica, Luca non ne vuole sapere di andare a vivere da solo e esige dalla madre prestazioni e servizi (preparazione del cibo, bucato, stiratura...).

La signora Maria Rosa dice: "Sia chiaro, io non ho cacciato di casa un ragazzo minorenne: mio figlio lavora e può mantenersi da solo, ma ha sempre rifiutato di contribuire al bilancio domestico e darmi una mano. E dire che il suo stipendio è buono. Preferisce spendere i suoi quattrini in belle auto, divertimenti e abiti firmati".

Ed ecco i pareri degli avvocati. L'avvocato di Luca: "Io sono soddisfatto del risultato dell'inchiesta. Ormai i ragazzi se ne vanno di casa sempre più tardi e bisogna accettare questa realtà sociale incontestabile"; l'avvocato della signora Maria Rosa: "Continuo a pensare che un figlio ha il diritto di restare a casa solo fino a quando non diventa autosufficiente".

E per finire sentiamo lo scrittore Curzio Maltese che, riferendosi palesemente alla vicenda giudiziaria ora riportata, ci dà il giudizio definitivo sul problema dei 'ragazzi a vita':

"Tocca sopportarli nella buona e nella cattiva sorte, finché morte non vi separi. E perché, se l'amore è finito? perché anche l'amore materno, orrore, può finire. Soprattutto se l'adorato figlio ci marcia e lo usa per accedere ad una serie di servizi: lavaggio e stiraggio camicie, buoni pasto, alloggio gratuito, prestiti agevolati, assistenza sociosanitaria. Sconfitta in tribunale, la madre di Ferrara è comunque un'eroina dei nostri tempi. Siamo alla vigilia di una nuova rivolta generazionale? Si tratterà della rivolta dei genitori contro i figli? Ma per ora non sono molti i genitori che si sono liberati della dittatura della prole. C'è qualcosa di profondamente malato in una società di eterni bambini che vogliono bene soltanto alla mamma e di genitori che accettano qualsiasi cosa pur di non staccarsi dai pupi e avviarli alla vita con la migliore, pur se politicamente scorretta, delle benedizioni: arrangiatevi".

"L'Italia, il paese dei ragazzi a vita" *di Furio Colombo*

"Sono un ragazzo di 32 anni", dice al telefono l'**interlocutore**[1] di una delle tante trasmissioni radiofoniche che **intrattengono**[2] rapporti col pubblico. Noto la parola che *riemerge*° *martellante*°°, con frequenza. "Sono un ragazzo" anche quando chi parla ha superato da un pezzo la maggiore età ed è persino oltre la **soglia**[3] del servizio militare e della laurea. Ma è la prima volta che sento la autodefinizione di "ragazzo" per qualcuno di più di trent'anni. Eppure ascoltando la telefonata ho dovuto *rendermi conto*° del realismo della frase. Non era un **lamento**[4]. Era una descrizione di vita. Abitazione presso i genitori. Vita sentimentale: senza *impegni*°. Lavoro: *precario*°°, svolto comunque senza passione e senza attenzione, come il proseguimento della scuola. Punti di attenzione e di fuoco sulla vita: la musica, ovvero le canzoni.

° ritorna   °° insistente

° diventare consapevole

° obblighi   °° saltuario

L'ospite di turno del programma di cui sto parlando era un cantautore. Di quel cantautore il nostro ragazzo di 32 anni sapeva tutto, parole, musica, concerti, cambiamenti di stile, *affinità*° con cantautori stranieri, eventi del **mixaggio**[5] o studi di registrazione.

° somiglianze / analogie

Il trentaduenne ha definito, in questo modo, una nuova categoria sociale, quella del "ragazzo a vita". O almeno per una lunga parte della vita. Quella categoria esiste.

È più di una categoria, è uno *stato della vita*° che si può definire così: il treno della vita sociale è fermo. Se posso colorire un po' la **metafora**[6], dirò che è fermo fuori stazione, in un territorio senza segni particolari, sconosciuto e irriconoscibile. Nei vagoni di testa, più comodi e arredati ma altrettanto *immobili*°, sono accomodati gli anziani, protagonisti di vite lunghe e uguali nelle quali non accade più niente.

° modo di vivere

° statici/ fermi

Fra le cose che non accadono c'è il fatto che nessuno scende dal treno. Perché dovrebbe farlo visto che non siamo arrivati in stazione? Però, se nessuno scende, nessuno sale, nei vagoni *di testa*°. E gli altri vagoni restano *gremiti*°° di "ragazzi" liberi da vere responsabilità, la casa, la famiglia, i figli, il lavoro. Voi direte: perché la famiglia, visto che al cuore non si comanda e certo non lo comandano i ragazzi?

° davanti   °° pieni

Perché, io credo, se tutto il resto diventa *precario*°, la vita si trasforma in un campeggio, e la famiglia diventa più passatempo che impegno. E, se possibile, senza impegni e senza figli. Che sia questa una delle cause della *denatalità*° di cui tanto discutiamo?

° provvisorio

° diminuzione delle nascite

È probabile che "il ragazzo" di 32 anni tuttora occupato con la conoscenza *in dettaglio*° delle canzoni, sia poco *incline*° a diventare padre. Se lo è diventato, sarà probabilmente un simpatico amico più che un modello di vita. Quale vita?

° particolareggiata

° propenso

Però non posso fare a meno di notare un *clamoroso*° contrasto linguistico, e mi

° insolito/ singolare

1. **Interlocutore** = ciascuna delle due o più persone che prendono parte a un dialogo.
2. **intrattengono** > intrattenere = (a) fare un ricevimento (es. "la padrona di casa intrattiene gli ospiti"); (b) impegnare qualcuno o tenergli compagnia per passare il tempo in modo piacevole (es. "il presentatore intrattiene i telespettatori"). **Nel testo vale l'accezione (b).**
3. **soglia** = (a) ingresso, entrata, punto di passaggio da un locale ad un altro o dall'esterno all'interno; (b) (fig.) principio, inizio; (c) limite. **Nel testo vale l'accezione (c).**
4. **lamento** = espressione di insoddisfazione o risentimento.
5. **mixaggio** = procedura che riunisce in una sola colonna sonora la musica e le parole già registrate separatamente, al fine di ottenere un tutto coerente.
6. **metafora** = modo allusivo di esprimersi.

domando se è solo linguistico. Sto pensando agli Stati Uniti, paese a cui tanto spesso ci riferiamo per confrontare, anticipare, capire, ammirare, condannare.

Bene, negli Usa da più di dieci anni si è diffusa, in modo universale e senza eccezione, l'abitudine di dire "uomo" tutte le volte che si diceva "ragazzo". Tanto che la tipica espressione di meraviglia "oh boy" è diventata senza eccezioni "oh man", e l'*intercalare*° "man" ("listen man", "I tell you man") è diventato di uso esclusivo anche tra i bambini.

○ *ripetere*

Allo stesso modo non chiedete mai alle giovanissime alunne di una prima media "quante ragazzine (young girls) ci sono in classe?". La risposta sarà "women", "donne", perché così le adolescenti chiamano se stesse negli Usa. E non *azzardatevi*° a usare termini diversi da "uomini" e "donne" con una classe universitaria. *Apparireste*° ridicoli.

○ *arrischiatevi*

○ *sembrereste*

Serve come spiegazione di questa straordinaria e *vistosa*° differenza di parole la questione lavoro? Serve (dieci milioni di posti di lavoro creati in quattro anni negli Stati Uniti), ma non spiega tutto. Perché il nuovo lavoro americano è quasi sempre precario e tipicamente "giovane" e il più delle volte è un "posto", non una "carriera".

○ *notevole*

Forse fa luce il distacco irreversibile della famiglia. I *piccoli*°*delle tribù*°° americane lo sentono prossimo e inevitabile persino quando vivono ancora in casa. Continuare a vivere in casa invece sembra essere il *dato*° tipico della lunga giovinezza italiana.

○ *ragazzini* ○○ *grandi famiglie*

○ *elemento*

Eserciziario

ESERCIZI DI GRAMMATICA E DI LESSICO

A. Trovate la parola che, per significato, non appartiene al gruppo in cui si trova.

1. trasmissione, programma, servizio, spettacolo, ripresa
2. incisione, metafora, registrazione, mixaggio, montaggio
3. cantante, cantautore, tenore, operatore
4. scompartimenti, anziani, treni, vagoni, carrozze
5. padre, figlio, nonni, giovani, genitori
6. lavoro, carriera, posto, campeggio, impiego

B1. Dall'aggettivo ricavate il sostantivo, poi formate delle frasi.

AGGETTIVO	SOSTANTIVO	FRASE
1 martellante	*martello*	
2. sentimentale	*sentimento*	
3. militare		
4. sociale		
5. comodo		
6. lungo		
7. precario	*provvisorio*	
8. incline		
9. clamoroso		
10. abituale		
11. diverso		

B2. Ora fate l'inverso: dal sostantivo ricavate l'aggettivo e poi formate delle frasi.

SOSTANTIVO	AGGETTIVO	FRASE
1. frequenza		
2. vita		
3. impegno		
4. lavoro		
5. passione		
6. musica		
7. responsabilità		
8. famiglia		
9. abitudine		
10. differenza		
11. tribù		

C. Abbinate le parole nella colonna I al loro contrario nella colonna II.

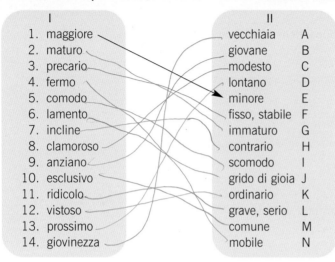

I	II	
1. maggiore	vecchiaia	A
2. maturo	giovane	B
3. precario	modesto	C
4. fermo	lontano	D
5. comodo	minore	E
6. lamento	fisso, stabile	F
7. incline	immaturo	G
8. clamoroso	contrario	H
9. anziano	scomodo	I
10. esclusivo	grido di gioia	J
11. ridicolo	ordinario	K
12. vistoso	grave, serio	L
13. prossimo	comune	M
14. giovinezza	mobile	N

D. Trasformate le seguenti frasi ipotetiche della realtà in ipotetiche della possibilità.

Es. Se ho tempo, la sera preferisco ascoltare la musica piuttosto che guardare la televisione
> **Se avessi tempo, la sera preferirei ascoltare la musica piuttosto che guardare la televisione**

1. Se posso colorire un po' la metafora, dirò che il treno della vita sociale è fermo, fuori stazione.
2. Se nessuno scende dal treno, i vagoni restano gremiti.
3. Se tutto il resto diventa precario, la vita si trasforma in un campeggio.
4. In Italia, se qualcuno diventa padre, sarà probabilmente un simpatico amico più che un modello di vita.
5. In America, se ci si azzarda ad usare termini diversi da "men" e "women" in una classe universitaria, si appare ridicoli.
6. Se i giovani italiani rimangono a vivere in famiglia, non maturano mai.
7. Se posso, mi sposo entro l'anno.
8. Se vieni a trovarmi questo fine settimana, sono molto contento.

E. Trasformate le subordinate implicite in esplicite.

Es. Essendoci poca luce, le fotografie non riusciranno bene
> **Siccome c'è poca luce, le fotografie non riusciranno bene**

1. Ascoltando la telefonata, non ho potuto fare a meno di stupirmi.
2. Abitando presso i genitori, "i ragazzi a vita" hanno meno responsabilità e maturano più lentamente.
3. Occupandosi solo di un cantautore, della sua vita e delle sue canzoni, il ragazzo intervistato non ha dimostrato di avere un orizzonte culturale molto vasto.
4. Sentendo la parola "ragazzo", non mi aspettavo di avere a che fare con una persona di trentadue anni.
5. Vivendo fuori della propria famiglia, si ha occasione di maturare più in fretta, perché si impara a risolvere le difficoltà da soli.
6. Aspettandolo, ho approfittato per dare uno sguardo al giornale.

F. **Sostituite alle strutture sottolineate i comparativi e superlativi irregolari di uguale valore semantico, modificando il testo opportunamente.**

   Es. (a)   Francesco era il più piccolo dei fratelli
       >   **Francesco era il fratello minore**
       (b)   Il guadagno è stato più basso del previsto
       >   **Il guadagno è stato inferiore al previsto**

   1. La situazione economica italiana non è più cattiva di quella degli altri paesi del mercato comune europeo. *La situazione economica italiana non è inferiore di quella degli altri paesi del mercato comune europeo.*
   2. Luisa è la più grande delle sorelle. *Luisa è la sorella maggiore.*
   3. L'interlocutore ha risposto a tutte le domande con la più grande precisione.
   4. Il costo delle vacanze è stato più alto del previsto. *Il costo delle vacanze è stato superiore al previsto.*
   5. Se non ci mettono più impegno, gli scalatori non riusciranno nella loro impresa.
   6. Ci hanno sistemati in un albergo di bassissima categoria.
   7. L'estate scorsa abbiamo avuto un'estate molto cattiva.
   8. Quella ragazza mostra un'intelligenza più alta della media. *Quella ragazza mostra un'intelligenza superiore della media.*

DOMANDE DI COMPRENSIONE.

   1. Fra chi si svolge la conversazione?
   2. Descrivi il "ragazzo" a cui fa riferimento Colombo.
   3. Che preparazione alla vita ha questo "ragazzo"?
   4. Perché Colombo lo definisce "ragazzo a vita"?
   5. Chi era l'ospite del programma radiofonico?
   6. Qual è una possibile causa della denatalità secondo Colombo?
   7. A quale "clamoroso contrasto linguistico" si riferisce Colombo?
   8. C'è differenza fra il modo di vivere dei giovani americani e quello degli italiani?
   9. Che cosa vuol dire Colombo quando afferma che "il treno della vita sociale è fermo"?
   10. In quale contesto e per quali ragioni "la vita si trasforma in un campeggio"?

ESERCIZI DI SCRITTURA

Testi di riferimento: testo I e scheda 1 di questa Unità; Introduzione all'Unità I; Bibliografia essenziale dell'Unità I; Introduzione all'Unità IV; sezione 5 dell'Unità IV.

   1. Spiegate perché l'Italia è il paese dei "ragazzi a vita" ed esprimete la vostra opinione su questo straordinario fatto di costume. *(Scrivete 300 parole)*.
   2. Rileggete i primi due paragrafi dell'articolo di Furio Colombo. In base alle informazioni date nel testo, provate ad immaginare la conversazione telefonica avvenuta fra il presentatore della trasmissione e il "ragazzo" che ha telefonato. Scrivete la conversazione e iniziate così: Presentatore: "Buongiorno, grazie per averci chiamato. Per favore, ci dica il suo nome e ci racconti di lei". Ragazzo: "Buongiorno, mi chiamo XX e sono un ragazzo di 32 anni...".
   3. Mettete a confronto le opinioni di Furio Colombo, Enzo Siciliano e Curzio Maltese sul tema: "I giovani italiani e le lunghe permanenze in famiglia". *(Scrivete 400 parole)*.
   4. Descrivete la vita dei giovani nel vostro paese d'origine e confrontatela con i modelli italiani. *(Scrivete 400 parole)*.
   5. Quali sono i vostri desideri, le vostre aspirazioni e i vostri progetti per il futuro? *(Scrivete un saggio di 500 parole)*.

Unità 1 / **Sezione 2**

Capire l'Italia e l'italiano   Lia Buono Hodgart   Il Costume   **Il carattere nazionale**
Lingua e cultura italiana oggi

Il carattere nazionale

Il carattere nazionale

Difficile dire che cosa pensino, oggi, gli italiani di loro stessi e della loro vita attuale. Molto si scrive, e si è scritto, su questo argomento in patria e all'estero, ad opera di studiosi e scrittori italiani e stranieri. Diversi ed addirittura opposti i pareri e le opinioni.

Maria Latella, in un articolo pubblicato su *Grazia* (1997), che riportiamo nel nostro Testo II, si chiede se davvero gli italiani vivano un momento di sereno ottimismo, un momento di fiduciosa speranza in attesa di una possibile ripresa economica e di "future certezze". A Latella questo ottimismo sembra infondato ed è per questo che si chiede: "Ma che avranno da ridere gli italiani?" in un momento storico come l'attuale quando l'economia del paese è in crisi (e ne sono prova gli alti indici di disoccupazione e di inflazione) e l'Italia è a livelli minimi di credibilità nell'Unione Europea ("in Europa non ci vogliono").

Non la pensa così Giorgio Bocca che, in apertura del suo libro *Italiani strana gente* (1997), fa due precise affermazioni: (i) gli italiani non hanno mai goduto di una situazione economica così favorevole e positiva come l'attuale, ma non sembrano esserne consapevoli perché vivono in uno stato di perenne ansia e insoddisfazione; (ii) gli italiani non sanno sorridere, né tanto meno ridere, perché non ne sono capaci. Ma sentiamo direttamente Bocca:

"Chiedete ad un italiano come vive. La maggioranza non vi dirà vivo bene o vivo male, vi dirà: vivo con ansia e fatica. Vi dirà che svegliandosi al mattino prova come un senso di vuoto per le molte cose che non capisce, per le cose su cui si sente impotente: l'italiano medio, uno dei due terzi di italiani che economicamente non sono mai stati così bene come ora, i milioni di italiani che nel lungo ponte fra il 25 aprile e il 1 maggio 1997, anno di crisi a sentir loro, hanno lasciato deserte le città come nei giorni di ferragosto, famiglie che possono spendere per un lungo ponte dal mezzo milione al milione, ricche di consumi, povere di sicurezze [...] Italiani brava gente di antica tolleranza, pacifica, normale, che però si chiede, da sempre, perché questa sua normalità produca fatica di vivere. [...] A questa umanità mutevole, imprendibile manca una sola cosa: l'ironia. Non c'è ironia in nessuna delle nostre culture regionali. Forse ne abbiamo viste troppe per sorriderci su. Chi prova a fare dell'ironia in questo paese, chi non chiede di ridere ma di sorridere si sente circondato dalla diffidenza: cosa vuole questo che non è melodrammatico, che non pratica il pianto greco, a che gioco gioca? [...] Neppure l'autoironia da noi è ben accettata, appare un insopportabile orgoglio".

Di parere simile a quello di Bocca era già, alcuni anni prima, uno studioso e storico inglese, John Haycraft, che così esordiva nel suo libro *Italian Labyrinth* (1987): "Se dovessi riprodurre in questo libro le critiche che gli italiani fanno a loro stessi, scriverei un libro a dir poco lugubre". E poi prosegue: "In Italia la rivoluzione industriale ha avuto luogo solo 30 anni fa: tenendo presente questo, è sorprendente vedere come il paese ha saputo reagire tempestivamente e con piena efficienza adattandosi ed adeguandosi completamente ai nuovi cambiamenti. Tuttavia, nonostante questo, gli italiani che si incontrano, specialmente i giovani, sembrano sempre depressi".

"Allegrismo°, avanti tutta"°° *di Maria Latella*

°allegria °°a gran velocità

Ma che avranno da ridere gli Italiani? In Europa non ci vogliono, la *disoccupazione*° giovanile è in continua *ascesa*°, ci sono meno **certezze**[1]. Eppure si ride, o **si sorride**[2], di più. Si ride al cinema, anzi da film come **Il Ciclone**[3] si esce, **addirittura**[4], chi cantando, chi **ritmando con i piedi**[5] il flamenco della colonna sonora, anzi al cinema ci si va *proprio*° con l'intento di farsi quattro risate: ed ecco lo straordinario successo dell'*Uomo d'acqua dolce*, ultimo film di Antonio Albanese.

°mancanza di lavoro
°aumento

°appunto

Perché questo bisogno di *leggerezza?*° E sarà autentico bisogno o, piuttosto, sarà un'altra invenzione **mass-mediologica**[6]? Poiché gli anni Ottanta sono stati anni di *ostentazione*° *arrogante*°°, i Novanta saranno di **francescana**[7] modestia, di *lieta*° convivenza fra nuove *ristrettezze*°°: una pizza, un cinema e poi via sulla **Vespa**[8] poveri ma belli. Fulvio Abbate, scrittore giovane che dai microfoni di Italia Radio registra passioni e *malumori*° del **mondo della sinistra**[9], pensa che "ci stiamo inventando un nuovo dopoguerra anche se la guerra non c'è stata".

°frivolezza

°sfoggio °°superbo
°piacevole °°privazioni

°scontenti

Come nel dopoguerra, quando i nostri genitori cercavano di dimenticare scoprendo **l'ebbrezza**[10] del boogie-woogie, ora torna fortissima la voglia di ballare. **Tango**, ma anche flamenco, salsa, macarena, **merengue**[11]. A Milano il venerdì sera *si fa la coda*° per entrare al Sabor Tropical, a Roma succede la stessa cosa nei locali intorno al Testaccio o alla Piramide e *si moltiplicano*° le scuole di danza. Marta Boneschi, giornalista, è autrice di libri di successo che **ripercorrono**[12] la storia del costume italiano. Il suo primo best seller si intitolava *Poveri ma belli, i nostri anni Cinquanta*. "Ci sono molte *analogie*° tra quegli anni e i nostri. Allora, nel 1955 per esempio, andavano al cinema ogni giorno due milioni e 250 mila italiani.

°si aspetta in fila

°aumentano

°somiglianze

Allora in un anno si vendevano un miliardo di biglietti, ora se ne vendono meno di cento milioni. Ma, complice o no la riduzione del prezzo per le *proiezioni*° pomeridiane, certo ora si sta assistendo a una *ripresa*° della passione".

°spettacoli
°ritorno

---

1. **Certezze** > certezza = (a) convinzione (b) verità (c) persuasione (d) garanzia. **Nel testo vale l'accezione (d).**
2. **si sorride** > sorridere = (a) ridere lievemente (es. "abbiamo sorriso di piacere"); (b) (fig.) riuscire gradito (es. "mi sorride l'idea di una vacanza ai Caraibi"). **Nel testo vale l'accezione (a).**
3. *Il Ciclone*. Film di grande successo di Leonardo Pieraccioni. Il film è del 1997. Cfr. Introduzione all'Unità III.
4. **addirittura** = (avv.) (a) perfino (es. "è addirittura possibile che non arrivi stasera, perché la strada è interrotta"); (b) direttamente, (es. "spedisci la lettera addirittura all'amministratore capo"; "vediamoci addirittura all'aeroporto"). **Nel testo vale l'accezione (a).**
5. **ritmando con i piedi** > ritmare con i piedi = adattare il passo al ritmo di musica.
6. **massmediologica** > massmediologico = (agg.) caratteristico dei mezzi di comunicazione di massa. Nel testo **invenzione massmediologica** vuol dire: "un fatto o un fenomeno inventato e pubblicizzato dai mass media".
7. **francescana** > francescana = (agg.) sobrio e frugale. Da S. Francesco d'Assisi che insegnava un modello di vita fondato sulla povertà.
8. **Vespa** = nome dato ai vari modelli di scooter fabbricati dalla Piaggio dal 1945.
9. **mondo della sinistra** = modo di pensare e di comportarsi di coloro che sono politicamente schierati a sinistra.
10. **ebbrezza.** Propriamente vuol dire "alterazione del proprio stato d'animo in seguito a sensazioni intense come in stato di ubriachezza". **Nel testo il sostantivo è usato in senso figurato e significa:** "voluttà, euforia, esaltazione".
11. **tango ..... merengue** = balli o danze di origini non italiane.
12. **ripercorrono** > ripercorrere = (a) riandare, ritornare; (b) ricordare avvenimenti o persone del passato. **Nel testo vale l'accezione (b).**

D'accordo, negli anni Cinquanta **si facevano tutti i giorni i conti con i soldi per la spesa**[13], trovare una casa era un problema. Ma oggi? "Oggi" dice Boneschi *"l'angoscia°* c'è, anche se di natura diversa. Viviamo con l'incertezza del futuro, ho un figlio di vent'anni, per fortuna studia altrimenti dovrebbe cercarsi un lavoro e chissà se lo troverebbe.

    ° ansia

Pressati° dall'incertezza, si cerca *ossigeno°°* altrove". *Altrove°°°*, fatalmente, significa anche nella coppia e, o yeah, nell'amore. Si segnalano dunque, più che grandi passioni, **inclinazioni**[14] per autentici innamoramenti: un libro come *La lettera d'amore* di Cathleen Schine (Adelphi) diventa un best seller nel giro di un mese e, innamòrati oggi innamòrati domani, si fanno anche più bambini. Bambini, già. Se non è un segno di ottimismo questo, nel paese della *denatalità°* galoppante. Per la prima volta da anni **si assiste**[15] infatti ad un lieve aumento delle nascite. Lella Costa, attrice e madre di due figlie, aspetta la terza, che dovrebbe nascere fra poche settimane: **"I figli sono progetti**[16] e decidere di averne uno, o un altro, significa investire un pò nel futuro. Perché succede adesso? Forse, con un decennio di ritardo, sono davvero finiti gli anni Ottanta, abbiamo bevuto fino in fondo il calice dello **yuppismo** e del **carrierismo**[17] e stiamo facendo qualche piccolo passo in direzione della qualità della vita. Ma non è solo questione di un ottimismo ritrovato. Questo è un momento in cui si ride se c'è da ridere, ma si investe anche seriamente su qualcosa".

    ° incalzati °° aiuto
    °°° in altri luoghi

    ° diminuzione delle nascite

In attesa di capire se siamo di fronte a un cambiamento autentico o se, piuttosto, è la proiezione *buonista°* di **massmediologi**[18] che vogliono per forza convincersi di **essere incappati**[19] nel migliore dei mondi possibili, in attesa di sapere se il pendolo del boom demografico tornerà verso l'altissimo picco del 1961 (930 mila nascite) o invece si bloccherà sulle 500 mila scarse del 1995, si può comunque prendere nota del fatto che anche il presidente della Repubblica, **Oscar Luigi Scalfaro**[20], ultimamente è sembrato più sorridente. Anzi anche lui, in un discorso ufficiale, ha notato che **si colgono segnali**[21] di nuova serenità. E poiché Scalfaro non ha mai ecceduto in ottimismo, forse si può concludere che qualcosa di concreto c'è.

    ° ottimista

Se non le hanno al Quirinale le informazioni attendibili...

---

13. si facevano tutti i giorni i conti con i soldi per la spesa = si doveva far fronte a ristrettezze economiche imposte dalla guerra appena conclusa e per questo motivo anche la spesa giornaliera era un difficile esercizio di bilancio.

14. inclinazioni > **inclinazione** = attitudine/ disposizione/tendenza/propensione.

15. si assiste > **assistere** = vedere.

16. i figli sono progetti = i figli rappresentano degli investimenti e devono essere pianificati e programmati.

17. Yuppismo e carrierismo. Yuppismo = ideologia e comportamento dello yuppie. In Inghilterra, negli anni '80, venivano definiti

"yuppies" i giovani manager e professionisti d'assalto che, metodicamente, scalano il successo (neol. 1984). **Carrierismo** è la parola nostrana che descrive lo stesso concetto.

18. massmediologi > **massmediologo** = (sost.) chi sa creare nuove tendenze e opinioni e le diffonde attraverso i media.

19. essere incappati > **incappare** = imbattersi involontariamente.

20. Oscar Luigi Scalfaro. Presidente della Repubblica italiana dal 1992 al 1999.

21. si colgono segnali > **cogliere** = indovinare/intravedere segni (di).

ESERCIZI DI GRAMMATICA E DI LESSICO

A. Abbinate le parole nella colonna I al loro contrario nella colonna II.

	I		II	
1	ascesa		ostilità	A
2	autentico		limitarsi	B
3	boom		amaro	C
4	certezza		nascondere	D
5	dolce		indifferenza	E
6	eccedere		buon umore	F
7	frivolezza		aumento	G
8	malumore		discesa	H
9	notare		pessimismo	I
10	ostentare		falso	J
11	ottimismo		recessione	K
12	passione		trascurare	L
13	riduzione		dubbio	M
14	benevolenza		serietà	N

B. Trasformate secondo l'esempio.

Es. Gli italiani vanno al cinema (voglia di ridere)
> **Gli italiani vanno al cinema perché vogliono ridere**

1. Si registrano più nascite (ottimismo ritrovato).
2. Molte persone vanno al cinema nel pomeriggio (riduzione del prezzo).
3. I nostri genitori ballavano il boogie-woogie (tentativo di dimenticare).
4. I giovani frequentano bar e discoteche (desiderio di stare insieme).
5. I ragazzi e le ragazze cercano uno sfogo nella droga (perdita delle certezze).
6. Lucia ha letto molto (desiderio di sapere).
7. Gli italiani ridono (bisogno di leggerezza).
8. A Roma si moltiplicano le scuole di danza (desiderio di imparare a ballare).

C. Fate la domanda usando appropriatamente il verbo *piacere*. Seguite l'esempio.

Es. Sì, gli italiani sono appassionati di cinema
> **Il cinema piace agli italiani?**

1. Sì, i nostri genitori erano appassionati di boogie-woogie.
2. Sì, il tango era il ballo preferito di Francesco.
3. Sì, il signore e la signora Verdi andavano spesso a teatro.
4. No, i giovani non amano il cinema: preferiscono andare in discoteca.
5. Sì, la musica è la passione di Giulia.
6. No, i vestiti di moda non le interessano molto.
7. Sì, il libro di Cathleen Schine *La lettera d'amore* è molto popolare con gli italiani.
8. No, non penso che il film *Il Ciclone* sia un granché.

D. Riscrivete ognuna delle seguenti frasi speculando su cosa succederebbe, o sarebbe potuto succedere, se...

Es. Il film ha avuto successo, perchè era ben fatto e ben interpretato
> **Il film avrebbe avuto successo se fosse stato ben fatto e ben interpretato**

1. Si colgono segnali di serenità, perché anche il presidente della Repubblica sorride.
2. Si fanno più bambini perché in giro c'è un maggior senso di ottimismo.
3. Siamo andati in macchina perché c'era lo sciopero dei mezzi pubblici.
4. È andata al cinema perché sapeva che il film era divertente.
5. Si va più al cinema, perché ci sono film che fanno ridere e piacciono agli italiani.
7. È tornata la voglia di ballare, perché negli italiani è cresciuto il senso di ottimismo.
8. Giovanni ti ha potuto spedire la lettera, perché tua mamma gli ha mandato il tuo indirizzo.
9. Il presidente sa quali sono state le cause della rottura del contratto perché ha letto il rapporto redatto dalla commissione.
10. Ha ritrovato serenità e fiducia perché ha ottenuto un lavoro interessante.

E. Per ognuna delle seguenti coppie di eventi scrivete una frase che descriva il rapporto di causa e di effetto.

Es. spopolamento delle città ♦ desiderio di vita semplice
> **Il desiderio di vivere in modo semplice ha determinato uno spopolamento delle città**

1. tramonto dello yuppismo ♦ aumento delle nascite.
2. desiderio di dimenticare gli orrori della guerra ♦ diffusione del boogie-woogie.
3. voglia di ballare ♦ aumento delle scuole di danza.
4. diffusione di contraccettivi ♦ diminuzione delle nascite.
5. pioggia torrenziale ♦ straripamento del fiume.
6. siccità ♦ incendio bosco.
7. fitta nebbia ♦ chiusura aeroporto.
8. impreparazione della Lazio ♦ vittoria della Juventus.

F. Rispondete alle domande nel modo che ritenete più opportuno.

Es. Hai fatto gli auguri a Laura?
> **Sì, glieli ho fatti. / No, non glieli ho ancora fatti**

1. Ti hanno insegnato a ballare il boogie-woogie?
2. Hai chiesto a Luisa se vuol venire al cinema?
3. Avete mandato la cartolina a Mario?
4. Vi ha indicato la strada giusta?
5. Ha dedicato la canzone a Mara?
6. Hanno comprato un biglietto anche per lui?
7. Hai restituito a Marco il suo libro?
8. Avete scritto almeno un biglietto di auguri ai vostri genitori?

G. Trasformate opportunamente le frasi passando dalla forma impersonale a quella personale.

Es. Negli anni '50 per divertirsi si andava spesso al cinema
> **Negli anni '50 per divertirsi gli italiani andavano spesso al cinema**

1. Negli anni '50 si lavorava molto per ricostruire il paese.
2. Negli anni '50 si imparava a ballare il boogie-woogie dai soldati americani.

3. Negli anni '50 si sognava e si sperava in un futuro migliore.
4. Negli anni '50 si usava la Vespa per andare a lavorare e per andare a spasso la domenica.
5. Negli anni '50 si era felici accontentandosi di poco.
6. Negli anni '50 si mangiava carne una volta alla settimana.
7. Negli anni '50 si facevano tutti i giorni i conti della spesa.
8. Negli anni '50 si andava molto spesso al cinema.

DOMANDE DI COMPRENSIONE

1. Quale genere di film andavano a vedere gli italiani alla fine degli anni '90?
2. Che cosa vuol dire la frase "gli anni Ottanta sono stati anni di ostentazione arrogante"?
3. Quali sono stati i passatempi favoriti degli italiani negli anni '90?
4. Perché secondo Fulvio Abbate: "Ci stiamo inventando un nuovo dopoguerra anche se la guerra non c'è stata".
5. Perché nell'articolo si dice che verso la fine degli anni '90 si assiste ad una ripresa della passione per il cinema?
6. Come si può definire "l'angoscia" del tempo presente, secondo l'articolista?
7. Perché recentemente, in Italia, sono aumentate le scuole di danza?
8. Cosa vuol dire che "i figli sono progetti"?
9. Cosa pensa l'articolista del clima di ottimismo che si respira in Italia alla fine degli anni '90?
10. Spiega l'ironia della frase: "Se non le hanno al Quirinale le informazioni attendibili....".

ESERCIZI DI SCRITTURA

Testi di riferimento: testo II e scheda 2 di questa Unità; Introduzione all'Unità I; Bibliografia essenziale dell'Unità I; Introduzione all'Unità IV; sezioni 4 e 5 dell'Unità IV.

1. Servendovi del testo, esprimete con parole vostre come manifestano gli italiani il loro ottimismo per la vita, alla fine degli anni '90. Incominciate così: "Hanno ripreso ad andare al cinema perché lo vedono come un modo per divertirsi. Anzi, dopo aver visto Il Ciclone...". *(Scrivete 300 parole)*.
2. Che cosa pensate voi degli anni '90? E per che cosa saranno ricordati? *(Scrivete un saggio di 400 parole)*.
3. Mettete a confronto la opinioni di Latella, di Bocca e di Haycraft sugli italiani e sul carattere nazionale *(Scrivete 400 parole)*.
4. Immaginate che Lella Costa abbia dei dubbi sui figli e sul futuro. Mettete tutto il suo discorso (cfr. V paragrafo) in chiave di ipotesi. Iniziate così: "Lella Costa si chiede se i figli siano progetti e se decidere di averne uno...".
5. Riempite opportunamente il questionario sulla vita degli italiani negli anni '50 e negli anni '90. Scegliete il giusto tempo verbale!

GLI ITALIANI	ANNI '90	ANNI '50
vivono/vivevano/in stato d'angoscia		
vedono/vedevano/il futuro incerto		
non riescono/riuscivano/a trovare casa		
sono pressati/erano pressati/dall'incertezza		
hanno/avevano/difficoltà a trovare lavoro		
investono/investivano/nel futuro		
amano/amavano/divertirsi		
convivono/convivevano/fra nuove ristrettezze		
pensano/pensavano/di essere poveri ma belli		
cercano/cercavano/di dimenticare la guerra		

Unità 1 / **Sezione 3**

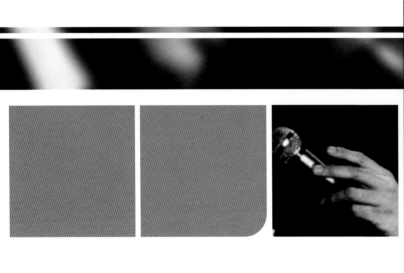

Capire l'Italia e l'italiano   Lia Buono Hodgart   Il Costume   **Un cantautore fra mille:**
Lingua e cultura italiana oggi   **Paolo Conte**

Un cantautore fra mille:
Paolo Conte

Paolo Conte

Paolo Conte (Asti, 1937) è uno dei più originali cantautori italiani, amato ed applaudito in patria ed anche all'estero. Il suo indubbio talento musicale e poetico è ormai universalmente conosciuto ed apprezzato. Michele Serra, nella sua Prefazione al volume ***Conte, 60 anni da poeta,*** traccia un profilo realistico e lusinghiero dell'arte e della carriera dell'artista e conclude dicendo che Conte è partito "da postazioni in fondo limitate", ma è riuscito ad arrivare "nella non grande schiera dei grandi artisti, coloro che commuovono, coloro che tirano un piccolo filo e dietro si scioglie la grande matassa delle emozioni". Conte unisce, infatti, ad un linguaggio musicale originale ed esotico un alto senso poetico e una rigorosa professionalità.

Gli inizi, come dice Serra, sono "limitati" ed anche insoliti. Conte, infatti, svolge una professione seria, è avvocato, ma nel tempo libero si dedica alla sua vera passione che è, naturalmente, la musica. Una musica, in questo momento iniziale della sua carriera, un po' frivola e, secondo Serra, quasi "clownistica": è la musica, un po' datata e un po' retrò della rivista italiana, del cabaret e degli anni Venti. Conte si presenta, quindi, ai suoi inizi, come un "affascinante cabarettista", legato alla tradizione melodica italiana più che alla "nuova canzone" dei cantautori moderni. Appartengono a questo periodo le sue due prime raccolte intitolate ***Paolo Conte*** (RCA 1974 e 1975). L'evoluzione di Conte verso forme e ritmi personali è molto rapida. Già la sua terza raccolta, ***Un gelato al limon*** (RCA 1979), esce dai limiti angusti della tradizione melodica italiana sia per i temi che per il linguaggio musicale. Le sue canzoni non parlano più del mondo ristretto della provincia, dei suoi bar, delle sue frustrazioni e patetiche consolazioni, della quotidiana noia di paese, della solitudine del provinciale. Le sue canzoni diventano cosmopolite, e il loro spazio, la loro scena è il mondo. Come dice De Angelis nella Introduzione al volume citato sopra, le canzoni di Conte si fanno "universali, più avvolgenti, astratte, quasi interscambiabili, profumate di fantasie bizantine e di una nuova sensualità più attiva che inerte, più solare che serale". Il tema più ricorrente è quello dell'uomo prigioniero o fuggitivo o naufrago, delle sue memorie, dei suoi sogni e del suo desiderio di una donna universale che sia "una specie di cielo, un'acqua di naufragio, un volo". Con la quarta e la quinta raccolta ***Paris Milonga*** (RCA1981) e ***Appunti di viaggio*** (RCA 1982), Conte ha raggiunto il pieno della sua espressività artistica. Le canzoni sono ora "canzoni di suoni, di colori, di profumi e di calore ed evocano "terre lontane, vampate africane, sceicchi, musicisti negri, jazz e boogie" con un'adesione così totale a questa realtà esotica che sembra davvero che "il piccolo provinciale avesse preso il treno per Parigi o l'Argentina". Dall'85, e particolarmente con la raccolta ***Aguaplano*** (Cgd 1987), l'interesse di Conte si sposta progressivamente verso la musica, a cui il testo viene subordinato. Una delle canzoni più famose di questo ultimo periodo, ***Max***, non ha testo. Non stupisce, quindi, che a questo punto Conte abbia voluto musicare i testi di Montale. Le ultime due raccolte sono: ***Parole d'amore scritte a macchina*** (1990) e ***Una faccia in prestito*** (1995).

Riassumendo, si potrebbe dire che la musica di Conte è una musica impressionistica, esotica, suggestiva e, fondamentalmente, sofisticata, ma gli aggettivi non rendono giustizia a quella complessità e profondità che solo la lettura dei testi e l'ascolto delle canzoni possono rivelare a pieno. Diamo ora quattro canzoni di Conte: ***Boogie*** (dalla raccolta ***Paris Milonga***), ***Hemingway*** (da ***Appunti di viaggio***), ***Genova per noi*** e ***Una faccia in prestito*** (dalla raccolta ***Una faccia in prestito***).

Boogie

Due note e il ritornello
era già nella pelle di quei due
il corpo di lei mandava vampate africane.
lui sembrava un coccodrillo..
i saxes spingevano a fondo
come ciclisti gregari in fuga
e la canzone andava avanti
sempre più affondata nell'aria...
quei due continuavano,
da lei saliva afrore di coloniali
che giungevano a lui come da una
di quelle drogherie di una volta
che tenevano la porta aperta
davanti alla primavera...
qualcuno nei paraggi cominciava
a starnutire, il ventilatore ronzava
immenso dal soffitto esausto,
e i saxes, ipnotizzati dai movimenti,
di lei si spandevano
rumori di gomma e di vernice
da lui di cuoio.. le luci saettavano sul volto
pechinese della cassiera
che fumava al mentolo,
altri starnutivano senza malizia
e la canzone andava elegante,
l'orchestrina era partita, decollava...
decollava...

Hemingway

Oltre le dolcezze dell'Harris Bar
e le tenerezze dello Zanzibar
c'era questa strada...
Questa strada zitta che vola via
come una farfalla, una nostalgia,
nostalgia al gusto di curaçao...
forse un giorno megli mi spiegherò...
Et alors, Monsieur Hemingway,
ça va?
Et alors, Monsieur Hemingway,
ça va mieux ?

Una faccia in prestito

Con una faccia imprestata
da un altro, che - se ti fa comodo
d'altra parte vorresti la tua
da offrire a quel pubblico,
che ti guarda come a un carnevale
si guarda una maschera
ma intanto sa che tu
non sei così
perché la faccia che avevi
una volta è rimasta stampata qui
nei tuoi modi di fare, nel tuo
palpitare e distinguerli
nella vecchia passione
nella tentazione di essere,
non piangere, coglione, ridi e vai.

Genova per noi

Ma quella faccia un po' così
quell'espressione un po' così
che abbiamo noi prima di andare a Genova
e ogni volta ci chiediamo
se quel posto dove andiamo
non c'inghiotta e non torniamo più.
Eppur parenti siamo un po'
di quella gente che c'è lì
che come noi è forse un po' selvatica,
ma la paura che ci fa quel mare scuro
che si muove anche di notte
e non sta fermo mai.
Genova, per noi
che stiamo in fondo alla campagna
e abbiamo il sole in piazza rare volte
e il resto è pioggia che ci bagna.
Genova, dicevo, è un'idea come un'altra..

"E Conte[1] mette in musica i versi di Montale[2]" *di Marco Ferrari*

Con quella faccia un po' così, l'espressione un po' così[3], Paolo Conte è arrivato finalmente a Genova. "C'è un Montale per tutti" diceva **Giorgio Caproni**[4]. **Quello di Conte è un Montale proiettato nel futuro**[5]. Il **cantautore astigiano**[6] ha infatti composto le musiche di un Cd-Rom sulla vita e le opere del poeta ligure prodotto dalla Provincia di Genova, nel centenario montaliano, tra poche settimane in libreria e nei negozi al prezzo di 50 mila lire.

Ideato° come un video gioco d'esplorazione, il Cd-Rom *realizzato*°° dalla Ludomedia ci introduce, ad orari diversi, nelle quattro abitazioni storiche di Montale: il mattino a Genova, a mezzogiorno a **Monterosso**[7], il pomeriggio a Firenze e la sera a Milano. Conte si è *cimentato*° con dodici poesie, quattro recitate dal poeta *scomparso*°°, componendo 34 minuti e mezzo di musiche.

 ○ *concepito / progettato*
 ○○ *costruito / eseguito*

 ○ *provato* ○○ *morto*

"Il mio lavoro va *sentito in blocco*°, - spiega Conte, - perché l'ho *concepito*°° come una festa di musiche variate. Per la verità ho avuto qualche dubbio. Mi sono chiesto che musica sarebbe piaciuta a Montale. Forse avrebbe preferito il silenzio. Qualcuno si è domandato se era giusto *accoppiare*° musica e versi di Montale quando lui stesso **se n'è andato**[8] senza sapere che qualcuno lo avrebbe fatto. Poi mi sono detto: anziché Mozart o Beethoven, usati molto nei **protocolli**[9] dei festeggiamenti, meglio un contemporaneo, se non altro ho avuto modo di leggerlo". **Tra lini e vecchie lavande**[10], lo **chansonnier piemontese**[11] si è *accostato*° con delicatezza al **"poeta più musicale"**[12] e alla sua città, Genova.

 ○ *considerato nel suo insieme*
 ○○ *immaginato*

 ○ *mettere insieme*

 ○ *avvicinato*

Il primo viaggio **interattivo**[13] tra un poeta e un cantautore è il frutto di una paziente *limatura*° di versi. "Io e i miei musicisti - ha confessato Conte alla presentazione del Cd-Rom nel salone della Provincia di Genova - abbiamo fatto molte prove di lettura per

 ○ *scelta e adattamento*

1. **Conte.** Paolo Conte. Cantante e autore di molte canzoni di successo. Cfr. scheda 3 di questa Unità.
2. **Montale.** Eugenio Montale è uno dei massimi poeti italiani del Novecento (Genova 1896-Milano 1981), Premio Nobel 1975. Le sue raccolte più famose sono: *Ossi di Seppia* (1925), *Le occasioni* (1939), *La bufera e altro* (1956).
3. **Con quella faccia un po' così, l'espressione un po' così.** Parodia dei versi iniziali della canzone di Conte *Genova per noi*, che è data nella scheda 3. L'idioma "un po' così" si usa per descrivere qualcosa di generico e indistinto.
4. **Giorgio Caproni.** Noto poeta (Livorno 1912-Roma 1990). La sua frase **"C'è un Montale per tutti"**, vuol dire: "la poesia di Montale è accessibile e comprensibile a tutti, anche se in modi diversi". La poesia di Montale è variamente profonda e si può leggere a diversi livelli. Secondo Caproni ognuno di noi vi può accedere, una volta che è riuscito a trovare il livello che gli riesce comprensibile.
5. **quello di Conte è un Montale proiettato nel futuro.** Grazie al CD-ROM, Montale vive ora non solo nei libri di poesia o di letteratura ma anche in una dimensione massmediologica.

6. **cantautore astigiano. Astigiano** = (agg.) di Asti, capoluogo di provincia del Piemonte. Conte è nativo di Asti, di qui l'aggettivo "astigiano". **Cantautore** = (sost.) artista che compone musica e versi di una stessa canzone. Cfr. scheda 3 e Introduzione a questa Unità.
7. **Monterosso.** Paese della riviera ligure dove aveva casa Montale.
8. **se n'è andato** > andarsene = (a) andar via, uscire (es. "se n'è andato senza dire una parola" (b) scomparire, morire (es. "è rimasto orfano da bambino: entrambi i genitori se ne sono andati quando lui era molto giovane"). **Nel testo vale l'accezione (b).**
9. **protocolli** > protocollo = programma ufficiale (che assicura il regolare svolgimento di una funzione).
10. **tra lini e vecchie lavande.** Sono dettagli di ambiente che evocano un'atmosfera un po' retrò.
11. **chansonnier piemontese. Chansonnier** (francesismo) = cantautore. **Piemontese** (agg.) = che è nato in Piemonte, come Conte.
12. **"poeta più musicale".** Si allude alla qualità dei versi di Montale.
13. **interattivo** = che prevede l'interazione con un operatore.

calcolare i tempi musicali, poi **ci siamo lasciati un po' andare**[14] all'improvvisazione".
Ecco, allora, i risultati di questo *intreccio*° tra musica d'autore e poesia d'autore: *"Arsenico"* ◦ *stretto collegamento*
è diventata una specie di **sinfonia d'archi**[15] in omaggio ai suoi famosi versi *"Ascolta tra i palmizi il getto tremulo dei violini"*; *"Non chiederci la parola"*, è un **assolo**[16] di tromba; la famosa *"Casa dei doganieri"* è interpretata da Paolo Conte nel suo stile più personale e tipico e, si vorrebbe aggiungere, con grande sensibilità; *"La bufera"* è un'orchestra d'archi nervosa come i *"lunghi tuoni marzolini°"*; *"Primavera hitleriana"* è un insieme di note ◦ *di marzo* dolciastre a sottolineare il veleno dolce dell'epoca e a questo punto appare una *nebulosa*° ◦ *indistinta* atmosfera di ombre e maschere.

"La mia ispirazione? Il Novecento - assicura Conte - nel senso che Montale è una delle voci più autorevoli del secolo letterario che si chiude ed io ho cercato di *ragionare*° da ◦ *pensare* novecentista, tentando di dare un po' di varietà alle mie **interpretazioni**[17]. L'unico omaggio che potevo fargli era quello, appunto, di stare vicino al suo, al mio Novecento. Non mi sarei mai permesso di **sporcare i suoi versi**[18]". Ecco allora un mixer di samba, fisarmonica, rock e pezzi "stravinskiani" che cerca di esplorare la musicalità dei versi montaliani e i suoi magici strumenti linguistici. In qualche modo il cantautore astigiano **rompe un tabù**[19], *l'inquieta idea*° che oltre Montale non si possa andare e che neppure si ◦ *preoccupazione* possa tornare indietro.

"Spero di aver fatto un buon lavoro, - dice Conte, - ma datemi retta, cercate di ascoltare la musica con le cuffie, io resto fedele all'idea che la musica ti deve *coinvolgere*°, la devi ◦ *trascinare* subire. Di questi strumenti non mi fido troppo". Poi, come per incanto, anche lui comincia a "navigare".

---

14. ci siamo lasciati andare > lasciarsi andare = (a) perdere il controllo di sé (es. "quando ho sentito che cosa ha detto il direttore, mi sono lasciato andare e gli ho risposto molto duramente"); (b) abbandonarsi (es. "parlando con la mamma, ci siamo lasciate andare ai ricordi ed abbiamo cominciato a parlare del tempo in cui vivevamo a Roma"); (c) trascurarsi (es. "da quando vive solo si è completamente lasciato andare e, se lo vedi, sembra uno straccione"). **Nel testo vale l'accezione (b).**

15. sinfonia d'archi = in un'orchestra, l'insieme degli strumenti ad arco (violino, viola, violoncello, contrabbasso).

16. assolo = la parte affidata a un solista in una composizione polistrumentale. Può essere scritta (come nella musica classica) o improvvisata dallo strumentista (come nel jazz).

17. interpretazioni > interpretazione = (a)

individuazione del significato di qualcosa, in particolare un testo, in base alle proprie conoscenze o valutazioni (es. "l'interpretazione che la maggior parte dei giornali ha dato dei recenti attentati a Cuba è del tutto inesatta e fuorviante"); (b) scelta dei valori da evidenziare in un testo, o composizione musicale, operata da chi ne cura l'esecuzione (es. "l'interpretazione della **Nona Sinfonia** di Beethoven data da Sir Georg Solti rimarrà memorabile"). **Nel testo vale l'accezione (b).**

18. sporcare i suoi versi = abbassare il tono morale dei suoi versi.

19. rompe un tabù > rompere un tabù = fare qualcosa che è proibito. Qui la frase è in senso scherzoso e vuol dire che Conte, mettendo in musica i versi di Montale, ha infranto la consuetudine che considera intoccabili, e tanto meno musicabili, i grandi testi letterari.

Eserciziario

ESERCIZI DI GRAMMATICA E DI LESSICO

A. Trovate la parola che, per significato, non appartiene al gruppo in cui si trova.

1. espressione, segno, idioma, termine, sforzo
2. proiettare, presentare, dare, far vedere, riprodurre
3. plasmato, creato, modellato, fatto, ornato
4. esplorazione, investigazione, ricerca, analisi, combustione
5. esitazione, corrispondenza, incertezza, titubanza, indecisione
6. delicato, fragile, gracile, morbido, debole
7. valere, esaminare, vagliare, valutare, stimare
8. unire, aggiungere, allegare, associare, accludere
9. trasmettere, ragionare, riflettere, meditare, pensare
10. suonato, consentito, lecito, tollerato, permesso
11. esplorare, analizzare, indagare, ricercare, indire
12. tabù, congiunzione, proibizione, divieto, interdizione

B. Trasformate le seguenti affermazioni in discorso indiretto.

Es. "C'è un Montale per tutti" diceva Giorgio Caproni
> **Giorgio Caproni diceva che c'era un Montale per tutti**

1. "Il mio lavoro va sentito in blocco - spiega Conte - perché l'ho concepito come una festa di musiche variate. Per la verità ho avuto qualche dubbio. Mi sono chiesto che musica sarebbe piaciuta a Montale, forse avrebbe preferito il silenzio".
2. "Qualcuno si è domandato - aggiunge Conte - se era giusto accoppiare musica e versi di Montale quando lui stesso se n'è andato senza sapere che qualcuno lo avrebbe fatto. Poi mi sono detto: anziché Mozart o Beethoven, usati molto nei protocolli dei festeggiamenti, meglio un contemporaneo, se non altro ho avuto modo di leggerlo".
3. "Io e i miei musicisti - ha confessato Conte alla presentazione del Cd-Rom nel salone della Provincia di Genova - abbiamo fatto molte prove di lettura per calcolare i tempi musicali, poi ci siamo lasciati un po' andare all'improvvisazione".
4. "La mia ispirazione? Il Novecento - assicura Conte - nel senso che Montale è una delle voci più autorevoli del secolo letterario che si chiude ed io ho cercato di ragionare da novecentista, tentando di dare un po' di varietà alle mie interpretazioni. L'unico omaggio che potevo fargli era quello, appunto, di stare vicino al suo, al mio Novecento. Non mi sarei mai permesso di sporcare i suoi versi".
5. "Spero di aver fatto un buon lavoro, - dice Conte, - ma datemi retta, cercate di ascoltare la musica con le cuffie, io resto fedele all'idea che la musica ti deve coinvolgere, la devi subire".

C. Trasformate le frasi secondo l'esempio.

Es. Le musiche di Paolo Conte
> **Le sue musiche**

1. Le abitazioni storiche di Montale > ....
2. Le poesie di Montale > ....
3. Le opere del poeta > ....
4. Le musiche di Mozart > ....
5. I dubbi di Conte > ....

6. Le bellissime interpretazioni di Conte > ....
7. I famosi versi del poeta > ....
8. La personalità eclettica del cantante > ....
9. Gli abili musicisti di Conte > ....
10. I protocolli dei festeggiamenti per Montale > ....

D. Cercate nel testo III i sostantivi derivanti dai seguenti verbi, poi volgeteli al singolare o al plurale.

VERBO	SOSTANTIVO SINGOLARE	SOSTANTIVO PLURALE
1. viaggiare	....	....
2. avvelenare	....	....
3. dubitare	....	....
4. esprimere	....	....
5. improvvisare	....	....
6. interpretare	....	....
7. intrecciare	....	....
8. ispirare	....	....
9. mascherare	....	....
10. provare	....	....
11. tuonare	....	....
12. ideare	....	....

E. Sostituite ai puntini le preposizioni articolate.

1. Paolo Conte ha dichiarato che il suo Montale è quello proiettato ...... futuro.
2. Leggendo Montale ho imparato ad apprezzare la bellezza ...... suoi versi.
3. L'autore ...... spettacolo non è soddisfatto ...... scarso successo che ha avuto.
4. Montale è senza dubbio uno ...... poeti più autorevoli ...... Novecento.
5. Conte interpreta la *Casa dei Doganieri* ...... suo stile più personale e tipico.
6. L'olio di oliva è prodotto in grandi quantità ...... provincia di Genova.
7. La musica classica si usa spesso ...... festeggiamenti ufficiali.
8. Il CD-Rom di Conte rappresenta una ...... più interessanti innovazioni musicali di oggi.

F. Sostituite *qualche* con *alcuni* o *alcune*, a seconda del caso e concordate opportunamente.

Es. Ho letto solo qualche pagina del libro che mi hai prestato
> **Ho letto solo alcune pagine del libro che mi hai prestato**

1. Per la verità ho avuto qualche dubbio, ha detto Paolo Conte.
2. Il cantautore astigiano rompe qualche tabù.
3. Qualche critico letterario non approva che Conte abbia messo in musica i versi di Montale.
4. Conte e i suoi musicisti hanno fatto qualche prova di lettura per calcolare i tempi musicali.
5. Qualche poesia di Montale si presta ad essere messa in musica.
6. Viveva in campagna qualche mese all'anno.
7. In vacanza ho letto qualche romanzo di Graham Green e qualche romanzo giallo di George Simenon.
8. Dopo qualche ora riuscì a completare il lavoro.

G. Volgete le frasi da attive in passive.

Es. Ludomedia ha realizzato il Cd-Rom di Paolo Conte
> **Il Cd-Rom di Paolo Conte è stato realizzato da Ludomedia**

1. Paolo Conte ha composto le canzoni sulle poesie di Montale.
2. Paolo Conte ha fatto il primo viaggio interattivo fra un poeta e un cantautore.
3. Montale ha scritto sei raccolte di poesie.
4. Dopo due ore di volo i terroristi hanno compiuto un atterraggio forzato.
5. Il grande corridore Nuvolari vinse molte gare automobilistiche con grinta e coraggio.
6. Dopo che i pescatori hanno tirato le reti i gabbiani hanno cominciato a seguire il peschereccio.
7. Credo che il vento abbia spazzato tutte le nuvole.
8. Gli astigiani producono un buon vino ed un eccellente spumante.

DOMANDE DI COMPRENSIONE

1. Illustra la novità del progetto di Paolo Conte di cui si parla nel testo III.
2. Quali notizie ci dà il testo III, di Montale e della sua poesia?
3. Che cosa vuol dire Conte quando afferma che il suo lavoro "va sentito in blocco"?
4. Conte, ha avuto dubbi sulla bontà del suo progetto?
5. Come è stato organizzato il lavoro per la produzione del Cd-Rom su Montale?
6. Spiegate la frase di Caproni: "C'è un Montale per tutti".
7. Qual è l'occasione particolare per cui si produce il Cd-Rom su Montale?
8. Spiegate quale tipo di musica si accompagna alle cinque liriche di Montale citate nel testo.
9. Quale tipo di musica si usa, di solito, nelle cerimonie ufficiali?
10. Perché Conte decide di stare "vicino al Novecento"?

ESERCIZI DI SCRITTURA

Testi di riferimento: testo III e scheda 3 di questa Unità; Introduzione all'Unità I; Bibliografia essenziale dell'Unità I; "Montale" in AA.VV. *Storia della letteratura italiana* (Il Novecento); Eugenio Montale, in *Poeti del Novecento*, a cura di V. Mengaldo, Milano, Mondadori, 1988; E. De Angelis, *Conte, 60 anni da poeta*; scelta di canzoni di Paolo Conte.

1. Riassumete il testo III con parole vostre. *(Scrivete 200 parole)*.
2. Fate una ricerca su Montale e poi scrivete un saggio, dando notizie della sua vita e della sua arte *(Scrivete 500 parole)*.
3. Scegliete una delle cinque poesie di Montale citate nel testo III e fatene una parafrasi.
4. Scrivete un saggio dal titolo "Paolo Conte, un cantautore italiano fra tanti altri" *(Scrivete 400 parole)*.
5. Scegliete una delle quattro canzoni di Conte date in scheda e cercate di riassumerne il significato e di identificarne l'originalità *(Scrivete 300 parole)*.

Unità 1 / **Sezione 4**

Capire l'Italia e l'italiano
Lingua e cultura italiana oggi

Lia Buono Hodgart

Il Costume

Gli italiani si divertono

Gli italiani si divertono

Il tempo libero degli italiani

Fuori d'Italia, gli italiani hanno fama di essere cordiali e socievoli, pronti all'amicizia e ai piaceri della socialità, dello stare insieme. Non è facile dire se questa immagine sia o meno fondata, se lo sia stata in passato e se lo sarà nell'immediato futuro. Di certo l'impiego del tempo libero, le abitudini e gli svaghi degli italiani sono in continua trasformazione e cambiano altresì da un luogo all'altro, da un contesto culturale all'altro, da una generazione all'altra, e qualunque generalizzazione sarebbe inopportuna.

I vecchi rapporti faccia a faccia si sono dissolti nel generale anonimato metropolitano e sono cadute quasi ovunque le aggregazioni di tipo ideologico che avevano caratterizzato gli anni '70. Così è l'ambiente di studio e di lavoro a costituire il principale canale di socializzazione: va da sé, quindi, che spesso questa vita sociale divenga, soprattutto nei grandi centri del Nord, sempre più rarefatta, occasionale e circoscritta a un ristretto 'giro' di amicizie e di relazioni. L'estendersi del lavoro autonomo, l'onnipresenza della tv nella vita quotidiana, il diffondersi di forme di comunicazione come Internet e il restringersi dei consumi culturali più qualificati quali il cinema, il teatro, la musica, hanno accentuato l'abitudine degli italiani a fruire del tempo libero entro le pareti domestiche. Di qui la diffusione, per chi cerca un'alternativa alla solitudine, di una grande varietà di spazi (non sempre nuovi) idonei a favorire la socializzazione: le università della terza età, gli oratori, i centri sociali, i viaggi organizzati, i corsi di bricolage, i centri specializzati nella cura del corpo, il volontariato, le sagre di paese, sono solo alcuni tra i tanti possibili esempi. La stessa discoteca, più che un luogo di divertimento, è per i giovani un'occasione per socializzare, un pretesto per allargare – mediante la messa in mostra di sé – la cerchia delle proprie conoscenze.

Spesso osteggiati dalle autorità locali, si sono radicati nelle grandi metropoli alcuni centri sociali (il più noto, nel bene e nel male, è, a Milano, il *Leoncavallo*, dal nome della via in cui è ubicato), spazi autonomi di aggregazione giovanile che vogliono offrire qualcosa di più di una semplice occasione per conoscersi e 'stare insieme', e che mirano a stili di vita 'alternativi', o addirittura 'antagonistici' rispetto a quelli dominanti. Per quanto molti centri sociali finiscano per essere un luogo dove consumare droghe, il loro anticonformismo ha il duplice merito di contenere il disagio giovanile e di promuovere interessanti sperimentazioni in campo artistico e musicale.

L'abitudine a fare insieme qualcosa – si tratti di assistere a una partita di calcio o a un concerto o di praticare uno sport – resta molto radicata nella mentalità degli italiani. Oggi i modi con cui giovani e adulti tendono ad aggregarsi sono dettati dallo stile di vita, dalla comunanza di gusti, di interessi settoriali, di passioni sportive e dalla contiguità degli ambienti sociali di provenienza. Una forma di svago che continua ad unire gli italiani è l'usanza di uscire a pranzo o a cena, magari anche solo per una pizza, spesso in compagnie molto numerose - e questa usanza non è stata intaccata dalla minore disponibilità di redditi da destinare ai consumi.

Rispetto ai loro concittadini europei, gli italiani dedicano poco tempo e poche risorse ai consumi culturali: la lettura e la partecipazione a spettacoli musicali, teatrali e cinematografici sono tra le più basse in Europa. In crescita sono la pratica attiva dello sport (anche di sport costosi come sci o tennis), il tempo dedicato alle cure estetiche e allo shopping: tutte queste attività non riguardano più ristrette élite, ma hanno ormai carattere di massa.

"Ballando, ballando sulle piste dell'impossibile" *di Jenner Meletti*

Mario *fa il pasticciere°* a Milano e ha la faccia *giusta°°*: un sorriso largo, la barbetta   **○** *confeziona dolci* **○○** *adatta*
ben curata, le guance piene, come quelle di un bambino. Balla, Mario, sulla statale che
da Cortefranca porta all'autostrada. C'è la *coda°*, alle cinque e mezzo della mattina, ma   **○** *fila*
anche questa diventa una *festa°*: tutti giù dalle Panda e dalle Golf, per ballare la   **○** *divertimento*
"techno" che esce dai finestrini aperti, come un fiume in piena. "Io mi alzo alle quattro
del mattino - dice Mario - e mi metto a preparare paste e brioches. Alle otto entro in
negozio, e faccio il *commesso°*. "Buongiorno signora, le do i soliti cornetti?" "Tutto bene   **○** *venditore*
signora, con la torta di ieri?" "Confezione regalo?'' "Certo signora, grazie signora".
Avanti fino all'una, ogni giorno.

La **Padania**[1] **che non si lascia scappare un'occasione**[2] per fare soldi, ha scoperto
anche il dopo-discoteca: ci sono tre **chioschi**[3], sulla *statale°* verso l'autostrada, aperti   **○** *strada statale*
tutta notte. Acqua minerale per chi deve guidare, birra e panini per gli altri. Nessuno deve
lasciare la *zona°* con diecimila lire in tasca.   **○** *posto*

Non è difficile trovare il *Number One*, sulla strada verso il lago. Tre laser rompono la
foschia[4] della notte, e indicano a tutti "il locale dell'impossibile". Meglio *fare il pieno°*   **○** *fare provviste*
prima di entrare, nei pub e nelle pizzerie. I previdenti hanno fatto spesa negli *autogrill°* e   **○** *supermercato sull'autostrada*
seduti in auto, nel parcheggio, **scolano**[5] vino o whisky. Posto da duri, il *Number One*. Io
so cosa vogliono i giovani - dice il proprietario, Mario Basalani, mentre in camicia *a*
scacchi° controlla *l'afflusso°°* - e glielo do".   **○** *a quadretti* **○○** *chi entra*

Mario il pasticciere entra con altri quattro amici. **Conosce il locale come le sue**
tasche[6]. L'obiettivo di Mario è la "Sala due", "Hardcore warriors", il programma di
stasera. I d.j. sono arrivati da New Jork e da Glasgow. **Non si scherza**[7], al *Number One*.
Un giovanotto della *Sicurezza°*, alto e biondo, ha afferrato per i capelli un ragazzino   **○** *il servizio di sorveglianza*
altissimo e magro, e **lo scuote come un giunco**[8]. Sempre tirandolo per i capelli, lo spinge
verso un cancello con la scritta: "Uscita di sicurezza". Il ragazzo magro cade a terra, viene
tirato su con un colpo che sembra strappare il **cuoio capelluto**[9], e viene buttato fuori.
"Aveva della droga" spiega il biondo. "Noi violenti? Ma siamo in sedici, e loro in diecimila.
Devi farti *valere°*, fare capire che sei tu che comandi. Altrimenti...". E si passa il pollice   **○** *rispettare*
sotto la gola, come chi teme di essere *sgozzato°*.   **○** *scannato*

---

1. **Padania**. Il termine è stato inventato dai leghisti (gli appartenenti alla Lega Nord) ad indicare le regioni bagnate dal fiume Po e unite nella comune ideologia (cfr. sezione II dell'Unità IV). Qui la denominazione è adoperata in senso ironico.
2. **non si lascia scappare un'occasione** > non lasciarsi scappare un'occasione = approfittare di ogni opportunità.
3. **chioschi** > chiosco = piccola costruzione, realizzata in muratura o altro materiale, spesso situata a lato di strade o piazze. Vi si vendono bevande, cibi, sigarette e giornali.
4. **foschia** = offuscamento dell'aria, dovuto, di solito, ad umidità.
5. **scolano** > scolare = bere tutto il contenuto della bottiglia.
6. **conosce il locale come le sue tasche** = conosce il locale molto bene.
7. **non si scherza** = non si tollera un comportamento illecito o in qualche modo sconsiderato che potrebbe essere dannoso per sé o per gli altri.
8. **lo scuote come un giunco** = lo scrolla come se fosse un giunco. (Il giunco è una pianta erbacea che cresce in ambienti umidi ed è flessuosa e facilmente pieghevole).
9. **cuoio capelluto** = strato di pelle che riveste la volta cranica, coperto dai capelli.

Parcheggio pieno (auto da Veneto, Svizzera, Emilia, Toscana Liguria). Ventimila lire per l'ingresso°, ed il signor Basalani è contento. Si paga poco, qui tanto in un modo o in un altro, i soldi usciranno dalle tasche. Ci sono otto "American bar", al *Number One*, ed ognuno di questi ha quattro o cinque camerieri. Seimila per una birra, e dodicimila per un cocktail di superalcolici, chiamato B 52. "Se lo butti giù di colpo, è una bomba. Ti dà una carica... Si chiama 'Popper'.

Mario continua a ballare nella *Sala due*. Tum, tum, tum, tum... Esce solo qualche minuto, cerca di trovare posto nell'*atrio*° per prendere una boccata d'aria. «Anche tu qui, Matteo? **Forte**[10] qui, eh?». Ci sono decine di ragazze e ragazzi seduti in questo atrio, come fosse una sala d'attesa. Forse si riposano soltanto, forse aspettano quelli che vendono estasi. Una pastiglia sotto la lingua, e sei pronto a tornare in sala. Chi proprio *non ce la fa più*°, fa un salto in piscina. Un tuffo nell'acqua fredda, per ricordarti come ti chiami. Un ragazzo si butta tutto vestito, poi si toglie l'acqua dagli anfibi.

Non c'è più tempo per fermarsi, adesso. Con la storia delle **mamme anti rock**[11] e di tutti quelli che non capiscono perché Mario il pasticciere ed i suoi amici abbiano necessità di **tirare lo scarico**[12], le discoteche chiudono alle quattro del mattino. Super Mario adesso *non molla*° un attimo. Il d.j. abbassa un attimo i decibel, ma solo per rialzarli subito, e scatenare vibrazioni di corpi e di cuori. I laser e la musica si spengono assieme, alle quattro precise. I ragazzi sembrano uscire da una battaglia. A torso nudo, tengono le camicie *appallottolate*° dentro un sacchetto di nylon.

"Stanotte - dice Fausto Zannuti, infermiere volontario della Croce Azzurra ferma nel piazzale del *Number One* dalle 10,30 della sera - *ci è andata bene*°. Tre ragazzi li abbiamo *rianimati*° noi. Ci chiama il proprietario, quando ci sono serate speciali. Siamo in quattro: se due vanno all'ospedale, gli altri debbono restare qui. Il *compenso*°? Il proprietario offre 250.000 lire". Stanno attenti alla radio, gli infermieri. È l'ora degli incidenti. I nostri colleghi hanno già fatto tre *interventi*°, sulla statale". Mario il pasticciere, quando esce, ha gli occhi a spillo ma il sorriso è ancora largo. Un tiro di Popper, un sorso di whisky dalla bottiglia rimasta sulla *Uno*, e via a ballare sul piazzale, che tanto dal parcheggio per ora non si esce. Vibrano le lamiere di mille automobili. C'è chi gioca a calcio con lattine di birra. Si va, piano piano. Un'ora per superare la *sbarra*° del parcheggio, lasciando tremila lire. La statale ora è una discoteca ambulante. La luce del giorno sembra dare nuova forza. Si è al casello solo alle sei. "Daniele, ci fermiamo all'autogrill?". Non può finire proprio adesso, la notte di Super Mario.

○ *il biglietto d'ingresso*

○ *entrata / ingresso*

○ *è esausto*

○ *non ha sosta*

○ *arrotolate a palla*

○ *siamo stati fortunati*
○ *fatti rinvenire*
○ *paga*

○ *soccorsi*

○ *uscita*

---

10. forte. Nel linguaggio dei giovani vuol dire: "straordinario, bello, entusiasmante".

11. mamme anti rock = gruppo di pressione organizzato dalle madri delle vittime degli incidenti stradali causati dall'euforia del cocktail di musica, droga e velocità.

12. tirare lo scarico = (fig.) liberare le energie del fisico.

Eserciziario

ESERCIZI DI GRAMMATICA E DI LESSICO

A. Collegate il sostantivo all'aggettivo appropriato.

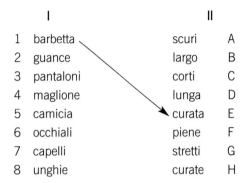

	I		II	
1	barbetta		scuri	A
2	guance		largo	B
3	pantaloni		corti	C
4	maglione		lunga	D
5	camicia		curata	E
6	occhiali		piene	F
7	capelli		stretti	G
8	unghie		curate	H

B. Date una spiegazione dei seguenti luoghi pubblici secondo l'esempio.

Es. Discoteca > **è il posto dove si incontrano gli amici, si ascolta musica e si balla**

1. Autorimessa > ....

2. Autogrill > ....

3. Stadio > ....

4. Supermercato > ....

5. Teatro > ....

6. Ristorante > ....

7. Gelateria > ....

8. Pizzeria > ....

9. Chiosco > ....

10. Birreria > ....

C. Sostituite alle strutture sottolineate, strutture di uguale valore semantico.

1. C'è la coda, alle cinque e mezzo della mattina sull'Autostrada, ma anche questa diventa una festa.

2. Alle otto entro in negozio, e faccio il commesso.

3. Nessuno deve lasciare la zona con diecimila lire in tasca.

4. Conosce il locale come le sue tasche.

5. Si paga poco, qui. Tanto in un modo o in un altro, i soldi usciranno dalle tasche.

6. Un tuffo nell'acqua fredda, per ricordarti come ti chiami.

7. Giovanni si è scolato tutta la bottiglia di vino.

8. La Padania non si lascia scappare un'occasione per far soldi.

D. Riempite gli spazi con gli articoli indeterminativi appropriati.

1. Non ho trovato neanche ...... posto libero nel parcheggio.
2. Abbiamo passato ....bella serata ieri al *Number One*.
3. È grande quanto la testa di ....spillo.
4. Non mi ha mandato neanche ......cartolina dal suo viaggio in Cina.
5. Sono riusciti ad aggiustare la macchina con ...... attrezzo speciale.
6. La giornata era particolarmente bella. Non c'era neanche ......nuvola in cielo.
7. Casa mia sembra ...... ospedale. Hanno tutti l'influenza.
8. Non ha capito ......acca di tutto il discorso.

E. Siete usciti con degli amici e la serata non è andata molto bene per una serie di imprevisti. Completate le frasi raccontando quello che avreste voluto fare quella sera se... non..

Es. Il tempo era brutto
> **Se il tempo non fosse stato così brutto avremmo potuto ballare sul piazzale del parcheggio**

1. La macchina è rimasta senza benzina.
2. La discoteca era chiusa.
3. Il traffico sull'autostrada era infernale
4. La vostra carta di credito era scaduta.
5. Il ristorante era pienissimo.
6. La destinazione era troppo lontana.
7. Francesco ha lasciato a casa il portafoglio.
8. Uno di voi si è sentito male.
9. La musica era molto forte.
10. Le ragazze erano tutte di cattivo umore.

F. Mettete, al posto dei puntini, la preposizione articolata appropriata.

1. Alcuni ragazzi sono stati portati di urgenza ....ospedale.
2. Siamo arrivati .... autogrill .... sei del mattino.
3. La musica .... *Sala due* era del tipo techno.
4. La polizia ha trovato della droga durante la perquisizione .... locale.
5. Un fulmine improvvisamente ruppe l'oscurità ....notte.
6. Il traffico alle 8 .... mattina è molto intenso.
7. Riempì il bicchiere e ne bevve un sorso anche ....bottiglia.
8. Tirò fuori .... tasca un taccuino e incominciò a scrivere.

G. Rispondete alle domande nel modo appropriato.

Es. Hai detto a Mario che ho comprato il biglietto per il *Number One*?
> **Sì, gliel'ho detto**
> **No, non gliel'ho detto**

1. Signora, Le faccio una confezione regalo?
2. Signora, Le do i soliti cornetti?
3. Hai chiesto a Mario se viene a ballare?
4. Ha telefonato a suo cugino?

5. Hai parlato al direttore della tua promozione?
6. Hai detto a Laura che sono arrivato?
7. Avete dato la merenda ai ragazzi?
8. Ti ha prestato il libro che ti aveva promesso?

DOMANDE DI COMPRENSIONE

1. Descrivete Mario il pasticciere specificando le sue abitudini ed i suoi gusti.
2. Dove si trova il *Number One* e che tipo di locale è?
3. Spiegate perché il *Number One* è chiamato "il locale dell'impossibile".
4. Qual è il programma di musica della *Sala due*?
5. Perché l'agente di polizia butta fuori un ragazzino?
6. Che cosa vuol dire il signor Basalani quando afferma: "Io so cosa vogliono i giovani e glielo do"?
7. Che cosa è il 'Popper'?
8. Perché le discoteche devono chiudere alle quattro del mattino?
9. Perché la Croce Azzurra è stazionata davanti al piazzale del *Number One*?
10. Perché, secondo te, il pasticciere Mario viene chiamato spesso, nel testo, "Super Mario"?

ESERCIZI DI SCRITTURA

Testi di riferimento: testo IV e scheda 4 di questa Unità; Introduzione all'Unità I; Bibliografia essenziale dell'Unità I; Introduzione all'Unità IV; sezioni 4 e 6 dell'Unità IV.

1. Confrontate il testo IV di questa Unità con il testo VI dell'Unità IV: selezionate, quindi, le tematiche comuni, relativamente agli svaghi dei giovani italiani.
2. Mettete al passato, usando i tempi verbali appropriati, il paragrafo 4. Iniziate così: "Mario il pasticciere entrò...".
3. Riscrivete il paragrafo 5 adottando frasi esplicite e modificando il testo se necessario. Immaginate che sia Mario a raccontare. Iniziate così: "Mario dice che il parcheggio è pieno, perché ci sono auto dal Veneto...".
4. Scrivete un saggio dal titolo: "Il tempo libero degli italiani". *(Scrivete 500 parole)*.
5. Raccontate come passate il vostro tempo libero e quali sono i vostri svaghi preferiti. *(Scrivete 400 parole)*.

Unità 1 / **Sezione 5**

Capire l'Italia e l'italiano
Lingua e cultura italiana oggi

Lia Buono Hodgart

Il Costume

Festival e canzoni

Festival e canzoni

Il Festival di Sanremo

Il Festival di Sanremo, la più famosa manifestazione canora italiana, nacque nel 1951 a Sanremo, cittadina turistica della Liguria e sede di un famoso casinò. L'iniziativa partì dal direttore del casinò di Sanremo, Pier Busseti, che rispolverò un progetto di un certo Amilcare Rambaldi, mercante di fiori ed appassionato di musica che, nel dopoguerra, aveva pensato ad un festival canoro da tenersi a Sanremo come modo per promuovere l'immagine e l'economia della sua città. Pier Busseti pensava a sanare il deficit finanziario del casinò, più che non quello della città, e così mise a punto il piano e la regolamentazione di una manifestazione canora, con gara di canzoni e di cantanti, da tenersi annualmente proprio all'interno del casinò. Il suo progetto incontrò il favore del Maestro Giulio Razzi, direttore della Radio italiana, che acconsentì con gran entusiasmo alla proposta di trasmettere il Festival sulla rete radiofonica nazionale.

Il Maestro Razzi era nipote di Giacomo Puccini e aveva a cuore le sorti della musica italiana: voleva uno spettacolo che celebrasse e valorizzasse la tradizione canora italiana e, in particolare, la "canzone all'italiana", discendente dalle grandi romanze d'opera dell'Ottocento e dalla canzone napoletana. Razzi pensava che, in quel momento, la canzone all'italiana appariva contaminata da influssi 'stranieri', quali la musica popolare ispano-afro-americana. Documenti dell'epoca testimoniano gli scopi del maestro Razzi: "Una nuova iniziativa volta a valorizzare la canzone italiana è stata recentemente promossa dalla RAI [...] l'intento principale è quello di promuovere un elevamento nel campo della musica leggera italiana che è venuta a mancare negli ultimi anni di un carattere originale e vivo".

Nacque così il Festival di Sanremo: la prima edizione, molto ridotta - tre cantanti e venti canzoni- prese il via fra i tavolini del casinò e fra una consumazione e l'altra. Il successo della manifestazione fu subito enorme: vinse la cantante Nilla Pizzi, subito consacrata "regina del Festival" e avviata a diventare in breve tempo un mito della musica leggera italiana. Vinse la sua canzone *Grazie dei fiori* di cui si vendettero ben 36mila dischi.

Fra il '51 e il '58 il Festival cresce per dimensioni - più cantanti in gara, più canzoni - e per popolarità - più gente in sala, più pubblico radiofonico. Il Festival, con gli anni, diventa uno spettacolo sfarzoso, vario e unico nel suo genere, che viene persino esportato. Ma più di ogni altra cosa, il Festival di Sanremo consacra alla fama cantanti esordienti e vecchi campioni della musica leggera e celebra il successo della canzone melodica italiana. Quest'ultima ha, a Sanremo, delle tematiche ben fisse, particolarmente in questi primi anni: innanzi tutto, l'amore in tutte la sue accezioni, da quello appassionato, distruttore e traditore a quello filiale, da quello materno a quello patriottico. Secondo tema onnipresente è la nostalgia - per la casa lontana, per il paese natio, per l'amore partito, per la mamma; e per finire c'è la celebrazione delle 'piccole' e 'semplici' cose, simboli di momenti e sensazioni passate: il mazzo di rose, il vecchio scarpone, la chitarra. Si stabilisce, proprio in questi primi anni, quel gusto così radicato per il sentimentalismo, la facile emozione e lo stereotipo che, salvo alcune eccezioni, agirà come stigmate per la definizione di una canzone come "canzone da Sanremo".

Dal 1955 il Festival viene trasmesso anche per televisione e il suo successo cresce ancora diventando l'"evento televisivo dell'anno", la manifestazione nazional-popolare per eccellenza, simbolo della rinascita e dell'unità del paese. Con l'evolversi dei tempi e del gusto musicale, ci sono, naturalmente, stati dei cambiamenti. Forse il più memorabile fu quello operato da Domenico Modugno, quando, nel 1957, definì, con *Nel blu dipinto di blu*, un nuovo modo di fare musica e, allontanandosi dagli schemi della musica melodica italiana, aprì nuovi orizzonti ai futuri cantautori. La canzone, nota anche con il titolo di *Volare* (cfr. Testo V), fu molto popolare sia in Italia che all'estero e vendette ventidue milioni di dischi.

Nella seconda metà degli anni '60 il Festival cercò di lasciarsi alle spalle il passato per aprirsi alle nuove istanze del *pop* internazionale, rappresentate da gruppi come i Beatles o i Rolling Stones: ma la difficoltà a raggiungere i modelli fece fallire il tentativo. Nel 1967 il Festival fu scosso dal tragico suicidio di Luigi Tenco, un cantante colto e poetico che si vide preferire testi insulsi e cantanti mediocri. Da allora la canzone d'autore disertò il Festival che, negli anni '70, finì per premiare testi che nessuno ascoltava. Non dando spazio né al rock né ai cantautori cari ai giovani, quali i popolari Francesco Guccini, Lucio Dalla, Francesco De Gregori e Roberto Vecchioni, o i raffinati Fabrizio De André, Paolo Conte e Ivano Fossati, il Festival conobbe un lungo declino qualitativo, ma mantenne il suo eccezionale successo di audience e la sua capacità di interpretare simbolicamente un pezzo d'Italia.

Con gli anni '90 si è affacciata una nuova generazione di cantanti, che rappresenta un compromesso tra la tradizione del pop italiano, attenta al bel canto, e quella dei cantautori, attenti soprattutto alla qualità del testo. La presenza di figure come Laura Pausini, Giorgia o Francesco Baccini hanno restituito il Festival alla sua dignità di fenomeno nazional-popolare, sottraendolo a quelle cadute nel *kitsch* che lo avevano caratterizzato per quasi un ventennio.

Nel gennaio del 2000 il Festival ha compiuto cinquant'anni e a Sanremo ci sono stati i festeggiamenti senza risparmi di soldi, di energie o di mezzi. Il 17 novembre del 1999 ha avuto luogo il primo grande spettacolo celebrativo; nel febbraio del 2000 ci sono state cinque serate di Festival con 'ospiti' famosi, Luciano Pavarotti, Sting, Oasis, Tom Jones, e uno spettacolo speciale chiamato *Sanremo si nasce*, che ha visto il ritorno dei grandi artisti che hanno 'fatto' Sanremo e che ancora una volta hanno riproposto i loro successi. Infine, a giugno, c'è stato Sanremo estate, con altri festeggiamenti.

Le opinioni sul Festival di Sanremo sono tutt'altro che concordi: in alcuni ambienti musicali si pensa che le correnti più vive ed autentiche della ricerca musicale italiana siano rimaste, sempre o quasi, escluse dal Festival che ha preferito, invece, favorire cantanti che rispondevano al gusto del grosso pubblico.

Fra alterne vicende, il Festival di Sanremo, amato dai più e disprezzato dai molti, è arrivato all'anno 2001: questa gara fra canzoni e cantanti, è diventata un grande rito di massa e un fatto di costume, per l'importanza e l'attenzione di cui, nel bene e nel male, è diventata oggetto. Da un lato il Festival è l'espressione di un gusto nazional-popolare: un gusto, cioè, per una musica facile ed uno spettacolo facile, dove tutto è familiare, dai cantanti al presentatore, alle 'vallette' (la attraenti ragazze che lo aiutano a condurre la trasmissione). Uno spettacolo, insomma, per la famiglia, con canzoni, danze, chiacchiere e belle ragazze, dove tutto è riconoscibile, domestico e rassicurante, e persino l'ironia e le gag del presentatore non lasciano ferite troppo dolorose. Da un altro lato, per i suoi accaniti denigratori, il Festival di Sanremo è l'espressione della stupidità, della banalità e del cattivo gusto degli italiani: è una specie di oppio dei popoli e di calmiere delle tensioni sociali.

Per concludere, il Festival è davvero, per molti aspetti, l'immagine del paese e particolarmente della società italiana che da contadina è diventata rapidamente industriale, ed ha conosciuto nel suo processo di trasformazione, inerzie e sedimentazioni culturali. Diamo ora quattro canzoni di Sanremo: la prima, *Romantica*, fu vincitrice del Festival nel 1960; la seconda, *Io, tu e le rose* è la canzone di cui si parla nel testo V, al centro della tragedia di Luigi Tenco; la terza, *È vero* (1960), è un bell'esempio del gusto "canzone da Sanremo". L'ultima, *Tutte le mamme* (vincitrice nel 1954) è il più famoso inno canoro alle mamme del mondo.

Romantica	**Io, tu e le rose**	**È vero**	**Tutte le mamme**
Tu sei romantica	*Io, tu e le rose,*	*È vero, amore è vero*	*Son tutte belle le mamme del mondo*
amarti è un po' rivivere	*io, tu e l'amore,*	*esistono gli angeli.*	*quando un bambino si stringono al cuor,*
nella semplicità, nella irrealtà	*quando, quando*	*È vero, amore, è vero*	*son le bellezze di un bene profondo*
di un'altra età...	*tu respiri accanto a me*	*io credo ai miracoli...*	*fatto di sogni, rinunce ed amor.*
Tu sei romantica,	*solo allora*	*Ognuno mi stende la mano,*	*È tanto bello quel volto di donna*
amica delle nuvole	*io comprendo d'esser viva*	*ognuno mi offre una rosa.*	*che veglia un bimbo,*
che cercano lassù	*quando siamo*	*La strada, la folla, ogni cosa*	*sembra l'immagine della Madonna*
un po' di sol come fai tu...	*io, tu e le rose,*	*è bella con te!...*	*sembra l'immagine della bontà.*
Tu sei la musica	*io, tu e l'amore,*	*È vero, amore, è vero*	*E gli anni passano,*
che ispira l'anima,	*anche se cadesse il mondo*	*mi sento rivivere.*	*e i bimbi crescono,*
sei il mio angolo	*quello stesso giorno noi*	*Il mare, il cielo, il sole*	*le mamme imbiancano,*
di paradiso, quaggiù..	*saremmo là*	*è tutta una musica!...*	*ma non sfiorirà la loro beltà.*
Ed io che accanto a te	*io, tu e le rose.*	*Ho l'anima piena di luce!.*	*Son tutte belle le mamma del mondo*
son tornato a rivivere		*Io amo, io sono felice!*	*ma sopra tutte più bella sei tu,*
a te racconterò		*È vero, un miracolo, è vero*	*tu che mi hai dato il tuo bene profondo,*
affiderò		*amore sei tu.*	*tu sei la mamma dei bimbi miei*
i sogni miei			*tu sei la mamma dei bimbi miei.*
perché romantica...sei tu.			

"Quel mito di gomma chiamato Festival" *di Michele Serra*

Nessuno sa dire di preciso come, quando e perché il Festival della Canzone Italiana, con **sede**[1] in **Sanremo**[2], sia diventato un **mito**[3]. Si sa solo che, nel dopoguerra, la radio nazionale ebbe l'idea di diffondere una *rassegna*° di canzoni inventata, per spirito di promozione turistica e passione artistica, da un **sanremese**[4] di nome Amilcare. Che subito l'evento ebbe un notevole successo, e **consacrò**[5] un genere, la canzone all'italiana, diretta *promanazione*° della canzonetta popolare degli anni Venti e Trenta, a sua volta **figlia di strada**[6] della romanza d'opera e d'operetta. Che lo stesso Amilcare, di cognome Rambaldi, già allora **orecchiante**[7] della più sofisticata canzone francese, se ne vergognò al punto da *disconoscerlo*° e organizzare, vent'anni dopo, una contromanifestazione intitolata a Luigi Tenco, **suicida**[8] nel '67 per protestare contro il brano *Io, tu e le rose*.

Che quando già la televisione in bianco e nero di **Bernabei**[9] se ne era *appropriata*°, nei Sessanta, il Festival fece in tempo a *deperire*° e praticamente sparire, **messo in ombra dai gran falò e da ben altri riflettori accesi altrove da una società in tumulto**[10], e vinsero tra il disinteresse generale i poveri Gilda, Mino Vergnaghi, Tiziana Rivale. Che, infine, passati quegli anni intensi e dolorosi, il Festival, nei primi Ottanta, riemerse dall'oceano come un

° festival

° derivazione

° rinnegarlo

° impossessata
° declinare

---

1. **Sede** = (a) luogo di residenza, dimora, domicilio (es. "la sede della Banca Commerciale, a Roma, è in via Del Corso"); (b) luogo in cui si svolge per un certo periodo, un'attività (es. "la sede degli esami, quest'anno, sarà nel vecchio edificio della scuola"). **Nel testo vale l'accezione (b).**
2. **Sanremo.** Comune della Liguria sulla Riviera di Ponente. Dal 1951 è sede del Festival della canzone italiana che viene, quindi, chiamato anche "Festival di Sanremo".
3. **mito** = (s. m.) (a) nella mitologia classica la parola si riferisce alla vita e alle imprese degli dei e degli eroi; (b) utopia, illusione, in cui si rispecchia una visione del mondo sostanzialmente opposta a quella scientifica; (c) immagine idealizzata di un personaggio o di un comportamento sociale o di un evento storico (es. "Elvis Presley è ormai diventato un mito"). **Nel testo vale l'accezione (c).**
4. **sanremese** = abitante di Sanremo.
5. **consacrò** > consacrare = (a) confermare solennemente con riti religiosi una carica pubblica come per esempio quella di re o di imperatore (es. "Carlo Magno fu consacrato imperatore del Sacro Romano Impero"); (b) dedicare (es. "ha consacrato la sua esistenza al lavoro e alla famiglia"); (c) rendere valido, sancire; riconoscere in modo solenne e ufficiale (es. "la legge consacra i diritti dei cittadini"). **Nel testo vale l'accezione (c), ma in senso ironico.**
6. **figlia di strada** = nata spontaneamente.
7. **orecchiante** = chi tratta di qualcosa in modo superficiale e senza specifica competenza/ dilettante.

8. **suicida** = persona che si toglie la vita, come fece il cantante Luigi Tenco, concorrente al Festival di Sanremo nel 1967. Il suo suicidio, secondo i più, fu un atto di protesta contro il giudizio della giuria che aveva premiato canzoni che, secondo Tenco, non erano meritevoli e non avevano nessun valore artistico, come appunto *Io, tu e le rose*.
9. **Bernabei** = Alfio Bernabei è stato il direttore della RAI nel periodo che qui viene descritto come l'era della televisione in bianco e nero. La televisione si era **"appropriata"** del Festival, perché dal 1955 quest'ultimo venne trasmesso anche per televisione.
10. [il Festival è] **messo in ombra dai gran falò e da ben altri riflettori accesi altrove da una società in tumulto.** La frase, piuttosto complessa, si riferisce a quel periodo di gravissima crisi politica e istituzionale che inizia alla fine degli anni '60 e prosegue per tutto il decennio seguente. Gli anni '70, gli "anni di piombo", videro scontri armati e gravi fatti di sangue fra le forze dell'ordine e vari gruppi estremisti tra cui le Brigate Rosse. L'episodio culminante fu il sequestro e l'assassinio dell'ex Presidente del consiglio Aldo Moro. Per questo Michele Serra qui parla metaforicamente di **"gran falò"** (grandi fuochi) e, poco sotto, di **"anni intensi e dolorosi"**. Si può capire come l'attenzione degli italiani, in quel momento davvero una **"società in tumulto"**, fosse rivolta alla gravissima crisi in atto piuttosto che al Festival di Sanremo. Serra chiama l'attenzione del pubblico **"i riflettori accesi"**, di nuovo esprimendosi per metafora.

Andrea Doria[11] **recuperato**[12] e come se niente fosse l'orchestra suonò, si riaprirono le danze e **ci si rifece**[13], con gli interessi, di tutti i drink perduti nel frattempo.

Da allora ad oggi si può dire che *i destini*° del Festival e quelli della televisione siano **andati a braccetto**[14], fino ad arrivare a definire una gara di canzoncine, *cifre alla mano*°, "evento televisivo dell'anno". Poiché, come dopo ogni restauro e restaurazione, le *tinte*° rimesse a nuovo rischiano il **posticcio**[15], Festival e Rai, congiuntamente, si sono *cimentati*° in una gigantesca e proficua opera di annessione e di ricucitura di tutti gli strappi, nessuno escluso, che avevano lacerato, diciamo da Tenco in giù, quel sipario di rose. È stato un lavoro lungo, tenace e soprattutto *riuscito*°.

Via via sono tornati i cantautori, non tutti ma quasi, si sono *battute*° le case discografiche cercando di *rimediare*° "cose moderne" da mezzo mondo, si è arrivati, insomma, a *formulare*° uno spettacolo così mostruosamente ricco di *membra*°° *varie*°°°, da non rendere neppure più necessario l'*espediente*° scenico di farlo vivere e muovere: basta e avanza, per meravigliare il popolo, l'*esposizione*° pura e semplice dello *stupefacente*°° *campionario*°°° di **reperti**[16] umani. Si sono visti, negli ultimi anni, incrociarsi sul palco dell'**Ariston**[17] pop-stars americane, punk vercellesi, pezzi di Beatles, rockers cocainomani, stornellatori regionali, frati, tenori, disoccupati che minacciavano di gettarsi nella audience...

L'intera programmazione Rai, parecchi giorni prima e parecchi giorni dopo Sanremo, è *risucchiata*° anche fisicamente sul luogo. I gol di Del Piero e Djiokaeff, vale a dire le immagini aggiornate dell'altro mito nazionale, domenica sono stati trasmessi dal palco dell'Ariston, dove era stato già collocato **Galeazzi**[18] insieme a tutto il campionato di calcio.

Che cosa ci manca? Niente, o quasi. Perfino l'arte, a tratti, riesce ad *esalare*° dall'enorme bocca di quel pescecane, che dovrà pure avere un rigurgito ogni tanto, con tutto quel che mangia. **Accadde con Modugno** e *Volare*, con Vasco Rossi e *Vita spericolata*, quest'anno rischia di accadere con **Patty Pravo, la diva distratta**[19]. Bisognerebbe avvertire quella metà (abbondante) che ignora Sanremo, e fino a domenica *si occuperà di*° tutt'altro, che rischia addirittura di perdere qualcosa. Una canzone, per esempio. Una canzone salvata dal suo destino di diventare una "canzone da Sanremo" - che venga a interrompere, per un attimo, l'annoiato buonumore di chi guarda e se la ride, con gli amici, davanti al televisore.

Glossa a margine:
- ○ *la fortuna*
- ○ *secondo le statistiche*
- ○ *i colori*
- ○ *impegnati*
- ○ *che ha avuto successo*
- ○ *perlustrate / ispezionate*
- ○ *trovare*
- ○ *mettere insieme* ○○ *elementi* ○○○ *diversi* ○ *artificio*
- ○ *vista* ○○ *incredibile* ○○○ *mostra / rassegna*
- ○ *attirata*
- ○ *venir fuori*
- ○ *farà*

11. **Andrea Doria.** Il 25 luglio 1956 la nave svedese-americana *Stockholm* andò a scontrarsi con l'elegante nave di linea italiana *Andrea Doria*, diretta a New York, provocandone l'affondamen-to. La nave fu in seguito recuperata dai fondali marini.
12. **recuperato** > recuperare = ritrovare e riprendere.
13. **ci si rifece** > rifarsi = prendersi la rivincita.
14. **andati a braccetto** > andare a braccetto. Il Festival e la televisione hanno avuto un destino comune per cui il successo del primo è cresciuto in eguale misura al sostegno e al successo dell'altra.
15. **posticcio** = cosa che si rivela provvisoria.
16. **reperti** > reperto = ciò che è stato scoperto o ritrovato con ricerca scientifica (come per esempio "i reperti archeologici"). La frase del testo **"per meravigliare il popolo basta e avanza l'esposizione pura e semplice dello stupefacente campionario di reperti umani"** allude alla tipologia varia, inconsueta e quasi pazzesca dei cantanti e concorrenti al Festival, tipologia di cui

Serra ci dà vari esempi in questo paragrafo. Questi cantanti fanno già spettacolo da soli e il Festival non ha neppure più bisogno dell'**"espediente scenico"**. La conclusione di Serra è un'accusa agli italiani, a quel popolo di telespettatori che ama il Festival di Sanremo, spettacolo che, secondo lui, è degradante e volgare.
17. **Ariston** = teatro dove si svolge il Festival ogni anno.
18. **Galeazzi** = presentatore di una famosa trasmissione domenicale sul calcio.
19. **accadde con Modugno ... Patty Pravo, la diva distratta.** Secondo Serra può accadere che, fra tante canzoni deteriori e banali, ogni tanto emergano i capolavori: questo successe con la canzone *Nel blu dipinto di blu/ Volare (1958)* di Domenico Modugno che, staccandosi dalla tradizione melodica imperante, iniziò una nuova era per la canzone italiana; successe di nuovo con Vasco Rossi nel 1983 e forse potrà succedere con Patty Pravo al festival di quell'anno. Serra si riferisce al 1997, anno di questo articolo.

Eserciziario

ESERCIZI DI GRAMMATICA E DI LESSICO

A. Completate le frasi con un aggettivo appropriato.

Es. La canzone francese è piuttosto...a paragone di quella italiana
> **La canzone francese è piuttosto sofisticata a paragone di quella italiana**

1. Le canzoni di Sanremo sono canzoni ....
2. Gli abitanti di Sanremo si chiamano ....
3. Il Festival di Sanremo, secondo alcuni è una manifestazione ....
4. Gilda, Mino Vergnaghi, Tiziana Rivale sono cantanti..
5. Sul palco dell'Ariston si fanno concerti di musica ....
6. Ci sono stati tempi ....per il festival.
7. Il Festival di San Remo è diventato un evento .... molto importante.
8. Ogni altro evento ha una importanza.........

B1. Volgete le frasi al plurale.

1. La canzone d'autore ha disertato il Festival di Sanremo dalla fine degli anni '60.
2. Esiste a volte uno stretto legame fra mito e religione.
3. Il sanremese odia la manifestazione.
4. Il gusto musicale degli italiani è molto cambiato negli ultimi anni, ma c'è ancora chi ama le canzoni di Sanremo.
5. Abbiamo passato un'ora difficile, quando abbiamo saputo del terremoto che aveva colpito il nostro paese.

B2. E ora volgetele al singolare.

1. Dei gran falò furono accesi da una società in tumulto.
2. Passati quegli anni intensi e dolorosi, si riaprirono le danze.
3. Le tinte rimesse a nuovo rischiano il posticcio.
4. Gli italiani, vecchi e giovani che guardano Sanremo, se la ridono.
5. Gli inglesi bevono soprattutto birra.

C. Immaginate di aver assistito al Festival di Sanremo con due vostri amici. Qui di seguito è suggerita una serie di azioni che avete compiuto durante lo spettacolo. Scrivete una frase per ogni verbo descrivendo quello che avete fatto.

Es. ascoltare > **abbiamo ascoltato tutte le canzoni con vero piacere**

1. applaudire ....
2. alzarsi in piedi ....
3. ballare ....
4. cantare ....
5. dormire ....
6. ridere ....
7. fischiare ....
8. gesticolare con le braccia ....
9. commentare. ....
10. essere sconcertati ....

D. Completate le risposte inserendo appropriatamente *lo, la, li, le, ne* o *ce* al posto del complemento oggetto o della frase oggettiva.

Es. Hai guardato l'ultima edizione di Sanremo?
> **Sì, l'ho guardata**

1. Premiereste questa canzone?	No, ...
2. C'è ancora qualche strappo da ricucire?	Sì, ... molti.
3. L'evento, ottenne il successo desiderato?	Sì, ...
1. Pensi che Sanremo abbia creato quel genere conosciuto come la canzone all'italiana ?	Sì, ...
5. Hanno cantato vecchie canzoni quest'anno?	No, ...
6. Anita e Gianni hanno guardato la trasmissione?	Sì, ...
7. Hanno modificato i programmi della serata.	No, ...
8. Avete ascoltato molte canzoni?	No, ... poche.
9. Ci diamo appuntamento a Sanremo per l'anno prossimo?	Sì, ...
10. La televisione, ha comunicato i risultati delle elezioni?	Sì, ...

E. Inserite il pronome o l'aggettivo possessivo appropriato.

Pippo Baudo, uno dei più noti presentatori della trasmissione, parla ad una delle nuove cantanti del Festival di Sanremo:
Baudo: Qual è .... soprannome?
Concorrente: .... amici mi chiamano "Rosy".
Baudo: Qual è il titolo della .... canzone?
Concorrente: .... ultima canzone si chiama *Urlare forte.*
Baudo: Le parole della canzone che ci stai per cantare sono ....?
Concorrente: Sì sono .... le parole, ma la musica è di Vasco Rossi.
Baudo: Che cosa ti hanno detto .... amici prima che tu venissi qui a Sanremo?
Concorrente .... amici mi hanno augurato buona fortuna.

F. Trasformate secondo l'esempio.

Es. La canzone di Vasco Rossi
> **La sua canzone**

1. La passione artistica di Amilcare Rambaldi.
2. I giudizi insindacabili della giuria del Festival.
3. I gol strepitosi di Del Piero.
4. I successi straordinari di Domenico Modugno e Vasco Rossi.
5. Il suicidio tragico di Luigi Tenco.
6. Il gusto musicale degli italiani.
7. La bellissima voce di Pavarotti.
8. I romanzi singolari di Tabucchi.

G. Con riferimento al Festival di Sanremo, scrivete una frase facendo il massimo elogio. Usate e trasformate opportunamente i termini dati. Seguite l'esempio.

Es. poesia / canzoni / Riccardo
> **Le canzoni di Riccardo sono le più poetiche**

1. originalità / versi / Vasco Rossi.
2. romanticismo / canzoni / Festival di Sanremo.
3. divertimento / battute / presentatore.
4. notorietà/ la canzone *Volare*/ Modugno
5. creatività / canzoni / cantautori italiani.
6. popolarità / Festival / Sanremo.
7. fama / poesie / Montale.

H. Completate le frasi inserendo la corretta preposizione articolata.

1. Amilcare Rambaldi si vergognò del Festival .... punto da rinnegarlo.
2. La canzone ....italiana è a sua volta figlia di strada della romanza d'opera e d'operetta.
3. Il Festival .... Canzone Italiana si tiene a Sanremo.
4. I gol di Del Piero e Djiokaeff sono stati trasmessi .... palco dell'Ariston.
5. Il Festival, nei primi anni Ottanta, riemerse ....oceano come un Andrea Doria recuperato.
6. Una canzone potrebbe magari interrompere, per un attimo, l'annoiato buonumore di chi passa la serata davanti .... televisore.
7. L'intera programmazione Rai è attratta anche fisicamente .... luogo, a Sanremo.
8. Per far vivere il Festival basta l'esposizione pura e semplice .... stupefacente campionario di reperti umani.
9. Perfino l'arte, a tratti, riesce a venire fuori .... enorme bocca di quel pescecane.

I. Esprimete i vostri dubbi sulle affermazioni che seguono. Servitevi del condizionale e seguite l'esempio:

Es. Per molti italiani il Festival di Sanremo è diventato un mito
> **Per molti italiani il Festival di Sanremo sarebbe diventato un mito**

1. Il Festival di Sanremo è stato inventato da Amilcare Rambaldi per spirito di promozione turistica.
2. Secondo le cronache Amilcare Rambaldi, dopo alcuni anni, se ne vergognò a tal punto da promuovere una contromanifestazione.
3. Si dice che la televisione in bianco e nero si è appropriata del Festival negli anni '60.
4. Secondo Michele Serra, i destini del Festival e della televisione sono sempre andati a braccetto.
5. Michele Serra dice che, quest'anno, può succedere che a vincere sia qualche bella canzone, come quella di Patty Pravo, che viene, così, sottratta al suo destino di "canzone da Sanremo".
6. Luigi Tenco si è ucciso per protestare contro la vittoria di una canzone mediocre e di un rivale senza talento.
7. I cantautori più bravi sono sempre stati esclusi dal Festival di Sanremo.

DOMANDE DI COMPRENSIONE

1. Spiegate il titolo del testo V.
2. Attraverso quali passaggi la canzone all'italiana è fatta derivare dall'opera?
3. Perché, nel '67, Amilcare Rambaldi organizzò una contromanifestazione al Festival?
4. Per quale motivo il Festival perse di popolarità negli anni '70?
5. Quale è stato il rapporto fra la RAI e il Festival di Sanremo in questi ultimi '50 anni?
6. Come si spiega la voglia di festeggiare degli anni '80?
7. Qual è l'altro mito nazionale in Italia?
8. Perché il programma di Galeazzi è stato trasmesso dal teatro Ariston di Sanremo?
9. Che cosa rischiano di perdersi coloro che non guardano il Festival?
10. Quali sono le canzoni citate nel testo che sfuggono alla classificazione di "canzoni da Sanremo"?

ESERCIZI DI SCRITTURA

Testi di riferimento: testo V e scheda 5 di questa Unità; Introduzione all'Unità I; Bibliografia essenziale dell'Unità I; Bibliografia specifica: in particolare, si veda: *Tutto Sanremo*; *Sanremo 50*; *La musica in Italia*; testi di canzoni di Sanremo.

1. Considerate le quattro frasi del testo che iniziano (i) "Che subito l'evento", (ii) "Che lo stesso Amilcare", (iii) "Che quando già la televisione", (iv) "Che infine passati quegli anni". Fatele precedere da: "L'autore dice che" e poi mettete al passato prossimo. Iniziate così: "L'autore dice che subito l'evento ha avuto successo...
2. Riscrivete il paragrafo II del testo adottando un registro colloquiale e servendovi delle note in margine e delle note al testo.
3. Scrivete una parafrasi delle quattro canzoni di Sanremo date in scheda.
4. Raccontate la storia del Festival di Sanremo. *(Scrivete 500 parole).*
5. Confrontate la vostra opinione sul Festival con quella di Michele Serra o di altri studiosi del costume italiano. *(Scrivete 300 parole).*

Unità 1 / **Sezione 6**

| Capire l'Italia e l'italiano | Lia Buono Hodgart | Il Costume | **L'Italia generosa** |
| Lingua e cultura italiana oggi | | | |

L'Italia generosa

Alice Sturiale

Il caso letterario del 1996 è stato *Il Libro di Alice*, una raccolta di scritti (poesie, lettere, note di diario, disegni) lasciati dalla piccola Alice Sturiale, fiorentina, morta dodicenne di distrofia muscolare. Il libro, scoperto da Gianni Riotta, editorialista e inviato speciale del *Corriere della Sera*, ha avuto un immediato, straordinario successo di pubblico, dovuto non solo alla personalità di Alice, alla sua forza morale, alla sua serenità davanti alla malattia, alla sua voglia di vivere, ma anche alla freschezza poetica della sua scrittura. Dopo la sua morte, i genitori hanno creato un'"Associazione Alice", i cui proventi, che vengono dalla vendita del libro e da donazioni, sono destinati a finanziare la ricerca sulle cause della distrofia muscolare.

Il caso di Alice, che ha fatto epoca per la straordinaria personalità e sensibilità di questa bambina così eccezionale, ci fa pensare a tutti gli altri bambini e giovani handicappati, meno dotati di lei, che soffrono nell'ombra. Ci si chiede: quanti sono gli handicappati in Italia? Che cosa fa lo Stato per loro? Che cosa facciamo noi? All'ultima domanda rispondono, con il loro sostegno ed aiuto, le molte organizzazioni di volontariato di cui parliamo nella sezione VIII dell'Unità IV - sezione dedicata appunto al volontariato in Italia. Alla prima domanda è difficile rispondere perché le diverse fonti di informazioni forniscono dati differenti. Si calcola, tuttavia, che in Italia, diversi milioni di persone soffrano a causa di un handicap, derivato da incidente, da una malattia o da malformazione congenita. I giovani colpiti da handicap gravi vivono per lo più in casa: sono circa il 70%.

Nel 1992, lo Stato italiano ha varato una legge, la 104, che definisce l'assistenza, l'integrazione sociale e i diritti delle persone handicappate. La politica governativa cerca di rendere gli handicappati quanto più possibile autonomi e di favorire il loro mantenimento nel contesto abituale di vita. Lo Stato cerca poi di assicurare, almeno nei casi più gravi, un appoggio economico alle famiglie. Ma la parte più innovativa e importante è forse quella che riguarda l'inserimento sociale degli handicappati: lo Stato assicura loro la possibilità d'inserirsi nel mondo del lavoro, sia pubblico che privato. Le imprese private, per esempio, hanno l'obbligo di assumere una determinata percentuale di lavoratori handicappati e possono stipulare accordi aziendali che prevedono programmi annuali o pluriennali per il loro inserimento nel settore e il loro adeguamento tecnico. Si è anche creata una speciale commissione di ricerca per approfondire gli studi sui bisogni derivati da tutti i tipi di handicappati. Infine si sta anche cercando di mettere a punto una politica per assicurare un'assistenza più appropriata ai malati cronici handicappati. Sembra evidente, anche a livello governativo, che il messaggio sia questo: "Dobbiamo imparare a vivere insieme agli handicappati".

La storia di Alice Sturiale ci conferma che lo stiamo già facendo. Diamo ora due poesie dal libro di Alice.

Campagna

*"Dolce è sentire
la brezza fresca
che accarezza il viso
come la mano
affettuosa dei genitori.
Dolce è udire
per la campagna
il fruscio del vento
che incupisce il pauroso
e splendido silenzio
della solitudine".*

Pozzanghera

*"È là nel mezzo della strada
sola, soletta,
rassegnata e felice
immobile e calma...
Raccoglie gli ultimi raggi di sole
e con quelli gioca,
si diverte a comporre
l'arcobaleno
e lo mostra
ai passanti distratti.
C'è la mia immagine
l'ha fatta per me
poi
una goccia di pioggia scivola
dall'alto e il mio volto
si rompe in centomila tremuli d'acqua".*

"Non camminava, ma con i suoi versi ci faceva volare" *di Susanna Cressati*

"Alice non era affatto '**buonista**'[1] e non era per niente infelice. Alice era sorridente, aperta, *scanzonata*°, aveva fascino, **carisma**[2]. Fin da piccola si è sentita amata e si è accettata con tutti i suoi limiti. È stata questa **la chiave del** suo **successo**[3]. Aveva la grazia di esprimere e comunicare la gioia che la illuminava e sapeva stare *in mezzo*° agli altri. L'avrebbero fatta arrabbiare di brutto certi articoli di giornale che **perpetuano il pregiudizio dell'"infelice"**[4]. Come quando si arrabbiava per qualche *battuta*° *fuori luogo*°°, per un'occhiata troppo insistente. La vita è fatta di gioie e di tristezze, di salute e di malattie, di sofferenze e di prove da sopportare. Ma anche di amicizia e di serenità. Bisogna **prendersi il lusso**[5] di abbandonare la *reticenza*° e costringersi ad apprezzare tutto".

° disinvolta

° in compagnia

° commento °° inopportuno

° riluttanza

Questo è il racconto di Marta e Leonardo, i genitori di Alice Sturiale, morta a dodici anni il 20 febbraio del 1996, sul suo banco di scolara di seconda media a causa della malattia *genetica*°, l'atrofia spinale, che l'aveva colpita dalla nascita. Il suo libro, *Il libro di Alice*, pubblicato da un piccolo editore fiorentino, Polistampa, è il *caso*° editoriale del momento: è *al vertice* delle classifiche di vendita, esaurito nelle librerie e verrà presto ristampato da Rizzoli. Marta e Leonardo ricordano così, nella loro casa, la loro vita con Alice:

° congenita
° avvenimento
° in testa a

"Tutti sapevano che Alice scriveva poesie, gli amici, gli insegnanti, i conoscenti. *Sfogliavano*° i suoi quaderni di scuola, di religione, i diari dei campi scout, facevano fotocopie, le *commissionavano*° versi. Perfino la sera che era qui sul suo letto ma non c'era più, il suo quaderno girava di mano in mano. Abbiamo pensato di farne un libro come un dovere.

° scorrevano
° ordinavano

La curatrice del libro, Mariella Bettarini, ha conosciuto Alice solo attraverso i suoi scritti e le foto. Così come *i tanti*° che hanno scritto e continuano a scriverci ricordando il sorriso di Alice come se ci avessero vissuto accanto. A questo mondo *conta*° trovare una persona sorridente e magari ti stupisce due volte il fatto che lo sia una che non cammina. Alice non camminava, ma era una straordinaria **trascinatrice**[6], aveva qualcosa di suo. Dell'*handicap*°, di questa debolezza fisica, aveva fatto una *leva*° di consapevolezza e maturità.

° le tante persone

° è importante

° menomazione / svantaggio
° punto forte

A volte avevamo difficoltà a **tenerle dietro**[7], il suo modo di vivere la vita e il suo stesso handicap era sereno. Era più avanti di noi. La sua serenità *sbalordiva*° noi, gli insegnanti, gli scout con i quali, dopo molti dubbi e timori, partì per il primo campo. E tornò entusiasta caposestiglia.

° meravigliava

1. '**Buonista**' = (neologismo) l'essere una persona buona, secondo un concetto stereotipato.
2. **carisma** = prestigio personale.
3. **la chiave del successo**. Chiave (s.f.) = strumento metallico per aprire porte. In senso metaforico la parola è usata in diverse accezioni: (a) la chiave del successo = il modo/mezzo per riuscire (es. "la chiave del suo successo sono le sue indubbie capacità manageriali"); (b) tenere sotto chiave = custodire gelosamente (es. "la mamma deve tenere i dolci sotto chiave, altrimenti Maria se li mangia tutti"); (c) la chiave del problema = la soluzione del

problema (es. "la chiave del problema sta nell'atteggiamento che prenderà tua madre quando le comunicheranno la notizia") . **Nel testo vale l'accezione (a).**
4. **perpetuano il pregiudizio dell'"infelice"** = tramandano/ ripetono l'immagine, ormai divenuta uno stereotipo, di Alice come di una persona malata e, quindi, infelice.
5. **prendersi il lusso** = prendersi il piacere/ la libertà di dire o fare qualcosa.
6. **trascinatrice** > trascinatore = persona che trascina/ entusiasma.
7. **tenerle dietro** = tenere il suo passo.

Certo che abbiamo avuto momenti di disperazione. Il giorno della diagnosi, quelle gelide parole: atrofia spinale. E poi quando soffriva per gli *interventi chirurgici*°, e il pensiero dei peggioramenti che potevano *insorgere*°. Non abbiamo fatto cose speciali. Certo abbiamo dovuto lavorare molto per superare le difficoltà pratiche. Abbiamo completamente *ristrutturato*° questa casa, e non è stato un lavoro facile nonostante l'aiuto di architetti amici che *stentavano*° a capire che tutta, ma proprio tutta la casa in ogni suo angolo doveva essere accessibile per Alice. Poi la fatica di ogni giorno per *gestire*° ogni spostamento e superare i tanti ostacoli a cui spesso non facciamo caso.

Molte famiglie che hanno questo tipo di problemi **non ce la fanno**[8] a *fronteggiarli*°, dal punto di vista psicologico ma anche economico. L'"Associazione Alice" che abbiamo creato serve proprio ad aiutare bambini e giovani in queste difficoltà utilizzando correttamente i diritti d'autore del libro e i soldi che sono arrivati e continuano ad arrivare in nome di Alice. Abbiamo viaggiato tanto, con Alice, al mare, all'estero, sulla neve. Aveva *un sacco di*° cose da fare, da vedere, da dire. Con il suo scooter andava, fin che le barriere glielo permettevano, alla scoperta della città, e si arrabbiava per gli ostacoli, perché gli adulti non ci pensavano. Lo disse al congresso dei bambini del WWF, dove andò come relatrice proprio per volontà dei compagni di scuola. A dorso d'asino, in macchina, sugli sci. E dovunque in carrozzina. Più grande, aveva le stesse preoccupazioni di tutte le adolescenti, il vestito che non facesse *scorgere*° il bustino, cose di questo genere. E continuava ad essere battagliera, voleva creare un "partito dei bambini".

I ragazzi, la gente cercavano Alice e la cercano ancora. Intorno alla sua storia non c'è mai stata aria di tragedia. Paradossalmente non c'è stata aria di tragedia nemmeno alla fine. È successo, lì in classe, con Alice distesa per terra "senza vergogna" in mezzo ai compagni, come ha scritto poi un insegnante, come un *tributo*°, un trionfo per una bambina che aveva avuto successo ed era riuscita a comunicare, anche nel momento in cui se ne andava, un senso di liberazione e non di perdita. E io che ero tanto preoccupata per come sarebbero proseguite le cose e degli eventuali peggioramenti, quando me la sono trovata lì in terra che cercavano di rianimarla ho pensato: "Scappa Alice, ora forse stai meglio, non farti riacchiappare".

Adesso? Adesso abbiamo bisogno di tempo. La casa è rimasta la stessa, anche quest'anno abbiamo fatto l'albero di Natale, perché Alice si sarebbe arrabbiata moltissimo se non lo avessimo fatto e se non lo avessimo fatto alto fino al soffitto".

○ *operazioni*
○ *manifestarsi*

○ *modificato*
○ *non riuscivano*
○ *organizzare*

○ *tenere testa*

○ *molte*

○ *intravedere*

○ *riconoscimento*

---

8. non ce la fanno > non farcela = non riuscire.

Eserciziario

ESERCIZI DI DI GRAMMATICA E DI LESSICO

A. Sostituite alle parole sottolineate un sinonimo.

1. Gandhi è stato un capo <u>carismatico</u>.
2. Nella vita la costanza e la disciplina sono <u>la chiave del successo</u>.
3. <u>Tiene sotto chiave</u> tutta la sua collezione di rare edizioni del '500.
4. <u>Mi sono preso il lusso</u> di andare a passare il fine settimana a Parigi.
5. Giovanni è un tipo allegro, aperto e <u>scanzonato</u>.
6. <u>Conta</u> molto, quando siamo nei guai, avere degli amici sinceri che sono disposti ad aiutarci.
7. Sono molto stanco in questo momento e quasi non <u>ce la faccio</u> più a lavorare.
8. Quando mia figlia viene in vacanza ha sempre <u>un sacco di</u> cose da raccontare.

B. Completate le frasi con un verbo (_____) e una preposizione (.........).

Verbi: decidere, continuare (2), soffrire, cercare, riuscire, ripromettersi, farcela
Preposizioni: a, di, per

1. Bisogna prendersi il lusso di abbandonare la reticenza e _____ .... apprezzare tutto nella vita.
2. La famiglia di Alice _____ .... fare degli scritti di Alice un libro.
3. Tanti ci hanno scritto e _____ .... scrivere ricordando il sorriso di Alice.
4. Alice _____ .... gli interventi chirurgici, ma non si lamentava.
5. Restaurare la casa non è stato un lavoro facile nonostante l'aiuto di architetti amici che non _____ .... capire che tutta la casa doveva essere accessibile.
6. Molte famiglie hanno questi problemi e non _____ .... fronteggiarli.
7. L'Associazione Alice _____ .... aiutare altri bambini in questa situazione.
8. Il libro di Alice ha fatto molti soldi e _____ .... farne.

C. Spiegate il valore grammaticale del *ci/ce* nelle seguenti frasi.

Es. Mario ci veniva a trovare tutti i pomeriggi e ora non viene quasi più
> **ci = pronome personale atono**

1. Non camminava, ma con i suoi versi ci faceva volare.
2. Perfino la sera che era qui sul suo letto ma non c'era più, il suo quaderno girava di mano in mano.
3. Tanti che hanno scritto e continuano a scriverci ricordano il sorriso di Alice come se ci avessero vissuto accanto.
4. Molte famiglie che hanno questo tipo di problemi non ce la fanno a fronteggiarli.
5. Con il suo scooter andava alla scoperta della città e si arrabbiava per gli ostacoli, perché gli adulti non ci pensavano.
6. Intorno alla sua storia non c'è mai stata aria di tragedia.

D. Completate le frasi utilizzando *questo* o *quello,* facendo attenzione alla concordanza.

1. È stata .... la chiave del successo di Alice: la gioia di comunicare.
2. .... è il racconto di Maria e Leonardo, i genitori di Alice Sturiale.
3. Dell'handicap, di .... debolezza fisica, Alice aveva fatto una leva di consapevolezza.

4. Il giorno della diagnosi i genitori di Alice sono rimasi sconvolti da .... gelide parole: atrofia spinale.
5. Alice aveva .... di bello: era una trascinatrice.
6. L'associazione che abbiamo creato serve ad aiutare altri giovani in .... difficoltà,
7. Alice aveva le stesse preoccupazioni di tutte le adolescenti, il vestito che coprisse il bustino, cose di .... genere.
8. È importante, a ...... mondo, trovare persone simpatiche e sorridenti.

E. Completate le seguenti frasi usando, a seconda del caso, l'opportuno comparativo.

1. Comparativo di uguaglianza (*tanto quanto*)

    Es. Alice era. ..sorridente ....le altre bambine
    > **Alice era tanto sorridente quanto le altre bambine**

1. La vita è fatta.... di gioie... di tristezza.
2. Mariella Bettarini conosceva...gli scritti... le foto di Alice.
3. Alice era ...consapevole...matura.
4. La sua serenità sbalordiva...noi....gli insegnanti.

2. Comparativo di maggioranza (*più di*)

    Es. Alice comunicava gioia.......di chiunque altro
    > **Alice comunicava gioia più di chiunque altro**

1. Alice era ...serena ... suoi genitori.
2. Alice soffriva.......altri bambini.
3. Alice aveva....carisma....chiunque altro.
4. Le sue poesie erano...belle ....quello che si potesse immaginare.

3. Comparativo di minoranza (*meno di*)

    Es: Alice era.... forte... suoi coetanei
    > **Alice era meno forte dei suoi coetanei**

1. Alice aveva ....possibilità di accettarsi ...altri.
2. Alice era....preoccupata della sua malattia ... suoi genitori.
3. Alice era ... attiva...suoi coetanei.
4. Alice era... 'buonista' ...quello che dicevano i giornalisti che parlavano di lei.

DOMANDE DI COMPRENSIONE

1. Quali erano le cose che facevano arrabbiare Alice?
2. In quali circostanze è morta Alice?
3. Che cosa sappiamo del *Libro di Alice*?
4. Quali sono state le difficoltà incontrate dai genitori di Alice?
5. Di che cosa soffriva Alice e di che tipo era la sua malattia?
6. Perché i genitori hanno ristrutturato la casa?
7. Con quali mezzi si spostava Alice?

8. Perché la sua morte non è stata circondata da un'aria di tragedia?
9. Come reagiscono i compagni di scuola quando lei muore?
10. Quale ricordo ha lasciato Alice in chi la conosceva?

ESERCIZI DI SCRITTURA

Testi di riferimento: testo VI e scheda 6 di questa Unità; Bibliografia specifica: cfr. *Problemi d'oggi*, (sezione *Handicappati, impariamo a vivere insieme*), pp. 350-355; *Il libro di Alice*, Firenze, Polistampa,1997; poesie di Alice; sezione 8 dell'Unità IV.

1. Mettete al discorso indiretto una parte del discorso della mamma di Alice (paragrafi V e VI). Incominciate così: "La mamma di Alice dice che avevano difficoltà a tenerle dietro".
2. Scrivete un commento alle due poesie di Alice date in scheda. *(Scrivete 400-500 parole).*
3. Dite che cosa pensate voi di Alice e raccontate anche, con parole vostre, la sua storia. *(Scrivete 400 parole).*
4. Se siete a conoscenza di uno o più episodi di discriminazione o di accoglienza ed aiuto nei confronti degli handicappati, parlatene e commentate. *(Scrivete 400 parole).*
5. Immaginate di scrivere una lettera ad un bambino handicappato, reale o immaginario. *(Scrivete 300-400 parole).*

Unità 1 / **Sezione 7**

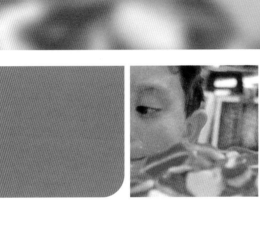

Capire l'Italia e l'italiano   Lia Buono Hodgart   Il Costume   **Una cucina per il mondo**
Lingua e cultura italiana oggi

Una cucina per il mondo

Le abitudini alimentari degli italiani tra arte di mangiar bene e piacere dell'abbuffata

L'arte della cucina e il piacere del cibo hanno attirato l'attenzione della letteratura in ogni tempo e in ogni paese: basti pensare, in Francia, a Rabelais (1494-1553) e al suo famoso poema satirico ***Gargantua e Pantagruel***, in cui l'arte del mangiare gioca una parte così importante che persino nella lingua italiana è rimasto l'aggettivo 'pantagruelico' ad indicare una persona che mangia troppo. In Italia la letteratura culinaria è vastissima, le sue origini risalgono al XIV secolo, e accanto al contributo di anonimi compilatori, la storia della gastronomia italiana può vantare l'apporto di alcuni grandi scrittori, come Bartolomeo Platina (1421-1481), autore de ***Il piacere onesto e la buona salute***, e Teofilo Folengo (1491-1544), il cui ***Baldus***, famoso poema satirico, contiene qualche centinaio di ricette.

La più celebre e tuttora insuperata raccolta di ricette, autentico monumento culturale non privo di dignità letteraria, è quella di Pellegrino Artusi (1820-1911), ***La scienza in cucina o l'arte di mangiar bene***, che ebbe quattordici diverse edizioni tra il 1891 e il 1910, passando dalle originarie 475 ricette alle oltre 800 dell'ultima edizione. Secondo Piero Camporesi, storico della cultura alimentare, il libro dell'Artusi, raccogliendo ricette di ogni regione e impiegando una lingua insieme semplice e colta, comprensibile in tutta Italia, ha contribuito all'unificazione culturale del paese. Lo conferma la straordinaria fortuna del libro, ancor oggi un vero 'Vangelo' per chiunque intenda cucinare secondo i canoni della tradizione culinaria italiana.

Negli anni '20, Filippo Tommaso Marinetti (1876-1944), scrittore e fondatore del "movimento futurista", ideò una "cucina futurista", "regolata come il motore di un idrovolante per alte velocità", "prima cucina umana", in antitesi a quella tradizionale che ha nutrito gli uomini come si nutrono formiche, topi, gatti e buoi. Con la sua cucina futurista Marinetti si era proposto "lo scopo alto, nobile ed utile a tutti, di modificare radicalmente l'alimentazione della nostra razza, fortificandola, dinamizzandola e spiritualizzandola con nuovissime vivande in cui l'esperienza, l'intelligenza e la fantasia sostituiscano economicamente la quantità, la banalità, la ripetizione e il costo".

Meno ambizioso, ma più scintillante nel suo ironico tradizionalismo, è lo scritto di Carlo Emilio Gadda, che mette il risotto alla milanese tra le meraviglie d'Italia. Dalla leggerezza del risotto alla pesantezza del ***Tiramisù*** il salto è notevole: ma anche la tendenza all'abbuffata (il pasto enorme) che questo gustosissimo impasto ipercalorico sottintende, è un aspetto non secondario, anche se deteriore, delle abitudini gastronomiche degli italiani.

Per favorire un confronto letterario e culinario insieme, accostiamo al testo di Gadda (in versione accorciata) il testo della stessa ricetta dataci dall'Artusi e, infine, il testo del ***Tiramisù*** preso da un libro di cucina dei nostri giorni. Abbiamo, quindi, tre ricette, tre epoche, tre stili.

RISOTTO ALLA MILANESE
Ricetta di *Carlo Emilio Gadda*

L'approntamento di un buon risotto alla milanese domanda riso di qualità, come il tipo Vialone, dal chicco grosso e relativamente più tozzo del chicco tipo Carolina, che ha forma allungata, quasi di fuso.
Recipiente classico per la cottura del risotto alla milanese è la casseruola rotonda, e la ovale pure, di rame stagnato, con manico di ferro: la vecchia e pesante casseruola di cui da un certo momento in poi non si sono più avute notizie: prezioso arredo della vecchia, della vasta cucina, faceva parte come numero essenziale del "rame" o dei "rami" di cucina, se un

vecchio poeta, il Bassano, non ha trascurato di noverarla ne' suoi poetici "interni", ove i lucidi rami più di una volta figurano sull'ammattonato, a captare e a rimandare un raggio del sole che, digerito dagli umani il pranzo, decede. Rapitoci il vecchio rame, non rimane che aver fede nel sostituto: l'alluminio.

La casseruola, riceva degli spicchi o dei minimi pezzi di cipolla tenera, e un quarto di ramaiolo di brodo, e burro lodigiano di classe. Burro, *quantum prodest*, udito il numero de' commensali. Al primo soffriggere di codesto modico apporto butirroso-cipollino, per piccoli reiterati versamenti sarà buttato il riso: a poco a poco, fino a raggiungere il totale di due, tre pugni a persona, secondo appetito prevedibile degli attavolati. I chicchi dovranno pertanto rosolarsi e a momenti indurarsi contro il fondo stagnato, ardente, in codesta fase del rituale, mantenendo ognuno la propria "personalità": non impastarsi e neppure aggrumarsi. Il riso ha da indurarsi, ho detto, sul fondo stagnato. Poi a poco a poco si rigonfia, e cuoce, per l'aggiungervi a mano a mano del brodo, in che vorrete esser cauti, e solerti: aggiungete un po' per volta il brodo, a principiare da due mezze ramaiolate di quello attinto da una scodella che avrete in pronto. In essa sarà stato disciolto lo zafferano in polvere, vivace, incomparabile. Per otto persone due cucchiaini da caffè. Il brodo zafferanato dovrà per tal modo aver attinto un color giallo mandarino: talché il risotto, a cottura perfetta, venti ventidue minuti, abbia a risultare giallo-arancio. Il risotto alla milanese non deve essere scotto, ohibò, no!, solo un po' più che al dente sul piatto.

(tratto da *Le Meraviglie d'Italia. Gli anni*. Einaudi, Torino, 1964)

Nota: CARLO EMILIO GADDA, (1893-1973), scrittore che ha rinnovato la narrativa del '900, attraverso un uso geniale di dialetti, gerghi, tecnicismi e linguaggi diversi e un continuo stravolgimento delle strutture tradizionali del romanzo.

RISOTTO ALLA MILANESE
Ricetta di *Pellegrino Artusi*

Il riso! Ecco giusto un alimento ingrassante che i Turchi somministrano alle loro donne onde facciano … i cuscinetti adiposi. Eccovi un risotto alla milanese; ma senza la pretensione di prender la mano ai cuochi ambrosiani, dotti e ingegnosi in questa materia.

Riso, grammi 500	*Mezza cipolla di mediocre grandezza*
Burro, grammi 80	*Zafferano, quanto basta a renderlo ben giallo*
Brodo quanto basta	*Parmigiano a piacere*

Il riso non conviene lavarlo; basta nettarlo e strofinarlo entro a un canovaccio. Per rendere questo risotto più sostanzioso e più grato al gusto occorre il brodo. Lo zafferano, se in casa avete un mortaio di bronzo, comperatelo in natura, pestatelo fine e scioglietelo in un gocciolo di brodo caldo prima di gettarlo nel riso, che servirete con parmigiano. Lo zafferano ha un'azione eccitante, stimola l'appetito e promuove la digestione.

Tritate la cipolla ben fine colla lunetta e mettetela al fuoco colla metà del burro. Quando avrà preso il colore rosso versate il riso e rimuovetelo continuamente col mestolo finché abbia succhiato tutto il soffritto. Allora cominciate a versare il brodo a un ramaiuolo per volta, ma badate che se bolle troppo ristretto, resta duro nel centro e si sfarina alla superficie; salatelo e tiratelo a cottura asciutta, aggiungendo il resto del burro. Questa quantità può bastare per cinque persone, di modico appetito… Prima di ritirarlo dal fuoco aggraziatelo con l'altra metà del burro e col parmigiano e mandatelo in tavola, caldo e fumante, con altro parmigiano a parte.

IL TIRAMISÙ
Ricetta da: *La cucina italiana* (1990)

2 uova intere	*2 pacchi di savoiardi*	*cioccolato da copertura*
4 cucchiai di zucchero	*caffè amaro*	
2 etti di mascarpone	*cognac da inzuppare i savoiardi*	

Sbattere bene due rossi d'uovo con lo zucchero. Montate i bianchi a neve ben ferma e mescolateli con i rossi e lo zucchero. Aggiungere quindi il mascarpone e qualche goccia di cognac.

Questa miscela deve avere la consistenza di una crema. Preparare un caffè amaro e molto forte e tenetelo da parte. Mettete su un piatto da portata metà dei savoiardi e bagnateli leggermente col cognac. Stendeteci sopra metà della crema. Imbevete i restanti savoiardi nel caffè e fate un secondo strato. Coprite il tutto di crema e livellate. Grattugiatevi sopra il cioccolato di copertura. Mettete in frigo per almeno 4 ore e poi servite.

"Tiramisù, il dolce nella bufera" *di Patrizia Romagnoli*

È di pochi giorni fa[1] la notizia che una donna **è stata in fin di vita**[2] per intossicazione alimentare da ***Tiramisù***[3]. Aveva *celebrato*°, col marito, l'anniversario di nozze in un *noto*°° ristorante della **capitale**[4] e **non aveva avuto dubbi**[5] sulla scelta del dessert: il suo dolce *preferito*°, il *Tiramisù*. Poche ore dopo è finita al **Policlinico**[6]. **Sotto accusa**[7] il ristorante, ma sotto accusa anche il dolce. Come è successo?

Non è una ricetta *nobile*°, quasi **non ha storia**[8], e se è entrata, come la pizza, nelle **tipicità**[9] italiane, è solo *grazie a*° un nome *accattivante*°°, *Tiramisù*, (d'obbligo l'accento sulla u) e alla scelta di un cuoco italiano, Paracucchi, che l'ha **esportato**[10] a Parigi nel suo ristorante di lusso in Avenue Foch. "Basta consultare il *Dizionario di parole nuove 1964-1987* di Cortelazzo-Cardinale, edizioni Loescher - spiega Alberto Capatti, direttore della rivista 'Slow' di Arcigola Slow Food - per trovare, e solo lì, la parola *Tiramisù*. Ciò *significa*° che è *entrata*° nel nostro *lessico*°° solo in tempi molto recenti. Una pura invenzione, una degenerazione dell'antica e nobile ***Zuppa inglese***[11] che facevano le nostre nonne e le nostre mamme".

Analizzando la ricetta, viene il sospetto che **sia il frutto di**[12] due elementi: il desiderio di fare in fretta, caratteristico della moderna cucina e il desiderio di un dolce altamente *energetico*° - come si *evince*°° dalla presenza, nella ricetta, del caffè e del cacao, alimenti **nervini**[13] e *rigeneranti*° e poi del mascarpone, formaggio bello carico di grassi.

Il dibattito, tra gli studiosi della **cultura materiale**[14] e della gastronomia, sulla nascita della ricetta, **è ancora aperto**[15]. Infatti da una rapida *indagine*° condotta in libreria, sullo scaffale dei libri di ricette di cucina, si vede che nei testi *fondamentali*°, nei pilastri della saggezza e della tradizione gastronomica, il *Tiramisù* non esiste.

Nell'**Artusi**[16] (ormai considerato **pari al Vangelo**[17]) compare solo la *Zuppa inglese*. Sarà troppo vecchio? Passiamo così ad altri testi *sacri*°: *Il cucchiaio d'argento, Il talismano della felicità, Le ricette regionali* della Gosetti. Nulla, nessuna traccia. Perfino la più 'giovane' Lisa Biondi, non lo *cita*° neppure. Bisogna arrivare alle ricette di dolci *comparse*°° nella pur *raffinata*° rivista *La cucina italiana*, e raccolte in volumi monotematici, per trovarne traccia. La presenza si intensifica nei libri usciti negli anni Novanta, *Dolci fatti in casa* di Linda

(glossario margine destro:)
° *festeggiato*   °° *famoso*

° *favorito*

° *illustre*

° *per merito di*   °° *seducente*

° *vuol dire*

° *ha trovato posto*   °° *vocabolario*

° *nutriente*   °° *deduce*

° *ricostituenti*

° *inchiesta*

° *basilari*

° *famosi*

° *nomina*   °° *apparse*

° *sofisticata*

1. **È di pochi giorni fa** = la notizia è recente.
2. **è stata in fin di vita** > essere in fin di vita = stare per morire.
3. ***Tiramisù*** = famoso dolce, dessert.
4. **la capitale** = Roma, capitale d'Italia.
5. **non aveva avuto dubbi** > non avere dubbi = essere certo.
6. **Policlinico.** Nome di un noto gruppo di ospedali romani.
7. **sotto accusa** = accusato.
8. **non ha storia** = è un'invenzione recente, perciò, senza un passato.
9. **tipicità** = peculiarità/specificità. Nel testo si dice che il *Tiramisù* è entrato da poco tempo a far parte dei piatti tipici italiani.
10. **esportato** > esportare = portare fuori (dall'Italia).
11. ***Zuppa inglese*** = famoso dessert italiano che deriva

da una ricetta della cucina inglese, *The Trifle*.
12. **sia il frutto di** > essere il frutto di = nascere da.
13. **nervini** > nervino = (agg.) di sostanze che alterano le normali funzioni del sistema nervoso.
14. **cultura materiale** = cultura che riguarda la 'materia', cioè le cose materiali come il mangiare. La frase ha senso scherzoso.
15. **il dibattito è ancora aperto** = la discussione/ controversia non è ancora conclusa. Cioè, se ne sta ancora discutendo.
16. **Artusi.** Nome dell'autore del più antico e comprensivo libro della cucina italiana di cui si è data notizia nella scheda 7.
17. **pari al Vangelo.** Il libro dell'Artusi è così famoso e tenuto in tale considerazione dai cultori del 'genere' culinario, da essere paragonato, naturalmente per scherzo, al Vangelo e, poco sotto, ad un "testo sacro".

Zucchi; *Venti minuti in cucina* di Alice Fontanella, *Cucinare senza fuoco*, di Fiamma Niccolini. Testi che hanno un *elemento*° in comune: rispondono al bisogno di *fare in fretta*°. Fernanda Gosetti colloca Il Tiramisù solo in un volume dedicato ai dolci e *chiosa*°° affermando che si tratta di una ricetta d'origine emiliana. "Si certo - continua Alberto Capatti - l'origine emiliana è probabile *visto che*° si tratta di una traduzione altamente grassa della *Zuppa inglese*. Non si può assolutamente pensare che ne sia la traduzione fatta dalla *nouvelle cuisine*: il *Tiramisù* è l'autentica *antitesi*° della raffinatezza *che caratterizza*°° questo tipo di cucina francese. Posso *ipotizzare*° che sia una ricetta derivata dalla gelateria industriale.

Nella *costruzione*° di questo dolce ci sono elementi in comune con le torte gelato: il Pan di Spagna, il mascarpone, il caffè. **Si tratta di**[18] un **dolce** *eminentemente*° **industriale**[19], e in cattive condizioni ambientali dal punto di vista batteriologico, **si presta a degenerazioni**[20] tragiche. Come è appunto accaduto. Quanto alla ricetta, **il *Tiramisù* è una degenerazione gastronomica**[21]. Certo, la degenerazione *tocca*° punte profonde nel caso del ricettario di Suor Germana in *La cucina per chi ha fretta* dove il *Tiramisù* è presentato in versione "light" con la ricotta al posto del mascarpone e (ahimè) con la cannella al posto del cacao.

Ma, tanto, l'importante è fare in fretta: una frullatina alle uova con lo zucchero, una frullatina per *incorporare*° la ricotta, e poi gli strati. Ma non sul *Pan di Spagna*, che si fa meglio in casa, bensì sui **savoiardi confezionati**[22], bagnati nel caffè. E pensare che se fosse stato preparato il predecessore del *Tiramisù*, La *Zuppa inglese*, non sarebbe successa nessuna disgrazia, perchè, in questa ricetta ci sono solo cibi cotti, che, come è noto, si conservano molto più a lungo.

○ *dato fondamentale*

○ *sbrigarsi* ○○ *annota / commen...*

○ *dal momento che*

○ *contrario* / ○○ *è tipica di*
○ *fare l'ipotesi*

○ *confezione*
○ *soprattutto*

○ *raggiunge*

○ *unire*

---

18. si tratta di > trattarsi = essere.
19. dolce industriale = dolce preparato dalle ditte di dolciumi e distribuito su scala industriale. **Industriale** equivale, qui, a preconfezionato/pronto per l'uso.
20. si presta a degenerazioni = va facilmente a male/si deteriora.
21. Il *Tiramisù* è una degenerazione gastronomica. Secondo l'autore dell'articolo, il *Tiramisù* è una ricetta di poco valore e rappresenta uno

scadimento (**degenerazione**) dell'arte gastronomica.
22. savoiardi confezionati = tipo di biscotti a produzione industriale. **Confezionati** = preparati industrialmente e venduti in scatole sigillate. Nel testo si vuol mettere in rilievo che questo ingrediente del *Tiramisù* non è quello originale preparato in casa, cioè il *Pan di Spagna*, ma un suo sostituto che viene comprato già pronto.

Eserciziario

ESERCIZI DI GRAMMATICA E DI LESSICO

A. Sostituite alle strutture verbali sottolineate, strutture di pari valore semantico. Sceglietele fra quelle date:

raggiungere, commentare, trovarsi, nominare, durare, dedurre, fare, sbrigarsi, nascere, trovare posto

1. La parola *Tiramisù* è entrata nelle tipicità gastronomiche italiane.
2. Analizzando la ricetta viene il sospetto che sia il frutto di due elementi: il desiderio di fare in fretta e il desiderio di un dolce altamente energetico - come si evince dalla presenza del caffè e del cacao.
3. Il dibattito sulla nascita della ricetta è ancora aperto.
4. Infatti da una rapida indagine condotta in libreria si vede che il *Tiramisù* non esiste.
5. Nell'Artusi compare solo la *Zuppa Inglese*, non il *Tiramisù*.
6. Perfino la più giovane, Lisa Biondi, non lo cita neppure.
7. Fernanda Gosetti colloca il *Tiramisù* solo in un volume dedicato ai dolci e chiosa affermando che si tratta di una ricetta di origine emiliana.
8. La degenerazione tocca punte profonde nel caso del ricettario di Suor Germana.

B. E ora sostituite agli aggettivi sottolineati il sinonimo appropriato.

1. Le ricette più raffinate della cucina italiana sono contenute in un famoso libro scritto da Artusi.
2. Quella ragazza ha dei modi accattivanti e riesce a guadagnarsi le simpatie di tutti.
3. Nei climi freddi si tende a mangiare cibi fortemente energetici.
4. Da una rapida indagine, ho scoperto che a nessuno dei nostri amici italiani piace il *Tiramisù*.
5. Oggi si consumano molti cibi industriali e si è quasi perduto il piacere della tavola.
6. È una donna raffinata e ricca: indossa solo vestiti firmati.
7. Paracucchi è un cuoco italiano molto noto a Parigi.
8. È fondamentale imparare a parlare molte lingue oggi.
9. La meta preferita degli italiani per le vacanze estive è la Sardegna..

C. Collocate le espressioni di tempo nel giusto spazio della linea temporale.

tanto tempo fa	adesso	fra poco
presto	a quel tempo	subito
ora	un tempo	prossimamente.

PASSATO			PRESENTE			FUTURO		

D. Spiegate il valore grammaticale di *chi* e *che*.

Es.: Il libro che sto leggendo è *I Promessi sposi*
> **Che = pronome relativo**

1. La cucina che preferisco è quella francese.
2. Che ingredienti ci sono nelle *Zuppa Inglese*?
3. Che meravigliosa ricetta il *Tiramisù*!
4. L'articolo dice che in cucina, al giorno d'oggi, l'importante è fare in fretta.

5. Nella cucina francese, che è così raffinata, che piatti preferisci?
6. Che libro è *Il cucchiaio d'argento*?
7. Chi sa cucinare bene davvero, usa l'Artusi.
8. Che ne pensi di fare una passeggiata nel parco questo pomeriggio?
9. Che bello tornare a vivere in Italia!
10. Gli ho chiesto chi aveva incontrato alle 3 del pomeriggio di ieri, ma non me lo ha voluto dire.

E. Inserite *ci* o *ne*, a seconda della necessità.

1. Ho letto l'articolo sulla donna in fin di vita per intossicazione ma non.... credo.
2. È incredibile! Io.... vado tutti i giorni in quel ristorante.
3. Che cosa... guadagnerà il ristorante a dare cibo avariato?
4. Hai sentito di quella signora? Non me.... parlare.
5. Ho letto che la signora è uscita dall'ospedale poche ore dopo l'incidente. .... sono contento.
6. Sei mai stato in al ristorante "Da Nino"? Sì, ... vengo ora.
7. Nel *Tiramisù*, non sostituire il mascarpone con la ricotta: non....vale la pena.
8. Quante uova.... vogliono per fare la crema? Ce.... vogliono 6.

F. Mettete in dubbio le seguenti affermazioni. Usate il condizionale. Seguite l'esempio.

Es: Secondo gli studiosi del periodo, un giudizio definitivo su Mussolini ed il fascismo non è ancora possibile

> **Secondo gli studiosi del periodo, un giudizio definitivo su Mussolini ed il fascismo non sarebbe ancora possibile**

1. Il *Tiramisù* è una ricetta recente e senza storia e non esiste nei grandi libri di cucina come l'Artusi.
2. La *Zuppa inglese* è una ricetta che deriva da un famoso dolce inglese.
3. Secondo l'articolista, il *Tiramisù* è l'antitesi della raffinatezza ed è una degenerazione gastronomica.
4. Secondo la maggior parte della gente, oggigiorno, in cucina l'importante è fare in fretta.
5. Il telegiornale ha detto che in Turchia, nel terremoto, sono morte più di mille persone.
6. Secondo le statistiche, la natalità, in Italia, è aumentata in questi ultimi due anni.
7. I giornali dicono che l'incidente ferroviario è stato causato da una fatale distrazione del conduttore.
8. Per gli italiani la loro cucina è la migliore del mondo.
9. Secondo recenti sondaggi, in Inghilterra il partito laburista vincerà le prossime elezioni.
10. Per suo padre, Giovanni è molto maturo per la sua età.

DOMANDE DI COMPRENSIONE

1. Che cosa celebrava la signora finita in ospedale?
2. Quali sono i motivi che hanno fatto del *Tiramisù* una tipicità gastronomica italiana?
3. Il *Tiramisù* è la degenerazione di un altro dolce. Quale?
4. Quali sono i due elementi fondamentali di questo dolce?
5. Qual è la caratteristica principale della cucina moderna?
6. In che cosa si differenzia la ricetta di Suor Germana?
7. Perché la *Zuppa Inglese* è ritenuta una ricetta più sicura?
8. Che cosa vuol dire che "il dibattito sull'origine del *Tiramisù* è ancora aperto"?
9. Che cosa si intende per "ricetta nobile"?
10. Spiegate il titolo dell'articolo.

ESERCIZI DI SCRITTURA

Testi di riferimento: testo VII e scheda 7 di questa unità; Introduzione all'Unità I; Bibliografia specifica sulla cucina italiana; libri di cucina italiana, attualmente in commercio (a scelta); fascicoli de *La cucina italiana* (mensile di cucina venduto in edicola). C.E Gadda, in AA.VV. *Storia della letteratura italiana*.

1. Raccontate con parole vostre l'incidente del *Tiramisù*. *(Scrivete 300 parole).*
2. Confrontate le tre ricette date nella scheda 7 e mettete in evidenza le differenze di stile, di lingua e di tono! *(Scrivete 400 parole).*
3. Scrivete una ricetta -o due- di vostra invenzione. *(Scrivete 200-300 parole).*
4. Immaginate che un cuoco straniero debba venire a lavorare in Italia; selezionate per lui i vocaboli e gli idiomi relativi alla cucina di base di cui ha bisogno per iniziare a lavorare in un ristorante. *(Scrivete 200 parole).*
5. Descrivete i gusti alimentari degli italiani. *(Scrivete 500 parole).*

Unità 1 / **Sezione 8**

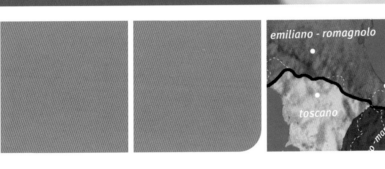

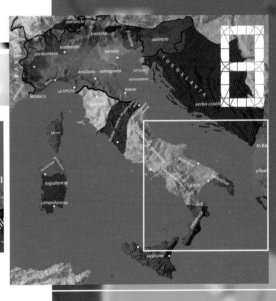

Capire l'italia e l'italiano
Lingua e cultura italiana oggi

Lia Buono Hodgart

Il Costume

Dialetti per tutti

Dialetti per tutti

I dialetti italiani

I dialetti, rivestono, nel contesto sociolinguistico italiano, una grande importanza in quanto sono stati, per secoli, l'unico mezzo di comunicazione orale di una larghissima parte della popolazione. Le ragioni di questo predominio sono dovute a molti fattori: tra questi, il fattore politico è stato il più rilevante.

L'Italia ha subito quasi otto secoli di dominazioni straniere ed è stata teatro di guerra fra vari dominatori - francesi, spagnoli, austriaci e tedeschi, tra gli altri - che se ne sono contesi vaste zone quando non intere regioni. Questo stato di cose ha determinato, fra le diverse aree occupate, una situazione di 'separatismo' non solo politico ma anche culturale e linguistico.

Il secondo fattore che ha favorito l'affermazione dei dialetti italiani è stato, nei secoli, l'alto livello di analfabetismo. Nel 1861, al momento dell'Unificazione, il 75% della popolazione era analfabeta; nel 1921, all'epoca della seconda guerra mondiale, le percentuali di analfabetismo si aggiravano fra il 50% e più nell'Italia centro-meridonale e il 18% e 23% nell'Italia settentrionale; al censimento del 1951 risulta ancora analfabeta il 12,8% della popolazione, ma nell'Italia meridionale la percentuale sale al 24%. Non c'è quindi da stupirsi che, nei secoli, quegli italiani che non erano in grado di apprendere la lingua scritta, cioè l'italiano, continuassero a comunicare nella sola lingua che conoscevano e avevano a disposizione, il loro dialetto, appreso oralmente dai genitori e parlato nella loro comunità.

I dialetti hanno prevalso sulla lingua italiana fino agli anni '60, quando si è finalmente attuata l'unità linguistica del paese, ben 100 anni dopo l'unità politica. I fattori che hanno contribuito all'unificazione linguistica sono stati, in ordine di tempo, l'istruzione obbligatoria, già in atto negli anni '20, e la progressiva industrializzazione del paese. Quest'ultima, provocando l'urbanizzazione di una parte della popolazione contadina e le migrazioni interne (dal Sud al Nord), ha determinato un primo radicale cambiamento nel contesto sociolinguistico della popolazione. L'ultimo fattore di unificazione linguistica e, secondo i linguisti contemporanei, il più determinante, sono stati i Media. La televisione, in particolare, avrebbe giocato un ruolo fondamentale e, secondo la teoria del Professor Tullio De Mauro, sarebbe stata, dalla fine degli anni '50 alla metà degli anni '60, la vera 'scuola' degli italiani.

Vediamo ora brevemente l'origine dei dialetti. Essi derivano tutti, individualmente, dal latino parlato sulla penisola nel V secolo, al momento della caduta dell'Impero romano d'Occidente (473 A.D.). Da un dialetto in particolare deriva la lingua italiana: questo dialetto è il fiorentino. L'affermazione del fiorentino come lingua comune si deve non solo alla grande tradizione letteraria che fa capo a Dante e agli scrittori ed artisti che operarono a Firenze nel Rinascimento, ma anche alla supremazia politica ed economica della città nel '400 e '500. Dice giustamente il professor Giacomo Devoto, grande studioso e storico della lingua: "La storia della lingua italiana è la storia del dialetto fiorentino".

Si è soliti dividere i dialetti italiani in quattro grandi gruppi: i dialetti nordici, parlati nel Nord d'Italia; i dialetti toscani; i dialetti centro - meridionali e il sardo. Come si afferma nell'articolo che segue, oggi i dialetti non definiscono più lo stato socioculturale dell'individuo e non sono più guardati con diffidenza come nel passato quando erano sinonimo di ignoranza e di divisionismo all'interno della comunità nazionale. Si diceva nell'Introduzione che oggi i dialetti sono parlati per scelta da un popolo in fase di bilinguismo e in pieno possesso dei suoi mezzi espressivi; un popolo che, molto spesso, ora conosce anche altre lingue europee.

Diamo ora i testi di tre canzoni in dialetto. Sono canzoni famose e fanno parte di *Il nuovo canzoniere italiano,* un programma di canzoni popolari italiane a cura di Roberto Leydi e Filippo Crivelli (edizioni *Bella Ciao,* 1979). Roberto Leydi è professore di dialettologia all'Università di Milano. I testi sono stati raccolti e curati da Franco Fortini (1917-1994), noto poeta e saggista.

La prima canzone, *Maremma*, è in dialetto toscano. Il testo è perfettamente comprensibile poiché, come si è detto, il toscano non si discosta dalla lingua italiana, di cui è la matrice. Per questo non si dà di *Maremma* una versione in italiano. La seconda canzone, *Nebbi' a le valle*, è in dialetto abruzzese ed è il canto delle raccoglitrici di olive. La terza canzone, *Pianefforte'e notte* è in dialetto napoletano ed è stata scritta da Salvatore di Giacomo (1860-1934), autore di molte poesie, poi divenute canzoni di grandissimo successo, come *Marechiare.*

Maremma

Tutti mi dicon: Maremma, Maremma
e a me mi pare una Maremma amara;
l'uccello che ci va perde la penna,
e io ci ho perduto una persona cara.
Sia maledetta Maremma, Maremma,
sia maledetta Maremma e chi l'ama .
Sempre mi trema il cor quando ci vai
perché ho paura che non torni mai.

Nebbi' a la valle (versione in dialetto)

Nebbi' a la valle e nebbi' a la muntagne,
ne la campagne nen ce sta nesciune.
Addije, addije amore
casc' e se coje
la live e casch' a l'albere li foje.
Casche la live e casche la ginestre
casche la live e li frunne ci reste.
Addije, addije amore
casch' e se coje
la live e casch' a l'albere li foje.

Nebbia alla valle (versione in italiano standard)

Nebbia alla valle e nebbia alla montagna,
nella campagna non c'è più nessuno.
Addio, addio amore,
casca e si raccoglie
l'oliva e cascano dall'albero le foglie.
Casca l'oliva e la ginestra
casca l'oliva e ci restano (solo) le fronde.
Addio, addio amore,
casca e si raccoglie
l'oliva e cascano dall'albero le foglie.

Pianefforte 'e notte (versione in dialetto)

Nu pianefforte 'e notte
sona, luntanamente,
e a' musica se sente
pe ll'aria suspirà.
È ll'una: dorme 'o vico
ncopp'a sta nonna nonna
'e nu mutivo antico
'e tanto tiempo fa.
Dio, quanta stelle 'ncielo!
Che luna! E che aria dolce!
Quanto na bella voce
vurria sentì cantà!
Ma sulitario e lento
more o' mutivo antico;
se fa cchiù cupo o' vico
dint'a ll'oscurità.

Pianoforte di notte (versione in italiano standard)

Un pianoforte di notte
suona, in lontananza,
e la musica si sente
per l'aria sospirare.
È l'una: dorme il vicolo
su questa ninna-ninna
di un motivo antico
di tanto tempo fa.
Dio, quante stelle in cielo!
Che luna! E ch'aria doce!
Quanto una bella voce
vorrei sentir cantare.
Ma solitario e lento
muore il motivo antico;
si fa più cupo il vicolo
nell'oscurità.

"Macché italiano, parliamo dialetto!" *di Giovanni Gobber*

Poco più di centoventisei anni or sono **Vittorio Emanuele II**[1] fece ingresso in Roma conquistata e *declamò*° nella lingua nazionale: "A Roma ci siamo e ci resteremo". Così riferiscono i libri di storia. Invece testimoni attendibili riferirono che il sovrano, *spossato*° dal lungo e scomodo viaggio, giunto nell'**Urbe**[2] sospirò in dialetto: "*Finalment i suma*", "finalmente ci siamo". Infatti il primo re d'Italia non usava l'italiano. Si rivolgeva in *piemontèjs*[3] a tutti, dalla moglie ai ministri. Del resto ai suoi tempi l'italiano parlato quasi non esisteva. La lingua nazionale viveva nella forma scritta. In privato e in pubblico si usavano i dialetti. Alla nascita dello Stato unitario, l'80 % dei cittadini non aveva esperienza della lingua italiana. E gli analfabeti erano circa il 75%.

Nel corso di un secolo le cose cambiarono, ma ancora nel 1950 i tre quarti della popolazione del Nord e i due terzi di quella del Sud si servivano unicamente del dialetto.

La percentuale *calò*° fortemente nei decenni successivi, con la crescita del livello d'istruzione e con l'immigrazione al Nord. Per comunicare in una città come Milano, pugliesi, siciliani, calabresi, lombardi dovettero usare l'italiano. I programmi radiofonici e televisivi fornirono il modello di lingua da imitare. Così piano piano gli italiani familiarizzarono con la lingua nazionale. E l'italiano da lingua scritta diventò anche lingua parlata. Secondo molti studiosi a guidare oggi la ***hit parade***[4] dell'italiano parlato è Milano, non Firenze, non Roma. Proprio in "**Padania**"[5] si parla l'italiano meno 'provinciale', meno condizionato dal dialetto. Per i fiorentini e i romani, invece, l'italiano è pericolosamente vicino al dialetto; è forte per loro il rischio di mescolare l'uno con l'altro.

L'idioma nazionale gode di maggior prestigio perché svolge tutte le funzioni importanti: è lingua ufficiale dello Stato, si usa nelle transazioni economiche, nelle sedi scientifiche e accademiche, nelle cerimonie religiose, nell'amministrazione civile e militare. In simili circostanze non è *previsto*° l'uso del dialetto.

Avviene, tuttavia, che qualcuno ci provi, magari per scherzare. Giorni fa il pilota di un aereo cui era stato concesso di decollare in perfetto orario si è rallegrato della puntualità e, rivolgendosi ai passeggeri, ha esordito con un lombardo *"l'orari l'è l'orari"*[6]. Sono seguiti gli *avvisi*° soliti in lingua inglese. Un parlamentare si è scandalizzato. Non per l'inglese, per il lombardo. Eppure quel pilota **è un benemerito**[7]: ha mostrato, nella pratica, la vitalità espressiva del dialetto.

° *disse con enfasi*

° *stanco / affaticato*

° *scese*

° *contemplato*

° *annunci*

1. **Vittorio Emanuele II.** Fu il primo re d'Italia, come si dice poco sotto nel testo. Era piemontese. Cfr. Unità IV, scheda 1.
2. **Urbe** = città; per antonomasia, scritto con la lettera maiuscola, la città di Roma.
3. **piemontèjs.** Parola del dialetto piemontese che identifica il dialetto stesso.
4. **hit parade.** Nota classifica relativa alle canzoni più popolari. Qui è detto in senso ironico.
5. **Padania.** Il modo in cui alcune regioni dell'Italia settentrionale vengono definite dalla Lega Lombarda (cfr. Unità IV, sezione 2).
6. **l'orari l'è l'orari.** Espressione in dialetto milanese che vuol dire: 'l'orario è l'orario'.
7. **è un benemerito** > essere un benemerito = essere da lodare.

È *un dato di fatto*° che oggi in Italia molti provano ancora *disagio*°° a parlare l'italiano che   ○ *un fatto comprovato* ○○ *imba*
non dominano e appena possono si esprimono in dialetto, che è loro più familiare. Il 62%
degli adulti ha dichiarato di usare ora il dialetto ora la lingua nazionale a seconda delle
situazioni: sono quelli che *padroneggiano*° entrambi gli idiomi e che scelgono ora l'uno ora   ○ *conoscono bene*
l'altro a seconda dell'interlocutore - il dialetto con i membri della comunità locale, l'italiano
con gli estranei - e dell'argomento di conversazione. Il dialetto poi è preferito nelle
espressioni di affetto, mentre l'italiano è di casa nei contesti formali. Se *tralasciamo*°   ○ *lasciamo fuori*
degli italiani che dichiara di usare solo la lingua nazionale, risulta che ad **avere**
competenza[8] di dialetto è ancora il 76% della popolazione. I dialetti continuano ad
esistere: come spugne assimilano dall'italiano e da altre lingue parole nuove. I dialetti non si
italianizzano: si rinnovano e cambiano la pelle, ma non l'identità. Chi sta usando il proprio
dialetto, anche se *infarcito*° di parole derivate dall'italiano, 'sente' di non parlare italiano.   ○ *pieno*

Una prova della vitalità dei dialetti? *Il Festival dei dialetti* che il nostro **Adriano**
Celentano[9] sta organizzando in una città della Toscana ancora *top secret*. Sarà,
naturalmente, una *rassegna canora*°, anzi una gara a cui potranno partecipare tutti, grandi   ○ *festival di canzoni*
nomi o anche illustri sconosciuti. Purché le loro canzoni siano in dialetto. Le ragioni di
questo progetto? "Riscoprire le nostre radici - dice il nostro Adriano - le radici di quella
cultura popolare alla quale tutti hanno **attinto**[10]. Sventolare la bandiera dei nostri dialetti
in una civiltà dove la dittatura dell'inglese minaccia di strangolare anche la lingua italiana o
di ridurla ad un gergo bastardo".

8. **avere competenza** = modo di dire della glottodidattica che vuol dire "essere competente in diversi e preselezionati aspetti della lingua".
9. **Adriano Celentano.** Celebre cantautore italiano sulla breccia da almeno quarant'anni.
10. **attinto** > attingere = tirare su acqua da una sorgente; (fig.) prendere. **Nel testo vale quest'ultima accezione.**

ESERCIZI DI GRAMMATICA E DI LESSICO

A. Trovate la parola che per significato non appartiene al gruppo in cui si trova.

1. sovrano, re, monarca, suddito.
2. lingua, idioma, linguaggio, discorso
3. profugo, nazione, popolo, stirpe
4. aereo, pilota, velivolo, apparecchio
5. gara, competizione, disputa, concorso
6. radio, televisione, cinema, registratore
7. siciliani, calabresi, lombardi, padani
8. radice, origine, fonte, fondamenta

B. Date i contrari dei seguenti aggettivi.

1. nazionale ....
2. scomodo ....
3. primo ....
4. privato ....
5. pieno ....
6. pericoloso ....

7. vicino ....
8. espressivo ....
9. estraneo ....
10. locale ....
11. nuovo ....
12. illustre ....

C. Trasformate le strutture in grassetto in frasi subordinate implicite o esplicite, a seconda del caso.

Es. (a) **Al ricordo** di sua madre, si mise a piangere
> **Ricordando sua madre, si mise a piangere**
(b) **Con la crescita** del livello di istruzione, calò la percentuale dei dialettofoni.
Quando crebbe il livello di istruzione, calò la percentuale dei dialettofoni

1. **Alla nascita** dello Stato unitario, pochi in Italia sapevano parlare l'italiano.
2. Giorni fa il pilota di un aereo si è rallegrato con i passeggeri in dialetto lombardo **dopo un decollo** in perfetto orario.
3. **Con la riscoperta** delle nostre radici, i dialetti potrebbero godere di una rinascita.
4. **Con la perdita** dell'udito, la nonna ha perso anche la voglia di vivere.
5. **Alla vista** del suo paese, da cùi mancava da 10 anni, sentì una forte emozione.
6. **Al ricordo** delle belle vacanze passate in Inghilterra, fu preso da una grande nostalgia
7. **Al pensiero** del viaggio che ci aspettava, ci invase un forte senso di agitazione di paura
8. **Al nostro arrivo** alla festa, alcuni ospiti mostrarono il loro stupore per come eravamo vestiti.
9. **Con l'aumento** dei prezzi, vivere in Inghilterra è diventato impossibile.

D. Trasformate i gerundi in frasi di forma esplicita.

Es. Andando in ufficio ho incontrato un vecchio amico
> **Mentre andavo in ufficio ho incontrato un vecchio amico**

1. Gli italiani non si sono mai sentiti veramente fratelli, avendo vissuto, per secoli, nelle diverse regioni d'Italia, sotto il dominio di potenze straniere.

2. Solo negli anni '60, guardando la televisione, gli italiani impararono a conoscersi ed a capirsi.

3. Volendo riscoprire le radici della cultura popolare, Adriano Celetano ha lanciato il *Festival dei dialetti*.

4. Tralasciando il 24% degli italiani che parla solo italiano, risulta che, ancora oggi, il restante 76% della popolazione conosce bene il dialetto e lo parla quando può.

5. Non conoscendo la lingua nazionale, per secoli, molti italiani hanno comunicato fra loro usando solo il dialetto.

6. È un dato di fatto che, parlando molte lingue, si hanno maggiori opportunità di lavoro.

E. Completate le seguenti frasi mettendo il verbo al tempo e modo richiesti dal contesto.

1. Si dice che quando Vittorio Emanuele (fare) .... il suo ingresso a Roma, (declamare) ....: "A Roma ci siamo e ci resteremo".

2. Testimoni attendibili (riferire) .... invece che il sovrano, in quell'occasione, (parlare) in dialetto.

3. Per quel che riguarda l'analfabetismo in Italia, (volerci) quasi cento anni prima che completamente (eliminare).

4. Negli anni '50 e '60 i programmi radiofonici e televisivi (fornire) .... il modello di lingua da imitare.

5. Le percentuali dell'analfabetismo (calano) fortemente nel decennio successivo alla seconda guerra mondiale.

6. Quando (emigrare) al Nord, calabresi, pugliesi e siciliani (dovere) usare l'italiano per capirsi.

7. Quando (vivere) in Italia, (parlare) in dialetto con i miei genitori e i parenti.

F. Scegliete fra il passato remoto e l'imperfetto.

I dialetti hanno (prevalere) sulla lingua italiana fino agli anni '60, quando finalmente (attuarsi) l'unità linguistica del paese, ben 100 anni dopo l'unità politica. I fattori che (contribuire) all'unificazione linguistica sono stati, in ordine di tempo, l'istruzione obbligatoria, già in atto negli anni '20 e la progressiva industrializzazione del paese. Quest'ultima, provocando l'urbanizzazione di una parte della popolazione contadina e le migrazioni interne (dal Sud al Nord), (determinare) un primo radicale cambiamento nel contesto sociolinguistico della popolazione. L'ultimo fattore di unificazione linguistica e, secondo i linguisti contemporanei, il più determinante, (essere) i Media. La televisione, in particolare, (giocare) un ruolo fondamentale e, secondo la teoria del Professor Tullio De Mauro, (essere) dalla fine degli anni '50 alla metà degli anni '60, la vera 'scuola' degli italiani.

G. Inserite la preposizione *in* semplice o articolata.

1. È un fatto accertato che Vittorio Emanuele, giunto ......Urbe, esclamasse: "Finalment i suma".

2. ...... Italia, al momento dell'Unificazione, si parlava soprattutto dialetto.

3. .... Italia del Nord, ...1950, i tre quarti della popolazione si serviva unicamente del dialetto.

4. A Milano......anni 60, gli italiani provenienti dal Sud dovettero usare l'italiano per comunicare.

5. Celentano sta organizzando una rassegna canora .... dialetto, ... Italia centrale.

6. L'estate prossima andrò ...... Egitto e i miei figli andranno .... Stati Uniti. Pensano di andare ...... California e ...... Colorado.

7. Pare che .... Padania si parli l'italiano meno provinciale.

DOMANDE DI COMPRENSIONE

1. Com'era la situazione linguistica dell'Italia al tempo dell'Unificazione?
2. Quali fattori contribuirono all'unificazione linguistica in Italia, e in quali epoche?
3. Dove si parla un italiano meno "provinciale"?
4. In quali settori della vita pubblica, oggi, l'italiano viene usato di più?
5. Gli italiani d'oggi, sono tutti a loro agio quando usano la lingua nazionale?
6. In quale contesto si usa di più il dialetto, oggigiorno?
7. I dialetti tuttora parlati, sono gli stessi di 50 anni fa?
8. Qual è l'iniziativa di Adriano Celentano e da che cosa è dettata?
9. Perché il pilota che ha parlato ai suoi passeggeri in lombardo è "un benemerito".
10. Che cosa disse Vittorio Emanuele II quando entrò in Roma conquistata?

ESERCIZI DI SCRITTURA

Testi di riferimento: Testo VIII e scheda 8 di questa Unità; Introduzione all'Unità I; Bibliografia essenziale dell'Unità I e Bibliografia specifica; Introduzione all'Unità IV e Bibliografia dell'Unità IV; Testi in dialetto: Leydi-Crivelli, *Il nuovo canzoniere italiano*; Pier Paolo Pasolini: *Canzoniere italiano*. Scelta di canzoni in dialetto. Scelta di poesie in dialetto da *I poeti del Novecento*. Teatro in dialetto: autore suggerito: E. De Filippo.

1. Volgete al tempo presente il secondo paragrafo, arrivando fino a: "E l'italiano da lingua scritta diventò anche lingua parlata". Iniziate così: Nel corso di un secolo le cose cambiano...
2. Scrivete un commento ai testi delle tre canzoni date in scheda, cercando di individuarne il contesto ambientale e sociale. *(Scrivete 400 parole)*.
3. Scrivete una breve storia della lingua italiana, servendovi del materiale dato in scheda e del testo VIII. *(Scegliete voi il numero delle parole)*.
4. Scegliete un testo in dialetto (una poesia, una pagina di un testo teatrale o una canzone) e datene la versione italiana.
5. Scrivete un saggio dal titolo: "La storia della lingua italiana è la storia del dialetto fiorentino" (G. Devoto). *(Scrivete 600 parole)*.

Capire l'Italia e l'italiano
Lingua e cultura italiana oggi

Lia Buono Hodgart

Il Costume

Esercizi di scrittura sull'Unità 1

Esercizi di scrittura sull'Unità 1

Testi di riferimento: testi I-VIII e schede 1-8 di questa Unità; Introduzione all'Unità I; Bibliografia essenziale dell'Unità I; Introduzione all'Unità IV; testi I-VIII e schede 1-8 dell'Unità IV; scelta di canzoni e di materiale letterario e cinematografico.

1. Il regionalismo: dite quali fatti di costume rappresentano meglio e più completamente questa caratteristica così peculiare della società italiana. *(Rispondete con 400 parole).*

2. Immagini dell'Italia attraverso la sua musica. *(Scrivete un saggio di 500 parole).*

3. L'emigrazione è stata un tema letterario e cinematografico. Illustrate. *(Scrivete un saggio di 500 parole).*

4. Spiegate cosa vuol dire Tullio De Mauro quando parla di "Italia delle Italie". *(Scrivete 400 parole).*

5. Commentate l'affermazione di E. M. Forster: "L'Italia non è solo un museo di antichità e di arte: è la gente che è più straordinaria del paese". *(Scrivete un saggio di 500 parole).*

6. Quali aspetti dell'Italia e degli italiani si sono esportati insieme alla sua cucina? *(Scrivete 400 parole).*

7. Virginia Woolf, nota scrittrice inglese, negli Anni Trenta scrisse: "L'Italia è solo violenza, povertà e preti vestiti di nero che camminano frettolosamente per strada "... Pensate che sia ancora vero? *(Scrivete un saggio di 500 parole).*

8. Commentate la seguente affermazione di Giorgio Bocca: "Ci sono Italiani che emigrano restando in Italia, si vestono, si atteggiano come gli stranieri, ma sul cibo nessuno o pochi tradiscono". *(Scrivete 400 parole).*

9. Confrontate la vostra opinione degli italiani con quella di D. H. Lawrence: "Odio e detesto gli italiani. Non sanno discutere, si agitano, urlano, ripetono frasi a pappagallo, alzano le spalle, reclinano la testa da una parte e agitano le mani. Come può regolarsi con loro un onest'uomo?" *(Scrivete un saggio di 400-500 parole).*

10. "Contro l'opinione corrente, gli italiani non sono discendenza diretta dei romani, ma un popolo nuovo" (G. Prezzolini). Commentate. *(Scrivete un saggio di 500 parole).*

11. "Gli Italiani vorrebbero essere quello che non sono: efficienti, costruttivi ed aperti. Essi sono invece impulsivi, pigri e altamente individualisti" (John Haycraft). Discutete. *(Scrivete 400-500 parole).*

12. "L'emarginazione dei diversi è atto violento e profondamente ingiusto, perché nega il diritto fondamentale di ciascuno ad esistere ed essere se stesso". Commentate con riferimento anche ai problemi degli handicappati in Italia. *(Scrivete 400 parole).*

13. Quale vi sembra che sia stato il cambiamento più evidente e determinante avvenuto in questi ultimi trent'anni nel costume degli italiani? *(Scrivete 400 parole).*

14. Discutete la posizione e l'importanza dei dialetti nell'evoluzione sociale e culturale degli italiani. *(Scrivete 400-500 parole).*

15. Discutete la seguente affermazione di Ake Maim: "La famiglia italiana è come un guscio, un mondo chiuso nel quale l'individuo si rifugia per appagare, spesso, soprattutto, il suo egoismo. È la culla del privato, anziché la proiezione verso il sociale". *(Scrivete un saggio di 500 parole).*

16. Il giornalista Peter Bichsel definisce l'Italia: "Un paese strano, in cui c'è sempre qualcosa di nuovo da scoprire". Commentate con riferimento ad altri paesi europei. *(Scrivete 500 parole).*

17. "Un paese ci vuole. Un paese vuol dire non essere soli, sapere che nella gente, nelle piante, nella terra c'è qualcosa di tuo, che anche quando non ci sei resta ad aspettarti". (Cesare Pavese, *La Luna e i falò*). *(Scrivete un saggio di 500 parole).*

18. Quali aspetti del costume degli italiani appaiono più di frequente nella cinematografia europea ed americana? Illustrate con esempi. *(Scrivete 500 parole).*

19. Tracciate una breve storia della musica italiana degli ultimi quarant'anni e del gusto musicale degli italiani. *(Scrivete 500 parole).*

20. Illustrate con esempi il concetto tutto italiano dell'importanza dello spettacolo ovvero del "fare bella figura" *(Scrivete 300 parole).*

21. "Il piacere di trovarsi in Italia è dovuto al fatto che si vive in un mondo fatto dall'uomo, per l'uomo, sulla misura dell'uomo" (L. Barzini). Commentate. *(Scrivete un saggio di 500 parole).*

22. Descrivete un giorno nella vita di un italiano. (Usate le notizie date in questa Unità e le vostre esperienze personali). *(Scrivete 400 parole).*

23. Quali sono, secondo gli stranieri, i più comuni stereotipi sugli italiani, sul loro modo di vivere e sul loro modo di pensare? *(Scrivete 500 parole).*

24. Immaginate di scrivere un libro sulla cucina italiana: fate un piano, scegliete le ricette e scrivete un'introduzione generale. *(Scrivete 600 parole).*

25. Scrivete una canzone per il Festival di Sanremo. A voi la scelta!

Testi	I	II	III	IV	V	VI	VII	VIII
Lessico								
Generale	a		a	a	a	b		a
Sinonimi e contrari	c	a				a	b	b
Espressioni idiomatiche		c		c			a ,c	
Formazione/derivazione parole	b			d	b			
Grammatica								
Analisi grammaticale e logica						c	d,e,f	
Articoli determinativi/indeterminativi				d				
Comparativi e superlativi	f				g	e		
Comunicazione libera /semi-libera	b	b, e		b	a, c			
Condizionale	d	d		e	i		f	
Congiuntivo	d	d		e				
Congiunzioni e connettivi	e	b						
Coniugazione e sintassi		c			c	b	a	e, f
Discorso diretto/indiretto; interrogativa			b					
Forma attiva/passiva del verbo			g					
Forma implicita/esplicita	e							c, d
Futuro								
Gerundio	e							c, d
Imperativo								
Indefiniti, dimostrativi			f			d		
Indicativo								e, f
Infinito								
Ortografia								
Participio								
Periodo ipotetico	d	d		e				
Preposizioni semplici/articolate			e	f	h	b		g
Pronomi e aggettivi possessivi			c		e, f			
Pronomi diretti/indiretti/riflessivi		f		g	d			
Pronomi relativi e interrogativi							d	
Si impersonale/passivante/riflessivo		g						
Sostantivi e aggettivi; concordanza	b, c		d	a, b	a, b		b	b
Verbi transitivi / intransitivi								
Verbi riflessivi								

Indice degli esercizi di scrittura sui testi

Testi	I	II	III	IV	V	VI	VII	VIII
Analisi della frase e del periodo		5						
Esercizi di manipolazione del testo		4		2,3	1,2	1		1
Attività analitiche e critiche sul testo	1,3	1,3	3,5	1	3,5		2	
Attività creative	2		1			5	3,4	
Riassunto			1				1	
Saggio, rapporto, commento	4,5	2	2,4	4,5	4,5	2,3,4	5	2,3,4,5

Bibliografia essenziale

Un primo approccio al tema del costume e delle mentalità degli italiani, è dato dal volume di Luigi Barzini, *Gli Italiani*, Milano, BUR, 1998: nonostante gli anni trascorsi dalla prima edizione (New York, Hamish Hamilton, 1964) il libro è tuttora utilissimo anche perché sollecita continui confronti tra passato e presente.

Le pagine dedicate all'Italia da Martin J. Gannon nel suo *Global-mente. Metafore culturali per capire 17 paesi*, Milano, Baldini e Castoldi, 1997 (Cap. 3, L'opera italiana, pagine 78-108), nel caso reperibili anche nell'edizione originale americana *Understanding Global Cultures. Metaphorical Journeys Through 17 Countries*, New York, Sage, 1994: possono risultare un utile complemento alla lettura del Barzini.

Utili anche per gli aspetti di costume sono i volumi *Stato dell'Italia* a cura di Paul Ginsborg, Milano, Mondadori, 1994 e, dello stesso autore, *L'Italia del tempo presente*, Torino, Einaudi, 1998.

Sul carattere nazionale
G. Bocca, *Italiani strana gente*, Milano, Mondadori, 1997.
E. Biagi, *Cara Italia*, Milano, Rizzoli, 1998.
A. Levi, *Noi, gli italiani*, Bari, Laterza, 1988.
G. Bollati, *L'italiano: il carattere nazionale come storia e come invenzione*. Torino, Einaudi, 1983.
E Borselli, *L'Italia che non muore*, Bologna, Il Mulino, 1997.
P. Carboni, V. Cesareo, L. Sciolla, E. Besozzi, *La cultura dell'Italia contemporanea. Trasformazione dei modelli di comportamento e identità sociale*. Torino, Fondazione Agnelli, 1990.
T. Ward, *Getting it right in Italy*, Londra, Bloomsbury, 1990.
T. Willey, *Italians*, Londra, British Broadcasting Corporation 1984.
T. Parks, *Italian neighbours*, Londra, W. Heinmann Ltd., 1992.
J. Haycraft, *Italian labyrinth*, Londra, Seeker and Warburg, 1985.
R. Levi Pisetsky, *Il costume e la moda nella società italiana*, Torino, Einaudi, 1978.

Sugli stereotipi
Si veda, oltre al citato volume di Bollati:
P. De Garzarolli, *Dicono di noi. L'Italia nei grandi giornali stranieri*, Bari, Laterza, 1993.
L. Sciolla, *Italiani. Stereotipi di casa nostra*, Bologna, Il Mulino, 1997.

Sulle superstizioni
Si veda il bellissimo volume di A. Di Nola, *Lo specchio e l'olio. Le superstizioni degli italiani*, Bari, Laterza, 1994.

Sul familismo
P. Ginsborg, "Familismo" in *Stato dell'Italia*, pp. 78-73 e "La famiglia", ibid. 284-305. Si veda anche la Bibliografia essenziale dell'Unità IV, alla voce "Sulla famiglia italiana."

Sui giovani
Si veda la voce: *Sulle problematiche sociali*, in "Bibliografia essenziale", Unità IV.

Sulla lingua italiana, i dialetti e la lingua della canzone
B. Migliorini, *Breve storia della lingua italiana*, Firenze, Sansoni, 1989.

T. De Mauro, *Storia linguistica dell'Italia unita*, Bari, Laterza, 1993.
T. De Mauro, *L'Italia delle Italie*, Roma, Editori riuniti, 1992.
T. De Mauro, *Come parlano gli italiani*, Firenze, La Nuova Italia, 1994.
T. Poggi Salani, *Per lo studio dell'italiano, Avviamento storico - descrittivo*, Padova, Liviana,1986.
A. Sobrero, *Introduzione all'italiano contemporaneo. La variazione e gli usi*, Bari, Laterza, 1993.
G. Borgna, *L'italiano cantato*, in «Italiano e oltre» II, 1987, pp. 66-68.
G. Borgna, L. Serianni, *La lingua cantata*, Roma, Garamond, 1994.
L. Coveri, *Parole, musica, poesia e oltre*, in «Italiano e oltre», II, 1987.

Testi in dialetto
R. Leydi, F. Crivelli, *Il nuovo canzoniere italiano*, Milano, Edizioni Bella Ciao,1979.
P.P. Pasolini, *Canzoniere italiano*, Milano, Garzanti, 1972.

Su Montale
P.V. Mengaldo (a cura di), *Poeti italiani del Novecento*, Milano, Mondadori, 1988.

Sui comportamenti femminili e l'interazione tra i sessi
Z. Baranski e S. Vinall (a cura di), *Women and Italy: Essays on Gender, Culture and History*, London, 1991.

Sulla cucina italiana
Per conoscere la cultura gastronomica degli italiani è indispensabile muovere dal classico volume di Pellegrino Artusi, *La scienza in cucina e l'arte di mangiar bene* (tra le varie edizioni la migliore è a cura di Piero Camporesi, Torino, Einaudi, 1970[1]). La lettura delle ricette raccolte da Emilio Faccioli ne *L'arte della cucina in Italia*, Torino, Einaudi, 1992, consente un brillante excursus storico. Piacevoli sorprese può riservare Filippo Tommaso Marinetti, *La cucina futurista*, Milano, Longanesi, 1986. Piero Camporesi ha dedicato alla cultura alimentare italiana alcuni brillanti volumi: ricordiamo soprattutto *Il pane selvaggio*, Bologna, Il Mulino, 1998, e *La terra e la luna. Alimentazione, folklore, società*, Milano, Garzanti, 1995.

Sulla musica leggera italiana
G. Baldazzi, *La canzone italiana del Novecento*, Roma, Newton Compton, 1989.
G. Borgna, *Storia della canzone italiana*, Milano, Mondadori, 1992.
G. Carpitella, G. Castaldo (e altri), *La musica in Italia*, Roma, Savelli, 1978.
S. Gundle, *Musica leggera: non solo rime scontate e infatuazioni rock*, in *Stato dell'Italia*, cit, pp. 606-609.
L. Settimelli, *Tutto Sanremo*, Roma, Gremese, 1991.
D. Salvatori, *Sanremo 50*, Roma, RAI-ERI, 2000.
G. Baldazzi, L. Clarotti, A. Rocco, *I nostri cantautori*, Thema, Torino, 1991.

Su Paolo Conte
E. De Angelis, *Conte, 60 anni da poeta*, Padova, Muzzio, 1989.
M. Malfatto, *Paolo Conte*, Parigi, Seghers, 1989.
V. Mollica (a cura di), *Le canzoni di Paolo Conte*, Roma, Latoside, 1982.

Unità 2 / **Indice**

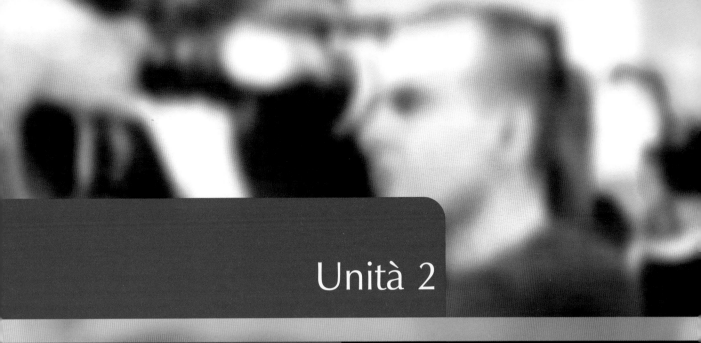

Unità 2

Capire l'Italia e l'italiano
Lingua e cultura italiana oggi
Lia Buono Hodgart

I Mass Media

LA STAMPA

1. I quotidiani: una crisi cronica

La crisi che colpisce da tempo i quotidiani italiani è dovuta alla loro diffusione limitata. Due le cause principali: la prima, la difficoltà di lettura, è di origine antica[1]; la seconda, la concorrenza di altri media, è un fenomeno più recente.

La difficoltà di lettura dei quotidiani italiani è un fatto che risale, almeno per alcuni di loro, al momento della loro nascita. *Il Corriere della Sera*, il più noto quotidiano italiano, è nato a Milano nel 1876; *La Stampa* è nata a Torino nel 1867 e *Il Messaggero* è nato a Roma nel 1878. I nostri più vecchi quotidiani risalgono, quindi, all'epoca dell'Unificazione d'Italia, quando il 75% circa della popolazione era analfabeta. In effetti, a quel tempo i quotidiani erano scritti da intellettuali, spesso famosi scrittori, poeti e critici, per i pochi italiani istruiti che erano in grado di intenderli. La lingua dei quotidiani era una lingua complessa e difficile, di un registro colto, o 'alto', come si dice oggi, usando un termine della linguistica. Quest'abitudine - allo scrivere difficile - è, quindi, una costante[2] dei nostri quotidiani anche se i loro livelli di leggibilità sono ora più differenziati per la comparsa, negli anni '70, di *La Repubblica* e di altri giornali linguisticamente più accessibili[3].

La concorrenza dei media, e della televisione in particolare, è un fatto degli ultimi quaranta anni. Con l'avvento della televisione e la mancata integrazione fra i due sistemi di informazione, i quotidiani hanno perduto la loro autonomia e l'esclusività alla trasmissione delle notizie: l'immagine e il parlato hanno avuto la meglio sulla parola scritta. Anche nel campo della pubblicità, la televisione esce gran favorita presso il pubblico per l'impatto e l'immediatezza dei suoi spot televisivi, che diventano una forma di intrattenimento vero e proprio. Il successo della pubblicità televisiva ha determinato una contrazione della pubblicità fatta sul giornale con conseguente forte diminuzione degli introiti[4] derivati da questo settore.

Negli ultimi anni anche l'Internet, in quanto banca dell'informazione facilmente e universalmente accessibile, è diventata una pericolosa concorrente della stampa e dei quotidiani in particolare.

La perdita dei lettori di quotidiani risale agli anni '80 ma procede in calo accelerato particolarmente dal 1992: oggi un italiano su dieci compra un quotidiano - un livello che colloca l'Italia al penultimo posto nella Comunità Europea. Significativa è la distribuzione territoriale delle vendite[5] per il forte divario da regione a regione: nel Nord-Ovest (Piemonte, Val d'Aosta, Liguria, Lombardia) viene venduto un giornale per poco meno di cinque abitanti, mentre in alcune regioni del Sud ci si avvicina alla poco invidiabile media di un giornale venduto ogni venti abitanti.

La crisi delle vendite ha investito[6], in prima istanza, i piccoli e medi quotidiani nazionali o regionali: alcuni hanno dovuto chiudere ed altri versano in condizioni economiche disastrate. Ne consegue che adesso sono i maggiori

---

1. **Antica** > antico = lontano.
2. **una costante** = (s.f.) un elemento che ricorre immutato.
3. **accessibili** > accessibile = comprensibile.
4. **introiti** > introito = guadagno/incasso.

5. **distribuzione territoriale delle vendite** = differente quoziente di vendita (e quindi di distribuzione) dei giornali a seconda delle zone o regioni d'Italia.
6. **ha investito** > investire = colpire.

quotidiani a dominare il mercato nazionale: il *Corriere della Sera* e *La Repubblica*, assorbono[7] da soli un quinto dei lettori, che salgono a due quinti includendo gli altri tre giornali più venduti, il torinese *La Stampa*, *La Gazzetta dello Sport* e il quotidiano economico-finanziario *Il Sole 24 Ore*.

La diffusione della grande stampa a livello nazionale non deve essere intesa come sinonimo di buona salute poiché persistono, anche per i grandi quotidiani ora citati, difficoltà economiche che sono dovute, di fatto, alla disparità fra gli alti costi - le spese- che il giornale deve fronteggiare e i suoi introiti - cioè le entrate. Le difficoltà economiche hanno avuto vari effetti: prima di tutto, a livello ideologico, c'è stata la perdita di identità del giornale poiché è venuta quasi a scomparire la figura del "padrone del giornale", che ne definiva, con il suo potere decisionale[8], le tendenze e il corso. Al suo posto c'è stata la concentrazione delle testate nelle mani di un numero sempre più ristretto di editori. Oggi i proprietari dei giornali sono, per lo più, i gruppi industriali e finanziari[9], che vengono così ad incidere[10] sugli orientamenti politici di gran parte della stampa italiana.

In secondo luogo c'è stata una trasformazione del giornale a livello contenutistico. Per ovviare alle difficoltà finanziarie ed incrementare le vendite, alcuni quotidiani italiani sono ricorsi, recentemente, ad un espediente che si sta rivelando fortunato e proficuo: la produzione di "inserti"[11]. Questi ultimi sono dei fascicoli promozionali che vengono distribuiti gratuitamente insieme al giornale e trattano dei più svariati argomenti, dalla salute ai viaggi, dalla finanza all'informatica. Da qualche anno il *Corriere* e *La Repubblica* (e di conseguenza anche altri giornali, come *La Stampa*) si fronteggiano[12] con una concorrenza basata sull'imitazione reciproca e sulla continua offerta di nuovi "inserti". Di fatto, il successo crescente delle promozioni ha indotto[13] i quotidiani più forti o più innovatori a trasformarsi in imprese editoriali multimediali: in particolare *Il Corriere, La Repubblica, L'Unità, Il Manifesto* e talvolta persino *La Gazzetta dello Sport* mettono in vendita, questa volta in modo autonomo rispetto al giornale, CD, musicassette, CD-ROM, videocassette e libri.

Anche "i quotidiani di partito"[14] sembrano essere entrati irreversibilmente[15] in crisi: ne sono motivo le difficoltà economiche, ma anche, e soprattutto, la sfiducia nell'ideologia di partito nata all'indomani degli scandali di *Tangentopoli*[16]. Vent'anni fa "i quotidiani di partito" erano dieci, al momento ne sono rimasti solo cinque o sei. Fra questi ricordiamo *Il Secolo d'Italia*, legato al partito di destra *Alleanza Nazionale* e *L'Unità*, che è stato la voce ufficiale del *Partito comunista* dal 1924 al 1991.Un insuccesso editoriale, in termini di vendita, sono *Liberazione,* quotidiano di *Rifondazione Comunista* (in edicola dal 1995) e *La Padania*, la voce della *Lega Nord* (in edicola dal 1997), ambedue venduti nella cerchia ristretta dei militanti più fedeli e strumenti di compattezza ideologica interna[17] più che di comunicazione verso l'esterno. I "quotidiani non di partito", ma a forte identità politica, sono due: a destra *Il Giornale*, che ha un buon seguito di lettori affezionati, e a sinistra *Il Manifesto*, che attraversa invece un momento difficile poiché, per ragioni ideologiche, i suoi disaffezionati[18] lettori tendono a leggere piuttosto *La Repubblica*.

Posto a sé occupa la stampa cattolica, con un costante seguito di lettori: i più importanti quotidiani cattolici sono *l'Avvenire,* portavoce della curia[19] milanese, e *l'Osservatore Romano*, organo ufficiale del Vaticano. Entrambi possono essere considerati, a loro modo, giornali militanti.

---

7. **assorbono** > assorbire = impegnare.
8. **potere decisionale** = la facoltà di prendere delle decisioni che non devono essere approvate da altri.
9. **i gruppi industriali e finanziari** = l'insieme di più società che operano in campi diversi ma appartengono tutte ad uno specifico gruppo o padrone. Il caso più ovvio è la *Mediaset* di Berlusconi di cui si dice nella scheda 8 di questa Unità.
10. **incidere** = influire.
11. **"inserti".** Cfr. scheda 1 di questa Unità.
12. **si fronteggiano** > fronteggiarsi = battersi.
13. **ha indotto** > indurre = convincere/persuadere.
14. **"quotidiani di partito"** > quotidiano di partito = giornale

che è il portavoce ufficiale di un partito politico.
15. **irreversibilmente** = definitivamente.
16. **Tangentopoli.** Cfr. Introduzione all'Unità IV e scheda 1 della stessa ùnità.
17. **compattezza ideologica interna** = coerenza nell'ideologia interna a un partito.
18. **disaffezionati** > disaffezionato = disamorato/che è diventato indifferente.
19. **curia** = complesso di organismi che costituiscono il governo centrale o periferico della chiesa cattolica. Nell'articolo si dice che *L'Avvenire* è il giornale portavoce della sede di Milano (**curia milanese**).

2. I quotidiani sportivi

Nonostante la crisi generale che ha colpito la stampa italiana, i quotidiani sportivi, in Italia, raggiungono livelli di diffusione superiori agli standard europei. Negli ultimi quindici anni, a partire dalla vittoria della Nazionale di calcio ai Mondiali del 1982, il giornalismo sportivo ha conosciuto un'ulteriore espansione. *La Gazzetta dello Sport,* con oltre 400mila copie medie giornaliere, è attualmente al terzo posto nella classifica dei quotidiani più venduti. Il *Corriere dello Sport-Stadio* vende soprattutto nelle regioni del Centro-Sud, mentre il torinese *Tuttosport* vende esclusivamente nelle regioni del Nord. Scrive lo storico del giornalismo Paolo Murialdi: "Le ragioni del boom sono molteplici. In parte sono di natura politico-sociale: il desiderio di evasione, il distacco dalla politica e altri stati d'animo simili. In parte sono il frutto di abilità e spregiudicatezza[20] giornalistica. Un fattore importante è stato l'aumento delle trasmissioni sportive delle televisioni. Invece di provocare un senso di saturazione[21], lo sport in Tv ha avuto un effetto di traino[22], alimentando l'interesse e la curiosità del pubblico".

3. La stampa periodica

Per quanto riguarda la stampa periodica, circa il 60% del mercato è stato conquistato dai settimanali popolari: il 25% dai settimanali che divulgano i programmi televisivi (per esempio *TV Sorrisi e Canzoni, Telesette, Telepiù, Radiocorriere TV*), il 20% dai settimanali per famiglia (per esempio *Famiglia Cristiana, Gente, Oggi*), il 10% dai settimanali scandalistici[23] (come *Novella 2000, Visto, Stop*), il 5% dai fotoromanzi (come *Grand Hotel*). Le riviste o, come si dice oggi, i magazine di informazione politico-culturale (*Panorama, L'Espresso, Epoca*) coprono soltanto l'8% del mercato, ma la prossima uscita di un'edizione italiana di *Time* fa pensare che vi sia uno spazio di espansione per questo tipo di settimanale. *L'Espresso* è stato fondato nel 1955, ed è stato diretto prima da Arrigo Benedetti, fino al 1963, e poi da Eugenio Scalfari, fino al 1968. *L'Espresso* è stato un settimanale molto importante ed autorevole nella vita italiana perché ha saputo unire alle grandi campagne di denuncia della corruzione e del malgoverno[24], un giornalismo di qualità sui temi dell'economia, della politica interna ed estera, della cultura e del costume. Attualmente diretto da Claudio Rinaldi, annovera[25] tra le sue firme più prestigiose Giampaolo Pansa, Umberto Eco, Antonio Gambino, Massimo Riva. *Panorama* nacque nel maggio 1962 quando l'editore Mondadori, sull'esempio di quanto già compiuto da *Der Spiegel* in Germania e da *L'Express* in Francia, decise di trasformare *Panorama*, fino ad allora mensile, in un settimanale sul modello di *Time* e *Newsweek*. Sotto la direzione di Lamberto Sechi, *Panorama* ha conquistato rapidamente la palma di settimanale politico più venduto. Fra i magazine cattolici presenti sul mercato italiano il migliore, per fattura, è *Famiglia Cristiana*. Edito dalle Edizioni Paoline, *Famiglia Cristiana* è un settimanale per famiglie molto letto e diffuso, grazie alla sua capillare[26] distribuzione nelle chiese, nelle parrocchie, nei circoli cattolici e alla vendita, porta a porta, tra i cattolici militanti. Negli anni '90, sotto la direzione di Walter Tega, il magazine ha mutato radicalmente aspetto, acquistandone in leggibilità[27] e interesse anche per un pubblico di non credenti.

4. La stampa specialistica

Sul piano qualitativo, la fattura della stampa periodica[28] sembra migliore rispetto alla stampa quotidiana. Va detto che la qualità viene ampiamente premiata dal successo di pubblico. Ciò è testimoniato dalla grande popolarità di mensili come *Airone*, dedicato all'ambiente, o *Archeologia Oggi*, che addirittura organizza un convegno annuale seguito da migliaia di lettori. La stampa periodica italiana tocca livelli di qualità molto alti, in termini di stile, di spessore e di raffinatezza editoriale. Le riviste d'arte edite da Franco Maria Ricci, i mensili di politica e filosofia come

---

20. spregiudicatezza = un modo di comportarsi disinvolto e anticonformista.
21. saturazione = sazietà e, quindi, rifiuto.
22. un effetto di traino = un effetto stimolante.
23. scandalistici = scandalistico > che provoca scandalo/sensazione.
24. malgoverno = cattiva amministrazione dello Stato e dei beni pubblici.

25. annovera > annoverare = contare.
26. capillare = esteso/ramificato.
27. leggibilità = il fatto di poter essere facilmente comprensibile a chi lo legge.
28. la fattura della stampa periodica = il modo come viene organizzato e presentato il periodico.

Reset, Liberal, Micromega, riviste d'architettura come *Domus* o *Lotus* rappresentano il meglio di un paese come l'Italia, che produce élite intellettuali molto raffinate e cosmopolite, purtroppo però assai lontane dal gusto della società di massa.

5. La stampa femminile

Una posizione di tutto rilievo (16%) è occupata dalla stampa femminile che ha svolto, negli ultimi quarant'anni, un ruolo di mediazione[29] nel processo di modernizzazione culturale del paese. Le riviste femminili italiane non sono state solo dei contenitori di moda e di pubblicità, ma la maggior parte di esse ha affrontato, con le sue lettrici, temi attuali, a volte anche scottanti, su vari argomenti che vanno dalla politica all'economia, dalla cultura alla sociologia. Le riviste femminili hanno dato alla donna italiana la possibilità di un'analisi intelligente di fatti ed eventi, offrendo reportage interessanti, accurati e di buona fattura linguistica. L'alto livello delle collaborazioni è legato al fatto che spesso giornalisti di spessore non trovano spazio sulla stampa quotidiana e ripiegano sulla stampa periodica. Le riviste più prestigiose di questi ultimi decenni, che si sono contese i favori del pubblico femminile, sono: *Marie Claire, Grazia, Amica* e *Donna Moderna*.

IL SISTEMA TELEVISIVO

1. La situazione attuale

L'attuale sistema televisivo italiano si presenta piuttosto vario per la presenza, accanto alla televisione pubblica, delle stazioni televisive private, due delle quali, in particolare, si contendono[30] la audience italiana. In breve, il sistema televisivo può essere così descritto: la RAI, la televisione pubblica con tre reti televisive (*RAI 1, RAI 2* e *RAI 3*); una prima stazione emittente[31] privata, *Mediaset*, di proprietà di Silvio Berlusconi, con tre reti (*Canale 5, Retequattro* e *Italia 1*) e tre *pay tv*; una seconda stazione privata di proprietà del produttore cinematografico Vittorio Cecchi Gori, con due reti (*Telemontecarlo* e *TMC2*); circa 800 stazioni televisive private minori, a carattere locale, di scarsa qualità e spesso di breve durata.

2. La televisione pubblica e privata. Una guerra aperta

La *RAI* (Radio Televisione italiana), è nata nel 1924 ma ha assunto la denominazione attuale nel 1944 ed ha regnato incontrastata regina nelle case dei telespettatori italiani fino al 1975. È, infatti, a questa data che le stazioni televisive private sono entrate in funzione[32]. A una prima fase pionieristica[33], durante la quale si contavano ben 434 stazioni televisive indipendenti e oltre 2500 radio, è seguita una fase di selezione e di concentrazione. Nell'agosto dell'84 Silvio Berlusconi, un giovane imprenditore[34] milanese, divenne proprietario, oltre che di *Canale 5*, anche di *Retequattro*, e di *Italia 1*. Il successo dei suoi canali fu immediato: la programmazione era nuova e moderna; i programmi rispondevano così al gusto preciso della audience giovane a cui particolarmente si rivolgevano come al gusto di un certo pubblico italiano; i protagonisti, spesso 'rubati' alle reti RAI, erano già i gran favoriti del popolo italiano

Nel 1986 Berlusconi vinse per la prima volta 'la guerra dell'audience' e della pubblicità. La *RAI* rispose lanciando *RAI 3*, che ebbe un immediato successo, per il profilo altamente qualitativo[35] dei suoi programmi di cui si dirà fra poco. Nell'aprile del 1989 la *RAI* tornò a vincere la guerra degli ascolti.

---

29. **ha svolto un ruolo di mediazione** = ha fatto da tramite.
30. **si contendono** > contendersi = disputarsi.
31. **stazione emittente** = luogo da cui viene emessa la trasmissione.
32. **sono entrate in funzione** > entrare in funzione = cominciare a funzionare.

33. **fase pionieristica** > fase di esplorazione/momento iniziale.
34. **imprenditore** = industriale o chi esercita un'attività in proprio.
35. **profilo altamente qualitativo** = una realizzazione di alta qualità.

Nonostante il dubbio livello culturale delle reti di Berlusconi, il successo dei suoi canali è tuttora enorme. Quali le ragioni? Senz'altro al successo ha contribuito l'introduzione di due nuovi generi di cui Berlusconi ha ben saputo valutare l'impatto sui telespettatori: la *soap opera* di origine statunitense e le telenovele di origine sudamericana. Il successo dei due generi è stato enorme. Da questo momento l'Italia si è resa partecipe dei drammi sentimentali delle grandi *soap opera* americane e delle sfortunate vicende di improbabili eroine di Rio de Janeiro. In Italia un'intera generazione è cresciuta sulle note delle sigle[36] di *Dancing days* e *Sentieri*.

Il successo delle scelte televisive di Berlusconi ha avuto due conseguenze di enorme portata[37] sulle vicende televisive italiane e sulle vicende politiche del paese. La prima conseguenza è stata che la distinzione dei 'generi' televisivi ha subìto un grande mutamento, perché la fiction è diventata un 'genere nobile'[38] e si è classificata gradualmente come protagonista assoluta dei programmi televisivi. La seconda conseguenza riguarda il successo personale di Berlusconi e la crescita del suo impero finanziario che, a livello nazionale, gli ha consentito di assumere un ruolo rilevante[39] nella vita economica e politica del paese.

3. Il ruolo del sistema televisivo

Il sistema televisivo ha svolto in Italia ruoli molto importanti e determinanti per la vita del paese. In un'Italia così marcatamente[40] divisa dal punto di vista culturale, sociale e linguistico, in quanto caratterizzata da forti identità provinciali e regionali e da bassi tassi di scolarità, la TV è stato un potente fattore di unificazione[41], un veicolo di informazione[42] e di educazione civile, che ha raggiunto tutti i cittadini e che ha contribuito ad avvicinare le diverse componenti[43] della società.

Un secondo ruolo importante della tv italiana è il ruolo politico. Una peculiarità[44] del sistema televisivo italiano è il fatto che alcune reti televisive sono state, da sempre, legate ai partiti politici di cui sono diventate il portavoce [45]. La rilevanza[46] e l'intensità di questo ruolo, naturalmente, sono andate di pari passo con la vita politica italiana e la drammatica e, a volte, tragica vita della nazione.

Così *RAI 1* è stato per anni il canale televisivo della DC *(Democrazia Cristiana)*, portavoce di partito nei telegiornali e specchio di una società conservatrice nei programmi di intrattenimento; *RAI 2*, portavoce del PSI (Partito Socialista Italiano), è stato un canale caratterizzato da programmi informativi e da spettacoli standardizzati; *RAI 3*, il canale dei partiti della sinistra parlamentare diretto da alcuni intellettuali, ha proposto un'informazione a carattere internazionale insieme a documentari e programmi di alto tenore culturale[47]. A livello nazionale *RAI 3* ha fornito programmi di critica politica e sociale e di spietata[48] satira della società e della cultura italiana.

La fine del PCI *(Partito Comunista Italiano)* e la vittoria elettorale della nuova sinistra italiana hanno portato a una certa riduzione del ruolo politico della televisione, venendo a mancare quei presupposti[49] di lotta politica fra i partiti di Destra e di Sinistra che avevano caratterizzato il periodo postbellico[50] fino agli anni ottanta.

4. Un canale televisivo: RAI 3

Lo spettatore straniero che trovandosi in Italia si aspetti di trovare in *RAI 3* il canale culturale italiano non rimarrà deluso, anche se non troverà più quella critica corrosiva[51] dell'Italia e della vita politica italiana che era stata una costante dei suoi programmi.

---

36. sigle > sigla = motivo o frase musicale che introduce un programma
37. portata = importanza/valore/rilievo.
38. nobile = pregiato/illustre.
39. rilevante = importante/considerevole.
40. marcatamente = chiaramente/manifestamente.
41. fattore di unificazione = elemento che ha contribuito all'unificazione d'Italia.
42. veicolo di informazione = mezzo di trasmissione di notizie.
43. componenti > componente = elemento di un gruppo/membro di una comunità.

44. peculiarità = caratteristica.
45. portavoce = rappresentante.
46. rilevanza = importanza.
47. alto tenore culturale = contenuto di ottima qualità.
48. spietata > spietato = feroce/duro.
49. presupposti > presupposto = premessa/base/punto di partenza.
50. postbellico = del dopoguerra.
51. corrosiva > corrosivo = distruttivo/aggressivo.

Che cosa prevede dunque la programmazione di *RAI 3* nell'arco di una giornata? Prevede, fin dal primo mattino, una lunga serie di rassegne stampa[52], informazioni utili al cittadino (meteo, traffico, appuntamenti culturali, economia e discussione di articoli controversi della nostra Costituzione, istruzioni per l'uso di Internet, ecc.), per continuare con i programmi di *Rai Educational*, il settore cultura della RAI. *Rai Educational* propone programmi educativi che introducono i giovani all'esplorazione delle nuove tecnologie, ma anche di discipline più tradizionali come la filosofia e la scienza. Spesso questi programmi ospitano scienziati e intellettuali di grande prestigio. Nel pomeriggio ci sono programmi sulle bellezze artistiche italiane, sulle risorse turistiche del Bel Paese e sulla cultura italiana in generale, sempre con un taglio critico sulla gestione territoriale e un occhio di riguardo per l'ecologia.

I telegiornali di *RAI 3* sono particolarmente accattivanti per il taglio giovane e per la serietà dell'informazione. Grande spazio è dato alla dimensione regionale[53], con almeno due collegamenti giornalieri con le sedi Rai regionali. La serata di *RAI 3* è generalmente dedicata a programmi di analisi sociale o allo sport.

5. I programmi

Come si è detto più sopra, la *fiction* occupa un posto molto importante nella televisione italiana e merita di essere esaminata più da vicino. Una serie di fiction che rappresenta l'immagine perfetta di vizi e virtù della generazione dei trentenni americani, *Friends*, è diventata, negli anni, un vero e proprio *cult*, prima negli Stati Uniti e poi da noi, in Italia.

Ma la "*fiction* nostrana", di produzione italiana, non soccombe alla prepotenza[54] delle serie americane. La fortunatissima serie di *RAI 1*, *Commesse*, ha avuto, nel 1999, 11 milioni 791 mila spettatori e un indice di ascolto del 40,98 per cento durante l'ultima puntata. Già si progetta il seguito: gli autori e gli attori della prima serie sono, infatti, pronti a rimettersi in gioco per realizzare le nuove avventure delle ragazze della boutique.

Stefano Munafò, direttore della sezione fiction della *RAI*, sostiene: "È riuscita a soffiare[55] il posto al cinema italiano ormai in fin di vita e vince persino contro la messa in onda dei grandi film americani".

La *fiction* nostrana ha una lunga storia che risale ai tempi della tv in bianco e nero, quando furono trasmessi famosi sceneggiati come *Il conte di Montecristo* e *Il mulino del Po* (tratti dai romanzi omonimi). Negli ultimi venti anni un primo grande successo fu *La Piovra*, una serie che metteva in scena gli efferati[56] delitti della Mafia ed ebbe ascolti pari alle più importanti partite di calcio (che detengono il primato assoluto di ascolto!). Un secondo grande successo di fiction italiana fu poi, nel 1989, *Disperatamente Giulia*, trasmesso da *Canale 5*, una storia drammatico-sentimentale di sapore più mediterraneo che americano che si reggeva e andava avanti a forza di colpi di scena. *Disperatamente Giulia* segnò la strada delle fiction italiane degli anni a seguire. Nella stagione 2001 la *RAI* ha messo in onda la terza serie di *Linda e il brigadiere* e la seconda serie di *Un medico in famiglia*.

Un genere che sembra ormai sul viale del tramonto è "lo spettacolo di varietà" che è stato, dal periodo postbellico, il grande favorito del pubblico italiano e ha costituito, per decenni, il campo di battaglia per

---

52. rassegne stampa > rassegna stampa = riassunto/esposizione degli articoli pubblicati dai giornali.
53. dimensione regionale = realtà della regione.

54. prepotenza = sopraffazione.
55. soffiare = rubare.
56. efferati > efferato = spietato/disumano.

comici e artisti di ogni estrazione**(57)**, che dal migliore teatro comico italiano apparivano in televisione trovando una seconda o maggiore popolarità.

Il "varietà" italiano, grande e a volte sfarzoso spettacolo con balli, canzoni, artisti famosi 'ospiti d'onore', gag, comici e, naturalmente, molte belle donne, ha un tono farsesco**(58)** e satirico**(59)**, da carnevalata**(60)**, ed ha fatto non solo la storia della televisione italiana ma anche la storia del costume. Memorabili "varietà" furono *Canzonissima, Studio uno, Non stop*, fino ai più recenti e freschi programmi della squadra Dandini-Guzzanti, tra cui il *Pippo Chennedy show*', che ironizzano sullo stesso varietà armai in declino.

La televisione italiana conta anche numerose trasmissioni di "attualità e cronaca", i cui conduttori cambiano spesso, pur essendo sempre seri giornalisti delle reti pubbliche e private. Le due trasmissioni più longeve**(61)** e seguite sono certamente l'intramontabile**(62)** *Blob*, un programma di satira televisiva e politica, e *Mai dire gol*. Sicuramente la satira è il punto di forza della televisione italiana: infatti *Mai dire gol* è un programma satirico che, per il suo indubbio valore di testimonianza di un fatto di costume e di cultura popolare, entra con pieno diritto nella storia.

6. I protagonisti

La televisione italiana, per quel che riguarda i suoi protagonisti, e particolarmente i conduttori, i presentatori, i commentatori e i giornalisti, tende alla staticità**(63)**, alla continuità.

Ne è prova la straordinaria longevità**(64)** di figure come Pippo Baudo, conduttore da trenta anni di spettacoli di varietà o come Maurizio Costanzo, intramontabile conduttore dello show omonimo ed anima delle tv di Berlusconi. Tuttavia, ultimamente, è avvenuto un cambio generazionale e i programmi di punta contano nomi nuovi, come Paolo Bonolis, che ha condotto *Chi ha incastrato Peter Pan* e Fabrizio Frizzi che ha condotto *Per tutta la vita*. Bonolis, Frizzi e Fabio Fazio, conduttore ormai da qualche anno della fortunata trasmissione *Quelli che il calcio*, sono, i conduttori più popolari della televisione italiana. Ad essi si aggiunge Piero Chiambretti, un personaggio di grande originalità e simpatia. Il giornalista di punta**(65)** del momento è Bruno Vespa. Il suo *Porta a porta* è un programma di attualità molto seguito, nel quale vengono presi in esame fatti di cronaca e di politica e confrontati, di volta in volta, attraverso gli interventi e le opinioni di ospiti importanti.

7. La donna in TV

Chi si avvicini per la prima volta alla televisione italiana rimarrà colpito dal ruolo rivestito dalla figura femminile. Le donne nei programmi di varietà televisivi sembrano essere spesso confinate a un ruolo di belle statue, con una minima partecipazione allo svolgimento del programma: la loro presenza sembra avere il solo scopo di rallegrare e rendere più allettante**(66)** lo spettacolo. Negli ultimi anni il fenomeno si è accentuato ancora di più.

Ancora negli anni sessanta e settanta, le figure femminili del varietà televisivo avevano un ruolo determinante**(67)** nella conduzione del programma: ci sono state conduttrici famose come Mina, le gemelle Kessler e Raffaella Carrà. Ora, invece, sembra che la conduzione debba essere affidata a una figura maschile circondata da bellissime donne che giocano un ruolo decisamente secondario.

In TV il talento artistico, se c'è, sembra passare in secondo piano rispetto all'aspetto fisico. Un caso esemplare è

---

57. estrazione = condizione sociale/origine.
58. farsesco = comico/buffo.
59. satirico = ironico e pungente.
60. carnevalata = buffonata/farsa.
61. longeve > longevo = più vecchio/di lunga vita.

62. intramontabile = che non passa mai di moda.
63. staticità = immobilismo/stasi.
64. longevità = persistenza.
65. di punta = più popolare.
66. allettante = invitante/piacevole.
67. determinante = essenziale/importantissimo.

quello di Alba Parietti, che ha cominciato la sua carriera come conduttrice di programmi giornalistici ma, in seguito, ha trovato spazio nella televisione italiana solo in veste di splendida modella-conduttrice. Le star televisive, però, detengono un potere contrattuale[68] enorme. Per esempio la partecipazione di Valeria Marini a un programma televisivo è in grado di spostare massicce porzioni di audience. Quello che conta è quindi la presenza scenica. Ciò permette di riflettere innanzitutto sul pubblico televisivo italiano e sulla qualità dei programmi, e, in secondo luogo, sulla carenza di un utilizzo più culturale del mezzo televisivo.

IL SISTEMA RADIOFONICO

Dopo un periodo di crisi, l'emittenza radiofonica pubblica conosce una ripresa di ascolti e anche di qualità dei programmi. *Radio3*, in particolare, è una radio culturale di grande prestigio. La sua programmazione inizia il mattino presto con la lettura dei giornali e uno spazio dedicato agli ascoltatori che possono sollevare le questioni che ritengono più scottanti[69]. I maggiori giornalisti italiani sono invitati a tenere il programma per una settimana. Il loro compito oltre alla rassegna stampa, consiste anche nel rispondere agli ascoltatori. Il palinsesto[70] di *Radio3* comprende poi, nel corso della giornata, programmi dedicati all'ascolto guidato della musica classica e operistica, alla lettura e analisi di testi letterari, e all'informazione. La serata di *Radio3* è particolarmente interessante, poiché vengono spesso trasmessi concerti prestigiosi accompagnati dal commento di personale altamente qualificato. Ospiti interessanti spesso compaiono nei vari programmi. In genere, il livello culturale di *Radio3* è molto alto e fornisce al cittadino l'occasione di aggiornarsi[71] quotidianamente sulla cultura italiana e internazionale.

Nel periodo della cosiddetta "lottizzazione" dell'emittenza pubblica, *Radio2* corrispondeva all'intrattenimento conservatore e tradizionalista di *RAI 1*, mentre *Radio1* era piuttosto l'equivalente dell'intrattenimento leggero di *RAI 2*. Oggi la prima fornisce una programmazione incentrata sull'intrattenimento leggero e divertente, con la presenza di cabarettisti[72] e artisti di spettacolo apprezzati anche in televisione.

Alcuni network radiofonici nazionali sono i portavoce di uno schieramento[73] politico: ad esempio, *Italia Radio* è espressione del PDS, mentre *Radio Radicale* è il portavoce dell'omonimo partito. Quest'ultima emittente fornisce un servizio di grande utilità nel trasmettere i processi in corso nelle maggiori aule di tribunale italiane. L'impegno nell'aggiornare il cittadino sullo svolgimento dei processi legati alle più drammatiche vicende della recente politica italiana è sempre stato forte e continua tutt'oggi.

Su diretto impulso delle diocesi[74] operano nel territorio numerose emittenti cattoliche, talora appoggiate, per alcuni servizi, direttamente a *Radio Vaticana*: la più ascoltata è *Radio Maria*. Fortemente cattolica e vicina ai gesuiti italiani, offre un genere di servizio indirizzato ad un pubblico molto conservatore in materia religiosa e politica.

Il sovraffollamento di radio locali non garantisce varietà di informazione e di intrattenimento: di fatto si tratta quasi sempre di mediocri contenitori di pubblicità, con palinsesti pressoché identici tra loro. L'idea dell'emittente locale come emittente di servizio, che dà voce alla società e trasmette le informazioni di cui i cittadini hanno bisogno nel territorio in cui vivono, è stata soffocata dall'impossibilità, per molte emittenti, di sopravvivere senza subordinare agli inserzionisti[75] pubblicitari gran parte dei loro palinsesti.

---

68. potere contrattuale = facoltà di negoziare un contratto più vantaggioso.
69. scottanti > scottante = grave/urgente.
70. palinsesto = programmazione.
71. aggiornarsi = mettersi al corrente/informarsi.

72. cabarettisti > cabarettista = attore di cabaret.
73. schieramento = gruppo/coalizione.
74. diocesi = circoscrizione vescovile.
75. inserzionisti > inserzionista = chi pubblica un'inserzione o un annuncio pubblicitario.

Capire l'Italia e l'italiano   Lia Buono Hodgart   I Mass Media   **I quotidiani italiani**
Lingua e cultura italiana oggi

I quotidiani italiani

I quotidiani

IL CORRIERE DELLA SERA

Quotidiano milanese fondato nel 1876, il *Corriere della Sera* (detto anche *Corsera*, o più semplicemente il *Corriere*) è il giornale italiano più prestigioso e più venduto. Espressione della borghesia imprenditoriale lombarda di orientamento liberale, il *Corriere* mantenne, fino al 1925, una notevole indipendenza dai vari governi. Durante la dittatura fascista il giornale venne asservito al regime. Con il ritorno delle libertà politiche nel 1945, il *Corriere* si collocò su posizioni moderate e filogovernative, senza per questo perdere in autorevolezza, grazie alla sua qualità, al suo stile, all'indipendenza di giudizio e al valore dei suoi giornalisti e collaboratori. Questa impronta non è cambiata con i mutamenti di proprietà e di direzione. Attualmente il *Corriere* è di proprietà della FIAT, la grande azienda automobilistica italiana, ed è diretto da Paolo Mieli. Il *Corriere* vende mediamente 750mila copie giornaliere. Tra le sue firme più rappresentative ci sono lo scrittore e saggista Indro Montanelli, i commentatori politici Angelo Panebianco e Ernesto Galli della Loggia, l'inviato Gianni Riotta.

LA REPUBBLICA

Fondata nel 1976 e diretta fino al 1996 da Eugenio Scalfari, di proprietà dei gruppi finanziari De Benedetti - Olivetti e Caracciolo, in pochi anni *La Repubblica* ha conteso al *Corriere della Sera* la palma di giornale più venduto. Di orientamento progressista, ispirato al modello del giornalismo indipendente dei quotidiani europei più autorevoli, da *Le Monde* al *Times*, *La Repubblica* ha introdotto in Italia un giornalismo incentrato sull'analisi, l'inchiesta e il commento degli eventi. Il successo editoriale di *Repubblica*, dovuto anche ad un alto 'indice di leggibilità' (cfr. scheda 2), ha indotto la grande stampa italiana ad un ripensamento degli scopi e dei modi del moderno giornalismo. Scalfari è stato un direttore carismatico, che ha saputo condurre, dalle pagine del giornale, un dialogo aperto, duraturo e proficuo con l'opinione pubblica più qualificata e con gli uomini che contano nella politica, nell'economia e nella cultura. Attualmente il giornale è diretto da Ezio Mauro e vende circa 600mila copie: tra le sue firme più prestigiose sono Giampaolo Pansa, Giorgio Bocca, Alberto Arbasino, Corrado Augias.

LA STAMPA

Fondata a Torino nel 1867 da Vittorio Bersezio con il nome di *Gazzetta Piemontese*, il giornale assunse l'attuale testata nel 1895. *La Stampa* è un quotidiano di tradizione liberale, che da sempre ospita firme prestigiose del giornalismo. Dall'epoca della sua fondazione, il giornale ha sempre partecipato ai dibattiti sui temi più scottanti della politica italiana. Promotore di una critica costruttiva ed attenta ai bisogni della giovane nazione fu uno dei suoi più famosi direttori, Alfredo Frassina. Nel dibattito politico sul colonialismo, alla fine del secolo scorso, si delinearono atteggiamenti contrapposti fra i maggiori quotidiani del Nord, *Il Secolo*, *Il Corriere della Sera* e *La Stampa* che consideravano l'espansionismo coloniale una scelta errata sotto il profilo economico e i giornali di Roma e del Mezzogiorno, *Il Messaggero* e *Il Mattino*, che invece erano per l'interventismo.

Dopo un periodo di sospensione delle pubblicazioni nei primi anni dell'era fascista, il 30 novembre del 1926 *La Stampa* è tornata in edicola edita da una nuova società controllata dalla Fiat. Direttore è Andrea Torre. Attualmente *La Stampa* è ancora di proprietà della Fiat. Il direttore è Marcello Sorgi e la firma più prestigiosa è quella di Igor Man, decano degli inviati italiani, che ha raccontato tutte le guerre mediorientali, il Vietnam e le guerriglie nell'America Latina.

Gli inserti: una breve storia

Nati per incrementare le vendite, gli inserti promozionali si sono modificati nel tempo: prima delle videocassette e dei fascicoli, è stata la volta dei dischi e, prima ancora, dei libri. La strategia degli inserti fu intrapresa da *Repubblica*, con l'inserto *Affari&Finanza* (una specie di versione settimanale del *Financial Times*) e con il gioco a premi *Portfolio* (a imitazione del *Times*). Il *Corriere* rispose con il magazine *Sette* (sul modello del parigino *Figaro*) e con il gioco a premi *Replay*. In alternativa a *Sette*, *Repubblica* mandò in edicola *Il Venerdì*. Quando, tre anni fa, *l'Unità* ha lanciato le videocassette e i libri come 'inserto', *Corriere*, *Repubblica* e alcuni settimanali, tra i quali *Espresso* e *Panorama*, si sono subito adeguati. Poco dopo, nel 1995, il *Corriere*, spinto dalla necessità di allargare il suo mercato verso le donne, e di correggere la tradizionale fisionomia tipicamente maschile del giornale, ha deciso di introdurre un magazine destinato al pubblico femminile; per tutta risposta *Repubblica*, che da sempre vanta un numero molto alto di lettrici, ha dovuto adeguarsi per inseguire il *Corriere* sul medesimo terreno.

Al momento il *Corriere* allega, senza sovrapprezzo, un inserto sulla salute, un inserto finanziario, un inserto sulle opportunità di lavoro e una guida turistica d'Italia a fascicoli e distribuisce, con un lieve sovrapprezzo, un magazine settimanale e un magazine femminile; infine, una volta a settimana, manda in edicola, a prezzi competitivi, un film d'autore su videocassetta. Da parte sua, *La Repubblica* allega, senza sovrapprezzo, un'enciclopedia di informatica e un manuale per l'apprendimento della lingua inglese a fascicoli; con un lieve sovrapprezzo distribuisce un magazine settimanale, un magazine femminile e un inserto economico; infine, una volta alla settimana, manda in edicola un film d'autore.

Le pagine dei giornali sono tradizionalmente organizzate secondo uno schema in base al quale si distingue il tipo di notizia e la sua importanza. Questo è vero soprattutto per la prima pagina. Il grafico che segue illustra com'è organizzata la prima pagina di un quotidiano.

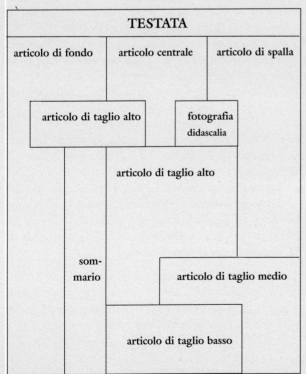

La testata identifica il nome del giornale ed il modo in cui appare graficamente scritto. **L'articolo di fondo** si trova in alto a sinistra ed è il più importante del giornale. È scritto dal direttore o da altro giornalista autorevole per commentare avvenimenti di attualità o di grande interesse. **L'articolo centrale** riporta su un avvenimento molto importante, di solito politico. **L'articolo di spalla** ha una posizione di spicco e informa su fatti su cui si vuole attirare l'attenzione. **Gli articoli di taglio** variano di importanza: quello **di taglio alto** è il più importante; quello **di taglio basso** è il meno importante. Un articolo può avere, oltre al titolo, anche **l'occhiello** e **il sommario**. L'occhiello precede il titolo ed è scritto a lettere più piccole; **il sommario** segue il titolo e riassume brevemente il contenuto dell'articolo. Si veda l'esempio:

Il cane si è liberato del guinzaglio per aiutare la piccola (occhiello)

E il barboncino salvò la bambina (titolo)

A quattro anni cade nella piscina. Teddy si tuffa e la tiene a galla (sommario)

"Un terrificante circolo chiuso" *di Giorgio Bocca*

Prima c'era il **lettore per la vita**[1], *Stampa* o *Corriere* o *Messaggero* dipendente. Il lettore piemontese della *Stampa* in particolare. Ne ho visto uno in un giorno di sciopero del giornale torinese fermarsi a guardare con disgusto gli altri giornali quasi volesse sputarci sopra e poi andarsene, fiero e sdegnato, no, lui non avrebbe mai letto un altro giornale. Poteva essere un comunista *duro*°, poteva *detestare*°° ciò che il giornale diceva dei comunisti, ma un altro giornale no, mai. L'appartenenza di un lettore a vita a un giornale diventava quasi un partito, quasi una **confraternita**[2]. In Piemonte i lettori a vita della *Gazzetta del Popolo* erano una *nazione*° e diversa da quella dei lettori della *Stampa*, li si poteva riconoscere *a vista*°. Questo, si poteva dire a uno che stava avvicinandosi all'*edicola*°, compera *La Stampa*, questo invece compera *La Gazzetta*.

° molto convinto °° odiare

° razza particolare
° a colpo d'occhio
° chiosco

Non bastavano gli scioperi a vincerli, senza il loro pane quotidiano **digiunavano**[3]. Anche oggi il lettore a vita, per *affinità elettiva*°, per *eredità*°° paterna c'è e se non ci fosse sarebbe un disastro, ma gli si è aggiunto il lettore **vagante**[4], *gadget*°, a *promozione*°.

° gusto personale °° trasmissione
° accessorio promozionale
° vendita di propaganda

Ed è un fenomeno di massa terrificante. *Il Corriere della Sera* con i suoi quadernetti illustrati sulle città e *La Repubblica* con i suoi *bignamini*° per imparare i misteri del computer hanno aumentato i loro lettori di 300mila e *passa*° copie ciascuno. Un'enormità. Se si pensa che oggi la diffusione complessiva dei quotidiani è sui 5 milioni 600mila, la quantità dei vaganti è spaventosa. Ancora più terrificante è la **virtualità e casualità**[5] del fenomeno. Perché adesso gli ideatori delle due promozioni verranno a dirci che tutto era stato *previsto*° e calcolato, ma non è vero: nessuno dei due giornali si aspettava un successo così, nessuno aveva *premeditato*° fino in fondo di rivolgersi non al **conscio** dei lettori, non ai loro bisogni reali, ma al loro **inconscio**[6], ai loro *vaghi*° quanto *condizionanti*° desideri. Nel caso, la voglia di viaggio e di *abracadabra*°° informatici.

° manualetti
° oltre

° preso in considerazione
° prestabilito
° incerti
° vincolanti °° oggetti misteriosi

Non è pensabile che 300mila persone attendessero le guide illustrate di viaggio del *Corriere della Sera* e non lo è che i 300mila di *Repubblica* avessero davvero bisogno

---

1. **Lettore per la vita** = il lettore che legge sempre e solo un tipo di quotidiano, per tutta la sua vita. Nel testo questo tipo di lettore è detto anche "*Stampa* o *Corriere* o *Messaggero* **dipendente**". Questa frase significa: "il lettore di quotidiano non può fare a meno di leggere il <u>suo</u> giornale, quasi che fosse una droga". Si noti la derivazione dalla struttura "tossico dipendente" = assuefatto alla droga.

2. **confraternita** = comunità di credenti in una stessa fede religiosa. Di solito una confraternita è finalizzata a pratiche liturgiche o ad opere di carità. **Nel testo la parola è usata in senso ironico**.

3. **digiunavano** > digiunare = astenersi parzialmente o totalmente dal cibo per un determinato periodo. **Nel testo la parola è usata in senso ironico**, col significato di: "astenersi dal comprare un giornale che non sia quello favorito".

4. **vagante** = che si sposta da un luogo all'altro senza una direzione prestabilita. Nel testo l'aggettivo definisce quel tipo di lettore le cui scelte di acquisto di questo o quel giornale sono determinate da promozioni, inserti e altro materiale propagandistico.

5. **virtualità e casualità**. **Virtualità** = la potenzialità di sviluppo di un fenomeno. **Casualità** = l'essere imprevedibile e non controllabile di un fenomeno.

6. **il conscio [...] l'inconscio**. "**Il conscio**" = (s.m.) quella parte della nostra attività mentale di cui siamo consapevoli. Il suo contrario è "**l'inconscio**", che si riferisce a quei processi mentali che avvengono al di fuori della nostra coscienza razionale. I due termini appartengono al linguaggio della psicanalisi, ma sono usati molto anche nel linguaggio corrente. Per esempio, un "desiderio conscio" è un desiderio di cui siamo pienamente coscienti e consapevoli.

urgente del **vademecum**[7] sul computer. Normalmente uno aspetta di andare a Parigi o a Londra per *procurarsi*° una guida. Ma i quadernetti del *Corriere* offrono l'intero mondo al **viaggiatore desiderante**[8], che magari non sarà mai un viaggiatore, ma si immagina a Parigi sui Lungosenna o in una passeggiata al **Dorsoduro**[9] di Venezia. Il fenomeno può essere *letto*° però anche in un altro modo: se ci sono tanti italiani *disponibili*°° a passare da un giornale all'altro, **non sarà che**[10] lo fanno perché i giornali sono tutti eguali e quindi la sola differenza che c'è è quella del gadget?

○ *fornirsi di*

○ *interpretato* ○○ *disposti*

La verità è che come sono andate le **sorti**[11] con questa mescolanza di televisione, pubblicità e virtualità generale, il mondo dell'informazione è diventato un circolo chiuso che gira su se stesso, sempre più *a vuoto*°, sempre più staccato dalla realtà. Un mondo in cui i *politici*° scambiano, fanno finta di scambiare, ciò che pensa e dice la televisione con ciò che pensano e dicono gli italiani che a loro volta stanno mezza giornata davanti alla televisione e hanno *disimparato*° a pensare e a dire. E siccome i politici, i potenti, quelli che decidono scambiano la televisione per il loro *agorà*[12], anche i giornali guardano alla televisione come al luogo dei poteri, il solo luogo in cui si esiste. Un altro effetto del giornale-oggetto, del giornale-supermarket, del giornale *subalterno*° alla televisione, del giornale per lettori vaganti è una generale caduta di stile, una generale mancanza di rispetto per gli **utenti**[13], un generale adattarsi alla volgarità **plebea**[14] delle masse.

○ *invano/inutilmente*
○ *gli uomini politici*

○ *dimenticato come si fa*

○ *subordinato*

Ma non c'è nulla da fare, siamo dentro un meccanismo *implacabile*° e le cose di questo mondo girano così in fretta che non riusciamo più a capire se siamo fortunati o sfortunati, se ci va bene o male per quanto durerà. Per nessuno è stato semplice capire il proprio tempo, e anche a distanza di anni gli storici faticano a capire la **trama**[15] di queste misteriose *aggregazioni*° che sono le società, le civiltà, le mode. Ma ora non si capisce neppure per intuizioni, neppure a **sprazzi**[16].

○ *inesorabile/crudele*

○ *associazioni*

---

7. **vademecum** = volume di piccolo formato, tascabile, contenente un prontuario di nozioni relative a un determinato argomento.
8. **viaggiatore desiderante** = una persona che aspira e desidera ardentemente di viaggiare.
9. **Dorsoduro**. Famosa zona di Venezia.
10. **non sarà che**. Espressione colloquiale che equivale a: "la ragione del fenomeno potrebbe essere che".
11. **sorti** = (pl.) vicende, fatti, eventi dovuti a motivi o ragioni non controllabili (es. "le sorti del popolo italiano sono state spesso piuttosto tristi"). **Nel testo la parola ha un significato ironico**, riferendosi alle 'sorti' della televisione, della pubblicità e della virtualità.
12. **agorà** = nell'antica Grecia, era la piazza centrale della città, importante luogo d'incontro, di

dibattito e di attività politiche e commerciali. Nel testo la parola è usata in senso ironico.
13. **utenti** > utente = chi usufruisce di un bene o di un servizio.
14. **plebea** > plebeo = relativo alla plebe, al popolo. La parola ha un senso più o meno spregiativo.
15. **trama** = (a) nell'industria tessile, il filo che costituisce la parte trasversale del tessuto; (b) (fig.) = attività nascosta e coperta, volta al conseguimento di fini poco chiari; (c) disegno, piano. **Nel testo vale l'accezione (c)**.
16. **sprazzi** > sprazzo = schizzo improvviso di acqua o altro liquido; in senso figurato, la parola significa "intuizione improvvisa o insolita". **Nel testo vale quest'ultima accezione**.

ESERCIZI DI GRAMMATICA E DI LESSICO

A. Trovate i contrari delle parole date:

Es. disgusto > **gusto**

1. consci   >
2. spaventoso >
3. terrificante >
4. implacabile >
5. subordinato >
6. indiscutibile >
7. riconoscibile >
8. sfortunato >
9. disponibile >
10. vago   >

B. Trovate la parola che, per significato, non appartiene al gruppo in cui si trova.

1. mangiare, nutrirsi, ristorarsi, rifocillarsi, manipolare
2. disastro, calamità, infortunio, fortuna, catastrofe
3. raffinatezza, volgarità, grossolanità, rozzezza, trivialità
4. spreco, dissipazione, sperpero, dispersione, risparmio
5. detestare, odiare, condannare, biasimare, detonare
6. affinità, analogia, affetto, somiglianza, relazione

C. Dal nome ricavate l'infinito del verbo e quindi il participio passato.

SOSTANTIVO	INFINITO	PARTICIPIO PASSATO
1. scrittore		
2. sciopero		
3. appartenenza		
4. diffusione		
5. ideatore		
6. promozione		
7. ragione		
8. mescolanza		
9. esistenza		
10. caduta		
11. bevanda		
12. divertimento		
13. vita		

D. Dal nome dell'azione/fatto ricavate chi la compie.

Es. protesta > **protestanti**

1. sciopero   >
2. lettura   >
3. elezione   >
4. illustrazione >
5. promozione   >
6. guida   >
7. viaggio   >
8. uso   >
9. assedio   >
10. difesa   >

E. Aggettivo, nome o verbo? Identificate la funzione dei participi presenti sottolineati.

1. Il giornalismo a gadget e a promozioni è un fenomeno di massa terrificante.
2. Al lettore di giornale a vita, si è aggiunto il lettore vagante.
3. Per quel che riguarda i lettori di quotidiani, secondo Bocca, la quantità dei vaganti è spaventosa.
4. I supplementi del *Corriere* offrono l'intero mondo al viaggiatore desiderante.
5. Nessuno dei due giornali aveva premeditato di rivolgersi ai vaghi quanto condizionanti desideri dei lettori.
6. Uno degli effetti del giornale-oggetto è una generale mancanza di rispetto per gli utenti.
7. Molti sono i problemi derivanti dall'attuale crisi in Medio Oriente.
8. Nelle università britanniche ci sono molti studenti stranieri.

F. Completate le frasi mettendo il verbo al tempo e modo richiesto dal contesto.

1. Se non (esserci)............il lettore a vita, sarebbe un disastro.
2. Un lettore a vita della *Stampa* non (sognarsi)..............di leggere altri giornali.
3. Fino a poco tempo fa l'appartenenza di un lettore a un giornale era totale come se lui (diventare)..........parte di una confraternita.
4. Non si può pensare che i lettori del *Corriere* (attendere)............le guide di viaggio, tantomeno che i lettori di *Repubblica* (aver bisogno)......... del vademecum sui computer.
5. Non si può escludere che la ragione per cui molti italiani oggi passano da un giornale all'altro (essere).......da riscontrarsi nel fatto che i giornali sono tutti uguali.
6. È triste constatare che i giornali oggi (occupare)............una posizione subalterna alla televisione.
7. Sembra incredibile che anche i giornali (adattarsi) .... alla volgarità plebea delle masse e che (guardare) .... alla televisione come al luogo dei poteri, il solo in cui (esistere)........
8. Non si riesce più a capire se (essere fortunato)........., se ci va bene così e per quanto (durare).........
9. Se il treno non (essere)......... in ritardo ieri sera, io (arrivare)............in tempo per salutare i bambini prima che (andare)..................... a letto.

G. Inserite il pronome relativo o interrogativo richiesto.

1. Il mondo dell'informazione è diventato un circolo chiuso......gira su se stesso, in .... .i politici fanno finta di scambiare...... ....pensa e dice la televisione con .... dicono gli italiani.
2. I dibattiti televisivi a........hai fatto riferimento, erano molto deludenti.
3. Bocca sembra pensare che giungeremo ad una situazione in....... nessuno saprà più scrivere e calcolare con la penna.

4. .... riesce più a seguire le mode di un mondo .... cambia a ritmi vertiginosi?
5. ... ha scritto quell'interessante articolo su Umberto Eco nell'ultimo numero di *Panorama*?
6. Ci sono molti punti su .... non mi trovo d'accordo con Bocca.
7. *La Repubblica* è un giornale su .... si può contare per l'accuratezza dell'informazione.

H. Trasformate le seguenti frasi usando il *si* passivante.

1. Una volta il lettore di un particolare giornale poteva essere riconosciuto a vista.
2. Normalmente compriamo le guide turistiche quando partiamo per un viaggio.
3. Nei giornali non sempre viene detta tutta la verità su certi fatti gravi di cronaca.
4. Il fenomeno può essere letto anche in un altro modo.
5. Nel computer viene conservato tutto.
6. Oggi guardiamo più televisione e leggiamo meno libri.

DOMANDE DI COMPRENSIONE

1. Com'era il classico lettore di quotidiani di un tempo?
2. Esistono ancora lettori di quotidiani "a vita"?
3. Che tipo di lettore di quotidiani è apparso sulla scena, oggi?
4. Qual è il "fenomeno di massa terrificante" a cui allude Bocca?
5. Quando si compra, di solito, una guida turistica?
6. Secondo Bocca cosa sta succedendo nel mondo dell'informazione?
7. Spiegate in che cosa consiste "il terrificante circolo chiuso" di cui parla Bocca.
8. Perché Bocca definisce il quotidiano "giornale-oggetto, giornale-supermarket"?
9. Di quali "inserti" parla Bocca?
10. Quale è il rapporto fra la televisione e i giornali, secondo Bocca?

ESERCIZI DI SCRITTURA

Testi di riferimento: Testo I e scheda 1 di questa Unità; Introduzione all'Unità II; Bibliografia essenziale dell'Unità II; testate di quotidiani italiani a scelta.

1. Siete d'accordo con Bocca che: (i) "il lettore a gadget e promozioni è un fenomeno di massa terrificante"; (ii) "gli inserti si riferiscono non al conscio dei lettori ma all'inconscio"; (iii) "se non ci fosse il lettore a vita sarebbe un disastro"; (iv) "il giornale è [oggi] subalterno alla televisione"? Ed ora spiegate perché siete o non siete d'accordo.
2. Scegliete un quotidiano italiano e analizzate la sua prima pagina servendovi delle spiegazioni e dello schema dato nella scheda 1. *(Scrivete 300 parole)*.
3. Ed ora provate ad analizzare le altre pagine del quotidiano e poi riferite su come è organizzato. *(Scrivete 300 parole)*.
4. Fate un confronto fra la stampa italiana e quella di un altro paese di vostra conoscenza. *(Scrivete un saggio di 400 parole)*.
5. Commentate la frase di Bocca: "Per nessuno è stato semplice capire il proprio tempo, e anche a distanza di anni gli storici faticano a capire la trama di queste misteriose aggregazioni che sono le società, le civiltà, le mode". *(Scrivete un saggio di 400 parole)*.

Unità 2 / **Sezione 2**

Capire l'Italia e l'italiano
Lingua e cultura italiana oggi

Lia Buono Hodgart

I Mass Media

Il linguaggio della stampa

Il linguaggio della stampa

Indice di leggibilità dei giornali

I quotidiani italiani sono fatti per essere letti e compresi soltanto da chi ha finito le scuole medie e cominciato le scuole superiori: questo è il risultato di un'inchiesta statistica fatta analizzando un campione di articoli, sullo stesso argomento, presi da vari quotidiani italiani. L'analisi degli articoli è stata fatta sottoponendoli al calcolo di un «indice di leggibilità», il *Gulpease*, un programma messo a punto negli istituti di Pedagogia e Filosofia dell'Università di Roma "La Sapienza".

"L'indice di leggibilità" viene determinato per mezzo di un'analisi statistico-lessicale che si basa sulla lunghezza delle parole (di cui si calcolano le lettere) e di un sistema integrato per l'analisi automatica, *Eulogos* che è a disposizione di tutti sul sito Internet:http:/www. eulogos.it. L'indice *Gulpease* (il nome deriva da: "Gruppo Linguistico Pedagogico", il gruppo di ricercatori che lo ha creato) ha una scala di valori che va da 0 (leggibilità minima o nulla) a 100 (leggibilità massima). Il *Gulpease* consente di valutare "l'indice di leggibilità" di un testo rispetto ai tre livelli scolastici della scuola italiana: A, elementare; B, media; C, superiore. I testi sono davvero facili se hanno un valore di leggibilità superiore a: 80 per la popolazione A; 60 per la popolazione B; 40 per la popolazione C. L'articolo che segue ha un indice di leggibilità 57,71 e può quindi essere inteso da chi ha fatto la scuola media, ma non l'ha completata. L'età scolare per la scuola media, che è poi ancora la scuola dell'obbligo, è compresa nella fascia fra gli undici e i tredici anni. La scuola superiore è compresa fra i quattordici e i diciotto.

Ed ora divertitevi a calcolare "l'indice di leggibilità" di qualcuno dei testi di questo libro: consultate il sito Internet di cui vi abbiamo dato l'indirizzo e seguite il programma *Eulogos*!

"Quotidiani, chi li capisce?" *di Fernanda Alvaro*

"Si prega *munirsi*° di moneta divisionale". C'è scritto così davanti alla **cassa**[1] di un noto ospedale pubblico della **capitale**[2]. Si curano i tumori, tra quelle stanze, e davanti alla cassa passano **fior di**[3] professori, ma anche *pazienti*° che arrivano dagli angoli più *remoti*° della *penisola*°°. A loro, forse di più a questi ultimi, è diretta la "**preghiera**"[4]. La "moneta divisionale", è utile dirlo, sono gli spiccioli, le mille lire. "È vietato legare ombrelli ai colli". Il divieto, tra il romantico, se quei *"colli"*° rievocano **la nebbia di carducciana memoria**[5], e il fisico, se invece viene in mente **il sostegno delle nostre teste**[6], non appare né su un sentiero di campagna, né nello studio di un medico. È invece *affisso*° davanti al **deposito bagagli**[7] di una stazione ferroviaria. Troppo semplice sostituire "colli" con "bagagli" o "valigie", "pacchi"?

° fornirsi

° malati

° lontani   °° l'Italia

° colline

° attaccato

"Parlar confusamente lo sa far ognuno, ma chiaro pochissimi", diceva **Galileo**[8] lamentando la pratica, diffusa anche ai suoi tempi, del parlare o dello scrivere difficile. Oggi viviamo nella speranza che si possa arrivare a parlare e scrivere facile per rendere *accessibile*° l'informazione a tutti. La storia dell'Italia **ci è contro**[9], la *genesi*°° della lingua italiana è una nostra avversaria, ma forse ricordare che le parole pubbliche arrivano non soltanto a quel 22,4% di privilegiati che in Italia ha un diploma di scuola media superiore o di laurea, può essere utile. I più numerosi sono 'gli altri', quelli che nel 1991 (data dell'ultimo **censimento**[10]) erano **analfabeti**[11] o avevano frequentato solo fino alla quinta elementare. Il 47% degli italiani. Sono anche loro che ogni giorno hanno bisogno di capire, sul posto di lavoro o negli uffici pubblici, davanti agli sportelli degli ospedali, negli aeroporti o in stazione, sulle *colonne*° di un giornale o davanti alla tv, sugli autobus o nell'*androne*° del loro palazzo, in casa davanti a un elettrodomestico che non funziona o davanti a una medicina da prendere...

° comprensibile   °° origine

° pagine
° atrio/ingresso

I nostri **giornali a maggiore diffusione**[12] sono **alla portata di tutti**[13]? Durante un corso per lavoratori e studenti lavoratori tenuto all'università *La Sapienza* di Roma, nel 1978, gli 'alunni' analizzarono le pagine di un quotidiano. Trovarono incomprensibili parole come: *defilarsi, vilipeso, scaglionamento degli oneri contrattuali, convergenza, palmare, esacerbare, manovre congiunturali, cash flow, doroteo, propensione, perizia balistica...* Un'*indagine*° dei giorni nostri porterebbe risultati diversi? Forse sì, visto che la percentuale degli analfabeti o di chi non *aveva superato*° la quinta elementare è sceso,

° inchiesta

° era andato oltre

---

1. **Cassa** = sportello di banca/ente/ istituzione ecc., dove il pubblico va a pagare.
2. **la capitale** = modo colloquiale di chiamare Roma, capitale d'Italia.
3. **fior di** = il meglio di. Nel testo **"fior di professori"** significa: "i migliori/ i più famosi professori".
4. **la "preghiera"**. Qui, equivale a "richiesta". La parola è in senso ironico, come sottolineano le virgolette.
5. **la nebbia di carducciana memoria**. Allusione ad una famosa poesia del poeta Giosuè Carducci dal titolo *San Martino*, che inizia con una descrizione di "colli" avvolti nella nebbia.
6. **il sostegno delle nostre teste**. È, come tutti sanno, la corretta spiegazione di un'altra accezione della parola "collo".

7. **deposito bagagli**. Nelle stazioni ferroviarie italiane, è il luogo dove si lasciano in consegna, per un certo tempo, valigie, borse, pacchi e tutto ciò che costituisce **"i bagagli"**.
8. **Galileo Galilei** (1564-1642): il famoso scienziato che, nel Rinascimento, sostenne le teorie copernicane.
9. **ci è contro** = non è dalla nostra parte/non depone a nostro favore.
10. **censimento** = rilevamento di dati statistici su vari aspetti della popolazione.
11. **analfabeti** > analfabeta = che non sa né leggere né scrivere.
12. **giornali a maggior diffusione** = i giornali più venduti.
13. **alla portata di tutti** = accessibile/comprensibile a tutti.

dall''81 al '91, dal 52 al 47%. Ma forse non abbastanza *per giustificare*° l'uso di queste ○ *legittimare*
parole che hanno un *corrispettivo*° comprensibile a tutti. Si può dunque scrivere per farsi ○ *equivalente*
capire? Si può spiegare la **Bicamerale**[14] a chi ha un handicap mentale lieve o a un
anziano contadino che ha avuto la sfortuna di non poter frequentare neanche le
elementari?

Due parole[15], nel suo numero di gennaio, l'ha fatto. Questo mensile nasce
dall'*esigenza*° di **colmare il vuoto nel quale sono costretti a sprofondare**[16] quasi trenta ○ *necessità*
milioni di italiani che hanno solo la quinta elementare e non riescono a leggere i giornali.
Chi ha scritto l'articolo ha lavorato due giorni per semplificare il linguaggio dei
quotidiani. Un altro esempio? L'argomento è *deficit pubblico*. Così viene spiegato: "Uno
dei problemi più gravi dell'economia italiana è il deficit pubblico, cioè le spese dello
Stato che superano le entrate. Le entrate dello Stato sono costituite per la maggior parte
dalle tasse, cioè dai soldi pagati dai cittadini italiani in base ai loro guadagni. Le spese
dello Stato sono grandissime e sono costituite dai soldi che lo Stato sborsa per pagare le
pensioni, gli stipendi dei dipendenti *pubblici*°, i servizi pubblici come la scuola, gli ○ *statali*
ospedali, i trasporti...".

Un invito a scrivere così i giornali? Sarebbe davvero *chiedere troppo*° e servirebbe ○ *essere esigenti*
troppo spazio. Ma imparare qualcosa si può. Ecco qualche rapida regola *rubata*° dal ○ *presa senza chiedere il permesso*
preziosissimo volume "Capire e farsi capire. Teorie e tecniche della scrittura controllata"
della dottoressa Piemontese: "Utilizzare parole brevi (*partire* anziché *allontanarsi; rapido*
anziché *tempestivo*); parole concrete (*soldi* invece di *liquidi* o *liquidità*); parole precise e
dirette (*sfratto* anziché *provvedimento esecutivo di rilascio*); evitare di usare abbreviazioni
e sigle; evitare l'uso di forme stereotipate (*netto rifiuto, forze dell'ordine, stretto riserbo,
operazione su vasta scala, male incurabile...*); evitare metafore (*scendere in campo,
combattere su più fronti, dare alla luce*)...".

Giornalisti di stampa e tv, scrittori e conferenzieri, professori e politici, sindacalisti e
pubblicitari... chi di voi, pardon di noi, è senza peccato scagli la prima pietra!

---

14. **Bicamerale** > commissione bicamerale = commissione
formata da senatori e deputati con l'incarico di predisporre un
piano di riforma della Costituzione da sottoporre al Parlamento.
15. ***Due Parole.*** Mensile di lingua italiana, che tratta anche le
problematiche ad essa relative. È stato fondato dal Professor
Tullio De Mauro (docente di Filosofia del linguaggio

all'Università "La Sapienza" di Roma) e dalla sua équipe, di cui
fa parte anche l'autrice del nostro testo II.
16. **colmare il vuoto nel quale sono costretti a sprofondare** =
colmare le lacune dovute all'ignoranza di chi ha frequentato
solo fino alla quinta elementare.

Eserciziario

ESERCIZI DI GRAMMATICA E DI LESSICO

A. Distinguete il *perché* finale dal *perché* causale o interrogativo.

1. L'autore di questo articolo si domanda perché alcuni dicano "moneta divisionale" invece di "spiccioli".
2. Molti non capiscono il linguaggio dei giornali perché i giornalisti usano termini inusuali.
3. Non sappiamo esattamente perché l'italiano si sia sviluppato in questo modo.
4. Alcuni riscrivono i testi giornalistici semplificandoli, perché anche i meno istruiti riescano a capirli.
5. Alcuni riscrivono i testi giornalistici semplificandoli perché molti articoli sono davvero difficili da capire!
6. È meglio evitare di usare troppe metafore perché appesantiscono il discorso.
7. È meglio partire presto perché poi ci sarà molto traffico.
8. Ti sto correggendo perché tu possa imparare dai tuoi errori.
9. Ti sto correggendo perché sono stanco di vederti ripetere sempre gli stessi errori.
10. Sua madre gli mandò i soldi perché potesse pagare il grosso debito che aveva.

B. Trasformate la subordinata finale da implicita in esplicita.

Es. Dico queste cose per evitarti altri guai
> **Dico queste cose perché tu possa evitare altri guai**

1. Bisogna scrivere in modo più semplice per rendere l'informazione accessibile a tutti.
2. L'autore ha lavorato molto per semplificare il linguaggio dei giornali.
3. Per convincere la gente a leggere di più non basta abbassare il prezzo dei giornali.
4. I soldi dello Stato servono tra l'altro per pagare gli stipendi dei dipendenti pubblici.
5. L'articolo dà alcune regole per far capire meglio il testo ai lettori.
6. Non è necessario usare parole difficili per dare ai lettori una descrizione precisa della situazione.

C. E ora trasformate la subordinata finale da esplicita in implicita.

Es. Ho invitato Luca perché si distragga un po' dai suoi problemi
> **Ho invitato Luca per farlo distrarre un po' dai suoi problemi**

1. Questo cartello serve perché i viaggiatori sappiano dove depositare i bagagli.
2. Hanno scritto questo manuale perché i giornalisti scrivano in modo più facile e comprensibile.
3. L'indagine è stata fatta perché si scoprissero le cause del fenomeno.
4. Ho usato quest'esempio perché voi capiste l'importanza di questa riforma.
5. Bisognerà lavorare molto perché il numero degli analfabeti diminuisca ulteriormente.
6. Perché questi dati siano confermati o smentiti, è necessario attendere il prossimo censimento.

D. Riscrivete le frasi usando un sostantivo al posto dei verbi sottolineati.

Es. Bisogna usare tecniche speciali per costruire questi edifici
> **Bisogna usare tecniche speciali per la costruzione di questi edifici**

1. I giornali sono utili per <u>diffondere</u> una lingua comune.
2. Molti studiosi si sono impegnati per <u>promuovere</u> questa ricerca.

3. Sono necessarie molte iniziative per <u>aumentare</u> il numero di persone in grado di capire quelle parole.
4. Queste correzioni servono per <u>semplificare</u> il testo.
5. Si è formato un comitato per <u>vietare</u> il fumo nei locali pubblici.
6. Questa somma è destinata a <u>saldare</u> i nostri debiti.
7. Quell'associazione ambientalista raccoglie fondi per <u>proteggere</u> gli orsi polari.
8. Questa chiave serve per <u>avviare</u> il motore.

E. Riscrivete le frasi sostituendo alle strutture sottolineate dei sinonimi di pari valore semantico.

1. In quell'ospedale lavorano <u>fior di professori.</u>
2. I pazienti arrivano dagli <u>angoli più remoti</u> della penisola.
3. Le indagini sono condotte <u>nel più stretto riserbo.</u>
4. La fusione del gruppo inglese con quello danese <u>ha dato alla luce</u> un nuovo gigante della telefonia cellulare.
5. Il linguaggio di questi testi non è <u>alla portata di tutti.</u>
6. L'intervento delle <u>forze dell'ordine</u> ha evitato altri incidenti.
7. Il suo arrivo è stato davvero <u>tempestivo.</u>
8. Prima di entrare bisogna <u>munirsi di biglietto.</u>

F. Inserite le preposizioni semplici o articolate più adatte.

1. Questo testo non è comprensibile _____ tutti.
2. I pazienti provengono _____ tutte le regioni _____ Italia.
3. L'autore parla _____ usi della lingua _____ vari contesti.
4. Puoi sostituire questa parola _____ un sinonimo più semplice?
5. Usate la parola "soldi" invece _____ parola "liquidi".
6. _____ 1991, il 47% _____ italiani non capiva il linguaggio _____ giornali.
7. _____ qualche anno l'analfabetismo scomparirà definitivamente.
8. Pochi sono _____ grado di parlare chiaramente.
9. _____ capire questo testo ho bisogno _____ aiuto _____ dizionario.
10. L'autore invita i giornalisti _____ scrivere _____ modo più semplice.

G. Trasformate l'infinito fra parentesi nella giusta forma del congiuntivo.

1. Occorre che i giornalisti .... (fare) uno sforzo maggiore per farsi capire dalla gente comune.
2. Galileo pensava che .... (essere) in pochi a parlare in modo chiaro e semplice.
3. Nel passato molti credevano che scrivere in modo semplice .... (diminuire) il valore del loro messaggio.
4. È ora che tutti .... (tentare) di parlare e scrivere in modo più semplice.
5. Sebbene l'articolista .... (cercare) di usare vocaboli semplici ha pur sempre scritto un testo difficile.
6. Immagino che tu .... (avere) mal di testa.
7. Mi sembra che Lisa .... (gareggiare) molto bene ieri.
8. Credevo che Luisa .... (parlare) lo svedese.
9. Spero che tu ti .... (divertirsi) di più alla prossima festa.
10. Bisogna che lui .... (andare) in banca domani.

DOMANDE DI COMPRENSIONE

1. Perché, secondo l'articolista, si deve preferire la parola "spiccioli" all'espressione "moneta divisionale"?
2. Che cosa vuol dire l'articolista quando afferma: "la genesi della lingua italiana è una nostra avversaria"?
3. Quanti sono gli italiani, oggi in Italia, che riescono a capire tutti i cartelli e avvisi pubblici?
4. Spiegate tutti i significati della parola "collo/colli".
5. In quale occasione molte parole dei quotidiani italiani furono definite incomprensibili?
6. Quali sono gli scopi del mensile *Due Parole*?
7. Secondo voi la spiegazione dell'espressione "deficit pubblico", data da *Due Parole,* è chiara?
8. Secondo l'articolista è possibile e desiderabile scrivere i giornali in modo accessibile a tutti?
9. Perché Fernanda Alvaro si rivolge ai giornalisti, agli scrittori ed altri dicendo: "Chi è senza peccato scagli la prima pietra?"
10. Dove si danno consigli per una lingua più accessibile?

ESERCIZI DI SCRITTURA

Testi di riferimento: Testo II e scheda 2 di questa Unità; Introduzione all'Unità II; Bibliografia essenziale dell'Unità II; testo I e scheda 1 di questa Unità; Introduzione all'Unità I; sezione 8 dell'Unità I.

1. Fate tesoro dei consigli della dottoressa Piemontese e scrivete un articolo informativo sui quotidiani italiani e sulle loro attuali difficoltà *(Scrivete 400 parole).*
2. Riferitevi al testo II e spiegate le parole che gli 'alunni' di Roma hanno trovato incomprensibili.
3. Ancora riferendovi al testo II provate a dare l'equivalente delle seguenti strutture complesse: "netto rifiuto"; "forze dell'ordine"; "stretto riserbo"; "operazione su vasta scala"; "male incurabile"; "scendere in campo"; "combattere su più fronti"; "dare alla luce". Ed ora contestualizzate le strutture in frasi di vostra scelta!
4. Rileggete l'articolo di Bocca dato nel testo I di questa Unità. È un articolo di una certa difficoltà apparso sul *Corriere della Sera*. Stabilite, tramite il *Gulpease*, il suo «indice di leggibilità».
5. Nell'articolo di Bocca si alternano strutture e vocaboli di registro alto a strutture e vocaboli di registro colloquiale: isolate almeno 10 strutture e vocaboli per tipo e datene una spiegazione.

Unità 2 / **Sezione 3**

Capire l'Italia e l'italiano
Lingua e cultura italiana oggi

Lia Buono Hodgart

I Mass Media

La stampa femminile

La stampa femminile

La stampa femminile

Il settore della stampa destinata al pubblico femminile si caratterizza per un ampio ventaglio di proposte di mercato. I numerosi periodici "femminili", raggiungono tirature sufficienti per garantirsi, grazie anche agli introiti provenienti dalla pubblicità, un'ottima sopravvivenza. I settimanali con il maggior numero di lettrici sono *Marie Claire, Grazia, Amica, Donna Moderna, Gioia, Anna, Cioè*. La formula editoriale di queste testate presenta molte analogie: alcune rubriche fisse affidate alle firme più prestigiose, e ad alcuni temi ricorrenti, le inchieste, la vita di coppia, la moda, la cucina, la cura del corpo, i viaggi. Le varianti introdotte nella scansione dalla formula, nella veste grafica, nel linguaggio, nelle tematiche caratterizzanti e nella qualità (sotto il profilo del gusto e dei costi) dei prodotti sottoposti all'attenzione delle lettrici denotano i diversi segmenti di pubblico femminile cui le varie testate si rivolgono. Così *Marie Claire* e *Grazia*, incentrate sull'alta moda e con rubriche fisse dedicate alla cultura, alla politica, al mondo dello spettacolo e ai libri, si rivolgono a lettrici d'élite, colte e benestanti; a un pubblico medio-alto si rivolge *Amica*; un taglio più popolare hanno *Donna Moderna, Gioia* e *Anna*, che dedicano ampio spazio alle vicende dei "belli e famosi". Cioè si rivolge al pubblico giovanile che si identifica con gli idoli mediatici del momento.

Grazia è il più vecchio settimanale femminile: è nato negli anni '40 ed ha seguito la donna italiana non solo nelle permutazioni del gusto estetico ma anche nelle battaglie per la sua acculturazione ed emancipazione. *Grazia* si autodefinì "il settimanale della donna moderna" e fu senz'altro all'altezza di questa definizione: senza mai eccedere in estremismi o proclamarsi in toni aspri, si pose, tuttavia, in una ferma posizione di solidarietà con le donne italiane che combattevano dure battaglie per uscire da una condizione di sudditanza in un società che le aveva considerate, per secoli, cittadini di seconda classe. *Grazia* promosse un'ideale di donna colta, femminile ed emancipata allo stesso tempo, che sapeva muoversi con competenza ed autonomia nella casa e nel mondo del lavoro. Per alcuni decenni, che vanno dagli anni della guerra alla fine degli anni sessanta, *Grazia* regnò sovrana come guida e consigliera della donna italiana. Negli anni '70 uscì la più spregiudicata rivista *Amica*, che si pose come pericolosa rivale in quanto interprete della rivolta giovanile in atto e negli anni '80 uscì *Marie Claire*, una rivista cosmopolita e sofisticata di importazione francese, che ha incontrato un grande successo. Nel testo III diamo un recente articolo di *Grazia*, che ci pare serva ad illustrare lo spirito e lo stile della rivista.

"Voglio un figlio vincente" *di Simona Coppa (da Grazia, n 17, del 2/5/2000).*

Hanno dodici anni, i capelli lunghi, sciolti sulle spalle, il sorriso pronto per il **provino**[1]: per dare il volto alla nuova Maria Goretti che il regista, Fabio Segatori, sta cercando per il suo prossimo film. Sono arrivate a Roma da ogni parte d'Italia. Accompagnate da madri *trepidanti°* e padri orgogliosi. Se non fosse per quei jeans **a zampa d'elefante**[2] e T-shirt   ° *in ansia* corte, evoluzione dell'abito "della festa" di una volta, sembrerebbe una scena di ***Bellissima***[3], il capolavoro di Luchino Visconti. L'ambizione dei genitori che due settimane fa hanno *invaso°* gli studi cinematografici è la stessa di cinquant'anni fa. Fare del proprio   ° *riempito* figlio *un vincente°* resta un obiettivo senza tempo. Ma cambiano le modalità. *Proliferano°°*   ° *vincitore* °° *si moltiplicano* pianificazioni mirate, indagini **psicoattitudinali**[4], test in grado di misurare già al primo mese di vita il **QI**[5] dell'erede.

"La società attuale ha creato la cosiddetta famiglia – capolavoro, quella *votata°* alla   ° *dedicata* perfezione. I cui figli devono produrre immagine, successo, accettazione, benessere, alleanza con ceti sociali *abbienti°*", dichiara Maria Rita Parsi, psicoterapeuta. "A questi   ° *benestanti* bambini, *gravati°* dalla nascita dalle aspettative dei genitori, non si risparmia nulla.   ° *schiacciati* Crescono nell'ansia da competizione, nel desiderio di rispondere alle richieste di mamma e papà e di *"guadagnarsi"°* il loro affetto".   ° *vincere*

I bambini di oggi sono più *svegli°*, ma è giusto sottrarli precocemente alla   ° *intelligenti e vivaci* **spensieratezza**[6] dell'infanzia? "Può essere un boomerang", spiega Federico Bianchi di Castelbianco, psicoterapeuta e direttore dell'Istituto di Ortofonologia di Roma, che ha appena *concluso°* una ricerca su 1500 alunni delle *elementari°°*. "Il 36 per cento degli   ° *finito* °° *scuole elementari* allievi, quasi 4 su 10, vive un disagio scolastico proprio a causa dell'ambiente familiare, delle aspettative *elevate°* dei genitori. Il bambino che a 4 anni sa già leggere e scrivere,   ° *alte* infatti, arriva in prima con una competenza *troppo spinta°* rispetto ai compagni. Rischia di   ° *esagerata* annoiarsi, si sente diverso, non condivide lo stesso entusiasmo dei **coetanei**[7]. Socializza con maggior fatica e spesso smette di *applicarsi°*".   ° *studiare*

Ci sono però materie che da piccoli si imparano con più facilità e con migliori risultati. Le lingue straniere, per esempio. È in aumento la presenza di nanny inglesi nelle **case «bene»**[8] degli italiani che desiderano crescere figli bilingui. Ma funziona? "Direi proprio di sì. Il nostro cervello possiede la massima plasticità dai primi mesi di vita fino agli otto anni. Fanno bene, quindi, quei genitori che scelgono con attenzione la scuola materna ed

1. **Provino** = breve prova di recitazione cui viene sottoposto un aspirante attore.
2. **a zampa d'elefante.** L'espressione si riferisce ad un particolare stile di pantalone che è particolarmente ampio nella sua parte inferiore.
3. ***Bellissima***. È il titolo di un film diretto da Luchino Visconti nel 1951, che racconta la storia di una madre che, accecata dall'orgoglio, porta la propria figlia a fare un provino per un famoso regista.

4. **psicoattitudinali** > psicoattitudinale = (agg.) relativo al carattere e alle attitudini dell'individuo.
5. **QI** = quoziente d'intelligenza.
6. **spensieratezza** = allegria/serenità.
7. **coetanei** = persone che hanno la stessa età.
8. **case «bene».** È un modo di chiamare le abitazioni di coloro che appartengono ai ceti socialmente ed economicamente più elevati. (Gli appartenenti a questi ceti sono anche chiamati: "la gente bene").

elementare. Lì, infatti, si formano le basi per crescere figli predisposti a *emergere°*, a conquistare una buona qualità della vita", sostiene Federica Mormando, psichiatra e psicoterapeuta, presidente della sezione italiana di Eurotalent, associazione che si occupa di bambini superdotati. "E lo stesso discorso vale per la *tata°* inglese. Significa fornire al proprio figlio una chance in più".

    Due volte la settimana in piscina, due sere di basket. La domenica, la partita a **calcetto**[9]. Iniziare da piccoli uno sport. Magari a 3 anni, per verificare il prima possibile se c'è la **stoffa**[10] del campione. "Impera ormai la convinzione che bisogna attrezzarli per la società e prima si comincia meglio è. Ma chi l'ha detto?", dice Paolo Crepet, psichiatra e sociologo, docente di psicopatologia dell'adolescenza all'Università di Siena. "Ogni anno una quantità inimmaginabile di famiglie *'trucca'°* l'età dei figli per iscriverli alle lezioni di sci anche se hanno meno di 4 anni. Persino la settimana bianca, quindi, che dovrebbe essere il momento per godersi il piacere di perdere tempo insieme, deve *fruttare°*! E alla fine dei corsi è d'obbligo la gara per soddisfare l'agonismo dei piccoli e dei grandi".

    Lo sport significa competizione. La gara *implica°* la vittoria e la sconfitta.

    Un messaggio negativo per i bambini, secondo Marcello Bernardi, celebre pediatra e autore di manuali-cult sull'infanzia. "Nella più nobile delle **arti marziali**[11], lo judo, non *conta°* nulla sconfiggere l'avversario, ma sapere dosare l'abilità e la forza per non danneggiare l'altro", commenta Bernardi. "Vorrei che quei padri che incitano i figli ai bordi del campo riflettessero su questo messaggio. Il bambino è per sua natura portato a fare del suo meglio, ma siamo noi a insegnargli che essere il migliore e diventare un campione vuol dire battere tutti. Se volete davvero un figlio vincente, applicate la strategia dell'attenzione e dell'ascolto, soprattutto delle sue emozioni che troppo spesso vengono messe da parte per i risultati".

○ *eccellere*

○ *bambinaia*

○ *falsifica*

○ *produrre risultati*

○ *comporta*

○ *importa*

---

9. calcetto = gioco simile al calcio, che si pratica su un campo ridotto e con soli **5** giocatori per parte.

10. stoffa = (a) tessuto, (b) (fig.) capacità, doti naturali, attitudine. **Nel testo vale l'accezione (b)**.

11. arti marziali = insieme di varie tecniche di difesa personale, di antica origine orientale.

Eserciziario

ESERCIZI DI GRAMMATICA E DI LESSICO

A. Unite le coppie di frasi usando le seguenti congiunzioni: E; Se (3); Poiché; Perché; Mentre; Quando.

Es. Devo studiare. Non posso venire alla festa
> **Non posso venire alla festa perché devo studiare**

1. Molti bambini hanno dei genitori troppo ambiziosi. Molti bambini vivono un'infanzia piena di stress.
2. Si comincia da piccoli a studiare una lingua straniera. È facile diventare bilingui.
3. Questi bambini hanno imparato a leggere e scrivere a 4 anni. Questi bambini in prima elementare si annoiano.
4. Certi padri spronano troppo i propri figli al successo. Certi padri rischiano di renderli troppo aggressivi.
5. Si insegna ai bambini che devono essere sempre i migliori. Si corre il rischio che diventino troppo competitivi.
6. Un vero campione di judo vince. Un vero campione di judo dosa la forza per non danneggiare l'avversario.
7. Tu continui a comportarti così. Finirai nei guai.
8. È inciampato. Scendeva le scale di corsa.

B. Unite le coppie di frasi dell'esercizio precedente usando il gerundio (presente o passato).

Es. Devo studiare. Non posso venire alla festa
> **Dovendo studiare, non posso venire alla festa**

C. Riscrivete le frasi sostituendo alle strutture verbali sottolineate un participio. Fate attenzione alla concordanza.

Es. Poiché i genitori li abituano a fare ciò che vogliono, questi bambini sono davvero capricciosi!
> **Abituati dai genitori a fare ciò che vogliono, questi bambini sono davvero capricciosi!**

1. Poiché i genitori li spingono, i figli rischiano di crescere troppo in fretta.
2. Poiché i genitori li sottraggono troppo presto alla spensieratezza dell'infanzia, questi bambini potrebbero avere problemi nei rapporti con i coetanei.
3. Quando avrà imparato l'inglese, mio figlio comincerà a studiare il francese e lo spagnolo!
4. Dopo aver concluso la ricerca, il professor Bianchi ha riassunto così i risultati.
5. Se è cresciuto nell'ansia da competizione, il bambino non riuscirà mai a sentirsi sicuro di sé.
6. Quando la lezione si è conclusa, gli alunni sono usciti in giardino.
7. Dopo aver scoperto la causa, occorre trovare il rimedio.
8. Dopo aver superato le difficoltà iniziali, il viaggio è proseguito nel migliore dei modi.

D. Riscrivete le frasi sostituendo alle forme verbali sottolineate un participio o un gerundio e modificate opportunamente.

Es. Le bambine vanno a fare il provino e le madri le accompagnano
> **Le bambine vanno a fare il provino accompagnate dalle madri**

1. Poiché ha fatto spesso dei provini cinematografici, Marta è abituata a stare sotto i riflettori.
2. Se cominci a fare sport da piccolo, diventerai sicuramente un campione!
3. Dopo aver valutato tutte le candidate, il regista ha scelto Marta per il ruolo di Maria Goretti.
4. Anche se vogliono aiutare i propri figli, molti genitori in realtà li danneggiano.
5. Se potessero scegliere, molti bambini preferirebbero giocare invece che studiare!
6. È possibile agire con equilibrio ed evitare gli eccessi?
7. Una volta che il bambino ha ricevuto certi messaggi dai genitori, è difficile che se li dimentichi.
8. Ha visto che non c'era più niente da fare ed ha desistito dall'impresa.
9. Abbiamo deciso di assumere quell'insegnante, dopo che abbiamo visto le sue referenze.

E. Inserite le preposizioni semplici o articolate.

1. Spesso le emozioni vengono messe .... parte per far spazio solo ...... risultati.
2. .... fine dei corsi i bambini devono partecipare ...... una gara.
3. Iniziare uno sport ..... piccoli è utile, ma non bisogna esagerare!
4. Questa associazione si occupa ..... bambini superdotati.
5. I genitori vogliono fornire .... propri figli le migliori opportunità.
6. Se un bambino ha meno ..... 4 anni, non può frequentare questo corso.
7. A 4 anni questo bambino è già ..... grado ..... leggere e scrivere correttamente!
8. Il dieci per cento ...... studenti ..... questa scuola è stressato.
9. La star americana è arrivata accompagnata .... sua guardia .... corpo.
10. Se non fosse ...... me, a quest'ora tu saresti rovinato!

F. Inserite in ciascuna delle seguenti frasi la congiunzione *anche* nella posizione più appropriata.

Es. Ho studiato, ho preparato la cena e ho accompagnato i bambini al cinema
> **Ho studiato, ho preparato la cena e ho anche accompagnato i bambini al cinema**

1. I bambini devono imparare, ma devono avere tempo per giocare e stare con gli amici.
2. La scuola, e le famiglie, spingono i bambini a essere molto competitivi.
3. In classe, un bambino superdotato si annoia e fa più fatica a socializzare con i compagni.
4. La dottoressa Parsi la pensa così e noi siamo della sua opinione.
5. Credo che questa ricerca sia molto importante, e sono convinto che la dottoressa Parsi sia la persona più adatta per portarla avanti.
6. Marta è molto intelligente, ma Paolo è un ragazzo sveglio.
7. Vi piace il tennis? A me sì, e a Marco piace molto.
8. Vorrei ringraziare gli autori di questa ricerca, e vorrei ricordare a tutti che i risultati saranno pubblicati molto presto.

DOMANDE DI COMPRENSIONE

1. Qual è l'occasione che ha richiamato a Roma, negli studi cinematografici, tante bambine dodicenni?
2. Quali sono, di solito, le aspirazioni dei genitori che accompagnano i figli agli studi cinematografici per un provino?
3. Secondo l'articolista, come si presenta "la famiglia capolavoro" oggi?
4. Perché il 30% degli alunni delle elementari vive in una situazione di "disagio scolastico"?
5. Quali sono le materie che si imparano più facilmente da piccoli?
6. Come programmano i genitori la giornata di "un figlio vincente"?
7. Perché per un bambino potrebbe essere importante la scelta della sua scuola materna ed elementare?
8. In quale occasione i genitori truccano l'età dei figli?
9. Come viene valutato l'atteggiamento dei genitori che spronano i figli alla massima competitività?
10. Secondo Marcello Bernardi, quali strategie dovrebbero seguire i genitori nei riguardi dei loro giovani figli?

ESERCIZI DI SCRITTURA

Testi di riferimento: Testo III e scheda 3 di questa Unità; Introduzione all'Unità II.

1. Alcune frasi del testo III non hanno soggetto. Rintracciate queste frasi e date loro il soggetto appropriato.
2. Considerate il quarto e il quinto paragrafo del testo III. Vi troverete frasi eccezionalmente brevi, a volte anche prive del verbo. Riscrivete i paragrafi fornendo i verbi mancanti e cercando di unire le frasi a mezzo di connettivi testuali. Usate al massimo la subordinazione. Iniziate così: "Ci sono però materie che da piccoli si imparano con più facilità e con migliori risultati, come per esempio le lingue straniere".
3. Mettete a confronto le opinioni di Federico Bianchi, Federica Mormando, Marcello Bernardi e Paolo Crepet sul tema dei "figli vincenti". *(Scrivete 300 parole)*.
4. Scrivete un saggio immaginando il vostro futuro di genitore. *(Scrivete 400 parole)*.
5. Secondo voi qual è la posizione dell'articolista (e quindi del giornale) sul delicato rapporto fra genitori e figli, per quel che riguarda la loro vita futura? *(Scrivete 200 parole)*.

Unità 2 / **Sezione 4**

Capire l'Italia e l'italiano   Lia Buono Hodgart   I Mass Media   **Radio Maria**
Lingua e cultura italiana oggi

Radio Maria

Radio Maria

Il testo IV tratta di una emittente radiofonica particolare, *Radio Maria*. È un'emittente privata, cattolica, fondata nel 1987 da padre Fanzaga e promossa su impulso di un gruppo di fedeli della Lombardia settentrionale. *Radio Maria* ha dato voce ad un cattolicesimo militante, incentrato sulle pratiche devozionali, per molti aspetti arcaico ma tuttora molto radicato. *Radio Maria* è una emittente di preghiera, di testimonianza e di proselitismo, impegnata in ogni trasmissione a esternare la fede e i valori cristiani. I programmi sono costituiti da messe, da preghiere e da rosari trasmessi in diretta, da musica religiosa, dal commento della Bibbia e del Vangelo; l'intervento del pubblico dei fedeli ha grande spazio. Sostenuta dalle gerarchie ecclesiastiche, *Radio Maria* dapprima ha incontrato il favore di una specifica fascia di ascoltatori, ma poi è diventata, negli ultimi anni, una delle radio a diffusione nazionale con i più alti indici d'ascolto.

Presentiamo questo testo su *Radio Maria* nella presente Unità perché ci sembra che il suo successo presso il pubblico degli ascoltatori definisca con una certa chiarezza la presenza di una componente antica, ma ancora viva e non trascurabile, della vita e del costume degli italiani: il cattolicesimo.

"Cinquanta antenne per *Radio Maria*" di Giorgio Armagni

Negli ultimi nove anni più di 200mila persone hanno contribuito volontariamente al *sostegno*° di un'impresa multinazionale che costa 15 miliardi all'anno e produce programmi radio *a ciclo continuo*° 24 ore su 24: è *Radio Maria*, che dalla sede centrale di Erba, in provincia di Como, trasmette in tutta Italia attraverso 650 **ripetitori**[1] (quasi quanto quelli utilizzati dalle tre reti di **Radiorai**[2]) e viene diffusa via satellite in Europa, Africa, America del Nord e del Sud. *L'emittente*° ha anche tre **redazioni**[3] esterne a Roma, New York e Toronto; altre verranno aperte nei prossimi mesi in Argentina e Colombia.

 ○ *supporto*
 ○ *ininterrottamente*
 ○ *stazione*

"Il nostro scopo è *promuovere*° la preghiera come forma di comunicazione con Dio, *proporre*° testimonianze di vita cristiana a chi cerca risposte in un cammino di fede aperto a tutti", spiega padre Livio Fanzaga, fondatore e direttore dei programmi dell'emittente.

 ○ *diffondere*
 ○ *presentare*

Nato a Dalmine, in provincia di Bergamo, 55 anni fa, padre Fanzaga si è formato nell'ordine degli **Scolopi**[4] - *specificamente*° votati all'istruzione dei ragazzi poveri - laureandosi in filosofia. In seguito è stato anch'egli educatore, poi missionario in Senegal e, per 18 anni, amministratore della Casa dello Studente a Milano. Uomo di cultura umanistica e scientifica, conversa *correntemente*° in inglese, francese, tedesco, spagnolo e croato.

 ○ *in particolare*
 ○ *con scioltezza*

La radio mariana è la sua missione. Una missione alla cui origine c'è Medjugorje, la cittadina croata nella quale appare periodicamente la Madonna: nella sua prima visita a Medjugorje, nell'85, padre Livio Fanzaga ha infatti conosciuto don Mario Galbiati, un sacerdote che attraverso la radio parrocchiale di Arcellasco di Erba da qualche anno diffondeva i messaggi *affidati*° dalla Madonna ai **veggenti**[5]. Ma l'emittente copriva un'area limitata all'alta **Brianza**[6], e da qui è nato il progetto di padre Fanzaga di **sfruttarne**[7] le potenzialità. Nell'87 *fonda*° l'associazione *Radio Maria*; l'industriale varesino Emanuele Ferrario accetta l'incarico di presidente e in meno di tre anni riesce a portare l'emittente **a copertura nazionale**[8].

 ○ *consegnati*
 ○ *crea*

Esclusa *categoricamente*° la trasmissione di pubblicità, i primi finanziamenti arrivano da alcune donazioni. Oggi migliaia di '**azionisti**'[9] versano *contributi*° volontari che raggiungono i 16 miliardi all'anno: una sorta di '**otto per mille**'[10] diretto che viene

 ○ *in modo assoluto*
 ○ *somme di denaro*

---

1. Ripetitori > ripetitore = apparecchiatura radiofonica o televisiva che riceve il segnale elettrico e lo ritrasmette opportunamente ampliato
2. Radiorai = l'insieme delle tre reti radio dell'ente radiofonico e televisivo nazionale (RAI).
3. redazioni > redazione = ufficio/sede in cui i giornalisti svolgono la loro attività.
4. Scolopi = ordine religioso fondato dal sacerdote spagnolo San Giuseppe Calasanzio, che nel 1617 diede inizio a Roma ad una scuola popolare.
5. veggenti > veggente = (sost. m. e f.) (a) mago, indovino (b) chi sostiene di avere poteri sensoriali o visivi al di fuori del normale. **Nel testo vale l'accezione (b)**.
6. Brianza = zona collinare della Lombardia

7. sfruttare = (a) utilizzare, mettere a profitto (es. "il nuovo appartamento è molto piccolo, ma sono riuscita a sfruttare lo spazio molto bene ed a sistemare tutti i miei mobili"); (b) (fig.) trarre grande utile dal lavoro altrui senza pagarlo adeguatamente (es. "nel secolo scorso i contadini sono stati molto sfruttati dai proprietari terrieri"). **Nel testo vale l'accezione (a)**.
8. a copertura nazionale = che arriva in tutte le regioni di una nazione.
9. azionisti > azionista = persona che ha comprato azioni di una società. Le azioni sono quote del capitale di una società commerciale.
10. otto per mille = percentuale delle tasse che il cittadino può devolvere a favore di una delle chiese partecipanti o allo Stato che, a sua volta, devolve la somma in beneficenza.

destinato interamente alla *divulgazione*° del messaggio evangelico. L'obiettivo di *Radio Maria* è di arrivare a 50 emittenti in tutto il mondo entro il Duemila. Un sacerdote austriaco, padre Leo Maasburg, ha l'incarico di verificare che ogni emittente si sviluppi *in piena aderenza*° ai principi istituzionali: preghiera, **evangelizzazione**[11], attenzione ai poveri.

    Su questi *presupposti*° nascerà nei prossimi mesi la Fondazione mondiale di *Radio Maria* coordinata dall'Italia, un'iniziativa alla quale collaborerà probabilmente anche la **Santa Sede**[12]. "Già oggi *acquistiamo*° programmi dalla Radio Vaticana", dice padre Fanzaga, "e la Santa Sede verifica i nostri programmi sotto il profilo dottrinale".

    Il Papa ha molto apprezzato la nascita di una *Radio Maria* in Polonia; tanto più che l'emittente è divenuta la più importante radio cattolica dell'Est europeo. In uno dei tre discorsi ufficiali dedicati a *Radio Maria*, Papa Wojtyla ha *elogiato*° la sua linea editoriale, sottolineando che "aiuta anche le persone malate, le persone sole, le persone che viaggiano e lavorano, e desiderano inserirsi nella preghiera di tutta la Chiesa. Inoltre, attraverso una profonda *catechesi*° rafforza gli ascoltatori nella fede e li invita all'approfondimento delle sacre scritture e della letteratura religiosa".

    Pur essendo cosciente dell'importanza che *Radio Maria* ha assunto - secondo l'indagine **Audiradio**[13] sul primo semestre di quest'anno, ha un milione e 700mila ascoltatori al giorno e *si colloca*° al quinto posto tra le reti nazionali private - padre Fanzaga non ha **aspirazioni monopolistiche**[14]: "È giusto che esista una pluralità di presenze cattoliche anche nella radiofonia, e che ognuno segua le proprie convinzioni sul modo di trasmettere il messaggio cristiano. Noi offriamo teologia concreta soprattutto agli umili. Non è raro, ad esempio, che nelle nostre trasmissioni intervengano persone che svolgono i lavori più duri e faticosi, e che si interrogano sul senso della vita. Io amo trasmettere, e lo faccio anche per molte ore di seguito perché il sacrificio è *ripagato*° dai risultati straordinari che questo lavoro può dare".

Margin glosses:
- ○ *diffusione*
- ○ *in conformità*
- ○ *premesse*
- ○ *compriamo*
- ○ *lodato*
- ○ *istruzione*
- ○ *è*
- ○ *ricompensato*

---

11. **evangelizzazione** = predicazione e diffusione delle dottrine contenute nel Vangelo.
12. **Santa Sede** = L'espressione "Santa Sede" è qui usata ad identificare il Vaticano stesso.
13. **Audiradio** = nome di una società di statistiche.
14. **aspirazioni monopolistiche** = aspirazioni accentratrici.

Eserciziario

ESERCIZI DI GRAMMATICA E DI LESSICO

A. Distinguete il *che* usato come congiunzione dal *che* usato come pronome relativo.

1. Oggi migliaia di 'azionisti' versano contributi che raggiungono i 16 miliardi all'anno.
2. Padre Maasburg verifica che ogni emittente si sviluppi in conformità ai principi istituzionali.
3. Il Papa ha elogiato *Radio Maria*, sottolineando che "aiuta anche le persone malate, sole o che devono viaggiare spesso".
4. *Radio Maria* è sostenuta dalla Santa Sede, che verifica i programmi sotto il profilo dottrinale.
5. Il fatto è che non ci sono abbastanza fondi per sostenere questa iniziativa.
6. Non conosco nessuno che sia in grado di passare questo esame senza studiare!
7. Mi piace questa trasmissione televisiva: finalmente una forma di intrattenimento intelligente, interessante e che non si limita a proporre le solite banalità!
8. Ma tu sei davvero convinto che questa sia la scelta migliore?

B. Unite le seguenti frasi sostituendo alle parole sottolineate i pronomi relativi più adatti.

Es. L'iniziativa è molto interessante. Anche la mia scuola aderisce all'iniziativa

> **L'iniziativa, cui aderisce anche la mia scuola, è molto interessante**

1. *Radio Maria* ha la sua sede centrale a Erba, in provincia di Como. *Radio Maria* viene diffusa via satellite in tre continenti.
2. Il nuovo progetto dell'emittente è di creare una Fondazione mondiale. La Santa Sede parteciperà al progetto.
3. *Radio Maria* è un'iniziativa. Si sentiva il bisogno di questa iniziativa.
4. *Radio Maria* propone testimonianze di vita cristiana ai fedeli. I fedeli cercano di rafforzare la propria fede.
5. Il nuovo dirigente della filiale di Roma è arrivato ieri in città. Ti ho parlato del nuovo dirigente.
6. La banca è fallita. Avevamo depositato tutti i nostri risparmi in quella banca.
7. I miei amici dicono che tutto si sistemerà. I miei amici sono degli inguaribili ottimisti.
8. Questi biglietti aerei scontati sono davvero ottimi per quelli che viaggiano spesso. Quelli che viaggiano spesso cercano di risparmiare.

C. Completate le frasi con le preposizioni e i pronomi relativi più adatti.

1. Le nuove redazioni esterne, ... verranno aperte nei prossimi mesi, potenzieranno la diffusione della radio in quelle zone.
2. La diva, la .... popolarità aumenta di giorno in giorno, arriverà a Roma domani in mattinata.
3. Questa storia, ... non sapevo assolutamente nulla, è davvero sorprendente.
4. La gara, ... possono partecipare anche i non iscritti all'associazione, si svolgerà anche in caso di pioggia.
5. Dal momento .... ha accettato l'incarico di presidente, non ha più avuto un solo giorno libero.
6. Vorrei dedicare questa vittoria .... mi ha sostenuto nei momenti di difficoltà.
7. Michela dice sempre .... pensa.
8. Questi integratori vitaminici sono studiati appositamente .... non ha il tempo di fare un pranzo completo.

D. Completate le frasi con le preposizioni adatte (fate attenzione all'uso delle preposizioni articolate).

1. Il direttore ha invitato tutti gli impiegati .... esprimere la propria opinione.
2. Maurizio si è laureato .... architettura a Venezia nel 1985.
3. Molte imprese hanno contribuito generosamente .... ricostruzione dei paesi terremotati.
4. Anche noi vorremmo collaborare .... vostra iniziativa.
5. La signora De Rossi vive con una pensione .... 200 euro ...... mese.
6. Mia madre tiene molto .... quella vecchia bambola perché è un ricordo d'infanzia.

E. Coniugate i verbi tra parentesi al passivo, scegliendo il tempo più adatto.

Es. Nel prossimo futuro (creare) .... nuove opportunità per i giovani
> **Nel prossimo futuro saranno create nuove opportunità per i giovani.**

1. Nei prossimi mesi (aprire) ....….. nuove sedi della ditta Paci in Brasile e Argentina.
2. La linea editoriale di quell'emittente (criticare) ....molte volte in passato.
3. L'anno scorso questa cifra (destinare) .... alla costruzione di nuovi impianti di trasmissione.
4. Nel 1993, i lavori di ampliamento (coordinare) .... dall'architetto Renzo Piano.
5. Ogni anno (investire) .... miliardi per il mantenimento della rete autostradale.
6. Questo tipo di motore non (utilizzare) .... più da parecchi anni.

F. Quando possibile, trasformate le frasi dell'esercizio precedente usando la costruzione del *si* passivante. Quando ciò non è possibile, spiegate perché.

Es. Nel prossimo futuro saranno create nuove opportunità per i giovani
> **Nel prossimo futuro si creeranno nuove opportunità per i giovani**

G. Correggete gli errori di ortografia nelle seguenti frasi

1. Nelle giornate ventose i ragazzi giocano con gli acuiloni.
2. Il profumo dell'arrosto mi fa venire l'aquolina in bocca!
3. Stai attento a non squocere la pasta!
4. L'Euro ha già un forte potere d'aquisto.
5. I fatti che mi hai raccontato sono incuietanti.
6. Nel suo accuario Anna tiene solo pesci tropicali.
7. Matteo ha il mento sporgente e il naso acquilino.
8. L'allagamento è stato causato da un'esplosione all'aquedotto.
9. Ho visto molte acquile volteggiare in cielo.
10. Il tuo dolce è davvero scuisito!
11. L'acuisizione di questa società da parte della nostra compagnia porterà grandi profitti nel prossimo semestre.
12. Quest'opera fu condannata dal tribunale dell'Incquisizione.

H. Completate le frasi scegliendo il termine corretto fra quelli dati:

redazione, proporre, ripetitori, correntemente, presupposti, emittente, aspirazioni

1. Lavorare per la .... di un giornale deve essere molto interessante.
2. Mia sorella parla il cinese ....
3. Vorrei .... un brindisi per gli sposi!
4. Questa stazione radio ha 45 .... in tutta Italia.
5. Dati questi ...., temo che la nostra missione sarà un fallimento.
6. Mio padre è il direttore di una .... televisiva.
7. Non ha grandi................per la sua carriera: si accontenta di una modesta posizione.

I. Riscrivete le frasi usando un sinonimo al posto delle espressioni sottolineate.

1. Senza il tuo sostegno non ce l'avrei mai fatta.
2. Vorrei comprare una piccola casa in riva al mare.
3. Questa campagna pubblicitaria serve a promuovere l'uso di detersivi ecologici.
4. Non bisogna elogiare troppo i propri figli.
5. Il compito di un insegnante è la diffusione della conoscenza
6. Domani mi voglio alzare presto per sfruttare le ore fresche del mattino
7. L'Arabia Saudita si colloca fra i maggiori produttori di petrolio
8. Escludo categoricamente che si possa andare in vacanza a Pasqua, perché abbiamo troppo lavoro ancora da fare.

L. Mettete al giusto tempo e modo verbale gli infiniti fra parentesi.

1. Se padre Fanzaga non [conoscere] don Galbiati, forse *Radio Maria* non mai [nascere].
2. Nonostante *Radio Maria* [assumere] importanza, padre Fanzaga non [avere] aspirazioni monopolistiche.
3. È noto che *Radio Maria* [avere] alti indici di ascolto.
4. Ci sembra che il successo di *Radio Maria* [dimostrare] con chiarezza la presenza viva del cattolicesimo in Italia.
5. Non so se *Radio Maria* [essere] apprezzata come [dovere].
6. Non è raro che persone che svolgono duri lavori [intervenire] alle trasmissioni.
7. Padre Fanzaga pensa che il suo sacrificio di trasmettere per molte ore [ripagare] dai risultati.
8. Benché [ascoltare] la radio spesso, non ho mai ascoltato *Radio Maria*.

DOMANDE DI COMPRENSIONE

1. Da dove trasmette *Radio Maria* e dove viene diffusa?
2. Quali sono le finalità e gli scopi di *Radio Maria*?
3. Raccontate la vita di padre Fanzaga.
4. Chi sono i finanziatori di *Radio Maria*?
5. Perché il Papa ha particolarmente apprezzato la nascita di *Radio Maria* in Polonia?
6. In che senso Padre Fanzaga ha fatto di *Radio Maria* "la sua missione"?
7. Spiegate il significato della frase "Padre Fanzaga non ha aspirazioni monopolistiche".
8. Quale fatto straordinario si dice che avvenga a Medjogorje ogni anno?
9. Chi interviene a parlare nelle trasmissioni di *Radio Maria*?
10. Secondo il Papa, *Radio Maria* è di aiuto a molte categorie di persone: quali e perché?

ESERCIZI DI SCRITTURA

Testi di riferimento: Testo IV e scheda 4 di questa Unità; Introduzione all'Unità II; Bibliografia essenziale dell'Unità II; Introduzioni alle Unità I e IV.

1. Spiegate con parole vostre che cosa è *Radio Maria*. *(Scrivete 300 parole)*.
2. Immaginate di intervistare padre Fanzaga su *Radio Maria*: scrivete l'intervista in forma di dialogo. *(Scrivete 300 parole)*.
3. Mettete al passato remoto il terzo e il quarto paragrafo. Iniziate così: "Nato a Dalmine, in provincia di Bergamo, 55 anni fa, padre Fanzaga si formò nell'ordine degli Scolopi...".
4. Fate un breve rapporto sul sistema radiofonico in Italia. *(Scrivete 300 parole)*.
5. Considerate questo articolo e rileggete quello che si è detto nelle unità I e IV sul cattolicesimo in Italia. Scrivete un saggio dal titolo: "Il cattolicesimo e la società italiana oggi". *(Scrivete 400 parole)*.

Unità 2 / **Sezione 5**

a Gary, accusato dell'omicidio di
Hawks, direttore del Chicago Sun Times. Sul «giornale del giorno dopo» si
legge che verrà incolpato anche dell'
l'assassinio del presidente degli U...
e del detective Dobbs.

12,30 Attualità. «Grande fratello».
Vedere a pag. 44.

13,00 Tg5 - Telegiornale.

13,40 Soap opera. «Beautiful».
Con Ronn Moss, Susan Flannery.

14,10 Soap opera. «Vivere».
Con Lorenzo Ciompi, Sara Ricci.

14,40 Attualità. «Uomini e donne».
Con Maria De Filippi.

16,00 FILM TV-Drammatico
«Mamma per forza».
Di Larry Elikann. (Usa, '96). Con
Stockard Channing, Christine Eber-
sole. Ruth, madre di Matt e Megan,
lascia i due bambini alla sorella Barbara con la promessa di tornare presto a prenderli. In realtà, la giovane
sta tentando di scappare dalla città
per rifarsi una nuova vita.

17,55 Attualità. «Verissimo».

18,30 Attualità. «Grande fratello».
Vedere a pag. 44.

18,50 Varietà. «Passaparola».

Con Kim Zimmer, Ron Ra...
bert Newman...

16,00 FILM-Dramm...tico
«Sangue mi...».
Di George C...
Con Ava Gardner, Ste...
Bill Travers, Abraham...

18,00 Quiz. «OK il...

18,55 Tg4 - Telegiornale.

19,35 Attualità. «Sipario del Tg...

19,45 Telenovela. «Terra nostra
Con Ana Paula Arosio, Thiag...

20,45 Calcio. Paris St. Germain
Monaco. Champions Leag...

22,45 FILM-Drammatico
«Le età di Lulù».
Di Juan José Bigas Luna.
'91). Con Francesca Neri, ...
doire, Maria Barranco.

0,25 Tg4 - Rassegna stampa.

0,50 FILM-Drammatico

dal 28 settembre
Uno di Noi
Sabato di Rai Uno

La televisione italiana

La Televisione italiana: favorevoli o contrari?

Dovunque la televisione ha appassionati fautori ed accaniti detrattori, così fra il pubblico come fra i critici e gli uomini di pensiero di varia estrazione. Anche la televisione italiana non sfugge alle polemiche ed alle critiche più accese, nonostante abbia svolto un ruolo fondamentale nella vita del paese. Il giudizio di Beniamino Placido, noto giornalista e scrittore, è senz'altro negativo, come avremo modo di leggere nel nostro Testo V, che segue a questa scheda. Positivo è invece il giudizio di un famoso linguista, il Professor Tullio De Mauro mentre Umberto Eco, nel passo riportato più sotto, si mantiene su posizioni argutamente critiche.

Il professor Tullio De Mauro per primo elaborò l'ipotesi della televisione come 'scuola di lingua' per gli italiani, nel suo fondamentale studio *Storia linguistica dell'Italia unita* pubblicato nel 1963. A distanza di anni, egli oggi così conferma quella sua prima tesi: "La valutazione degli effetti linguistici della televisione deve partire anzitutto dalla conoscenza del numero dei ricettori. Le indagini oggi indicano che ci sono 30 milioni di ascoltatori e 15 milioni di non ascoltatori. Data la particolare situazione italiana, caratterizzata, ancora nel 1951, da una debole presenza di persone che parlavano solo italiano (italofoni) - il 18% della popolazione - e un altissimo numero di persone che parlavano solo dialetto (dialettofoni) - il 30% - si può dire che per tutti i suoi spettatori la televisione è stata una cospicua 'scuola' attraverso cui gli italiani si sono familiarizzati, in tutte le regioni e a tutti i livelli sociali, con la tradizione di italiano parlato informale e formale. Essa ha portato i ceti più colti verso l'abbandono totale della dialettofonia e l'adozione integrale dell'italiano in ogni circostanza e in ogni rapporto sociale; per i ceti d'Italia meno colti ha portato un modello di italiano parlato tale che venisse adottato da chi fino a ieri operava in ambiente completamente dialettale; per i ceti più miserabili ha costituito un modello di cultura e di verbalizzazione."

Sentiamo ora il parere di Umberto Eco: "Negli anni '50 era spontaneo pensare che 'quella grande finestra' fosse sì aperta, ma 'su un mondo chiuso'. Ricordo quando i primi televisori apparvero nelle associazioni di Associazione Cattolica: un prudente sacerdote, quando apparivano le ballerine (coi braghettoni!) offuscava il video. Nessuno si stupiva. Era la norma. Nessuno avrebbe allora sospettato che la televisione avrebbe potuto creare un pubblico di famiglie cattoliche che ritengono normale (perché legittimato dalla TV) passare la serata sull'ombelico di Raffaella Carrà [nota soubrette e presentatrice], o sulle gambe della Cuccarini. Per questo le trasmissioni di varietà se la cavavano mettendo in onda i giocolieri e poi, siccome qualsiasi argomento satirico era ritenuto tabù, la televisione ...prese in giro se stessa. Questo è stato il primo passo verso una televisione come 'finestra aperta sopra una finestra aperta'. Tuttavia la tendenza a parlare televisivamente della televisione era contrastata da un altro dogma dominante, quello della spontaneità: lo spettatore doveva illudersi di vedere il mondo esterno e la preoccupazione di tutti era di far dimenticare che la televisione era televisione. Un regista rischiava il licenziamento se apriva il microfono in campo. Se la televisione era un occhio sul mondo, l'apparato oculare non doveva essere percepito."

"E l'Italia fu unita nel nome della televisione" *di Beniamino Placido*

La televisione e gli italiani: per capire come la nostra televisione è nata, che cosa è diventata, e perché, occorre andare in biblioteca e cercare due articoli di trent'anni fa (*pressappoco*°). Il primo di questi due articoli *reca*°° la firma di Paolo Monelli e apparve sul "**Tempo**"[1]. Diceva il giornalista-scrittore Paolo Monelli (autore di *Le scarpe al sole; Mussolini piccolo borghese*): sta arrivando anche da noi la televisione. E **in giro**[2] si sente dire: **non è il caso**[3] di *preoccuparsi*°. Noi italiani siamo vivaci, indipendenti, individualisti: irriducibilmente "**piazzaiuoli**"[4]. Non abbandoneremo certo le nostre piazze, le nostre strade, le nostre passeggiate per passare la sera davanti a quell'apparecchio. Bugie: commentava Monelli. Noi siamo stati - ma chissà quanto tempo fa - vivaci, indipendenti, individualisti, irriducibili, eccetera. Non lo siamo più. Siamo dei falsi individualisti; degli **anarco-conformisti**[5] Ci *piazzeremo*° davanti all'apparecchio televisivo e ci staremo quanto tutti gli altri. Più di tutti gli altri. Sono andate così le cose? Non sono andate così? Lascio al lettore la facilissima risposta.

° all'incirca °° ha/porta

° allarmarsi

° metteremo

Il secondo articolo *in questione*° apparve su "*Il punto*". L'aveva scritto Pier Emilio Gennarini, un uomo che era appena entrato nella appena nata televisione di Stato, e vi **sarebbe rimasto in posizione di comando**[6] - a **formarla**, a dirigerla, caratterizzarla - **per i** *successivi*° **venticinque anni**[7].

° in discussione

° seguenti

Gennarini - uomo *estremamente*° intelligente e colto, *fervidamente*°° cattolico - aveva capito subito che cosa la televisione poteva essere, che cosa poteva fare. **Non doveva, non poteva nemmeno diventare una cattedra o un pulpito**[8]. Doveva unificare il Paese. Doveva entrare in comunicazione con quel *fondo*° di idee, di umori, di giudizi e di pregiudizi comuni ai quali nessuno sapeva *dar voce.*° Doveva svolgere - a beneficio dell'**Italia sommersa**[9] - un compito di *intrattenimento*° e di *coesione sociale*°° fra gli italiani. Anche qui non è forse *andata*° così, non è questo che accadde? Il nostro Paese

° molto °° ardentemente

° parte

° manifestare

° divertimento °° unione
° accaduto

---

1. "**Il Tempo**". È il nome di un noto quotidiano italiano che esce a Roma. Cfr. Introduzione a questa Unità.
2. **in giro** = intorno. La frase del testo "**in giro si sente dire**" significa: "è opinione/credenza comune che...". Si notino alcuni idiomi con la parola "giro": (a) prendere in giro = canzonare (es. "Francesco mi prende sempre in giro per il mio accento inglese quando parlo l'italiano") ; (b) mettere in giro = diffondere (es. "i giornali hanno messo in giro la notizia che i prezzi stanno di nuovo salendo"); (c) essere su di giri = essere euforico (es. "da quando è tornato dalla vacanza in montagna è su di giri"); (d) essere giù di giri = essere demoralizzato (es. "da quando la moglie lo ha lasciato è proprio giù di giri"); (e) essere nel giro = appartenere ad un ambiente o conoscere bene un ambiente (es. "il nostro amico Martucci è nel giro della Milano bene").
3. **non è il caso** > non essere il caso = non convenire. Si notino le seguenti espressioni: (a) si dà il caso = accade (es. "le do un passaggio in macchina, signora: si dà il caso che vada anche io in centro"); (b) nel caso che = qualora (es. "nel caso che tu cambi idea e voglia venire a trovarci, fammelo sapere"); (c) fare al caso = essere opportuno, andare bene (es. "vorrei comprare quella tua macchina che avevi messo in vendita, perché fa proprio al caso mio"); (d) fare caso a = fare attenzione (es. "non fare caso a quello che ti dice la nonna: è molto vecchia e spesso non sa quello che vuol dire").

4. "**piazzaiuoli**". Qui si allude all'abitudine degli italiani a riunirsi sulla piazza del paese, specie la sera o la domenica, a chiacchierare. La piazza, nella cultura mediterranea, non solo italiana, è il punto di ritrovo, il "cuore" del paese.
5. **anarco-conformisti** = anarchici e conformisti. Secondo l'autore gli italiani assommano due tratti di carattere contrastanti: l'essere anarchici, cioè l'essere contro ogni forma di ordine costituito e l'essere conformisti, cioè l'essere pronti ad adeguarsi ai modelli sociali prevalenti.
6. **in posizione di comando** = alla direzione.
7. (Emilio Gennarini) **sarebbe rimasto in posizione di comando a formarla per i successivi 25 anni**. Propriamente la frase vuol dire: "Emilio Gennarini, rimanendo alla direzione della RAI per 25 anni, le ha impresso uno stile (forma) tutto suo personale". Questo concetto viene ribadito poco dopo quando si dice che Gennarini l'avrebbe "diretta e caratterizzata".
8. **non doveva, non poteva nemmeno diventare una cattedra o un pulpito**. La frase ha senso metaforico e vuol dire: "la televisione non poteva, né doveva trasformarsi in una cattedra da cui fare lezione o in un pulpito da cui predicare. La televisione non poteva né doveva arrogarsi il diritto di dirigere la mente o la coscienza degli italiani".
9. **Italia sommersa** = l'Italia appena uscita dal periodo bellico e ancora in stato di grave dissesto.

si ritrovò riunito intorno a **Lascia o raddoppia?**, al **Canzoniere**, a **Canzonissima**[10].
Il nostro popolo, così vivace, indipendente, individualista eccetera, stette al gioco.
Le famiglie si riunirono la sera di fronte, intorno all'apparecchio televisivo come **si erano riunite** prima **intorno al rosario**[11]. Forse per cercarvi le stesse cose. Qualche santo a cui *votarsi*° - o con cui identificarsi - per avere un po' di fortuna. Un Mario Riva, un Mike Bongiorno, in ogni casa. Se fosse bene o male non so.

   E oggi? Oggi **siamo alla rottura degli argini**[12], allo sfondamento delle dighe, allo *smarrimento*° del comune senso del pudore. La *previsione*°° di Paolo Monelli si è *avverata*°. Guardiamo la televisione con la stessa passiva *ingordigia*°° degli altri popoli tanto meno indipendenti, intelligenti, individualisti eccetera di noi. Il progetto di Pier Emilio Gennarini si è *realizzato*.° La televisione ha unificato il Paese. Ma intorno a quali *"valori"*° lo ha unificato? Lo ha unificato intorno ad un unico valore: la *soggezione*°° alla televisione. *Nei confronti*° della quale abbiamo ormai lo stesso atteggiamento che abbiamo assunto di volta in volta - nei secoli - nei confronti delle *potenze*° straniere che ci hanno dominato: un atteggiamento fatto di irritazione, di *sordo*° antagonismo, di sostanziale sottomissione. Siamo passati da un estremo all'altro: dalla diffidente superiorità esibita snobisticamente trent'anni or sono alla fervida **subordinazione**[13] di oggi. Tutti corrono verso la televisione (pubblica o privata) per *frequentarla*° o approvarla. Perché - sai - è **"popolare"**[14]. *Passi per*° le persone semplici e *disarmate*°, che sognano di poterli vedere da vicino almeno una volta, in studio, questi divi televisivi ("che poi guadagnano *un mucchio di*° quattrini, dicono un mucchio di sciocchezze e - te lo dico io - annusano la droga"). Ma le persone importanti? Le persone forti e importanti - della politica, dell'industria, della cultura - fanno di peggio. Siccome possono - e non appena possono - ci vanno (eccome!) in televisione. Ma non sono mica contente. Perché non gli basta mai. Vorrebbero andarci di più. La televisione ci ha cambiati, ovviamente. Nel male dicono i **pasolinisti**[15]. Nel bene e nel male; dicono con ovvio buonsenso, gli altri. Se il lettore è arrivato a questo punto, la sua Storia della televisione italiana ce l'ha già.

  ○ raccomandarsi

  ○ perdita ○○ pronostico
  ○ realizzata ○○ avidità

  ○ avverato
  ○ ideali ○○ dipendenza/subordina.
  ○ verso
  ○ governi/dominazioni
  ○ celato/nascosto

  ○ esserne parte
  ○ lasciamo da parte ○○ ingenue

  ○ molti

10. *Lascia o raddoppia, Il Canzoniere, Canzonissima.* Tre popolarissime trasmissioni televisive, che hanno effettivamente segnato il corso della televisione italiana. In particolare la prima, una trasmissione a quiz, richiamò un'enorme audience. La trasmissione risale agli albori della televisione, al 1956, quando gli italiani, ancora troppo poveri per potersi comprare un televisore, si riunivano spesso al bar del paese, forse il solo ad avere un apparecchio. La televisione quindi, assolve, in questi suoi primi anni anche ad una funzione sociale. Mike Bongiorno, un personaggio molto discusso ed ora diventato un fatto di costume, era il presentatore di *Lascia o Raddoppia*. Mario Riva era il presentatore del **Canzoniere**. *Canzonissima* è forse la più famosa trasmissione televisiva italiana. Ideata nel 1959 da Garinei e Giovannini si basa su una gara tra canzoni e cantanti ed è abbinata alla lotteria nazionale.

11. **si erano riunite intorno al rosario.** Si allude all'abitudine antica, e tipica delle zone rurali, secondo cui la gente si riuniva, la sera, in casa o sull'aia, a recitare il rosario.
12. **siamo alla rottura degli argini** = stiamo esagerando a tal punto che non se ne può più. La metafora continua con l'espressione "sfondamento delle dighe" che ribadisce il concetto.
13. **subordinazione** = dipendenza.
14. **"popolare".** L'aggettivo, fra virgolette nel testo, ha qui il doppio senso di "rendere popolare" e di "essere molto seguita".
15. **i pasolinisti** = quelli che simpatizzano per le idee di Pasolini (Pier Paolo Pasolini), famoso scrittore, poeta e regista che, verso la metà degli anni '60, si espresse in modo negativo sulla televisione e i suoi effetti.

Eserciziario

ESERCIZI DI GRAMMATICA E DI LESSICO

A. Unite le coppie di frasi usando l'espressione *prima che*.

Es. (a) Abbiamo insistito parecchio. Marco ha accettato il nostro invito
> **Abbiamo insistito parecchio prima che Marco accettasse il nostro invito**
> (b) L'Italia è stata unificata. L'italiano era usato da pochissime persone
> **Prima che l'Italia fosse unificata, l'italiano era usato da pochissime persone**

1. La televisione entrò in tutte le case. Gli italiani erano considerati dei "piazzaiuoli".
2. Gli italiani abbandonarono le loro vecchie abitudini. Gli esperti se ne resero conto.
3. Gli esperti abbandonarono il loro atteggiamento di superiorità. La televisione aveva già invaso tutte le case.
4. Ci vorrà ancora molto tempo. I divi televisivi smettono di avere tutto questo fascino sul pubblico.
5. Gennarini arrivò alla televisione di Stato. La televisione non aveva un ruolo ben definito.
6. Se ne sono andati. Il film finì.
7. Tu vai via. Vorrei dirti un paio di cose.
8. Devi smettere di fare sempre questo errore. È troppo tardi.
9. I giornali hanno pubblicato la notizia. Nessuno sospettava niente.
10. Enrico se n'è andato. Lo spettacolo è iniziato.

B. Unite le coppie di frasi usando l'espressione *prima di*.

Es. (a): Marco ha esitato parecchio. Marco ha accettato il nostro invito
> **Marco ha esitato parecchio prima di accettare il nostro invito**
> (b) Accendi la televisione. Spegni la luce
> **Prima di spegnere la luce, accendi la televisione**

1. Ho letto questo articolo. Non conoscevo né Monelli né Gennarini.
2. Gli esperti hanno capito l'importanza della televisione. Gli esperti avevano un atteggiamento di superiorità nei suoi confronti.
3. L'autore si è documentato in biblioteca. L'autore ha scritto questo articolo.
4. Paolo decide. Paolo vuole ascoltare anche la tua versione dei fatti.
5. Se ne sono andati. Non hanno finito l'esercizio.
6. La lettera deve essere affrancata. Spedisci la lettera.
7. Vorrei ricontrollare questi dati. Li pubblico.
8. Gli italiani si ritrovarono riuniti davanti alla televisione. In passato trascorrevano le serate diversamente.

C. Riscrivete le frasi usando un sostantivo al posto dei verbi sottolineati. Apportate le modifiche del caso.

Es. Prima che il bosco si incendiasse, qui c'erano molti animali selvatici
> **Prima dell'incendio del bosco, qui c'erano molti animali selvatici**

1. Prima che le dighe si rompessero e l'acqua allagasse il piano, qui c'erano campi coltivati.
2. Questi argomenti erano validi prima che cadessero i valori tradizionali.
3. Prima di rompere con la sua fidanzata, Paolo era un uomo felice.
4. Prima che arrivasse la televisione, le nostre serate erano molto noiose.
5. Prima di esordire come romanziere, l'autore aveva lavorato come giornalista per un settimanale.
6. Enrico se n'è andato prima che lo spettacolo iniziasse.
7. Abbiamo tempo per fare una passeggiata fino al molo prima che il sole tramonti.
8. Prima di ritrovare questi reperti archeologici, gli studiosi pensavano che i popoli primitivi non conoscessero queste tecniche di costruzione.

D. Coniugate i verbi tra parentesi al passato remoto.

1. Gli articoli di Monelli e Gennarini (apparire) _____ sui giornali trent'anni fa.
2. Gennarini (scrivere) _____ il suo articolo per la rivista *Il punto*.
3. Gennarini (rimanere) _____ nella televisione di Stato per venticinque anni.
4. I programmi televisivi (svolgere) _____ un compito di intrattenimento e di coesione sociale.
5. Secondo l'autore, noi italiani (stare) _____ al gioco in maniera acritica.
6. Alcune persone lungimiranti (dire) _____ subito che la televisione avrebbe avuto conseguenze negative.
7. All'inizio non tutti (essere) _____ d'accordo con queste previsioni.
8. Di fronte a questi cambiamenti, molti (fare) _____ finta di nulla.

E. Riscrivete le seguenti frasi usando strutture alternative a quelle sottolineate.

1. Quei tre studenti si piazzano sempre in ultima fila.
2. Ha insistito con una ostinazione irriducibile.
3. Si dedica agli studi con gran fervore.
4. Divora con ingordigia ogni genere di dolce.
5. Ha approfittato di una congiuntura favorevole per arricchirsi ai danni del suo socio.
6. Di questi tempi non si sa più a che santo votarsi per trovare un posto di lavoro.
7. Questa istituzione ha svolto un compito di informazione a beneficio di tutto il Paese.
8. Si erano messi d'accordo per imbrogliare il giudice della gara, ma all'ultimo momento il loro socio ha deciso di non stare al gioco.

F. Sostituite agli idiomi sottolineati delle espressioni con pari valore semantico.

1. Si sente dire in giro che Liz Taylor si risposa.
2. Non è il caso che tu ti scomodi: veniamo noi a prendere il pacco.
3. Nel caso che tu decida di vendere l'appartamento, fammelo sapere.
4. È molto giù di giri da quando ha saputo che non è stato promosso.
5. È un caso che lo abbia riconosciuto: è così invecchiato che non sembra più lui.
6. Questi vestiti vecchi fanno proprio al caso: abbiamo una festa in costume e questi si possono adattare facilmente.
7. Mio figlio ha un gran testa dura e non fa mai caso a quello che io e suo padre gli diciamo
8. È il caso di molti emigranti: vogliono tornare sempre al loro paese d'origine.

G. Mettete al giusto tempo e modo verbale gli infiniti fra parentesi.

1. Monelli diceva che quando [arrivare] la televisione, gli italiani [cambiare].
2. Nessuno sa dire se [essere] bene o male che gli italiani [entusiasmarsi] così tanto per la televisione negli anni '50.
3. Si dice che la televisione [unificare] il paese, ma non tutti sono d'accordo.
4. Placido chiede ai suoi lettori se le cose [andare] davvero come diceva Monelli o no.
5. Penso che troppa gente [guardare] televisione la sera e non [uscire] più.
6. Alcuni ritengono che la televisione [mettere] in crisi il cinema.
7. Placido è sicuro che la televisione ci [cambiare].

H. Completate le frasi con un condizionale opportunamente coniugato.

1. La televisione non .... gli italiani se fossero stati davvero vivaci, indipendenti e individualisti.
2. Il mondo .... differente se non avessero inventato la televisione.
3. Gennarini sosteneva che se la televisione fosse diventata un pulpito .... la rovina per l'Italia.

4. L'atteggiamento verso la televisione .... uguale a quello che gli italiani hanno avuto verso i dominatori stranieri.

5. ....più bello stare in sua compagnia se non fumasse così tanto.

6. Se potessi vederla tutti i giorni .... molto più felice.

7. Se fossi in forma come una volta .... alla gara.

8. Non .... l'invito se non avesse insistito.

9. .... un consiglio a Luigi se io fossi in te.

10. Se costasse di meno,.................di più al cinema.

DOMANDE DI COMPRENSIONE

1. Perché Placido cita gli articoli di Monelli e di Gennarini ?

2. Nei pronostici di Monelli quale effetto avrebbe avuto la televisione sulle abitudini di vita degli italiani?

3. Secondo Gennarini quale sarebbe stato il ruolo della televisione in Italia, negli anni futuri?

4. Chi pensava, negli anni '50, che la televisione avrebbe cambiato gli italiani?

5. Secondo Placido, qual è l'atteggiamento attuale degli italiani verso la comunicazione televisiva?

6. Qual è, per Placido, il "valore" secondo cui la televisione ha unificato il paese?

9. Qual è stato, nei secoli passati, l'atteggiamento degli italiani verso i dominatori stranieri che si sono succeduti in Italia?

10. Perché le persone importanti vanno in televisione?

ESERCIZI DI SCRITTURA

Testi di riferimento: testo V e scheda 5 di questa Unità; Introduzione all'Unità II; Bibliografia essenziale dell'Unità II; Introduzione all'Unità I; sezione 8 dell'Unità I.

1. Mettete il terzo paragrafo al presente storico. Iniziate così: "Gennarini capisce subito che...".

2. Mettete a confronto i giudizi dati sulla televisione italiana da Beniamino Placido, Tullio De Mauro e Umberto Eco. *(Scrivete 400 parole)*.

3. E ora dite cosa pensate voi della televisione italiana! *(Scrivete 400 parole)*.

4. Raccontate come è organizzata la comunicazione radio televisiva in Italia oggi. *(Scrivete 400 parole)*.

5. Riempite il diagramma decidendo quali aggettivi definiscono i teleutenti e quali i non teleutenti.

	TELEUTENTE	NON TELEUTENTE
vivace		
indipendente		
piazzaiuolo		
individualista		
teledipendente		
intelligente		
mondano		
raffinato		
pigro		
anarchico-conformista		
pantofolaio		
snob		

Unità 2 / Sezione 6

Capire l'italia e l'italiano   Lia Buono Hodgart   I Mass Media   **La televisione e**
Lingua e cultura italiana oggi   **la musica italiana**

La televisione e
la musica italiana

La televisione e la canzone italiana

Nell'articolo che segue si mette in discussione il ruolo della televisione in quanto maestra di lingua italiana. Chi la mette in discussione non sono, come abbiamo visto nella scheda e nel testo precedente, i linguisti o i grandi intellettuali italiani come Umberto Eco o Beniamino Placido. Sono, invece, alcuni fra i più famosi cantautori italiani, Guccini, De Andrè e Conte. Alla televisione essi contrappongono, a volte con qualche cautela, la canzone italiana in tutte le sue permutazioni stilistiche e temporali.

Una rivalutazione della canzone italiana, nell'ambito linguistico, era già stata data da Tullio De Mauro, prima nel testo già citato, *Storia linguistica dell'Italia unita,* e poi in *Nota linguistica aggiuntiva* (1977): qui il ruolo svolto dal genere canoro e in particolare dai suoi testi, non è visto in contrapposizione al ruolo televisivo. Anzi, televisione, radio e canzoni sono visti come elementi complementari l'uno all'altro. Questo sodalizio radio/televisone/canzone non è cosa nuova: si veda quanto si diceva a proposito del Festival della canzone di Sanremo, il cui successo fu determinato in gran parte dalla sua divulgazione via radio e televisione (cfr. Unità I, scheda 5).

La completa rivalutazione della canzone italiana in ambito linguistico viene ora da un altro famoso linguista, Luca Serianni, docente di storia della lingua italiana all'Università di Roma, del cui libro, *La lingua cantata,* si parla nel testo che segue. Nel libro si fa un'analisi accurata di diversi testi ed autori, partendo dagli anni Trenta, passando per le diverse fasi del Festival di Sanremo e arrivando ai cantautori contemporanei. Particolarmente acute ed interessanti sono le analisi condotte su Fabrizio De Andrè e Paolo Conte.

Il libro è molto interessante ed apre nuovi orizzonti non solo per una comprensione più analitica della musica leggera italiana, ma anche per il suo indubbio contributo alla storia della nostra lingua. Il Professor Serianni conclude su due punti fondamentali. Prima di tutto riconosce che la canzone deve ai Media, radio e televisione, "suoi fondamentali strumenti di diffusione", gran parte della sua popolarità e del suo successo. In secondo luogo afferma, a conclusione della sua indagine, che "la canzone può essere ascritta tra quei fattori di unificazione linguistica sui quali si è soffermato De Mauro nella sua ben nota monografia sull'italiano postunitario".

Non diamo qui una esemplificazione di analisi linguistica di canzone tratta dal libro del professor Serianni perché, data la presenza di alcuni vocaboli specialistici, il testo non sarebbe stato, forse, di facile lettura, ma rimandiamo i più agguerriti linguisticamente ad una lettura diretta del libro stesso.

"La musica fa bene all'italiano, la TV no" *di Fabrizio Zampa*

È vero che, come *sostengono*° Gianni Borgna e Luca Serianni nel loro libro **La lingua cantata**[1], la canzone ha svolto un ruolo *essenziale*° per la diffusione della lingua italiana?

L'abbiamo chiesto a tre dei nostri *massimi*° cantautori, Francesco Guccini, Fabrizio De Andrè e Paolo Conte. "Parlare di un ruolo essenziale mi sembra esagerato", dice Francesco Guccini, "però che la canzone abbia svolto un ruolo è **innegabile**[2], perché la musica unita alle parole colpisce più facilmente la fantasia della gente". Anche **Fabrizio De Andrè**[3] **la pensa più o meno allo stesso modo**[4]. "Sì, le canzoni a volte sono servite, specie quando hanno usato un linguaggio un po' più evoluto e *immaginifico*°", dice. "Ma in tanti casi sono servite al contrario: hanno *bistrattato*° il linguaggio, come quando i ragazzi si corteggiavano sulle panchine con in mano il **Canzoniere Italiano**[5], mentre sarebbe stato meglio se si fossero letti i grandi romanzieri del nostro tempo".

Quanto a Paolo Conte, per lui la parola delle canzoni è certamente più vivace e **ha quindi una maggiore forza d'impatto**[6]. "Oggi", *sostiene*°, "il linguaggio parlato **si è impoverito**[7] e quello scritto **si è un po' atrofizzato**[8], mentre il linguaggio recitato del teatro o della canzone, che è mosso da elementi esterni come la musica, ha vinto sugli altri. Poi nelle canzoni c'è stata qualche piccola invenzione, perché, lì, la necessità di dire in fretta qualche cosa che sia attraente ha dato i suoi risultati". Secondo Conte, la lingua parlata si è impoverita per **l'assedio**[9] di troppe *sonorità*° intorno a noi. "Una volta la chiacchierata tra due amici poteva svilupparsi con i propri ritmi, pause e cadenze in un silenzio che non era rotto dai rumori della civiltà moderna. Oggi c'è poco spazio per parlare, spazio fisico o psicologico. È lo spazio, il silenzio, il rapporto suono-silenzio che dà forza alla lingua".

De Andrè conferma. "È vero, oggi si usano forse più vocaboli di una volta, ma sempre per esprimere lo stesso concetto, e quindi tutto è diventato uno *sproloquio*°. Quando si scrive una canzone invece si ha più tempo per pensare che non quando si parla. È uno dei motivi per cui non vado in televisione: perché ho paura di essere preso per un cretino. In TV, stare zitti per 30 secondi equivale a essere presi per idioti".

Margin glosses:
- ○ *affermano*
- ○ *fondamentale*
- ○ *più famosi*
- ○ *fantasioso*
- ○ *trattato male*
- ○ *afferma/asserisce*
- ○ *elementi sonori*
- ○ *discorso inconcludente*

---

1. **La lingua cantata.** Cfr. bibliografia essenziale di quest'Unità.
2. **innegabile** = che non si può contestare/inconfutabile.
3. **Fabrizio De Andrè.** Quest'ultimo, come Conte e Guccini, è stato un famoso cantautore italiano di cui si è detto nell'Unità I (cfr. Introduzione).
4. **la pensa più o meno allo stesso modo** = è più o meno d'accordo.
5. **Canzoniere Italiano.** Pubblicazione molto popolare negli anni '50: era un giornalino, dove si pubblicavano i testi delle canzoni in voga.
6. **ha una maggior forza d'impatto** = avere un effetto maggiore e, quindi, un maggior successo.
7. **si è impoverito** > impoverirsi = perdere l'espressività.
8. **si è atrofizzato** > atrofizzarsi = indebolirsi. **Nel testo la frase "il linguaggio scritto si è un po' atrofizzato" vuol dire:** "il linguaggio scritto ha perso la sua creatività e capacità di rinnovarsi".
9. **l'assedio** = (a) (di luogo) accerchiamento, blocco; (b) (di persona) importunità, molestia . **Nel testo la parola è usata in senso metaforico.**

Insomma, la canzonetta ha insegnato o no agli italiani a esprimersi meglio? "Beh, qualcosa l'ha fatto", ammette Guccini. "La nostra è sempre stata una nazione *polilinguistica*°, e se la prima guerra mondiale ha distribuito meglio l'italiano perché nella stessa trincea c'erano siciliani e piemontesi che per capirsi dovevano parlare quella specie di **esperanto**[10], la seconda *botta*° l'ha data la televisione. Non dimentichiamo, però, che **Mike Bongiorno**[11] sbaglia i congiuntivi, che **le parole usate in televisione sono meno di duemila**[12] e che il risultato è un *appiattimento*° generale della lingua".

○ *di molte lingue*

○ *colpo*

○ *livellamento*

Secondo Conte la tv ha abbassato di parecchio il livello della lingua anche perché, con le immagini, annulla la nostra capacità di sognare. "Una parola sentita solo con le orecchie, senza vederne l'equivalente con gli occhi, ti fa reagire molto meglio", dice. "La televisione ha contribuito a migliorare il modo di esprimersi degli italiani, ma alla fine il risultato è un impoverimento dal punto di vista della fantasia che deve esserci in una lingua".

Può essere vista, la canzone, come un moderno sostituto di quella poesia che oggi quasi nessuno ha più il tempo o la pazienza di leggere? "Neanche per idea", dice De Andrè. "Una canzone è fatta di musica, e la musica è *una camicia di forza*° per l'espressione linguistica: non puoi scrivere quello che ti pare perché sei costretto dalla metrica. E poi nella canzone, tranne rari casi, non esiste ricerca di linguaggio come nei poeti, altrimenti si rischia di non farsi capire. Qualche volta le canzoni diventano **patrimonio popolare**[13], sì, ma fare il poeta è un'altra cosa: è una professione, e molto seria".

○ *costrizione*

---

10. Esperanto. La lingua artificiale internazionale inventata, nel 1887, da L. Zamenhof. Nel nostro testo l'italiano postunitario è detto "esperanto" in senso ironico. All'inizio del secolo, i livelli di analfabetismo e di dialettofonia erano molto alti ma, soprattutto, variavano molto da regione a regione: si andava, infatti, dal 13% di analfabeti del Piemonte al 50% ed oltre della Sicilia. Non c'è da stupirsi se, come dice l'autore dell'articolo, agli italiani provenienti dalle diverse regioni e necessariamente riuniti, per la prima volta, in un esercito nazionale, la lingua italiana faceva l'effetto di un esperanto, cioè di una lingua artificiale comune.

11. Mike Bongiorno = il noto presentatore di cui si è detto al testo V.

12. le parole usate in televisione sono meno di duemila. Il numero di parole usate in TV è, quindi, limitato. L'autore dell'articolo usa il linguaggio e i parametri di valutazione della glottodidattica, che pone a 2000 (e 2500) il livello minimo di parole per la competenza di base di una lingua straniera.

13. patrimonio popolare = che fa parte della cultura popolare.

Eserciziario

ESERCIZI DI GRAMMATICA E DI LESSICO

A. Volgete le seguenti frasi dal singolare al plurale (cambiate nome, articolo, aggettivo e verbo nell'appropriata forma plurale in modo tale che la frase risultante abbia senso compiuto).

1. La civiltà contemporanea non lascia più spazio, né fisico né psicologico, per una tranquilla chiacchierata fra amici.
2. La canzonetta popolare è uno strumento importante, anche se non l'unico, per migliorare la nostra conoscenza linguistica, sia lessicale che grammaticale.
3. L'invenzione, la ricerca espressiva, non è una qualità tipica della canzone popolare italiana.
4. Qualche canzone può avere un effetto positivo sullo sviluppo della capacità comunicativa.
5. La scoperta più interessante sul ruolo della canzone nello sviluppo della lingua italiana è stata fatta da un ricercatore dell'Università di Roma "La Sapienza".
6. La canzone è servita allo sviluppo dell'italiano, specie da quando ha usato un linguaggio più evoluto e fantasioso.

B. E ora volgete le seguenti frasi dal plurale al singolare, seguendo le indicazioni date sopra.

1. I più noti cantautori italiani esprimono dei pareri poco positivi sulle attuali condizioni dell'italiano parlato.
2. I poeti moderni hanno spesso solo dei lettori occasionali, frettolosi e distratti.
3. I grandi romanzieri contemporanei sono spesso trascurati in favore dei cantanti, anche se questi ultimi sono spesso mediocri.
4. I problemi tecnici - e le relative soluzioni - non sono sempre facilmente individuabili.
5. I titoli più interessanti sono stati pubblicati da alcune case editrici semisconosciute.
6. Le tesi sostenute da questi studiosi non sono credibili perché i metodi seguiti per le dimostrazioni non sono aggiornati.

C. Completate le seguenti frasi con l'articolo determinativo o indeterminativo.

1. La poesia ha ...... ruolo insostituibile, mentre .... ruolo svolto dalle canzoni non è essenziale.
2. Ascoltare una canzone dal testo interessante è ..... evento raro, purtroppo!
3. De Andrè ha risposto con ..... stile che lo contraddistingue.
4. Fra tutte le possibili spiegazioni, questa è .... meno plausibile.
5. Il vostro lavoro ha ottenuto .... ottima recensione.
6. ....cosa che più mi ha colpito è stata la sua freddezza.
7. Il suo atteggiamento è davvero ..... cosa che non so spiegarmi.
8. Ho sempre avuto... debole per la canzone francese.
9. La poesia è ... professione molto seria.
10. Mio padre fa ...... insegnante di italiano, mia madre è ...... famosa giornalista.

D. Completate le frasi con il passato prossimo dei verbi tra parentesi.

1. La musica da sempre (svolgere) .... un ruolo importante nella nostra società.
2. In questo articolo l'autore (esprimere) .... un'opinione diversa.
3. Le vostre osservazioni ci (spingere) .... a rivedere la nostra decisione.
4. Stavamo discutendo, ma la sua telefonata ci (interrompere) ....
5. Ti (io, chiedere) .... aiuto perché so di potermi fidare di te.

6. I tuoi amici non (muovere) .... un dito per aiutarci!

7. Il preside (non, mai, permettere) .... agli studenti di chiamarlo per nome.

8. Tutte le banche (ridurre) .... i tassi d'interesse.

9. Paolo (vincere) .... la sua paura e si è presentato al colloquio.

10. La settimana scorsa (noi, discutere) .... in classe l'importanza di questo fenomeno.

E. Completate le frasi con il passato remoto dei verbi tra parentesi.

1. I soldati italiani durante prima guerra mondiale (dovere)......... cercare di parlare italiano gli uni agli altri.

2. Secondo l'articolista, negli anni '50, i ragazzi (corteggiarsi)......... ispirandosi al *Canzoniere italiano*.

3. Galileo Galilei nel suo famoso libro *Dialogo sopra i due massimi sistemi* (sostenere)........ che la terra si muoveva e il sole stava fermo.

4. Negli anni '50 la televisione (dare)........... l'ultima botta alla diffusione della lingua italiana nella penisola.

5. Le ultime Olimpiadi   (svolgersi) ....a Sydney

6. I due esploratori (spingersi) .... fino alla foce del fiume, ma non (potere)........... proseguire oltre.

F. Collegate le seguenti frasi usando delle congiunzioni e dei connettivi testuali (*ma*; *e*; *così*). Trovate almeno due possibili alternative per ogni coppia.

Es. La sera sono sempre stanca. Mi alzo presto la mattina

> **La sera sono sempre stanca perché mi alzo presto la mattina**

> **Se mi alzo presto la mattina, la sera sono sempre stanca**

1. La televisione ha aiutato la diffusione dell'italiano. La televisione ha contribuito all'appiattimento del linguaggio.

2. Crederò a questa teoria. Ci saranno prove più convincenti di queste.

3. I miei amici hanno tanto insistito. Alla fine ho accettato il loro invito.

4. Il cantante è salito sul palco. Il pubblico ha cominciato ad applaudire.

5. I treni costano cari e sono spesso in ritardo. La gente preferisce muoversi in macchina.

6. Rimani a dormire qui stanotte. Devi adattarti a dormire sul divano.

7. Scrivendo una canzone, non si può avere molta libertà di linguaggio. La musica e la metrica costringono le parole.

G. Sostituite le espressioni sottolineate con altre di pari valore semantico.

1. Gli italiani sostengono che la cucina italiana è la migliore.

2. Montale è uno dei massimi poeti italiani .

3. Lo spettacolo tenuto da Paolo Conte a Londra ha avuto un impatto enorme sul pubblico.

4. Si dice che la televisione abbia contribuito al generale appiattimento della vita e della cultura degli italiani.

6. Il patrimonio artistico dell'Italia è vastissimo: forse il più vasto in Europa.

7. Quando ero in vacanza in Inghilterra venivo sempre preso per uno spagnolo, non per un italiano.

8. In casa Marco parla sempre il dialetto e, quindi, non si esprime molto bene in italiano.

DOMANDE DI COMPRENSIONE

1. Chi sostiene che la canzone italiana ha svolto un ruolo fondamentale nel contesto della lingua italiana?
2. Che cosa vuol dire De Andrè quando afferma che, a volte, "le canzoni hanno bistrattato il linguaggio"?
3. Perché, secondo Conte, "il linguaggio parlato si è impoverito" in questi ultimi decenni?
4. Per quale motivo De Andrè non ama andare in televisione?
5. Perché Guccini dice che l'Italia è sempre stata una nazione "polilinguistica"?
6. In termini linguistici, qual è stato l'apporto della prima guerra mondiale?
7. Quale grave errore di lingua italiana fa il presentatore Mike Bongiorno?
8. In che senso De Andrè dice che la musica è una "camicia di forza"?
9. Che differenza c'è, secondo De Andrè, fra il poeta e il cantautore?
10. Qual è, secondo Conte, la funzione del silenzio nella società moderna?

ESERCIZI DI SCRITTURA

Testi di riferimento: Testo VI e scheda 6 di questa Unità; Introduzione all'Unità II; Bibliografia dell'Unità II; Introduzione all'Unità I; sezioni 3, 5 e 8 dell'Unità I.

1. Mettete al discorso indiretto le seguenti domande del testo: (i) "È vero che, come sostengono Gianni Borgna e Luca Serianni nel loro libro *La lingua cantata*, la canzone ha svolto un ruolo essenziale per la diffusione della lingua italiana ?" (ii) "Insomma la canzonetta ha insegnato o no agli italiani a esprimersi meglio?" (iii) "Può essere vista, la canzone, come un moderno sostituto di quella poesia che oggi quasi nessuno ha più il tempo o la pazienza di leggere?". Iniziate così: "Il giornalista si chiede se...".
2. Mettete a confronto i punti di vista dei tre cantautori, De Andrè, Conte e Guccini, sull'importanza della canzone italiana nel contesto sociolinguistico del paese. *(Scrivete 400 parole)*.
3. Che cosa pensate voi della musica leggera italiana? Come si confronta con quella del vostro paese? *(Rispondete con 300 parole)*.
4. Nello sviluppo della lingua italiana, qual è il ruolo giocato dalla canzone? *(Scrivete 300 parole)*.
5. Rileggete le canzoni di Paolo Conte intitolate *Genova per noi* e *Boogie* (Cfr. Unità I, sezione 3); mettete, quindi, in evidenza le strutture che appartengono al registro colloquiale e quelle che appartengono al registro formale, spiegando anche la loro funzione nel testo.

Unità 2 / **Sezione 7**

Capire l'italia e l'italiano   Lia Buono Hodgart   I Mass Media   **Un conduttore per tutte le stagioni: Maurizio Costanzo**
Lingua e cultura italiana oggi

Un conduttore per tutte le stagioni: Maurizio Costanzo

Maurizio Costanzo

Neppure i francesi, diligentissimi e ostinati nello sbarrare la strada a qualsiasi neologismo straniero, sono riusciti a tradurre nella loro lingua l'americanissimo *talk-show*. Fino a qualche anno fa gli stessi vocabolari ignoravano l'espressione, che oggi viene tradotta così dal DISC (Dizionario Italiano Sabatini Colelli): "spettacolo televisivo durante il quale un intervistatore conversa con vari ospiti".

Non manca poi qualche critico televisivo che, ricorrendo a una parafrasi, definisce la tv del *talk-show* come "un programma per curiosi che amano le chiacchiere", calcando la mano sul significato del verbo to talk, che in italiano si traduce come "discorrere", ma anche "chiacchierare".

Di questo discusso genere televisivo il *Maurizio Costanzo Show* (in onda su Canale 5, dal lunedì al venerdì, alle ore 23.00) è il prototipo più autorevole sia per l'età della trasmissione che ha avuto inizio il 14 settembre del 1982, sia per la riconosciuta fedeltà di un consistente numero di ascoltatori. Il suo ideatore e conduttore è Maurizio Costanzo (Roma, 1938), giornalista, scrittore di teatro e, insieme a Mike Bongiorno e Pippo Baudo, uno dei simboli più longevi della televisione italiana, pubblica e privata.

Maurizio Costanzo inizia la sua carriera alla radio con *Buon Pomeriggio*, poi passa alla televisione e conduce, sui canali RAI, i *talk-show Bontà loro, Acquario* e *Grand'Italia* (1976-1981). Dal 1982 è conduttore per le reti private di Berlusconi.

Il *Maurizio Costanzo Show* si svolge secondo una formula rituale - la presentazione dell'ospite, l'entrata in scena, lo scambio di cortesie, la conversazione, l'intervento del pubblico - ma con infinite variazioni sul tema, grazie alla grande varietà degli ospiti, degli argomenti e dei moduli linguistici e comunicativi.

Lo spettacolo ha quasi vent'anni e li dimostra tutti. L'indiscussa abilità del conduttore, la sua capacità di tenere in pugno la lunga trasmissione e la sua inesauribile vitalità non fanno velo, però, a qualche ragnatela intessuta dalla routine, anche perché la posizione ideologica di alcuni ospiti a presenza periodica fissa, accentua, soprattutto sui temi di costume di grande interesse, un relativismo etico che, a nostro avviso, non soddisfa nessuno. Certe indulgenze verso la stravaganza gratuita, per non dire inutilmente irriverente, dei testi, possono provocare un'ilarità tanto contagiosa quanto vacua. Con ciò non si vuol negare l'impatto costruttivo di alcune serate anche memorabili, quando il *Maurizio Costanzo Show* ha affrontato temi umani e sociali di enorme rilevanza, chiamando sul palco del Teatro Parioli di Roma personaggi benemeriti dell'umanità. È accaduto quando il programma ha affrontato il tema della guerriglia in alcuni paesi del Centro Africa, della deforestazione dell'Amazzonia e dell'immigrazione drammatica dei profughi dei Balcani.

Maurizio Costanzo è un personaggio molto discusso e controverso. Del suo spettacolo egli dice: "Fare televisione è un fatto liturgico, è come dire messa. E' vero che nei limiti del possibile si devono ogni tanto sparpagliare le carte all'interno del programma, ma non nell'impalcatura".

Di lui un critico televisivo inglese, Andrew Gambel (del quotidiano *The Indipendent*) dice: "Piccolo, grasso e quasi pelato, è la creatura meno telegenica pensabile. E' scortese in trasmissione, biascica le parole in modo da renderle appena comprensibili e trascorre la maggior parte della sua stessa trasmissione sembrando annoiato. In qualsiasi altro paese, Maurizio Costanzo metterebbe appena piede in uno studio televisivo, meno ancora diventerebbe una celebrità. Ma in Italia è il re incontrastato dei *talk-show* televisivi e probabilmente l'uomo più potente della televisione nazionale. Silvio Berlusconi, datore di lavoro e mentore di Mister Costanzo, lo ha da poco nominato direttore della maggiore delle sue reti televisive private, *Canale 5*, e gli ha anche dato l'incarico speciale di negoziare con la televisione di stato, la *Rai*, il futuro della televisione in Italia. Poiché Mister Costanzo ha legami politici con tutti i partiti e poiché, in Italia, la televisione è il principale terreno di battaglia, ciò lo pone in una invidiabile posizione di influenza. Si tratta di una notizia assolutamente sconcertante per qualsiasi straniero, abituato ai *talk-show* britannici o americani, che guardi la sua trasmissione notturna di due ore, il *Maurizio Costanzo Show*".

"Il Maurizio Costanzo Show" *di Walter Veltroni*

Seduti su una sedia o su un divanetto gli ospiti parlano. L'uno dell'altro, l'uno contro l'altro, ciascuno di sé. Le parole **fluiscono**[1], *sciolte°*. Le persone sono state **assortite**[2] per ○ *libere* caso e, per lo più, non si conoscono. Eppure parlano o meglio, si danno ragione, *litigano°*, ○ *bisticciano* si insultano. Così da dieci anni, ogni sera, al *Maurizio Costanzo Show*. Il titolo era già una anticipazione dell'ambizione del programma, durare tanto quanto l'*Ed Sullivan Show*, negli Usa. Durare nel tempo, passando sotto i **mitragliamenti**[3] di una TV **vorace**[4], ingorda di cose nuove, magari vecchie, capace di *giustiziare°* al primo passo falso, al primo abbassarsi ○ *punire con la morte* della lancetta dell'**Auditel**[5]. Costanzo è *passato sotto il fuoco°* e da 15 anni **imbandisce**[6] ○ *ha superato la prova* ogni sera la sua tavola. Per cibo un mucchio di parole. Nulla di più. Una televisione-gamberetto, ridotta all'osso, senza una ricca **sigla**[7], uno **straccio**[8] di balletto, un supporto filmato, uno sketch, un gioco a premi; solo parole, solo persone. Appena la trasmissione inizia Costanzo *principia°* a **tessere**[9] la sua tela di ragno, quella che unirà ○ *inizia* persone estranee e prenderà da ciascuno il minimo o massimo comun **denominatore**[10] necessario per comunicare con gli altri. Costanzo è il padrone di casa, suo è *l'esperanto°* ○ *lingua comune* che unisce le diverse lingue. Ha una propensione *all'indignazione°*, ai buoni sentimenti, ○ *irritazione* ma anche all'umorismo *cinico°* e *spietato°°* della grande commedia all'italiana. ○ *beffardo* ○○ *crudele*

E il *Costanzo Show* è, forse, proprio la traduzione televisiva della commedia cinematografica nazionale degli anni sessanta e settanta. I *"tipi"°* dell'*italica specie°°* ci ○ *personaggi* ○○ *razza italiana* sono tutti. Non sono attori, sono persone, caratteri, storie vere. Costanzo li *scava°*, li ○ *studia a fondo* esperimenta, li *promuove°*, li *cancella°°*. Cerca i personaggi come facevano i buoni registi ○ *accetta* ○○ *elimina* di un tempo quando scoprivano "**Ferribotte**" o "**Capannelle**"[11]. Così Costanzo trova il

---

1. **Fluiscono** > fluire = scorrere con senso di costanza e copiosità.
2. **assortite** > assortire = riunire cose e anche persone affini o destinate allo stesso impiego.
3. **mitragliamenti** > mitragliamento = (a) azione di fuoco continuato da parte di una o più mitragliatrici; (b) (fig.) rapida e incalzante successione di fatti o eventi. **Nel testo vale l'accezione (b)**.
4. **vorace** = (a) avido di cibo; (b) (fig.) che distrugge con rapidità. **Nel testo vale l'accezione (b)**.
5. **Auditel** = indice di ascolto o di gradimento delle trasmissioni televisive. In effetti, Auditel è il nome della società stessa che fa i rilievi statistici.
6. **imbandisce** > imbandire = (a) allestire una tavola o un banchetto; (b) (fig.) presentare, dopo lunghi ed elaborati preparativi. **Nel testo vale l'accezione (b)**.
7. **sigla** = (a) abbreviazione di una sequenza di parole formata dalle lettere iniziali delle parole stesse (es. UE = Unione Europea); (b) motivo musicale che introduce una trasmissione radiofonica o televisiva; (c) impronta personale. **Nel testo vale l'accezione (b)**.
8. **straccio** = (a) ritaglio di tessuto inutilizzabile; (b) (fig.) senza uno straccio di = senza qualcosa di adeguato. Nel testo "**senza uno straccio di balletto**" vuol dire: "senza un balletto

adeguato alla trasmissione".
9. **tessere** = (a) intrecciare al telaio i fili della trama con quelli dell'ordito per fabbricare stoffe; (b) (fig.) esporre in modo retorico e ampolloso. Nel testo l'espressione "**Costanzo principia a tessere la sua tela di ragno**" ha significato metaforico e vuol dire: "Costanzo ordisce il suo complotto", presumibilmente ai danni dei poveri partecipanti!
10. **denominatore** = (a) in aritmetica, quel termine di una frazione che indica in quante parti uguali è stato diviso l'intero; (b) (fig.) elemento di contatto, punto di convergenza. **Nel testo vale l'accezione (b)**.
11. **Ferribotte, Capannelle**. Due personaggi del famoso film *I soliti ignoti* di M. Monicelli (1958). Sono due 'tipi' della commedia all'italiana. Questo genere cinematografico, molto amato e seguito dagli italiani ancora oggi, si identifica con film di genere comico-satirico, i cui protagonisti sono gli italiani stessi, studiati e rappresentati nei loro aspetti più peculiari e tipici. Dagli anni '50, Alberto Sordi è stato uno dei grandi interpreti della "commedia all'italiana" con film come *Il Marito, Il Vedovo, Il Vigile, Un borghese piccolo piccolo, Il medico della mutua*. Ne *I solito ignoti*, Ferribotte è il siciliano conservatore e maschilista e Capannelle il bolognese sempliciotto ed ingordo.

ragazzo del bar che imita i fagioli o i termosifoni, la ragazza **sboccata**(12) o quella
intollerante°. E trova attori giovani, cabarettisti, professori universitari vogliosi di   ○ *insofferente*
protagonismo°. Costanzo cerca personaggi, qualcosa di più e qualcosa di meno delle   ○ *ruolo di primo piano*
persone. I personaggi sono esseri umani con un tic o una anormalità. Qualcosa che li
renda speciali, curiosi, fastidiosi. Costanzo ha uno sguardo particolare, possiede un
metal-detective di queste anomalie. Il *Costanzo Show* non esisterebbe senza questi
personaggi. Ma non esisterebbe neanche solo con loro. Costanzo costruisce, ogni sera,
un menù capace di soddisfare i *palati*° di diverso *lignaggio*°° e aspettative e curiosità   ○ *gusti* ○○ *ceto sociale*
spettacolari° le più diverse. Più di altri programmi attraversa trasversalmente il   ○ *straordinarie*
pubblico, lo scompone, lo ricompone. Al pubblico della seconda serata televisiva
Costanzo assicura una tranquilla compagnia. Porta in casa parole, storie, facce.
Ciò che ormai, spesso, non entra più per vie normali. Siamo soli, nelle nostre moderne
e **rutilanti**(13) metropoli, quando viene la sera. Le chiacchiere del *Costanzo Show*, in
fondo, sostituiscono il rumore delle parole dei vecchi *condomini*°, delle vecchie   ○ *palazzi*
piazze, dei vecchi tavolini al bar del quartiere. In quelle case le cui finestre sono
illuminate, nel buio della notte, solo dalla luce azzurrognola del **tubo catodico**(14) e
nelle quali si seguono i fili della tela di ragno di parole che Costanzo tesse,
probabilmente ci sono delle *porte blindate*°. E in quei palazzi i vicini di casa non si   ○ *porte di sicurezza*
conoscono e in quei quartieri si è ignoti, sconosciuti. Può capitare così di avere più
familiarità con i problemi della Sora Lella Fabrizi che con la vicina del pianerottolo.

La TV familiare di Costanzo dà l'illusione di restituire ciò che il ritmo *rombante*° della   ○ *rumoroso*
società, il suo tempo nevrotico ci ha tolto. È una illusione, tanto fragile, tanto piacevole,
rassicurante. Costanzo, in fondo, ha risposto a una domanda di storie, parole, emozioni
della moderna solitudine sociale. Lo fa spostando uno sgabello, come una punteggiatura
tra le parole delle persone e dei personaggi. Sullo sfondo un uomo grasso, con uno
smoking giallo, o bianco. Una presenza, quella di Giorgio Bracardi, quasi *metafisica*°.   ○ *irreale*
Una corpulenta capacità di esserci e non esserci, di suonare o no; tutto con discrezione.
Sono tutti grassi, i leggeri padroni di casa del *Costanzo Show*. D'altra parte da 15 anni,
ogni giorno, mettono una sera, a cena.

---

12. sboccata > sboccato = detto di persona che usa abitualmente
espressioni o parole che, secondo la morale comune, sono
sconvenienti o anche volgari.
13. rutilanti > rutilante = splendente.

14. tubo catodico = una parte essenziale del televisore.
Qui si indica la parte per il tutto.

Eserciziario

ESERCIZI DI GRAMMATICA E DI LESSICO

A. Trovate la parola che, per significato, non appartiene al gruppo in cui si trova.

1. inglese, latino, italiano, cinese

2. tavola, banco, scrittoio, scrivania

3. balletto, commedia, cabaret, music-hall

4. attori, artisti, divi, personaggi

5. palazzi, ville, condomini, grattacieli

6. bar, bagno, studio, cucina

B. Derivate dai seguenti verbi degli aggettivi che esprimono abilità, attitudine e possibilità aggiungendo alla loro radice il suffisso -evole, -abile o - ibile.

Es. amare > **amabile**

Durare, piacere, scorrere, gradire, lodare, piegare, passare, comunicare, cancellare, attraversare, individuare, limitare, classificare, ridurre, scoprire, scomporre, sostituire, bere, credere, udire, preferire.

C. Identificate fra le seguenti parole quelle che sono state modificate da un suffisso.

Divanetto, azzurrognolo, mignolo, gamberetto, giornalaccio lancetta, scarpone, balletto, Italietta, amarognolo, libretto, donnone, manina, tempaccio, ragazzino, ciclone, scarpetta, gradino, copertone, postino.

D. Combinate una parola della lista I con una della lista II così da formare una coppia di parole di senso compiuto.

	I		II	
1.	porta		faccia	A
2.	viaggio		premio	B
3.	parola		stampa	C
4.	osso		studio	D
5.	volta		chiavi	E
6.	vagone		buco	F
7.	conferenza		chiave	G
8.	vacanze		letto	H

E. Trovate un sinonimo ai comparativi / superlativi contenuti nelle seguenti frasi.

Es. Francesco è il più piccolo dei fratelli

> **Francesco è il minore dei fratelli**

1. I documentari sulla natura trasmessi di recente dalla BBC erano molto buoni.
2. Marco ha fatto malissimo nell'esame di tedesco.
3. L'ecologia è un problema della più grande importanza.
4. I delegati erano di umore molto cattivo perché la riunione era andata male.
5. Calvino è stato uno dei più grandi scrittori del nostro tempo.
6. Luisa è la più vecchia delle sorelle.
7. I tuoi guai non sono più piccoli dei miei.
8. Di tutti i settimanali italiani, *Panorama* è uno dei più buoni.

F. Scegliete gli indefiniti in parentesi e metteteli nel giusto contesto.

> nulla, l'uno dell'altro, tutti, qualcosa, ciascuno, l'uno con l'altro, ogni, altri

.........sera, da quindici anni, gli ospiti del *Costanzo show* dialogano, litigano, parlano....e

........Gli ospiti non sono attori, sono ....personaggi veri rappresentanti dell'italica specie.

.... ha.............da raccontare che lo rende speciale, curioso. Più di .... programmi, il *Costanzo show* assicura una tranquilla serata televisiva. Questa è televisione ridotta all'osso: solo parole, ...di più.

G. Nelle seguenti frasi sostituite *tutto* con *ogni*, *ognuno*, *ogni cosa*, a seconda del caso e poi modificate la frase quando è necessario.

1. Il *Costanzo show* va in onda tutte le settimane.
2. Tutti gli ospiti di Costanzo rappresentano tipologie dell'italica progenie.
3. Tutti parlano, litigano, dialogano.
4. Durante la trasmissione si parla di tutto.
5. Da anni molti italiani seguono tutti i programmi del *Costanzo show*.
6. Quando verrò ti racconterò tutto.
7. Gli ospiti del *Costanzo Show* raccontano sempre tutti i loro problemi

H. Completate le seguenti frasi, con l'opportuno tempo verbale.

Es. Il *Costanzo show* durare / se / avere successo
> **Il *Costanzo show* durerà se avrà successo**

1. Appena la trasmissione (incominciare) ......, Costanzo (principiare) .... a tessere la sua tela di ragno.
2. Gli ospiti (dialogare, insultarsi) .... appena Costanzo li (fare)........... accomodare su un divanetto.
3. Lo spettacolo non (andare più in onda) .... se (abbassarsi) .... la lancetta dell'Auditel.
4. Dopo che Costanzo (trovare) .... i personaggi per il suo show, li (mettere) .... sotto un fuoco di domande.
5. Quando lo show (finire) .... gli italiani (avere) .... l'impressione di conoscere meglio i problemi della Sora Lella Fabrizi di quelli dei vicini di casa.
6. Se la TV familiare di Costanzo (riuscire) .... a soddisfare gli italiani più disparati, (essere) .... un indice del suo successo.

I. Riscrivete le seguenti frasi nella forma impersonale usando la particella *si*.

Es. Se cominci un lavoro, devi finirlo
> **Se si comincia un lavoro, lo si deve finire**

1. Al *Costanzo Show* arrivi allo studio televisivo, ti siedi e incominci a parlare.
2. Siamo soli, nelle nostre moderne e rutilanti metropoli, quando viene la sera.
3. Se guardi il *Costanzo Show*, vedi subito che gli ospiti sono tutti personaggi strani e a volte un po' patetici.
4. Se non sei ottuso, ti accorgi che Costanzo è abilissimo a scavare nei suoi personaggi.
5. Puoi perdere la pazienza quando discuti a lungo dello stesso argomento.
6. Oggi che vivi da ignoto nei grandi quartieri metropolitani, supplisci alla solitudine sociale guardando per ore la televisione.
7. Quando sei alla guida di una vettura non devi distrarti.

L. Trasformate gli infiniti tra parentesi in imperfetti.

1. Un tempo la gente di un quartiere (conoscersi) ...., ora non si conosce più.
2. Una volta i registi del cinema (scoprire) .... dei nuovi talenti fra la gente comune, ora non più.
3. Un tempo non (esserci) .... trasmissioni come quella di Costanzo, ora ce ne sono molte.
4. Una volta (tessere) .... in casa, ora non si tesse più.
5. Un tempo (accontentarsi) .... di poco, ora si è molto più esigenti.
6. Una volta (scrivere) .... più lettere, ora si usa molto la posta elettronica.
7. Un tempo non (fare) .... programmi basati solo su chiacchiere, ora se ne fanno molti.
8. Una volta (andare) .... spesso a teatro, ora non ci si va più.

M. Trasformate i gerundi in frasi di forma esplicita.

1. Venendo la sera, molti di noi si chiudono in casa a guardare la televisione e non hanno più voglia di uscire.
2. Partecipando al *Costanzo Show*, molte persone si sentono importanti e famose.
3. Avendo sentito di che tipo di trasmissione si tratta, ho deciso di non guardare il *Costanzo Show*.
4. Avendo legami con molto uomini politici, si può ben dire che Costanzo è un uomo di potere.
5. Leggendo le affermazioni fatte dal critico inglese Gambel su Costanzo, gli si deve dare ragione.
6. Essendo stata in Italia in vacanza molte volte, quest'anno ho deciso di cambiare rotta.

DOMANDE DI COMPRENSIONE

1. Che cosa è il *Maurizio Costanzo Show*?
2. In base a quale criterio Costanzo sceglie i suoi ospiti?
3. Che tipo di persona è Maurizio Costanzo?
4. Qual è l'indice di gradimento di questo show?
5. Perché questo spettacolo riscuote un così largo successo da molti anni?
6. Che cosa ha sostituito nelle serate degli italiani questo tipo di show?
7. A quale specifico contesto di solitudine allude l'autore?
8. Che cosa significa il termine "televisione - gamberetto" riferito al *Maurizio Costanzo Show*?
9. A che cosa si allude quando si parla della "commedia all'italiana"?
10. Da dove deriva il suo nome il *Maurizio Costanzo Show* e con quale ambizione nasceva?

ESERCIZI DI SCRITTURA

Testi di riferimento: Testo VII e scheda 7 di questa Unità; Introduzione all'Unità II; Bibliografia essenziale dell'Unità II; Introduzione all'Unità III e bibliografia essenziale dell'Unità III.

1. Secondo voi, qual è il ruolo della televisione nella società moderna? *(Scrivete un saggio di 500 parole)*.
2. Descrivete uno show simile a quello di Costanzo che ha riscosso un grosso successo nel vostro paese. *(Scrivete 400 parole)*.
3. Riscrivete le seguenti insolite metafore del testo usando delle frasi di registro colloquiale: (i) "la televisione in cui opera Costanzo è vorace e ingorda di cose nuove"; (ii) "da 15 anni Costanzo imbandisce ogni sera la sua tavola"; (iii) "per cibo ci sono un mucchio di parole"; (iv) "quella di Costanzo è una televisione-gamberetto, ridotta all'osso"; (v) "appena la trasmissione inizia Costanzo comincia a tessere la sua tela, quella che unirà persone diverse e prenderà da ciascuno il minimo o massimo comune denominatore"; (vi) "suo è l'esperanto che unisce diverse lingue"; (vii) "Costanzo costruisce ogni sera un menù capace di soddisfare palati di diverso lignaggio"; (viii) "più di altri programmi [il *Costanzo show*] attraversa trasversalmente il pubblico, lo scompone, lo ricompone".
4. Scrivete un saggio dal titolo: "Siamo soli, nelle nostre moderne e rutilanti metropoli, quando viene la sera". *(Scrivete 400 parole)*.
5. Provate a scrivere il testo di un'intervista fra Costanzo e uno dei suoi ospiti. *(Scrivete 300-400 parole)*.

Unità 2 / **Sezione 8**

Capire l'Italia e l'italiano
Lingua e cultura italiana oggi

Lia Buono Hodgart

I Mass Media

Un protagonista:
Silvio Berlusconi

Un protagonista:
Silvio Berlusconi

Silvio Berlusconi

Non è impresa facile delineare un profilo di Silvio Berlusconi, personaggio singolare e controverso. Abilissimo uomo d'affari, re delle televisioni private, padrone di società finanziarie, uomo politico, 2 volte Presidente del Consiglio, Berlusconi è alla testa di un partito da lui fondato, *Forza Italia* ed è anche proprietario di una squadra di calcio, il Milan.

Laureato in giurisprudenza, nel 1961 inizia la carriera come imprenditore edile. Negli anni '70, grazie ad ardite operazioni finanziarie coperte da prestanomi e da società di comodo, costruisce "Milano 2", un centro residenziale alla periferia di Milano, all'interno del quale sperimenta una tv via cavo, *TeleMilano*, destinata alle famiglie del quartiere. Sfruttando errori, disgrazie e titubanze dei possibili concorrenti e prendendo a proprio servizio, con ingaggi da favola, i nomi che fanno audience, pescandoli tra i più popolari, come Mike Bongiorno, o tra i più capaci, come Maurizio Costanzo, in pochi anni l'avventura di *TeleMilano* diventa un impero.

Senz'altro il suo successo va attribuito al fiuto, alla fede nel futuro delle emittenti private e all'abilità nel penetrare in questo settore mentre è ancora agli albori. Fin dal principio Berlusconi ha intuito che la chiave del successo era nell'emittente televisiva privata: la raccolta autonoma di pubblicità; un proprio palinsesto; la produzione di programmi in proprio; l'acquisto di programmi dall'estero; la possibilità di essere visto in tutta Italia. Una volta lanciato come re delle TV commerciali, Berlusconi ha saputo creare un impero finanziario in cui convergono i settori produttivi più disparati: la produzione e la distribuzione di programmi televisivi; la raccolta e la produzione di pubblicità; il cinema; l'editoria; l'elettronica; l'edilizia; le società finanziarie e assicurative; la grande distribuzione commerciale ed, infine, le società sportive, un eccellente investimento a livello di popolarità e di immagine.

Nel 1994 Berlusconi ha fondato un suo partito politico, *Forza Italia*, e si è proposto come leader della Destra. L'uso del suo impero multimediale come strumento di campagna elettorale è stato un elemento importante della campagna stessa. Il successo elettorale del 1994 è stato enorme: Berlusconi ha saputo presentarsi come un uomo nuovo, in grado di gestire l'Italia con efficienza imprenditoriale. Divenuto Presidente del Consiglio, Berlusconi ha però dovuto dimettersi dopo pochi mesi essendo stato messo in minoranza. Sconfitto dalla coalizione di centrosinistra nelle elezioni del 1996, Berlusconi ha conosciuto un momento di crisi, anche perché sono intervenute difficoltà finanziarie, ma si è ripreso ed ha costituito una nuova società, *Mediaset*, sostenuta anche da grandi investitori stranieri (Rupert Murdoch, Al Waleed e Leo Kirsch fra gli altri). Nel 2001 Berlusconi ha avuto un secondo successo elettorale ed è stato riconfermato Presidente del consiglio.

"Il sorriso di Berlusconi" di Stephen Gundle

Come la gobba di **Andreotti** o i baffi di **Occhetto** e **D'Alema**[1], il sorriso di Berlusconi è il tratto che più distingue il personaggio. A differenza delle caratteristiche degli altri tre però, il sorriso di Berlusconi non si è *imposto*° alla **coscienza collettiva**[2] a causa degli sforzi di vignettisti come **Forattini**[3]. È Berlusconi stesso ad essere il primo responsabile del diffondersi della sua immagine sorridente, simpatica, positiva. Come nessun altro politico egli riesce a manipolarla e a formare una *percezione*° di sé che - almeno prima della caduta del suo governo - *era incentrata*° sulla più piacevole ed attraente delle espressioni, il sorriso.

° *reso noto e gradito*

° *idea*

° *si fondava*

Tutta la campagna elettorale di *Forza Italia* nel marzo 1994 fu *infusa*° dell'ottimismo **contagioso**[4] dell'uomo. *Corredato*° di cieli azzurri, famiglie felici e promesse per tutti, il viso sorridente di Berlusconi è apparso su *innumerevoli*° manifesti e *depliant*°° oltre che nel programma di *Forza Italia* intitolato *Per un nuovo miracolo italiano*. Che Berlusconi avesse molti motivi per sentirsi contento è cosa *risaputa*°. Oltre al narcisismo che lo porta a fare dichiarazioni sull'arte di *specchiarsi*°, egli è evidentemente un uomo di gran successo, un *vincente*° che è riuscito ad ottenere dalla vita tutto quello che voleva. Per molti egli rappresenta la televisione e il **consumismo**[5] e da quando ha comprato **il Milan**[6] e l'ha portato al successo è popolarissimo.

° *impressa*

° *circondato da*

° *molti* °° *fogli pubblicitari*

° *molto nota*

° *guardarsi allo specchio*

° *persona di successo*

Eppure° non si tratta semplicemente di un uomo che sorride per esprimere la sua felicità. Il Berlusconi sorridente è in un certo senso un'immagine distaccata dall'uomo, un *simulacro*° che ha una sua vita autonoma e una sua logica interna.

° *tuttavia*

° *immagine*

In un breve saggio intitolato *Fotografia e attrattiva elettorale* Roland Barthes ha osservato che ogni aspirante politico che si presenta al pubblico offre un'immagine di sé che è *conforme*° a una tipologia piuttosto ristretta. La sua fotografia ha la funzione di identificarlo come un *tipo*°, e di suggerire un clima fisico e morale e un modo di essere di cui egli è il prodotto e l'esempio. In tal modo, secondo Barthes, egli dice ai suoi *potenziali*° elettori " Guardate me, sono come voi". L'immagine elettorale agisce come uno specchio in cui il cittadino vede se stesso "ma chiarito, esaltato, elevato magnificamente in un tipo". Che Berlusconi sia 'un tipo' è evidente, anche perché la sua **iconografia**[7] è

° *corrisponde*

° *modello*

° *possibili*

---

1. **Andreotti, Occhetto e D'Alema.** Uomini politici italiani: il primo, Giulio Andreotti, è stato uno degli uomini di punta della Democrazia Cristiana dal periodo postbellico. Più volte ministro e presidente del consiglio, è stato inquisito nel 1993 per una sua partecipazione a fatti di mafia. Achille Occhetto, segretario del PCI dal 1988, confermato nella carica dopo aver guidato la trasformazione del partito in PDS nel 1991. Massimo D'Alema, dopo aver militato nel PCI e PDS, è stato Presidente del Consiglio. (cfr. Introduzione all'Unità IV e scheda I della stessa Unità).
2. **la coscienza collettiva** = l'opinione pubblica.
3. **Forattini.** Giorgio Forattini, vignettista politico (Roma, 1931).
4. **contagioso** = (a) infettivo (es. "una malattia contagiosa"); (b) (fig.) comunicabile/ comunicativo/che si propaga. Nel testo si parla di "ottimismo contagioso", cioè di "ottimismo che si comunica facilmente".
5. **consumismo** = atteggiamento che porta a soddisfare indiscriminatamente bisogni non essenziali.
6. **Il Milan** = squadra di calcio di Milano.
7. **iconografia** = serie di raffigurazioni o illustrazioni di uno stesso soggetto.

composta° di molti elementi standardizzati. Tutto il suo modo di presentarsi **dà l'idea di**[8]   ○ *fatta*
uno che cerca di *adeguarsi*° alle aspettative dei suoi interlocutori per **ingraziarseli**[9]. Con   ○ *uniformarsi*
il suo vestire *convenzionale*° e *l'ostentata*°° cura di sé, egli crea un clima dinamico-   ○ *tradizionale*   ○○ *esagerata*
manageriale che risulta ulteriormente *sottolineato*° dalla perenne abbronzatura e dall'uso   ○ *accentuato*
cospicuo° di cosmetici che si fa portare dietro in un beauty case **Louis Vuitton**[10] dalla   ○ *abbondante*
segretaria personale. Con tali metodi si **cerca di aggiungere una sembianza di
freschezza e di benessere**[11] e di *rimuovere*° i segni di invecchiamento. Inoltre si cerca   ○ *togliere*
di sostituire l'immagine dell'uomo con un idealtipo di cui Berlusconi è l'incarnazione
suprema.

Tuttavia il 'tipo Berlusconi' non è *riconducibile*° alla semplice tipologia dei candidati   ○ *riferibile*
elettorali di Barthes. Non dice ai cittadini "Guardate me; sono come voi". Dice invece al
singolo "Guarda me; sono come tu puoi essere... o come saresti se avessi più successo,
più soldi, una moglie più sexy, dei bambini più carini". Non *si situa*° quindi allo stesso   ○ *si mette*
livello dell'elettore ma in una zona più alta. Manipolando le sue qualità di star, egli si
pone sul terreno dei sogni della società contemporanea.

La sua immagine lo presenta come uno che ha portato a conclusione i sogni e le
aspirazioni di ognuno. Il suo sorriso va visto soprattutto in rapporto con questo suo porsi
in un certo senso da divo. La natura stereotipa del sorriso, la sua larghezza poco
naturale, il suo carattere fisso a bocca aperta ricordano il sorriso dei divi hollywoodiani. Il
'berluscottimismo' che il suo sorriso esprime non è solo il prodotto o una manifestazione
della cultura specifica delle reti private italiane, anche se questa è una *connotazione*° che   ○ *caratteristica*
ha spesso assunto. È una variante dell'ideologia propria della cultura di massa. È il segno
più evidente, la manifestazione più completa di un *credo*° secondo il quale la chiave   ○ *ideale*
della felicità e del piacere è *percepita*° nel denaro.   ○ *vista*

---

8. dà l'idea di > dare l'idea di = presentare l'immagine di.
9. ingraziarseli > ingraziarsi = rendere qualcuno benevolo nei propri riguardi
10. Louis Vuitton. Noto designer francese.

11. cerca di aggiungere una sembianza di freschezza e di benessere = cerca di sembrare fresco, in forma e in piena salute.

ESERCIZI DI GRAMMATICA E DI LESSICO

A. Collegate un nome della colonna I con il corrispondente maschile o femminile della colonna II.

I	II	
1. uomo	femmina	A
2. moglie	suora	B
3. attore	madre	C
4. padre	attrice	D
5. maschio	donna	E
6. celibe	marito	F
7. frate	nubile	G

B. Unite gli aggettivi della colonna I con i loro contrari della colonna II.

I	II	
1. primo	dubbio	A
2. convenzionale	esterno	B
3. simpatico	temporaneo	C
4. collettivo	spiacevole	D
5. piacevole	ultimo	E
6. interno	antipatico	F
7. popolare	singolo	G
8. perenne	originale	H
9. sconosciuto	impopolare	I
10. evidente	noto	J

C. Eliminate dalla seguente lista le parole che non sono participi presenti:

Sorridente, variante, manifestante, evidente, sembiante, aspirante, esprimente, rappresentante, vincente, attraente, imponente.

D. Trasformate dal maschile al femminile.

1. I vignettisti famosi   ....
2. I turisti stranieri   ....
3. I poeti originali   ....
4. Gli interlocutori comunisti   ....
5. Gli elettori potenziali   ....
6. I teleutenti fanatici   ....
7. I candidati elettorali   ....
8. I protagonisti indimenticabili ....
9. Gli scrittori moderni   ....
10. Gli atleti vincenti   ....

E. Trasformate dal plurale al singolare.

1. I gravi problemi ....
2. I partiti socialisti ....
3. I registi stranieri ....
4. Gli ultimi programmi ....
5. I papi moderni ....
6. Gli sforzi collettivi ....
7. Le tipologie ristrette ....
8. Gli scherzi stupidi ....
9. Gli abbracci affettuosi ....
10. Gli idiomi odierni ....
11. Gli sbagli pesanti ....

F. Sostituite alla struttura sottolineata il corrispondente aggettivo derivato.

1. Il sorriso di Berlusconi non si è imposto alla coscienza della collettività a causa degli sforzi di vignettisti famosi.
2. Tutta la campagna elettorale di *Forza Italia* fu infusa di un ottimismo che contagiava.
3. Berlusconi è certamente uno che vince e che riesce ad ottenere dalla vita tutto quello che vuole.
4. Il Berlusconi che sorride è in un certo senso un'immagine distaccata dall'uomo.
5. Con il suo vestire convenzionale e con l'ostentata cura di sé, egli crea un clima da manager.
6. Il tipo Berlusconi non è che si riconduca facilmente alla semplice tipologia di Barthes.
7. Manipolando le sue qualità di star egli si pone sul terreno dei sogni della società di oggi.

G. Inserite i pronomi mancanti.

La fotografia di Berlusconi ha la funzione di identificar... come un tipo, e di suggerire un clima fisico e morale e un modo di essere di ....è il prodotto e l'esempio. In tal modo, secondo Barthes, ...dice ai suoi potenziali elettori: "Guardate..., sono come ...". L'immagine elettorale agisce come uno specchio in ....il cittadino vede ...stesso ma chiarito, esaltato, elevato magnificamente in un tipo.

Tutto il suo modo di presentar... dà l'idea di.... cerca di adeguar...alle aspettative dei suoi interlocutori per ingraziar....
La sua immagine ... presenta come... ....ha portato a conclusione i sogni e le aspirazioni di.....

H. Mettete i verbi sottolineati al passato prossimo.

1. Berlusconi è il primo responsabile del diffondersi della sua immagine sorridente, simpatica e positiva.
2. Il viso sorridente di Berlusconi appare su molti manifesti e depliant.
3. Barthes osserva nel suo libro che ogni aspirante politico offre di sé un'immagine conforme a una tipologia ristretta.
4. Il "berluscottinismo" è il prodotto della cultura delle reti private.
5. La televisione influenza, più degli altri media, le nostre opinioni e il nostro modo di vedere fatti e persone.
6. Da sempre il cinema hollywoodiano presenta, nelle foto pubblicitarie, i suoi divi sempre sorridenti e di buon umore.
7. I sondaggi prevedono che i votanti per Berlusconi aumenteranno.
8. Sono contento perché la sede centrale mi comunica che non devo tornare subito.

DOMANDE DI COMPRENSIONE

1. Qual è il tratto che più distingue Berlusconi?
2. Come si svolse la campagna elettorale del 1994?
3. Come vede il pubblico italiano Berlusconi?
4. Qual è, secondo Barthes, la tipologia dell'aspirante uomo politico?
5. Spiegate cosa vuol dire l'articolista quando afferma che Berlusconi è un "tipo".
6. Perché Berlusconi fa portare un *beauty case* di cosmetici dalla sua segretaria?
7. In che modo si differenzia Berlusconi dalla tipologia dell'uomo politico descritta da Barthes?
8. Perché Berlusconi ricorda i divi di Hollywood?
9. Secondo l'ideologia corrente della cultura di massa, in che cosa consiste la felicità?
10. Che cosa è il "berluscottimismo"?

ESERCIZI DI SCRITTURA

Testi di riferimento: Testi di riferimento: Testo VIII e scheda 8 dell'Unità II; Introduzione all'Unità II; Bibliografia essenziale dell'Unità II; Introduzione all'Unità IV.

1. Riassumete il testo VIII. *(Scrivete 400 parole)*.
2. Immaginate di intervistare Berlusconi e scrivete l'intervista. *(Scrivete 500 parole)*.
3. Tracciate il profilo della vita e dell'attività di Berlusconi. *(Scrivete un documento di 300 parole)*.
4. Definite, a mezzo degli aggettivi e delle strutture contenute nel testo, la tipologia dell'aspirante politico (es. (i) "simpatico"; (ii) "che cerca di adeguarsi alle aspettative dei suoi interlocutori" ...).
5. Fate una ricerca su Berlusconi. Preparate un dossier con le varie opinioni formulate su di lui dalla stampa nazionale e dagli osservatori internazionali. *(Scrivete 400-500 parole)*.

Unità 2

Esercizi di scrittura sull'Unità 2

Esercizi di scrittura sull'Unità 2

Testi di riferimento: Testi I-VIII e schede 1-8 dell'Unità II; Introduzione all'Unità II; Bibliografia essenziale dell'Unità II; Introduzione all'Unità I; sezioni 3, 5 e 8 dell'Unità I; Introduzione all'Unità IV e Bibliografia essenziale dell'Unità IV.

1. Fate una rassegna della stampa quotidiana italiana indicando le sue principali caratteristiche ed i suoi giornali più rappresentativi. *(Scrivete 400 parole).*

2. La stampa femminile italiana. Illustrate con esempi. *(Scrivete 300 parole).*

3. Parlate dei periodici italiani ed in particolare di quello o di quelli, che vi piacciono di più. *(Scrivete 400 parole).*

4. La stampa è stata definita "il quarto potere": spiegate cosa significa e dite se, secondo voi, la definizione è ancora valida. *(Scrivete 400 parole).*

5. Illustrate un aspetto particolare della stampa e della televisione italiane: la loro politicizzazione. *(Scrivete un saggio di 500 parole).*

6. "Si afferma che la peculiarità della nostra cultura, oggi, è di essere soprattutto visiva" (B. Placido). Siete d'accordo? *(Scrivete un saggio di 500 parole).*

7. Scegliete un programma della televisione italiana che vi piace ed illustratelo. *(Scrivete 300 parole).*

8. Che cosa è la fiction e come spiegate il suo successo presso il pubblico italiano? *(Rispondete con 300 parole).*

9. Parlate dell'importanza che la televisione italiana ha avuto nella vita del paese. *(Scrivete un saggio di 500 parole).*

10. Quali sono i protagonisti della televisione italiana e quali i loro programmi? *(Scrivete 400 parole).*

11. Siete d'accordo con la seguente affermazione: "Il principale pericolo dello schermo televisivo non sta tanto in quello che esso fa fare, quanto in quello che impedisce di fare". *(Scrivete un saggio di 400 parole).*

12. I mezzi di comunicazione di massa sono persuasori potenti oltre che occulti. *(Scrivete un saggio di 500 parole).*

13. La televisione concede molto più spazio a ciò che è accidentale, drammatico, strano più che non a ciò che è corrente e normale. *(Scrivete un saggio di 400 parole).*

14. Quale, fra i mezzi di comunicazione di massa, vi sembra che avrà maggior peso nel futuro e perché? *(Rispondete con 400 parole).*

15. Pensate che sia ancora vera l'affermazione di Mac Luhan: "Il medium è il messaggio"? *(Rispondete con 300 parole).*

16. Fra i mezzi di comunicazione di massa, la televisione è quello che ha modificato di più le nostre abitudini, i nostri gusti e persino i nostri interessi culturali. *(Scrivete un saggio di 500 parole).*

17. Parola, stampa, immagine e suono e ogni altro mezzo di comunicazione di massa valgono a creare un valido legame fra gli individui. *(Scrivete un saggio di 500 parole).*

18. Immagini dell'Italia attraverso la sua televisione: che cosa ne pensa uno straniero come voi? *(Scrivete 500 parole).*

Indice grammaticale degli esercizi

Testi	I	II	III	IV	V	VI	VII	VIII
Lessico								
Generale	b			h		g	a, d	a
Sinonimi e contrari	a	e		i			e	b
Espressioni idiomatiche		e			e, f			
Formazione/derivazione parole	c, d	d			c		b, c	f
Grammatica								
Analisi grammaticale e logica	e	a	c, d	a, f				c
Articoli determinativi/indeterminativi						a, b, c		d, e
Comparativi e superlativi							e	
Comunicazione libera /semi-libera					f	f	d	
Condizionale	f			l	g, h			
Congiuntivo	f	b, g		l	a, g			
Congiunzioni e connettivi		a	a, f	a	a, b	f		
Coniugazione e sintassi	f			e	a, b	a, b	h, l	h
					d, g	d, e		
Discorso diretto/indiretto; interrogativa								
Forma attiva/passiva del verbo				e				
Forma implicita/esplicita		b, c						
Futuro							h	
Gerundio			b, d				m	
Imperativo								
Indefiniti							f, g	
Indicativo	f				d	d, e	h, l	h
Infinito	c				b			
Ortografia				g				
Participio	c, e		c, d					c
Periodo ipotetico				l				
Preposizioni semplici/articolate		f	e	c, d				
Pronomi e aggettivi possessivi								
Pronomi diretti/indiretti/riflessivi								g
Pronomi relativi e interrogativi	g			a, b, c				
Si impersonale/passivante/riflessivo	h			f			i	
Sostantivi e aggettivi; concordanza	c, d				c	a, b	a, b, c	d, e
Verbi transitivi / intransitivi								
Verbi riflessivi								

Indice degli esercizi di scrittura sui testi

Bibliografia essenziale

Sulla stampa italiana

Sulle vicende della stampa italiana dal XVI secolo ai giorni nostri è fondamentale l'opera monumentale curata da VALERIO CASTRONOVO e NICOLA TRANFAGLIA, in sette volumi, *Storia della stampa italiana*, Bari, Laterza. Il settimo e ultimo volume, *La stampa italiana nell'età della tv: 1975-1994.* Bari, Laterza, 1994, analizza le trasformazioni intervenute negli ultimi due decenni nel sistema dell'informazione: tutti i singoli contributi sono di grande rilievo. Più agevole è il volume di PAOLO MURIALDI, *Storia del giornalismo italiano*, Bologna, Il Mulino, 1996. Utile, e decisamente interessante per il suo tentativo di analizzare il sistema dell'informazione nel suo insieme, è il volume di PEPPINO ORTOLEVA, *Mediastoria*, Pratiche, Parma, 1995.

Oltre a questi tesi, si veda:

G. VACCA, *L'informazione negli anni '80*, Roma, Ed. Riuniti, 1984.
P. OTTONE, *Intervista sul giornalismo italiano*, Bari, Laterza, 1978.
G. CESAREO, *Giornali e giornalisti, informazione e scambio, in Stato dell'Italia*, cit. pp. 583-586.
P. MURIALDI, *Come si legge un giornale*, Bari, Laterza, 1986.
P. BIANUCCI, *La verità confezionata, come leggere un giornale*, Torino, Paravia, 1974.

Sulla televisione

Sulle vicende del sistema radiotelevisivo, è fondamentale la sintesi di FRANCO MONTELEONE, *Storia della radio e della televisione in Italia*, Venezia, Marsilio, 1992. Di assoluto valore e di grande comodità di consultazione è *L'enciclopedia della Televisione Garzanti*, curata da ALDO GRASSO, Milano, Garzanti, 1996.

A. GRASSO, *Storia della televisione italiana*, Milano, Garzanti, 1992 e 2000.
O. CALABRESE e U. VOLLI, *I telegiornali: istruzioni per l'uso*, Bari, Laterza, 1995 e 2001.
P. MANCINI, *Video politica, telegiornali in Italia e Usa*, Torino, ERI, 1985.
W. VELTRONI, *I programmi che hanno cambiato l'Italia (Quarant'anni di televisione).* Milano, Feltrinelli, 1996.
M. LIVOLSI, *La realtà televisiva, (Come la televisione ha cambiato gli italiani)*, Bari, Laterza, 1998.

Meritano menzione due pregevoli riviste specializzate, *Problemi dell'informazione* e *Prima*: la prima ha un taglio più saggistico, la seconda più informativo.

Su Berlusconi

Tra i tanti volumi dedicati alla figura di Berlusconi, spesso apologetici o denigratori, si segnala per equilibrio e puntualità di informazione il volume di G. FIORI, *Il venditore. Storia di Silvio Berlusconi e della Fininvest.* Milano, Garzanti, 1995.

Su Maurizio Costanzo

RICCARDO BOCCA, *Maurizio Costanzo Shock,* Milano, Kaos edizioni, 1996.

Sul linguaggio dei Mass Media e della Canzone italiana

G.BECCARIA, *Il linguaggio giornalistico*, in *I linguaggi settoriali in Italia,* Milano, Bompiani, 1973 e 1988.
T. DE MAURO, *Il linguaggio televisivo e la sua influenza*, in *I linguaggi settoriali*, cit.
I. BONOMI, *La lingua dei giornali nel Novecento*, in *Storia della lingua italiana*, a cura di L. SERIANNI e P. TRIFONE, Torino, Einaudi, 1994.
S. RAFFAELLI, *Il parlato cinematografico e televisivo in Italia,* in Storia della lingua italiana, cit.
U. ECO, *Guida all'interpretazione del linguaggio giornalistico*, in V. CAPECCHI - M. LIVOLSI, *La stampa quotidiana in Italia,* Milano, 1971.
P. DIADORI, *L'italiano televisivo,* Roma, Bonacci, 1994
G. BORGNA, L. SERIANNI, *La lingua cantata,* Roma, Garamond, 1994.

Unità 3 / **Indice**

Unità 3

Capire l'Italia e l'italiano
Lingua e cultura italiana oggi
Lia Buono Hodgart

Il Cinema

L'INDUSTRIA CINEMATOGRAFICA ITALIANA

Il cinema italiano alla fine degli anni '90 presenta aspetti diversi e spesso contrastanti, a seconda che si guardino gli elementi strutturali[1] e quantitativi oppure si considerino i fattori artistici e qualitativi: desolanti e inquietanti[2] i primi, confortanti e promettenti i secondi. Il quadro d'insieme induce al pessimismo più che all'ottimismo, perché nessun cinema di qualità può vivere a lungo in condizioni oggettive[3] tanto sfavorevoli. È dunque da un'analisi di queste condizioni che si deve prendere le mosse[4] per poter tracciare una breve panoramica del "nuovo cinema italiano"[5].

Prima di tutto c'è da notare che lo spazio vitale, fisico, del cinema si è venuto restringendo. Nel quinquennio 1988-1993 le sale cinematografiche in attività[6] sono diminuite da 3871 a 3120. Nel 1999 si sono costruiti 140 nuovi cinematografi ma non è salito il numero degli spettatori da tempo perduti. Ed è qui, nella perdita del pubblico cinematografico, che troviamo il dato più eloquente e sconcertante della crisi: nel periodo 1970-1994, gli spettatori perduti sono stati 400 milioni. E questo pubblico, sottratto al cinema dalla televisione e dalle videocassette non è ancora, al momento, tornato tutto in sala. Infatti, nonostante la risalita del 1997 e del 1998, quando i biglietti venduti sono stati rispettivamente 102 milioni e 782 mila e 118 milioni e 506 mila (contro i 96 milioni e 500.000 del 1996), non sembra esserci stata, nel 1999, una ripresa progressiva del cinema italiano[7]. Nonostante manchino ancora i dati globali del 2000, si sa che durante il periodo natalizio, tradizionalmente il periodo dei maggior incassi, il pubblico ha disertato le sale cinematografiche: si calcola infatti che, di sabato e di domenica sera, circa la metà della popolazione italiana (25 milioni di persone) fosse seduta davanti al video a guardare, nell'ordine di preferenza, *Jesus* (canale RAI 1), il calcio nazionale (canali satellitari), gli spettacoli condotti da *Aldo, Giovanni e Giacomo* (canale 5) e, naturalmente, *Carramba, che fortuna!* (canale RAI 2)[8].

La contrazione del numero degli spettatori colpisce[9] l'Italia più di altri paesi. Nel 1999 ogni italiano ha visto in una sala cinematografica 1,6 film, contro i 2 di un cittadino del Regno Unito, i 2,3 di un francese, i 4,4 di un americano.

---

1. **Elementi strutturali** = aspetti appartenenti alla struttura (economica e produttiva) del mondo cinematografico.
2. **desolanti** > desolante = deprimente; **inquietanti** > inquietante = che desta preoccupazione.
3. **oggettive** > oggettivo = reale/ concreto.
4. **prendere le mosse** = cominciare.
5. **nuovo cinema italiano.** Questa dicitura è di M. Sesti e si identifica col titolo del libro. M. Sesti, *Nuovo cinema italiano*,

Roma, Theoria, 1994,
6. **in attività** = funzionanti.
7. Le statistiche contenute in questa sezione sono state fornite dalla SIAE (Società Italiana Autori ed Editori) su richiesta dell'autore.
8. **Carramba, che fortuna!** È il titolo di una popolarissima trasmissione di varietà e canzoni legata alla lotteria nazionale.
9. **colpisce** > colpire = investire.

Il fenomeno ha dimensioni universali, ma è tanto più grave per il cinema italiano, in quanto il grande pubblico diserta[10] i film di produzione nazionale a vantaggio dei film commerciali americani sostenuti[11] dalla grande distribuzione.

Nel 1998, sono stati distribuiti sul mercato 185 film americani e 92 film di produzione italiana: questi ultimi hanno avuto 9 milioni e quattrocentomila spettatori, contro i 52 milioni di spettatori di film americani: un dato che dimostra un'innegabile disaffezione[12] per il cinema nazionale. È dagli anni '80 che i film hollywoodiani si accaparrano[13] una grossa fetta degli incassi globali: il critico e storico del cinema Gian Piero Brunetta faceva notare come, nel 1988, il 57,2% degli incassi globali fosse stato registrato dal cinema americano e il 28,5 % dal cinema italiano[14].

Nel 1999, i film italiani hanno registrato una perdita sugli incassi di 83 miliardi e una perdita sugli investimenti produttivi di 230 miliardi.

Chi lamenta[15] il crescente apparire di cinema hollywoodiano sugli schermi cinematografici e televisivi italiani non lo fa per un ritorno di spirito autarchico o nazionalistico, ma per segnalare, oltre al fattore economico già messo in evidenza, due preoccupanti conseguenze: la dipendenza del cinema italiano da modelli, tematiche ed ideologie imposte[16] dall'industria culturale nordamericana e la sua perdita di identità culturale[17].

La concorrenza[18] della televisione, e in particolar modo delle reti commerciali private, è l'altro motivo di crisi del cinema italiano, non solo perché la televisione ha modificato le abitudini degli italiani rinchiudendone il tempo libero entro le pareti domestiche, ma soprattutto perché, paradossalmente, ha saturato[19] di cinema il consumo televisivo, consentendo a chiunque, a ogni ora del giorno, di vedere film.

Entra in gioco[20], in questo contesto, il nome di Silvio Berlusconi[21] prima per il largo spazio che le sue tv commerciali concedono alla programmazione di film - a scapito[22], quindi, del cinema stesso - e poi per la sua personale rilevanza[23] nella produzione cinematografica italiana.

La situazione di quest'ultima non è confortante[24]: la contrazione[25] dei finanziamenti e degli investimenti privati è stata più marcata negli anni '90 che nel decennio precedente: la punta di massima contrazione[26] si è avuta nel 1997, per un totale di 16 miliardi (4,5% rispetto al biennio precedente). Sono ormai usciti di scena[27] i grandi produttori della generazione postbellica - Carlo Ponti, Dino De Laurentis, Franco Cristaldi - ed oggi, a fare il bello e il cattivo tempo[28], sono due grandi produttori, Silvio Berlusconi e Vittorio Cecchi Gori.

Alle loro spalle è nata qualche società di produzione indipendente ad opera di registi preoccupati di proteggere la propria libertà espressiva[29], come per esempio Gabriele Salvatores, che ha costituito la società di produzione *Colorado* e Nanni Moretti che ha dato vita[30] alla *Sacher Film*. Questa scelta

---

10. **diserta** > disertare = non frequentare più.
11. **sostenuti** = appoggiati/finanziati.
12. **disaffezione** = disinteresse/disamore.
13. **si accaparrano** > accaparrarsi = ottenere/procurarsi.
14. G. P Brunetta, *Storia del cinema italiano*, Roma, Editori Riuniti, 1993,vol. IV, pp. 486.
15. **chi lamenta** = chi è preoccupato e dispiaciuto che...
16. **imposte** = forzate.
17. **identità culturale** = quel complesso di elementi e caratteristiche che costituiscono la specificità di una cultura.
18. **concorrenza** = rivalità/antagonismo.
19. **ha saturato** > saturare = riempire/colmare.
20. **entra in gioco** > entrare in gioco = avere peso/ avere ·

importanza determinante.
21. **Silvio Berlusconi.** Cfr. Unità II, Introduzione e Sezione 8.
22. **a scapito** = a svantaggio.
23. **rilevanza** = importanza/rilievo.
24. **confortante** = rassicurante.
25. **contrazione** = diminuzione.
26. **punta di massima contrazione** = il più basso livello di.
27. **sono usciti di scena** > uscire di scena = sparire/morire.
28. **fare il bello e il cattivo tempo** = essere i protagonisti assoluti.
29. **libertà espressiva** = libertà di esprimere liberamente, anche in forma artistica, i propri pensieri o ideali.
30. **ha dato vita** > dar vita = ideare e fondare.

coraggiosa ha favorito l'affermazione di nuove e inedite[31] capacità di lavoro e ha creato nuove figure professionali, specializzate nella produzione a basso costo.

Gian Piero Brunetta ha definito il cinema italiano degli anni '80 e primi anni '90 "un cinema fantasma"[32]; un cinema che non regge il confronto con quello americano perché le sue strutture carenti e deficitarie ne limitano lo sviluppo e gli sbocchi. Brunetta dice infatti che il cinema italiano è "un cinema che dispone di minori investimenti privati, ha meno capitali a disposizione, meno possibilità di distribuzione e circolazione, minor interesse da parte del pubblico, minor appeal del sistema divistico - con l'eccezione dei comici - rispetto al cinema americano, minor ricerca e invenzione linguistica, minor carisma del ruolo registico, minor creatività nell'inventare storie, minor capacità di vedere e auscultare la realtà nazionale"[33]. All'interno di questo sconfortante panorama, ancora statico[34] negli ultimi anni '90, ci sono tuttavia elementi positivi e, soprattutto, personaggi positivi - autori, registi, attori - che permettono al cinema italiano, per dirla ancora con Brunetta, di "andare avanti"e di soprav-vivere come per miracolo, nella speranza che ci saranno presto, in un vicino futuro, "nuovi affabulatori"[35].

Che in Italia l'interesse per il cinema italiano sia ancora vivo ne è prova il consistente numero di festival, di rassegne, di premi, di diverso spessore e valore, che vengono promossi annualmente su tutto il territorio nazionale. Bellaria, Cattolica, Giffoni, Pesaro, Taormina e, naturalmente, Venezia ospitano festival che ancora suscitano larga eco sia sulla stampa che presso il pubblico, accendendo, soprattutto tra i giovani, i fuochi[36] di una voglia di cinema che a volte trova anche sbocchi adeguati.

IL CINEMA D'AUTORE

Il cinema italiano, oggi, si distingue per la presenza di film di ottima fattura e di alto valore artistico: il loro insieme costituisce "il cinema d'autore". Da questo si distingue "il cinema commerciale", una produzione nata e realizzata, come indica la parola stessa, a fini più specificatamente economici e diretta a soddisfare il gusto del grosso pubblico[37]. Esaminiamo, innanzi tutto il "cinema d'autore", erede della grande tradizione cinema-tografica italiana e tale da imporsi all'attenzione internazionale. Forse, è proprio in virtù di questo tipo di cinema che possiamo guardare al futuro con speranza e fiducia poiché, per dirla con Lietta Tornabuoni[38], "nessuno vuol credere all'assenza di futuro del cinema italiano".

I REGISTI

Vediamo ora chi sono i protagonisti del "cinema d'autore" degli ultimi vent'anni, il cui valore artistico si pone in un rapporto di continuità, e non di decadenza, rispetto alla grande stagione creativa del cinema italiano del dopoguerra.

La diminuzione dei film prodotti ha comportato[39] vistose[40] perdite di competenza e di professionalità nel passaggio da una generazione all'altra. E tuttavia il ricambio generazionale[41] degli ultimi anni - che ha visto uscire

---

31. **inedite** > inedito = originale.
32. **G. P. Brunetta**, *Storia del cinema italiano*, cit. vol. IV, p. 527.
33. **auscultare la realtà nazionale** = essere attento alle necessità ed ai bisogni più nascosti del popolo italiano.
34. **statico** = che non è cambiato/immoto.
35. **affabulatori** > affabulatore = narratore ricco di fantasia e abile nel preparare la finzione scenica. (Neol. 1963). La cita-zione è da: G. P. Brunetta, *Storia del cinema italiano*, cit. p. 578.
36. **accendendo i fuochi** > accendere i fuochi = suscitare

entusiasmo.
37. **grosso pubblico** = gli spettatori più numerosi e meno esigenti.
38. **Lietta Tornabuoni.** Giornalista e critico cinematografico, scrive sui maggiori quotidiani e settimanali italiani. Di lei si veda il testo IV di questa Unità.
39. **ha comportato** > comportare = portare a.
40. **vistose** > vistoso = grosso/di larghe proporzioni.
41. **ricambio generazionale** = passaggio da una generazione al-l'altra; sostituirsi dei 'vecchi' maestri coi 'nuovi' più giovani registi.

di scena, tra gli altri, due grandi nomi, i registi Michelangelo Antonioni e Federico Fellini (emersi dopo la stagione del "Neorealismo"[42]) - ha già consacrato alla fama[43] registi come Gianni Amelio, Francesca Archibugi, Nanni Moretti, Gabriele Salvatores, Giuseppe Tornatore e Roberto Benigni. Gli ultimi tre sono autori di film di grande successo di critica ed anche di pubblico: Salvatores è l'autore di *Mediterraneo* (1991, Oscar); Tornatore è l'autore di *Nuovo Cinema Paradiso* (1987, Gran premio della giuria al festival di Cannes e Oscar) e Roberto Benigni ha firmato "uno dei più bei film di tutti i tempi"[44], *La vita è bella* (1998), insignito di molti premi internazionali e nazionali tra cui il Gran premio della giuria al Festival di Cannes e l'Oscar (1999).

Su di un piano più domestico[45], in quanto la loro fama e reputazione è ancora ristretta all'Italia, si collocano alcuni registi meridionali[46]: Troisi, Martone, Capuano, Corsicato - la cosiddetta "Scuola napoletana" - sono gli autori di film diversissimi, ma complementari nel loro progetto di darci uno spaccato[47] della società meridionale degli ultimi decenni.

Morte di un matematico napoletano (1991) di Mario Martone, è una nostalgica ma austera[48] indagine su un insolito personaggio di intellettuale della Napoli degli anni '50 che non si conforma[49] alle ideologie del tempo e finisce suicida. *Vito e gli altri* (1991) di Antonio Capuano, narra in modo intelligente ad attento, il percorso inevitabile di un ragazzino napoletano destinato alla malavita e alla camorra[50]. *Libera* (1991) di Pappi Corsicato è un'opera provocatoria su personaggi femminili che, in un intreccio di situazioni e di tensioni disparate, si muovono all'interno di una società meridionale moderna vista con feroce e irresistibile sarcasmo.

Massimo Troisi, di originale talento e grande popolarità è scomparso prematuramente[51] nella primavera del 1994. Lo ricordiamo nell'irresistibile comicità di *Ricomincio da tre* (1981) e di *Pensavo che fosse amore e invece era un calesse* (1991) dove fu regista ed attore e nella delicata e poetica interpretazione del film *Il Postino* (1994) di cui fu anche sceneggiatore.

Ottime prove hanno dato, sempre in questi ultimi quindici anni, registi come Daniele Luchetti e Carlo Mazzacurati che, rispettivamente, con *Il Portaborse* (1991) e *Notte italiana* (1987), furono gli unici registi a parlare della radicata corruzione sociale e politica in Italia mentre essa avveniva e trionfava con il consenso[52] dei più. L'elemento critico e morale di questi due film torna anche in un altro film di Mazzacurati, *Un'altra vita* (1992), racconto e scoperta di una Roma inedita[53] e di un'umanità mai raccontata. Ottima, secondo G.P. Brunetta[54], anche l'ultima prova di Mazzacurati, *Vespa va veloce* (1997). Roma è ancora al centro dell'indagine sociale di Pasquale Pozzessere nel suo film *Verso Sud* (1992). È una Roma desolata e piena di solitudine, vista attraverso le esperienze e lo stato d'animo di una coppia di emarginati senza futuro. Buona anche la sua ultima prova, il film *Le acrobate* (1997). Silvio Soldini, invece, sposta l'azione a Milano, che fa da sfondo alla storia

---

42. **Neorealismo.** Corrente del cinema italiano nata nell'immediato dopoguerra con l'intento di 'girare' fuori dai teatri di posa, nel vivo della realtà popolare, che viene rappresentata con grande ardore umanitario. Tra i capolavori, *Roma città aperta* (Rossellini, 1945) e *Ladri di biciclette* (De Sica, 1948).

43. **ha consacrato alla fama** > consacrare alla fama = rendere famoso.

44. **G.P. Brunetta**, *Il cinema italiano oggi*, in <<*Annali d'italianistica*>>, 17, (1999), University of North Carolina, USA, pp. 16-30.

45. **su di un piano più domestico** = a livello nazionale.

46. **meridionali** = modo di identificare gli italiani nati e vissuti nelle regioni del Sud d'Italia.

47. **film diversissimi ma complementari nel darci uno spaccato della società meridionale** = film che, presi nel loro insieme, contribuiscono a darci una visione esauriente e complessiva della realtà del Sud d'Italia. **Darci uno spaccato** = fare una descrizione precisa e circoscritta di ambienti e situazioni.

48. **austera** > austero = rigoroso/severo.

49. **si conforma** > conformarsi = adeguarsi.

50. **camorra** = organizzazione criminale, di tipo mafioso, che opera a Napoli e nella provincia napoletana e che si è infiltrata anche nelle istituzioni politiche locali.

51. **prematuramente** = troppo presto.

52. **consenso** = approvazione.

53. **inedita** > inedito = sconosciuto.

54. **G.P. Brunetta**, *Il cinema italiano oggi*, cit.

d'amore fra un impiegato in crisi e una piccola zingara e, quindi, allo scontro fra i loro due mondi irriconciliabili (*Un'anima divisa in due*) (1993). Fra i giovanissimi, sono indubbiamente promettenti Giacomo Campiotti, Ricky Tognazzi e Marco Risi. Non va poi dimenticato che restano in attività (talora con merito, talora invece con insuccessi clamorosi), alcuni famosi registi della generazione precedente, come Marco Bellocchio, Bernardo Bertolucci, Liliana Cavani, Marco Ferreri, Ermanno Olmi, Francesco Rosi, Ettore Scola, i fratelli Paolo ed Emilio Taviani.

GLI ATTORI

Non sono solo i registi ad essere i protagonisti di questo nuova stagione cinematografica difficile e proble-matica[55] ma, forse, proprio in virtù[56] del loro talento, promettente. Rifacendosi ad una tradizione di recitazione che unisce la creatività e l'originalità alla competenza e alla maestria[57] professionale anche gli attori contribuiscono al successo del cinema italiano d'oggi. Pensiamo a Fabrizio Bentivoglio, per i ruoli drammatici (da *Marrakesh Express* a *Testimone a rischio*), a Sergio Castellitto, per la sua intensa interpretazione ne *L'uomo delle stelle* (1995) di Tornatore o a Diego Abatantuono, versatile e spregiudicato interprete di *Mediterraneo*. Interessante è poi il fatto che molti registi si cimentano[58] come attori - Moretti, Nichetti, Rubini, Tognazzi - e molti attori si cimentano (ma non sempre con risultati di pari[59] valore) come registi - Benigni, Massimo Troisi, Michele Placido.

La cooperazione tra autori e attori si è estesa[60], sia perché talora le due figure coincidono[61], sia perché sempre più di frequente gli attori vengono coinvolti[62] nella realizzazione del copione. A ciò va aggiunta l'esistenza di un processo di forte contaminazione[63] instauratosi, pressoché ovunque, tra teatro e cinema, in virtù dell'adattamento a una diminuzione delle risorse a disposizione.

Quanto alle dive del cinema italiano d'oggi, i critici sembrano ben concordi nell'affermare che la loro attività e i loro meriti artistici non sembrano giustificare il clamore suscitato dai media e dalla stampa. Le nuove bellezze nazionali - Valeria Marini, Maria Grazia Cucinotta e Anna Falchi - non sembrano avere le qualità artistiche necessarie ad uscire dai loro ambiti di provenienza: la moda, il varietà, la televisione, il cabaret e un paragone con le grandi dive degli anni '60, Loren, Lollobrigida, Cardinale, è impensabile. Tuttavia proprio durante le ultime stagioni si sono imposte all'attenzione attrici che, per talento e grinta, hanno fatto ben sperare: Valeria Golino, Margherita Buy (*Fuori del mondo, 2000*) e Asia Argento (*Diva*, 1999).

I FOTOGRAFI

Nel cinema italiano operano ancora ottimi fotografi. Mentre i grandi fotografi come Carlo Di Palma, Giuseppe Rotunno o Vittorio Storaro, o autentici maghi degli effetti speciali come Carlo Rambaldi sono ormai entrati nell'orbita[64] del cinema americano, altri ne raccolgono l'eredità[65], come il fotografo Luca Bigazzi. E mentre sul fronte dei soggettisti e degli sceneggiatori c'è chi, come Vincenzo Cerami, rinnova la tradizione che fu di Ennio

---

55. **problematica** > problematico = che prospetta problemi di non facile soluzione.
56. **in virtù di** = grazie a.
57. **maestria** = bravura e abilità.
58. **si cimentano** > cimentarsi = mettersi alla prova.
59. **di pari valore** = di uguale valore.
60. **si è estesa** > estendersi = si è ampliata coinvolgendo diversi campi di attività artistica.
61. **coincidono** > coincidere = identificarsi.
62. **vengono coinvolti nella realizzazione** = partecipano alla realizzazione.
63. **contaminazione** = mescolanza/fusione di elementi.
64. **orbita** = àmbito/campo.
65. **ne raccolgono l'eredità** = si rifanno alle tecniche dei grandi maestri di cui hanno apprezzato ed imparato la lezione.

Flaiano, lo scrittore 'prestato' al cinema, un *cartoonist* come Guido Manuli tiene viva la lezione, poetica prima ancora che grafica, di Bruno Bozzetto.

LE TENDENZE

All'interno di questo promettente ricambio generazionale[66] colpisce l'assenza di una corrente dominante, di uno stile, di un'estetica e di un progetto[67] cinematografico che facciano scuola[68] ad un'intera generazione, come fu per il "Neorealismo" italiano nel dopoguerra. Si è parlato di minimalismo per descrivere questa rinuncia della nuova generazione ad avere un'estetica cinematografica, un'idea 'forte' di cinema[69]. Dominano esperienze disorganiche e progetti di generi diversi; non c'è più un Maestro, un modello da seguire. Dice Mario Sesti, storico e critico del cinema: "Se non esiste più un fronte produttivo ricco, forte, articolato, se non esiste una generazione di autori omogenea per età e progetto, esiste oggi, tuttavia, un brulicare di piccole produzioni più domestiche che amatoriali"[70].

Nel "cinema d'autore" si nota una tendenza generale: tra i registi italiani sembra essere diminuito quell'interesse costante verso i problemi di fondo[71] della società, interesse che aveva fatto del cinema italiano, dal dopoguerra a tutti gli anni '70, il cinema 'impegnato'[72] per eccellenza.

Sopravvive, tuttavia, nei registi italiani la volontà di fare del cinema un mezzo per conoscere e comprendere la realtà sociale. Ciò produce ottimi risultati in quei registi che, come scrive Lietta Tornabuoni, "scelgono di raccontare quegli italiani che penosamente, faticosamente, coraggiosamente, tra ostacoli e stanchezze infinite, cercano di resistere, di tirare avanti" (si pensi a *Stanno tutti bene* di Giuseppe Tornatore).

È un dato di fatto che la cinematografia italiana recente seguita a dare il meglio di sé nel filone del cinema impegnato, sia pur profondamente rinnovato, in quanto non più politicizzato come nel passato. I film migliori, insomma, sono ancora quelli che sanno 'graffiare', cioè scuotere il senso comune dello spettatore; quei film legati ad una cultura critica e insieme disincantata, ad uno spirito di resistenza nei confronti di una vita sociale sempre più omologata e massificata[73].

Fra i film d'autore, citiamo qui i migliori, che sono soprattutto film di resistenza, per le vicende umane che inscenano e per il tipo di cinema che rappresentano: *Il ladro di bambini* e *Lamerica* di Amelio, *Il grande cocomero* dell'Archibugi, *Mario Maria Mario* di Scola, *Il branco* di Marco Risi, *Il Portaborse* di Luchetti, *Vito e gli altri* di Antonio Capuano, *Ultrà* di Ricky Tognazzi, il mediometraggio *Giulia in ottobre* di Soldini, *Padre e figlio* di Pozzessere, *Un eroe borghese* di Michele Placido, e, infine, *Mediterraneo* di Salvatores, *Caro Diario* di Moretti e *La vita è bella* di Benigni.

---

66. **ricambio generazionale** = il susseguirsi di una generazione all'altra.
67. **progetto** = idea/piano.
68. **facciano scuola** > fare scuola = stabilire modelli da seguire.
69. **un'idea 'forte' di cinema** = un cinema che ha uno stile ben definito e delle sue caratteristiche ben marcate, tale da potersi imporre all'attenzione del pubblico.

70. M. Sesti, *Nuova cinema italiano*, cit. p. 20.
71. **i problemi di fondo** = i problemi di base/fondamentali.
72. **cinema impegnato** = cinema che, in nome di una ideologia condivisa, interpreta la cultura e l'arte come momenti inseparabili dalle scelte politiche e sociali del proprio tempo.
73. **omologata e massificata** = resa uniforme e standardizzata.

Peraltro, un cinema meno ideologico[74] significa, in positivo, un cinema che sa raccontare più che enunciare[75], evocare più che descrivere, immaginare più che ricostruire. Quello che a molti critici sembra una perdita di spessore, una caduta nella superficialità, ad altri sembra una conquista di lievità, un utile smagrimento. Comunque la si valuti, colpisce la ricorrenza del filone tematico[76] dell'infanzia e dell'adolescenza: la scoperta di un nuovo modo di narrare avviene attorno alla figura preminente del bambino, non più solo come oggetto del ricordo che si fa rimemorazione, come in *Nuovo Cinema Paradiso*, ma come soggetto in carne ed ossa, come ad esempio nelle prime opere di Francesca Archibugi - *Mignon è partita*, *Verso sera* e *Il grande cocomero* - o in *Corsa di primavera*, film d'esordio di Giacomo Campiotti o, soprattutto, nel bellissimo *Il ladro di bambini* di Gianni Amelio.

IL CINEMA COMMERCIALE

"Il nuovo cinema italiano - dice Vito Zagarrio - non è solo il cinema non commerciale, con ambizioni e presunzioni "d'autore", quello emarginato dalle sale cinematografiche o valorizzato soprattutto nei festival. Giovane o giovanissimo [il cinema commerciale] può essere anche il cinema campione di incassi, se inserito nel contesto di uno *studio system* all'italiana"[77]. E non ci sono dubbi che "il cinema commerciale", in Italia, sia il cinema campione di incassi a cui le cifre date in apertura di questa Introduzione si riferiscono per massima parte. È un cinema che si propone di compiacere il pubblico che giustamente ne compensa, coi biglietti venduti e i relativi introiti, gli autori. È un cinema che non ha l'ambizione di creare un'opera d'arte e vuole far ridere piuttosto che meditare[78]. È un cinema che oscilla fra totale superficialità e sottile ironia.

Molti i protagonisti. Ne citeremo solo alcuni, i cui film sono sembrati, a giudizio di alcuni autorevoli critici (Sesti, Brunetta, Fofi, Zagarrio), più rappresentativi del genere. I primi due nomi sono quelli di due registi-attori, Carlo Verdone e Leonardo Pieraccioni, rappresentanti di generazioni diverse che hanno raggiunto spesso alti vertici d'incassi. Verdone ha battuto i record d'annata: nell''80 con *Un sacco bello,* nell'81 con *Bianco, rosso e Verdone* e nel '96, con *Viaggi di nozze.* Pieraccioni ha battuto tutti i record d'incassi italiani nel 1997, con due film: *Il Ciclone* e *Fuochi d'artificio.* I film di Verdone e di Pieraccioni sono film di comicità pura e di facile costruzione, a episodi e a macchiette, che raccontano spesso storie di ragazzi giovani e di amori. La loro comicità funziona cogliendo i lati più ridicoli del vivere civile, come per esempio l'uso del 'telefonino', il tremendo cellulare divenuto *status symbol,* che uno dei protagonisti di *Fuochi d'artificio* si porta anche a letto.

Ci si chiede quali siano le ragioni dell'enorme successo di Pieraccioni. Risponde Gian Piero Brunetta: "Le commedie sono carine, le trame sono esili, ma familiari, lo stile è garbato, la comicità è totale, il coinvolgimento dello spettatore è minimo, il tono è sincero e genuino. I suoi film sono film per le famiglie, film in cui il pubblico cinematografico ritrova il piacere di stare insieme, di ridere senza pensare"[79]. Non così conciliante è, invece, Goffredo Fofi che, inorridendo all'idea che i film e il loro autore possano diventare emblematici nuovi modelli dell'Italia odierna, così esprime la sua ripulsa: "Ve lo immaginate un popolo di Pieraccioni?"[80].

---

74. **cinema meno ideologico** = cinema che non sia principalmente veicolo d'espressione di un'ideologia.
75. **enunciare** = esporre in modo dogmatico.
76. **filone tematico** = tema/soggetto ricorrente.

77. **Vito Zagarrio**, *Cinema italiano anni novanta,* cit. p. 99.
78. **meditare** = riflettere.
79. **G.P. Brunetta**, *Il cinema italiano oggi,* cit.
80. **G. Fofi**. cit. in Brunetta, *Il cinema italiano oggi,* cit. p. 26.

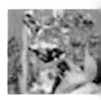

Cinema commerciale di buon livello, è quello di Maurizio Nichetti. Il suo *Ladri di saponette* è "con molta probabilità uno dei più originali film comici degli anni '80"[81]. Lo segue da vicino Roberto Benigni con film di grande popolarità e di incassi vertiginosi: *Il piccolo diavolo* (1988); *Johnny Stecchino* (1991) e *Il Mostro* (1994).

Su di un piano di comicità più superficiale si collocano i 21 film di Carlo Vanzina, da *Yuppies* (1986) a *SPQR* (1994) a *Selvaggi* (1996) a *L'avventura continua* (1997). Renato Pozzetto, Enrico Montesano e Francesco Nuti sono autori di film comici spesso di dubbia qualità.

---

81. **G.P. Brunetta**, *Storia del cinema italiano*, cit. p. 463.

Unità 3 / **Sezione 1**

Capire l'Italia e l'italiano
Lingua e cultura italiana oggi

Lia Buono Hodgart

Il Cinema

Omaggio a Federico Fellini

Omaggio a Federico Fellini

Federico Fellini

La prima sezione di questa unità è dedicata a Federico Fellini, uno dei grandi maestri del cinema non solo italiano, ma di ogni tempo.

Fellini è morto a Roma il 30 ottobre del 1993 e la sua attività, iniziata negli anni '50, copre l'arco di quaranta anni. Era nato a Rimini nel 1920. La sua inclusione in questa rassegna del cinema italiano degli ultimi 20 anni è giustificata non solo dalla attività da lui svolta in questo arco di tempo - che coincide poi con la sua ultima produzione - ma è dovuta, anche e soprattutto, alla considerazione per l'influsso, indiscusso e profondo, da lui esercitato sulla cinematografia italiana in senso lato e sui registi contemporanei in senso stretto (basti pensare a Giuseppe Tornatore).

Non ancora diciannovenne è a Firenze, dove si mantiene disegnando fumetti, e poi a Roma. Al cinema s'accosta da autodidatta nel 1945, collaborando alla sceneggiatura di *Roma città aperta*, il capolavoro di Roberto Rossellini che inaugura, nell'Italia appena liberata dalla dittatura fascista, la stagione del cosiddetto "Neorealismo".

Pur non condividendone la poetica, Fellini consolida la sua esperienza come sceneggiatore nell'ambito del "Neorealismo", collaborando, oltre che con Rossellini, con Pietro Germi e Alberto Lattuada. Proprio con Lattuada firma, nel 1950, la sua prima regia, *Luci del varietà*, un'opera che già consente di riconoscere alcuni temi del Fellini maturo: la ricerca autobiografica, il senso del grottesco, lo scalcinato mondo dello spettacolo. A *Luci del varietà* risale anche il sodalizio intellettuale e professionale con lo sceneggiatore Tullio Pinelli e con il geniale scrittore (e sceneggiatore egli stesso) Ennio Flaiano. Altri sodalizi 'a tre dimensioni', destinati a una lunga fedeltà, saranno stretti via via con lo sceneggiatore Tonino Guerra, con il musicista Nino Rota, con il fotografo Giuseppe Rotunno, con il costumista Pietro Gherardi, con intellettuali come Bernardino Zapponi e Andrea Zanzotto, con l'attore Marcello Mastroianni, il volto 'felliniano' per eccellenza.

Le prime due opere firmate dal solo Fellini, *Lo sceicco bianco* (1952) e *I vitelloni* (1953), raccontano vicende di piccoli provinciali, grotteschi più che gretti, velleitari più che volgari, fumettistici, forse, più che neorealistici. Se il primo ha come tema le trasognate illusioni di un'umanità marginale e ingenua, il secondo narra (con un esplicito richiamo autobiografico alla natia Rimini) la vita quotidiana, stagnante e frustrante, di cinque perdigiorno.

Film decisamente favolistico e sentimentale, di vago sapore chapliniano, il successivo *La strada* (1954), premiato con l'Oscar per il miglior film straniero, sollecita invece a tal punto le corde del patetico che "bisogna essere delle pietre per non commuoversi" (P. Mereghetti).

La strada non piacque, invece, ai critici di fede, che ne videro un tradimento del "Neorealismo". Anche l'idea ispiratrice de *Il bidone* (1955) - che la Grazia divina può riscattare gli esseri umani dai loro fallimenti esistenziali e dalle loro colpe sociali - creò qualche incomprensione tra Fellini e la critica militante. Ma, comunque si valuti il cattolicesimo di certe sue opere, va riconosciuto a Fellini il merito di aver saputo non farne un manifesto ideologico da sciorinare al pubblico sino a pregiudicare il risultato estetico dei suoi film. Nessuno dei grandi registi italiani della seconda metà del '900 è stato, come Fellini, altrettanto estraneo a una estetica e a una poetica di impianto ideologico. Il tema della Grazia ispira in ogni caso anche *Le notti di Cabiria* (1957), che vale un secondo Oscar a Fellini e una immensa popolarità a Giulietta Masina, sua moglie.

Del 1960 è il grandioso affresco de *La dolce vita*. Oggi all'unanimità riconosciuto come uno dei massimi capolavori della storia del cinema, fu, allora, accolto da grossolane accuse di immoralità e di sconcezza; per ironia della sorte furono proprio i cattolici a suscitare le polemiche più pesanti. Il film segna il definitivo passaggio da un Fellini narratore di favole, che pone al centro i sentimenti, a un Fellini barocco, figurativo, pittorico, anche quando mette in scena, in chiave prevalentemente autobiografica, sentimenti e sogni.

Incontriamo questo Fellini barocco in pressoché tutti i film degli anni '60, a giudizio della critica, i meno riusciti e ispirati di tutta la sua produzione: *Le tentazioni del dottor Antonio*, episodio di *Boccaccio '70* (1962); *Giulietta degli spiriti* (1965); *Fellini-Satyricon* (1969); *Toby Dammit*, episodio di *Tre passi nel delirio* (1968), liberamente ispirato a un racconto di Edgar Allan Poe.

A questo giudizio si sottrae però il secondo capolavoro assoluto di Fellini, *Otto e mezzo* (1963). Film di culto, premiato con due Oscar, secondo lo storico del cinema italiano Gian Piero Brunetta "Otto e mezzo si colloca, rispetto al cinema italiano del dopoguerra, in posizione simile alla Cappella Sistina rispetto alla pittura del Rinascimento". Film visionario, capace di trasformare in immagini le figure pre-logiche dell'inconscio, *Otto e mezzo* costituisce una "autobiografia immaginaria, visivamente straordinaria, che, con apparente svagatezza, va a fondo in temi ultimi come l'Arte, la Memoria e la Morte" (P. Mereghetti).

Un nuovo cambiamento di registro si ha nei primi anni '70 con tre film incentrati sul tema del ricordo. Girato per la televisione, con il pretesto di un'inchiesta sul circo, *I Clowns* (1970) rende un omaggio affettuoso e ammirato a un mondo che sta per scomparire. *Roma* (1972) evoca con grande lievità narrativa il rapporto autobiografico di Fellini con la capitale, trasfigurata nel presente della memoria in una città che unisce favola e degrado, bellezza e trivialità, spiritualità e carnalità, retorica politica e spontaneità popolare.

Amarcord (1973) infine, quarto Oscar per il miglior film straniero, ritorna all'infanzia romagnola del regista (*A m'arcòrd* in dialetto romagnolo significa "mi ricordo"). In questo film il ricordo personale diventa un brano di autobiografia collettiva della nazione negli anni del fascismo.

Carica di metafore e non sempre riuscita ma sempre ironica e godibile, è la produzione felliniana degli ultimi quindici anni. Casanova (1976) è la metafora di una sessualità ormai ridotta ad automatismo, a consumo meccanico. *La città delle donne* (1980) non nasconde il fastidio di Fellini per le idealità e i costumi del femminismo.

Prova d'orchestra (1979), forse il suo solo film a tesi, è metafora dei possibili destini dell'Italia ipersindacalizzata degli anni '70, oggi decisamente scomparsa. *E la nave va* (1983) è percorso dall'incubo di una possibile, incombente catastrofe nucleare. Le ultime opere, *Ginger e Fred* (1985), *Intervista* (1987) e *La voce della luna* (1990), portano l'attenzione su un genocidio ben più sottile dell'olocausto nucleare, quello provocato dalla televisione e dalla società di massa: una mutazione antropologica che ha nel sogno, nella fiaba, nell'immaginazione (e dunque nel cinema) le sue principali vittime. Nel 1993 Federico Fellini ha ricevuto un Oscar alla carriera.

"Nei suoi film recita la vera Italia" *di R. Polese*
Lo scrittore Tabucchi: "Fellini ha raccontato il nostro romanzo interiore"

Noi italiani e Fellini: compagni di strada in un lungo viaggio. Lui, il maestro, ci raccontava (e si raccontava) nell'arco della sua irripetibile carriera. E noi ci muovevamo, forse crescevamo, tra un suo film e l'altro. Sorpresi a volte, **spiazzati**[1] e colpiti più spesso da quel grande **affresco**[2] che si compiva sotto i nostri occhi. All'inizio c'era l'umile paesaggio del dopoguerra pieno di sogni e di *chimere*°, poi saremo arrivati alle false **certezze**[3] dei **miracoli economici**[4].

○ *fantasticherie/utopie*

Storie di ieri e di oggi, in un'*altalena*° di boom e **congiunture**[5], **centrosinistra**[6] e solidità nazionale, **autunni caldi**[7] e anni di stupido lusso. E i suoi film, periodicamente, arrivavano sui nostri schermi. Per riallacciare una conversazione mai finita. Conosce bene la filmografia del regista lo scrittore Antonio Tabucchi. Narratore tradotto in molte lingue, l'autore de *Il gioco del rovescio* e *Notturno indiano* si dichiara un felliniano convinto:

○ *alternanza*

- "Fellini **ci ha guardati dentro**[8] in un modo irripetibile, forse è stato l'unico moralista di questa nostra Italia uscita dalla guerra, ricostruita e ora *in procinto di*° disfarsi di nuovo". Ci ha ritratti negli anni, spesso ci ha *sorpresi*°. Ma nessuno ci ha capiti come lui; nei suoi film recita la vera Italia".

○ *sul punto di*
○ *stupiti/meravigliati*

- "Ma allora", chiediamo, "possiamo usare il cinema di Fellini, da *Lo sceicco bianco* a *Ginger e Fred*, come un documento, un testo di storia?"

- "Sì e no", risponde Tabucchi, "Altri registi hanno raccontato la storia d'Italia con più apparente realismo di lui. Inutile far nomi, ma gli esempi sono infiniti. In verità, però, Fellini raccontava l'Italia *interiore*°, quella che tutti noi **ci portiamo dentro**[9]. Virtù e debolezze, il nostro carattere nazionale: nei suoi film ci sono le nostre emozioni, la cultura, i ricordi, la nostra *formazione*° più o meno cattolica. **Lì c'è il romanzo interiore d'Italia**[10]".

○ *intima/nascosta*
○ *educazione*

- "Partiamo dalle origini, lo *Sceicco Bianco* e *Le notti di Cabiria*: quale Italia ci torna agli occhi?"

---

1. **Spiazzati** > spiazzato = (a) (lett.) far perdere all'avversario la sua normale posizione per impedirgli il gioco; (b) (metaf.) posto in una situazione sfavorevole o inopportuna. **Nel testo "spiazzati" significa:** "messi fuori strada".
2. **affresco** = (a) (lett.) tipo di pittura; (b) (metaf.) raffigurazione, descrizione, squarcio. **Nel testo vale l'accezione (b)**.
3. **certezze** > certezza. Qui si allude al clima di ottimismo - in campo economico, politico e sociale - creatosi negli anni '60: gli anni, appunto, del boom economico o "miracolo economico", come viene chiamato poco dopo. Purtroppo, alla fine degli anni '60, quell'ottimismo si rivelò, in parte, infondato. Ecco perché le **certezze** diventano **false**: perché non si sono realizzate o avverate.
4. **miracoli economici** > miracolo economico. Tra la fine degli anni '50 e i primi anni '60 l'economia italiana crebbe con ritmi molto intensi e si attuò la definitiva trasformazione dell'Italia in un paese industrialmente avanzato. Questo processo, così rapido ed esteso, fu generatore di benessere economico e sembrò, allora, quasi un 'miracolo': di qui, la denominazione. (Cfr. Unità IV, Introduzione).
5. **congiunture** > congiuntura = momento economico che ha

carattere di eccezionalità e che rispecchia una situazione per lo più sfavorevole.
6. **centrosinistra** = schieramento politico risultante dalla coalizione o da una convergenza programmatica tra partiti di centro e partiti della sinistra moderata.
7. **autunni caldi** > autunno caldo. Nell'autunno del '69 si ebbe, in Italia, una stagione di intense lotte sociali (conflitti fra sindacati e industria, agitazioni studentesche fortemente politicizzate, rivendicazioni nel settore terziario). Tale stagione fu giornalisticamente denominata "autunno caldo", ad indicare, metaforicamente, l'elevato grado di tensione (temperatura!) esistente nel paese.
8. **ci ha guardati dentro** > guardare dentro = cercare di capire l'animo, i pensieri più intimi. È un'espressione colloquiale.
9. **[l'Italia che] ci portiamo dentro**. Anche questa, come la precedente, è espressione colloquiale e significa: quel complesso di qualità spirituali, attitudini psicologiche e modi di comportamento che sono tipici degli italiani e ne costituiscono il carattere nazionale.
10. **lì c'è il romanzo interiore d'Italia**. La frase significa: "i film di Fellini - 24, dal 1950 al 1990 - coprono un vasto arco di

- "È il paese della ricostruzione, quello di tanti poveri che sperano in un domani migliore. E che affidano i loro sogni a creature miracolose, il Papa dell'Anno Santo e l'eroe dei fotoromanzi come nel primo film, o il *forzuto°* Zampanò che accende i grandi occhi innocenti di Gelsomina ne *La strada*. Il suo sguardo, negli anni '50, si posa sui *reietti°*, gli umili. Ed è uno sguardo affettuoso, tenerissimo".

○ *muscoloso/robusto*

○ *derelitti/emarginati*

- "Fino ai limiti del **populismo**(11), dell'idealizzazione della povertà e dell'innocenza di chi non ha niente ?"

- "Non del tutto".- "Fellini, intanto, non ama la borghesia. I borghesi dei suoi film, sempre, sono personaggi piccoli, *spregevoli°*, negativi. È un borghese il fidanzato di Cabiria, quello che la truffa e la umilia; sono borghesi (e provinciali) *I Vitelloni*, con la loro mediocre arte di *arrangiarsi°*. E come dimenticare l'orrore della festa sul mare che chiude *La dolce vita*?"

○ *ignobili*

○ *riuscire a cavarsela*

- "Già, eccoci a *La dolce vita*, un avvenimento che fece da **spartiacque**(12), divise l'Italia, provocò scandali e **clamori**(13)".

- "*La dolce vita* è un caso a sé", dice Tabucchi, "È il film più classista di Fellini, quello più adeguato (se si può dir così) al momento della sua uscita. È il 1960 e s'intravede una **svolta**(14) politica. E Fellini consegna allo schermo il suo affresco *spietato°*, con l'intellettuale codardo Marcello Mastroianni, che si agita vanamente tra la funebre festa di una nobiltà in disfacimento e l'orgia notturna di una borghesia ricca e già corrotta. Per un regista tollerante come lui, quel film è una **lacerazione**(15), uno strappo, una durissima **denuncia**(16). Non era il sesso a *turbare°*, no. Era quel giudizio universale che congedava per sempre il mondo putrefatto dei nobili, e insieme *additava°* al disprezzo la nuova classe dirigente. Questa sincronicità con il presente storico forse Fellini non l'avrebbe più trovata. Non certo negli anni '60 e '70. I suoi film del periodo spiazzano lo spettatore: Fellini precorre, anticipa".

○ *duro*

○ *sconcertare*
○ *segnalava/indicava*

---

tempo e riflettono i fondamentali mutamenti nelle strutture sociali, politiche, e culturali dell'Italia dagli anni '50 agli anni '90: possono, quindi, essere paragonati a un lungo romanzo, di cui l'Italia tutta è protagonista".

11. **populismo** = ogni movimento sociale e politico che tenda in qualche modo all'esaltazione demagogica delle qualità e capacità delle classi popolari. Nel testo la parola sta ad indicare semplicemente un possibile atteggiamento di simpatia, da parte di Fellini, per la gente più povera o più semplice.

12. **spartiacque** = (a) (lett.) cresta montuosa che separa bacini idrografici situati in versanti opposti; (b) (metaf.) linea di netta demarcazione o di divisione. **Nel testo vale l'accezione (b)**.

13. **clamori** > clamore = (s.m.) schiamazzo, vocìo, grida. Nel

testo, "**provocò clamore**" significa: "provocò vasta reazione di consenso o di dissenso nell'opinione pubblica".

14. **svolta** = (a) (lett.) curva; (b) (metaf.) mutamento, trasformazione. **Nel testo vale l'accezione (b)**.

15. **lacerazione**. La parola, sia in senso letterale che metaforico, sta a significare una rottura, uno strappo profondo o esteso.

16. **denuncia** = (a) (lett.) accusa, querela (es. "ho sporto denuncia alla polizia per il furto della mia patente"); (b) (metaf.) rendere noto o manifesto un fatto o avvenimento ritenuto scandaloso, illegale o immorale; si può riferire anche a persona (es. "ho letto oggi sul *Corriere della Sera* un'aperta denuncia della politica di Clinton"). **Nel testo vale l'accezione (b)**.

È il caso di *8 e mezzo*, la più **lucida**[17] analisi sulla crisi dell'intellettuale, sulla fine della cosiddetta industria culturale, sul crollo del **progetto neocapitalistico**[18] applicato alla cultura. Il tutto visto sotto la grande metafora del film che non sarà fatto, del progetto che si trasforma nella parodia di se stesso. Ma con quel film ecco *irrompere*° sulla scena il mondo interiore, i sogni, gli incubi, le ossessioni. Il paesaggio italiano diventa simbolico; lui, il regista, non descrive più, suggerisce, allude, **procede per associazioni**[19]. Su questa strada incontreremo il gelo profondo di *Casanova*, allegoria di un mondo che muore e di un antieroe che si annienta con lui; il *Satyricon*, viaggio a *ritroso*° nella latinità della decadenza; e poi *Roma* ed infine *E la nave va*. E poi, nel '73, esce *Amarcord*. Sul filo dei ricordi d'infanzia, riappare un mondo (quello del fascismo) raccontato quasi con toni di **elegia**[20]...".

- "Anch'io fui sorpreso da *Amarcord*, non m'aspettavo quella strana nostalgia. All'Italia di allora, presa com'era tra **movimenti studenteschi**[21] e **proteste sociali**[22], non interessava minimamente quel passato da rivisitare, quel c'era una volta, in cui l'ironia si *stemperava*° nella tenerezza del ricordo generazionale. Eppure il film stregava, *ammaliava*°".

"E *Prova d'orchestra*, invece?"

- "Per me non significa altro che l'*ennesima*° variazione sul tema di un artista in crisi. Tutti hanno *ricamato*° (e troppo) sul 'messaggio' di quel film. Molto più *eloquenti*°°, allora, gli ultimi film, *Ginger e Fred*, *L'intervista*, *Le voci della luna*: qui, sì, il presente si fa incombente e occupa la scena. Ma oramai Fellini ci sa solo comunicare il suo spavento davanti a questo mondo orribile: di fronte agli spot televisivi, al *dilagante*° impero dei mass media, alla brutalità d'oggi, insomma, il regista è terrorizzato, quasi paralizzato. Forse, in un'Italia che non sa più sognare, Fellini aveva capito che non c'era più posto per lui...".

○ *entrare con forza*

○ *all'indietro*

○ *si scioglieva*
○ *seduceva*

○ *un'altra*
○ *fatto congetture*
○○ *espressivi*

○ *esteso*

---

17. **lucida** > lucido = (a) (lett.) che brilla, lustro, lucente; (b) (metaf.) acuto, preciso, razionale. **Nel testo vale l'accezione (b).**
18. **progetto neocapitalistico** = un disegno politico mirante a rinnovare le basi produttive del sistema capitalistico.
19. **procede** (> procedere) **per associazioni** = mettere insieme elementi compatibili o/e procedere per analogie.
20. **elegia.** Presso i Greci e i Romani era un componimento poetico di tono per lo più malinconico e nostalgico. **Nel testo la parola mantiene il significato originario riferito, naturalmente, al tono del film felliniano.**

21. **movimenti studenteschi** = allusione alle organizzazioni studentesche della fine degli anni '60, allorquando gli studenti, politicamente inquadrati, diventarono parte attiva nella lotta per le rivendicazioni politiche e sociali di quegli anni.
22. **proteste sociali** > **protesta sociale** = energica dimostrazione di disapprovazione o di opposizione da parte di una o più categorie di lavoratori.

Eserciziario

ESERCIZI DI GRAMMATICA E DI LESSICO

A. Collegate il sostantivo all'aggettivo appropriato.

I	II	
1. classe	culturale	A
2. miracolo	sinistra	B
3. centro	nazionale	C
4. solidità	politica	D
5. svolta	dirigente	E
6. industria	sociale	F
7. protesta	economico	G

B. Costruite una frase con le seguenti parole ed espressioni:

congiuntura; populismo; presente storico; neocapitalismo; ricostruzione; idealizzazione; brutalità; decadenza, formazione cattolica, denuncia, borghesia, presente storico.

C. Fornite le preposizioni che si accoppiano, d'obbligo, ai seguenti verbi:

alludere; affidarsi; congedarsi; trasformarsi; incombere; arrangiarsi; additare; irrompere; riallacciarsi; applicare, suggerire, interessarsi, stemperarsi, sognare, procedere, partire, posarsi.

D. Nelle seguenti frasi del testo, la forma verbale manca. Riscrivete le frasi inserendo il verbo mancante.

Es. Il tutto visto sotto la grande metafora del film che non sarà fatto
> **Il tutto va visto sotto la grande metafora del film che non sarà fatto**

1. Noi Italiani e Fellini: compagni di strada in un lungo viaggio.
2. Storie di ieri e di oggi, in un'altalena di boom e di congiunture, centrosinistra e solidità nazionale, autunni caldi e anni di stupido lusso.
3. Inutile far nomi, ma gli esempi sono infiniti.
4. Virtù e debolezze, il nostro carattere nazionale.
5. Molto più eloquenti, allora, gli ultimi film, *Ginger e Fred, L'intervista, Le voci della luna*.
6. Forse in un'Italia che non sa più sognare.

E. Sostituite, solo quando è possibile, il presente e il passato prossimo con il passato remoto.

1. Lo sguardo di Fellini si posa, negli anni '50, sui reietti, sugli umili. Ed è uno sguardo affettuoso, tenerissimo.
2. *La dolce vita* è il film più classista di Fellini, quello più adeguato al momento della sua uscita, il 1960.
3. Il film *8 e mezzo* è stata la più lucida analisi sulla crisi dell'intellettuale, sulla fine della cosiddetta industria culturale.
4. Dante nasce a Firenze nel 1265 e muore a Ravenna nel 1321.
5. Negli anni '70 il terrorismo neofascista in Italia fa esplodere bombe a Brescia e sul treno *Italicus*.
6. La sera di solito studio e poi leggo per qualche ora prima di addormentarmi.
7. Marx nei suoi scritti analizza la genesi del capitalismo.

8. Questa nostra Italia è in procinto di disfarsi di nuovo.
9. Fellini ci ha ritratti negli anni, spesso ci ha sorpresi.
10. Altri registi hanno raccontato la storia d'Italia con più apparente realismo di Fellini.
11. Sono ormai molti anni che passo le vacanze estive in Grecia.
12. Molti italiani vanno ancora a messa la domenica.
13. Ieri sera siamo andati dai Ravelli e siamo rimasti a chiacchierare fino a tardi.
14. Questa settimana ho deciso di andare a trovare mia madre che non vedo da parecchio tempo.
15. Nel '73 esce *Amarcord*.

F. Date il contrario dei seguenti aggettivi:

1. ripetibile ....
2. umile ....
3. falso ....
4. convinto ....
5. spregevole ....
6. mediocre ....
7. lucido ....

8. forzuto ....
9. incombente ....
10. affettuoso ....
11. codardo ....
12. corrotto ....
13. interiore ....
14. profondo ....

G. Nelle seguenti coppie di frasi, inserite la parola mancante, scegliendola fra quelle date.

affresco, denuncia, lacerazione, svolta clamore

1a. Gli .... di Michelangelo nella *Cappella Sistina* sono stati restaurati, per la prima volta, pochi anni fa.
1b. Balzac ci ha dato nei suoi romanzi un grande .... della società francese dell'Ottocento.

2a. Per il forte vento, la vela si è rotta e si è prodotta una profonda .... in due parti.
2b. Per 40 anni in Sud Africa l'*apartheid* ha prodotto una .... del tessuto sociale.

3a. Dopo l'incidente, sono andato alla polizia e ho sporto .... contro l'automobilista che mi aveva investito.
3b. Alla televisione, durante il dibattito, c'è stata una vibrata ....delle responsabilità del governo nella politica economica del paese.

4a. Il garagista mi disse di fare attenzione, perché, dopo la ...., la strada diventava molto ripida.
4b. Indubbiamente la caduta del muro di Berlino rappresenta una .... storica.

5a. Per i .... nella strada, la notte scorsa, non ho potuto chiudere occhio.
5b. Ha destato molto .... la notizia del divorzio del principe di Galles.

H. Trasformate le affermazioni dello scrittore Tabucchi in discorso riferito.

Es. Tabucchi: "Fellini ha raccontato il nostro romanzo interiore"
> **Secondo lo scrittore Tabucchi, Fellini avrebbe raccontato il nostro romanzo interiore**

Affermazione	Secondo lo scrittore Tabucchi
Fellini ci ha guardati dentro	
Fellini ci ha ritratti negli anni	
Fellini ci ha sorpresi	
Fellini raccontava l'Italia interiore	
Fellini non ama la borghesia	
Fellini ha consegnato allo schermo un affresco spietato	
Fellini aveva capito che non c'era più posto per lui	
8 e mezzo è la più lucida denuncia sulla crisi dell'intellettuale	
All'Italia di allora non interessava quel passato da rivisitare	
Tutti hanno ricamato sul messaggio del film	
Gli ultimi film sono molto più eloquenti	

DOMANDE DI COMPRENSIONE

1. Qual è il tema più ricorrente nei film di Fellini?
2. Quale sembra essere il suo film più 'politico'? E quello più intellettuale?
3. Perché Tabucchi dice che, nei sui film, Fellini ha raccontato "il romanzo interiore d'Italia"?
4. Spiegate che cosa vuol dire: "Fellini ci ha guardati dentro in un modo irrepetibile".
5. Come appare l'Italia nei primi film di Fellini?
6. Che cosa pensa Fellini della borghesia?
7. Perché La dolce vita è "un caso a sé"?
8. Quale sembra essere l'atteggiamento di Fellini verso la vita, nei suoi ultimissimi film?
9. Spiegate il significato della frase: "nei suoi film recita la vera Italia".
10. Secondo Tabucchi, quale posto occupa Fellini nel cinema italiano?

"Se il cinema non esistesse" *di Sergio Zavoli*

Una volta eravamo in un famoso ristorante di **Grottaferrata**[1], di proprietà d'un amico comune, Claudio Ciocca. Mentre *sbriciolava*° il pane in *attesa di*°° due uova "**bavose**"[2], come le chiamava lui, cioè appena **scottate**[3], Federico si **abbandonò**[4] a una delle sue *curiosità*°. Mi chiese che cosa sarebbe stato della sua vita, se il cinema non fosse esistito. Erano i minuti che dedicava a se stesso, in qualche modo bambino. Non *occorreva*° molta fantasia per dirgli che, verosimilmente, avrebbe fatto lo scrittore.

Me la spicciai[5] così, ma non potevo prevedere che il 'gioco', quel giorno gli sarebbe piaciuto tanto. "E quale *genere*° di scrittore?" *incalzò*°°. "Di un genere, intanto, non realista", dissi per *prendere*° tempo. E poiché stava arrivando un'altra domanda, avendo capito dove si andava a *parare*°, pensai che, per non deluderlo, **mi sarei dovuto tenere**[6] soltanto al cinema, meglio se al suo. *Sicché*°, quando volle sapere **quali prove**, *a parer mio*°, **avrebbe dato come scrittore**[7], mi fu chiaro che era unicamente interessato a sapere se migliori, o no, rispetto a quelle già date da regista. E qui dovetti dirgli di non *averne idea*°, senza escludere affatto che potessero essere peggiori. Questo, *d'altronde*°°, voleva sapere. Il cinema, anzitutto: poi il resto. Usciva da quei momenti all'improvviso, come preso da un nuovo, *subitaneo*° interesse. Aggrottò la fronte, *mise gli occhi in fessura*°, e sembrava *traguardasse*°° l'orizzonte per mettere a fuoco un punto lontano. In realtà, con l'aria di attraversare il paesaggio, credo volesse *rimanere soltanto con sé*°, a valutare ciò che aveva ricavato dalle domande appena fatte.

Forse per **parteciparmi**[8] le conclusioni disse: "In un'epoca senza cinema sarei stato, chi lo sa, un giocoliere, un *piromane*°, un esorcista, oppure un avvocato, come Titta, e come voleva mia madre...". Non giocava più. Aggiunse:

"Il cinema è una specie di passe-partout per essere ciò che serve a un artista senza un'arte vera come la musica, la pittura, la scrittura". "È un'arte impura, cioè minore, **succedanea**[9], **di sola derivazione**[10]?" gli domandai nel tentativo un po' *subdolo*° di

(marginal glosses)
° sminuzzava °° aspettando
° stranezze
° era necessario/ci voleva
° tipo °° sollecitò
° guadagnare
° finire
° cosicché
° secondo me
° saperlo °° del resto/ d'altra parte
° improvviso
° socchiuse gli occhi °° guardasse di sottecchi/ spiasse
° concentrarsi
° incendiario
° ambiguo

---

1. **Grottaferrata**. Paese a circa 15 Km. da Roma, in collina. È località nota, mèta di gite e vicina alla più famosa Frascati.
2. **bavose** > bavoso = (lett.) che perde la bava dalla bocca. **Nel testo l'aggettivo è usato col significato di "acquoso".**
3. **scottate** > scottato. Si noti la differenza di significato fra "scottato" = "bruciato" e "scottato" = "poco cotto". **Nel testo vale quest'ultima accezione.**
4. **si abbandonò** > abbandonarsi = (a) (rifl.) cedere a, lasciarsi andare; (b) (tr.) = lasciare definitivamente, rinunziare a, desistere da. **Nel testo vale l'accezione (a).**
5. **me la spicciai** > spicciarsela = (a) fare in fretta, sbrigarsi; (b) (coll.) cavarsela. Si noti anche "spicciare" (tr.) = sbrigare, sbrogliare (es. "spicciami questa faccenda"). **Nel testo vale l'accezione (b).**
6. **mi sarei dovuto tenere** > tenersi = (a) (rifl.) aggrapparsi (es. "al momento dell'urto mi tenni stretto al volante"); (b) trattenersi (es. "quasi non mi tenevo dal ridere"); (c) attenersi

(es. "non si tenne alle disposizioni vigenti"). Si noti anche "tenere" (tr.) (d) avere in mano, stringere (es. "tiene in mano il cappello"); (e) trattenere, afferrare (es. "tieni la scala mentre salgo"); (f) avere, prendere, mantenere, occupare (es. "tenne la carica di sindaco per 4 anni"); (g) pronunciare (es. "tenne un lungo discorso"). **Nel testo vale l'accezione (c).**
7. **quali prove avrebbe dato come scrittore** = come se la sarebbe cavata come scrittore. Si notino anche i seguenti usi: (a) dare prova di + sost. = dimostrare (es. "dette prova di coraggio"); (b) dare prova di + inf. = dimostrare di (es. "dette prova di essere uno studente in gamba").
8. **parteciparmi** > partecipare = (a) (tr.) comunicare, informare; (v. intr.) intervenire (es. "partecipo ad un importante convegno il mese prossimo, a Roma"). **Nel testo vale l'accezione (a).**
9. **succedanea** > succedaneo = che sostituisce.
10. **di derivazione** = che proviene da altro elemento.

continuare la mia parte. "È la più **sgangherata**[11], **dissipatrice**[12], casuale delle **arti combinatorie**[13]..." rispose.

Ma come per ritrattare quanto aveva detto aggiunse: "Eppure è a suo modo perfetta o imperfetta, e quindi soggetta a una sua natura, e al suo scopo...". Poiché, contrariamente al solito, stava *lasciandosi andare*°, gli chiesi quale fosse quella natura, tralasciando il resto per non **mettere troppa carne al fuoco**[14]. Senonché, sorpreso dalla piega semiseria che il discorso stava prendendo, fingendosi un maestro un po' *illuminato*° e un po' *trombone*°, si mise a declamare: "È la natura, mio caro, della luce che passa per una camera buia e va a posarsi e a risplendere su un telo bianco! È una magia che si imprime su un piccolo nastro di celluloide, impressionabile in un modo misterioso. Ti piace la metafora?" Tra i grandi del cinema, Federico Fellini è quello che più, parlandone, l'ha reso ingenuo, **vago**[15], *giocoso*°. Il tendone di un circo, appunto, alzato per far posto a un'ideina, e sotto tanta gente che si diverte, a cominciare da lui, volta a volta domatore, *illusionista*°, **buttafuori**[16], tra marcette di clown e musiche d'organo, con apparizioni di elefanti e di navi, di giraffe e di nani, di cardinali e di carabinieri, di donnone e di fanciullini, via via esprimendo quella visione del mondo e dell'uomo, della vita e del sogno, che ha fatto del suo cinema un linguaggio tra i più alti del nostro tempo. Accompagnato - come quel giorno, in trattoria - da giochi e *sberleffi*°: per non prendere sul serio il suo maestoso inventarli, il trasformarne la natura per volgerla ad un'arte pura, unica, memorabile.

° *rilassandosi*

° *dotto*

° *spaccone*

° *divertente/piacevole*

° *prestigiatore*

° *smorfie/scherzi*

---

11. sgangherata > sgangherato = (a) (lett.) scardinato, sconnesso; (b) (metaf.) incoerente, sgangherato, illogico, slegato. **Nel testo vale l'accezione (b).**

12. dissipatrice > dissipatore = (s. f.) sprecone, persona che dilapida denaro; (agg.) = che dissipa, spreca. **Nel testo "dissipatrice" è usato in funzione aggettivale, riferito a cosa. Si può quindi pensare che l'autore voglia alludere al cinema come ad un arte "che spreca".**

13. arti combinatorie = arti fondate sulla combinazione di altri elementi.

14. mettere troppa carne al fuoco = intraprendere troppe cose contemporaneamente.

15. vago = (a) (riferito a cosa) indefinito, indefinibile, approssimativo; (b) (riferito a persona) astratto, incerto; (c) (in senso figurato) grazioso, bello, attraente. **Nel testo vale l'accezione (c).**

16. buttafuori = in teatro, chi avverte gli attori al momento di entrare in scena. **Nel testo la parola è usata in senso metaforico.**

Eserciziario

ESERCIZI DI GRAMMATICA E DI LESSICO

A. Costruite una frase usando ora il verbo transitivo ora il suo riflessivo.

Es. abbandonarsi/ abbandonare
> (a) **Quando ebbe la notizia della morte di suo padre, si abbandonò ad un pianto dirotto**
> (b) **Dopo molti tentativi, abbandonò l'impresa**

Verbo Riflessivo	Verbo Transitivo
1. fingersi	1a. fingere
2. tenersi	2a. tenere
3. dedicarsi a	3a. dedicare
4. servirsi	4a. servire
5. lasciarsi andare	5a. lasciare andare
6. chiedersi	6a. chiedere
7. mettersi	7a. mettere
8. imprimersi	8a. imprimere

B. Completate le frasi scegliendo i verbi appropriati, fra quelli dati, e avendo cura di usare il tempo corretto.

fare, dare, sposarsi, piacere, tenere, essere, venire, rimanere

Es. Fellini disse che in un'epoca senza cinema ....un giocoliere
> **Fellini disse che in un'epoca senza cinema sarebbe stato un giocoliere**

1. Fellini volle sapere quali prove .... come scrittore.
2. Non potevo prevedere che il gioco gli ....
3. Pensai che mi sarei dovuto .... al cinema.
4. Gianni disse che .... a trovarci al fine settimana.
5. Eravamo sicuri che quel regalo gli .... molto gradito.
6. Luisa ripeteva sempre che non si ...., ma ora è una moglie felice.
7. Credo che Fellini volesse..... solo con sé.
8. Chiesi a Maria che cosa....quel pomeriggio.

C. Sostituite alle parole o strutture sottolineate il sinonimo appropriato.

1. Sono stato un'intera giornata al sole e mi sono scottato.
2. Ho spicciato gli affari più urgenti oggi, perché domani voglio prendermi un giorno di vacanza.
3. Il nuovo dirigente dell'azienda ha dato prova di essere all'altezza della situazione.
4. Non ho la minima idea di dove si trovino i libri che stai cercando.
5. Ti avevo avvertito che si trattava di una persona subdola.
6. Non capisco dove tu voglia andare a parare.
7. Preso dallo sconforto, abbandonò l'impresa.
8. Non abbiamo partecipato alla riunione del comitato studentesco, perché non eravamo d'accordo con la mozione del giorno.
9. Il vigile mi diede informazioni vaghe, così non riuscii a trovare la strada.
10. Fece un discorso sgangherato e nessuno gli prestò ascolto.

D. Sostituite al verbo *tenere* un sinonimo appropriato.

1. Per la paura mi tenni saldamente al suo braccio durante l'atterraggio di emergenza.
2. Alla notizia della sua morte, non ho potuto tenermi dalle lacrime.
3. Bruni tenne la carica di presidente della ditta per 5 anni.
4. Quando lo vidi arrivare vestito in quella maniera ridicola, quasi non mi tenevo dal ridere.
5. La ragazza, mentre le parlavo, tenne gli occhi bassi per tutto il tempo.
6. Il medico apparve sulla porta: in una mano teneva il cappello, nell'altra la valigetta del pronto soccorso.
7. La macchina posso tenerla io questo fine settimana, tanto a te non serve.
8. Quando il vigile lo fermò, non riuscì a tenersi dal protestare.

E. Sostituite al verbo *occorrere* un sinonimo appropriato.

1. Non occorreva molta fantasia per dirgli che avrebbe fatto lo scrittore.
2. Occorreva una gran quantità di denaro per finanziare l'impresa.
3. Non occorreva che tu ti scomodassi: ti avremmo telefonato.
4. Occorre che tu venga quanto prima, perché la mamma sta molto male.
5. Non occorrevano altre parole: tutto era stato detto.
6. Mi occorrono quattro ore per completare l'esercizio di matematica.
7. Occorrono tre ore di macchina per andare da Roma a Napoli con l'autostrada.
8. Occorre agire con prudenza per non urtare la sua suscettibilità.

F. Trasformate le frasi da interrogative dirette a interrogative indirette e viceversa.

Es. (a) Giorgio chiese a Francesca: "Che intenzioni hai"?
> **Giorgio chiese a Francesca che intenzioni avesse**

(b) Fellini chiese a Zavoli quale genere di scrittore sarebbe potuto diventare
> **Fellini chiese a Zavoli: "Quale genere di scrittore potrei diventare?"**

1. Gli chiesi quale fosse la natura del cinema.
2. Gli domandai: "Il cinema è un'arte impura?"
3. Federico mi chiese che cosa sarebbe stato della sua vita se il cinema non fosse esistito.
4. Anna chiese a Rita se aveva avvertito Giulio che lei era in ospedale.
5. Lucio chiese agli amici: "Avete visto la mostra sull'arte africana alla Galleria d'Arte Moderna?"
6. Un passante mi chiese se sapevo dove era via Garibaldi.
7. Ho chiesto all'insegnante se mi prestava il suo libro per qualche giorno.
8. Ad un certo punto Fellini mi chiese: "Ti piace la metafora?"

G. Unite le due frasi con un gerundio apportando le dovute modifiche.

Es. Mentre sbriciolava il pane, si abbandonò ad una delle sue curiosità
> **Sbriciolando il pane, si abbandonò ad una delle sue curiosità**

1. Non occorreva molta fantasia per dirgli che avrebbe fatto lo scrittore. Me la spicciai così.
2. Il gioco gli piaceva. Chiese: "Quale genere di scrittore?"
3. Aggrottò la fronte. Sembrava che la sua mente mettesse a fuoco un punto lontano.
4. Non giocava più. Aggiunse: "Il cinema è una specie di pass-partout."
5. Vado spesso al cinema. Sono molto informato sul cinema italiano degli ultimi 10 anni.
6. Marco ha visto *Amarcord* diverse volte e ce lo consiglia.
7. Lavoro tutto il giorno in ufficio. Alla sera sono stanchissima.
8. Stamattina il tempo si è messo al bello. Siamo andati a fare una lunga passeggiata.

DOMANDE DI COMPRENSIONE

1. Dove si svolge la conversazione fra Fellini e Zavoli?
2. Qual è l'argomento centrale di questa conversazione?
3. Spiegate, con parole vostre, che cosa vuol dire la frase "si abbandonò ad una delle sue curiosità".
4. A quale "gioco" allude Sergio Zavoli?
5. Che cosa pensa Fellini del cinema in generale?
6. Vi sembra che Zavoli abbia un'alta opinione del cinema di Fellini?
7. Che cosa sarebbe stato Fellini in un'epoca senza cinema?
8. A che cosa paragona Zavoli il cinema di Fellini?
9. Descrivete l'atteggiamento che Fellini assume quando vuole "rimanere soltanto con sé".
10. Come definireste il tono della conversazione fra i due amici - serio, ironico, scherzoso?

ESERCIZI DI SCRITTURA

Testi di riferimento; Testi I e II di questa Unità; scheda 1 di questa Unità; Introduzione all'Unità III; Bibliografia essenziale dell'Unità III e Bibliografia su Fellini; Film: *La Strada, La dolce vita, I Vitelloni, 8 e mezzo, Amarcord*.

1. Definite, con parole vostre, le caratteristiche e i modi tipici del cinema di Fellini quali si intuiscono da questi due articoli. *(Scrivete 400 parole)*.
2. Nel vostro cinema nazionale ci sono registi che, per temi e stile, vi ricordano Fellini? Discutetene, facendo i debiti raffronti. *(Scrivete 300 parole)*.
3. Riassumete l'intervista fra il giornalista Polese e lo scrittore Tabucchi. *(Scrivete 500 parole)*.
4. Riscrivete l'intervista di Zavoli, immaginandola in atto. Adottate quindi il tempo presente e iniziate: "Siamo in un famoso ristorante di... Mentre sbriciola il pane, Federico si abbandona...".
5. Provate a scrivere la sceneggiatura di un vostro film, magari in stile felliniano. *(Scegliete voi la lunghezza!)*.
6. Se avete visto dei film di Fellini, sapreste dire se, secondo voi, essi corrispondono all'idea di cinema che lui ci dà in questa intervista? *(Scrivete 400 parole)*.
7. Siete d'accordo con Fellini che il cinema è un passe-partout per artisti senza un'arte vera come la musica, la pittura e la scrittura? *(Rispondete con 300 parole)*.

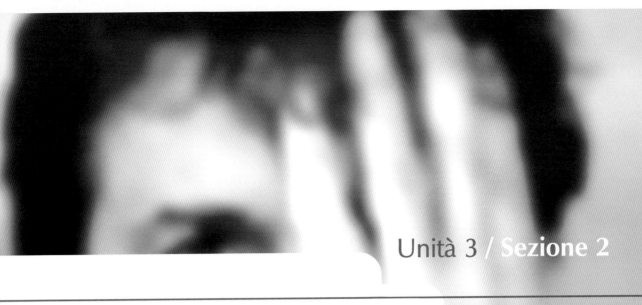

Unità 3 / Sezione 2

Capire l'Italia e l'italiano
Lingua e cultura italiana oggi

Lia Buono Hodgart

Il Cinema

Nanni Moretti, l'autarchico

Nanni Moretti, l'autarchico

Nanni Moretti

Sin dal suo lungometraggio d'esordio, *Io sono un autarchico* (1976), Nanni Moretti (1953) fonde, in uno sguardo disincantato e caustico, autobiografia, storia generazionale, osservazione critica (anzitutto di sé e del proprio mondo) e impegno civile.

Se questa sarà la caratteristica costante di tutti i suoi film, di cui è sempre stato anche attore protagonista, le prime due prove professionali, *Ecce Bombo* (1978) e *Sogni d'oro* (1981), rappresentano, scrive Paolo Mereghetti, "un cinema godibile con la testa, ma non ancora con gli occhi e con il cuore". Il suo terzo film *Bianca* (1984) è, secondo Mario Sesti, un capolavoro ed è anche l'"allegoria di una intera generazione", quella degli anni Settanta: protagonista di quasi tutti i film morettiani e alterego dello stesso regista, Michele Apicella è qui un omicida che sopprime chiunque deluda le sue scelte assolute ma deve infine riconoscere l'inattuabilità della sua aspirazione alla perfezione.

In *La messa è finita* (1985) "la religione è una questione di fede in sospeso, l'amore (individuale e collettivo) è una dichiarazione di impotenza, la solitudine è l'unica, miserabile conquista e la fuga non è un'arte, bensì una soluzione dopo tante prove" (P. Mereghetti). In *Palombella Rossa* (1989) Michele Apicella è un dirigente comunista e giocatore di pallanuoto colpito da amnesia: il film, che manca di leggerezza narrativa, è una complessa metafora della crisi della politica sullo sfondo di un generale degrado dei rapporti sociali, di cui i mass-media hanno diretta, anche se non esclusiva, responsabilità.

Come attore in un film non proprio, ne *Il portaborse* (1991) di Daniele Luchetti, girato profeticamente qualche anno prima della bufera di *Tangentopoli*, Moretti ha impersonato in modo pressoché perfetto l'arroganza, il cinismo, il culto del potere e la certezza dell'impunità di un intero ceto politico. Il suo impegno nella promozione del "cinema d'autore" è testimoniato dalla fondazione, nel 1986, di una casa di produzione indipendente, la *Sacher Film*, e dall'acquisizione, nel 1991, a Roma, di una sala di proiezione ribattezzata *Nuovo Sacher*.

Per la lievità con cui riesce a trattare la materia autobiografica, *Caro Diario* (1993) ha consacrato Moretti a livello internazionale: memorabile, in modo particolare, l'omaggio a Pier Paolo Pasolini, con scene girate con il solo accompagnamento delle note di Keith Jarrett nel paesaggio degradato della periferia di Ostia dove il grande scrittore venne ucciso nel 1974. Nel 1994 Moretti si è fatto promotore del film collettivo *L'unico paese al mondo*. I suoi ultimi film, come attore e regista, sono *La seconda volta*, *Aprile* (1998) e *La stanza del figlio* (2002).

"Quarant'anni da autarchico" *di Marinella Versegoni*

Roma. Per non *smentirsi*°, festeggerà *magari*°° con una torta al cioccolato, lui che ha chiamato "**Sacher**"[1] la sua casa di produzione e la sua sala cinematografica, lui che, in **Bianca**[2], annegava il desiderio frustrato d'amore dentro una **Nutella**[3].

    ° contraddirsi °° forse

Tanti auguri al regista Nanni Moretti che compie quarant'anni domani 19 agosto [1993] ed entra nell'età più **significativa**[4]: quella, cioè, nella quale, come ha detto qualcuno, si diventa finalmente quel che si è. Moretti, in verità, **ha** sempre **bruciato i tempi**[5]. **Per fargli dispetto**[6], un giorno **Tognazzi**[7] disse:

"Sembra uno che ha 57 anni, uno più di me". E diceva, in fondo, la verità. A quelli che **hanno intorno ai suoi anni**[8] e che hanno vissuto **guardando a sinistra**[9], Moretti *pare*° infatti da sempre un **compagno di strada**[10] e quindi inevitabilmente più vecchio: *implacabile*° e **tagliente**[11] (i suoi "Faccio cose, vedo gente", "Continuiamo a farci del male" e "Facciamo ordine", sono entrati nell'uso e nell'ironia quotidiane) nel raccontare coi suoi film le Miserie, i Sentimenti e i Temi che si agitano dentro la sua generazione.

    ° sembra

    ° inflessibile/duro

Si rivelò nel '76, un secolo fa! **Fu un caso**[12] cinematografico. *Io sono un autarchico*°, fu girato in **superotto**[13], con l'aiuto di amici e con tre milioni *sborsati*° di tasca propria da quel ragazzo così **determinato**[14]. Fece correre al film studio gente come **Antonioni**, **Moravia** e i **Taviani**[15], ma alle "**Settimane**"[16] di Ischia, l'anno dopo, finì sconfitto da un solo voto da *Un cuore semplice* di Giorgio Ferrara appoggiato dall'**apparato PC**[17]. Narrano le *cronache*° che il ventiquattrenne Moretti scoppiò a piangere, dicendo, riferendosi ai giurati: "Li avrei *accoppati*° uno per uno". Altri tempi. Oggi, mentre sta salendo al potere la sua generazione ancora indecisa fra l'*opportunismo*° e il sogno di mettere in pratica i sogni, Moretti continua nel suo orgoglioso modo di **essere outsider** [18], sempre *inattuale*° e sempre **generazionale**[19], attento anche ai *nuovi talenti*°° e ai nuovi registi. E forse anche per questo, **pare più in là**[20] **dei quarant'anni** che compirà a Roma,

    ° una persona autosufficiente

    ° pagati

    ° reportage

    ° ammazzati

    ° calcolo

    ° fuori moda/superato
    °° artisti promettenti

---

1. **Sacher.** Nome di una famosa ditta produttrice di caffè e di un dolce al cioccolato, che da una vecchia ricetta austriaca, si chiama appunto "Torta Sacher".
2. **Bianca.** Famoso film di Moretti.
3. **Nutella.** Nome commerciale di una crema di cioccolato e nocciole molto venduta. Nel testo si dice che Moretti mangiava la Nutella per consolarsi dei suoi dispiaceri amorosi, che sono poeticamente definiti come il **desiderio frustrato d'amore**.
4. **significativa** > significativo = (agg.) (a) indicativo, importante; (b) ricco di significato, eloquente, espressivo. **Nel testo vale l'accezione (a).**
5. **ha bruciato i tempi** > bruciare i tempi = precorrere.
6. **per fargli dispetto** > fare dispetto = infastidire. Si notino anche i seguenti idiomi: "per dispetto" = per ripicca; "provare dispetto" = provare invidia, rancore; "a dispetto di" = nonostante; "farsi i dispetti" = farsi gli scherzi.
7. **(Ugo) Tognazzi.** Attore cinematografico italiano e padre del regista Ricky.
8. **hanno intorno ai suoi anni** = sono coetanei.
9. **guardando a sinistra** > guardare a sinistra = avere simpatia per i partiti politici della sinistra parlamentare.
10. **compagno di strada** = compagno di lotta.
11. **tagliente** = (agg.) (a) (di arnese) affilato; (b) (di discorso) mordace, caustico. **Nel testo vale l'accezione (b).**
12. **fu un caso** > essere un caso = diventare rappresentativo di un genere o di un'epoca. Notate anche le seguenti espressioni: "è un caso che" = è una coincidenza che; "si dà il caso che" = succede che.
13. **superotto.** Pellicola che dà un tipo di immagine superiore.
14. **determinato** = (agg.) (a) stabilito, precisato, certo; (b) (di persona) deciso, fermo. **Nel testo vale l'accezione (b).**
15. **Antonioni, Moravia e i Taviani.** Michelangelo Antonioni, famoso regista degli anni '60-'70; Alberto Moravia, notissimo scrittore (1907- 1990); i fratelli Taviani, registi degli anni '80-'90.
16. **"Settimane" di Ischia.** Noto festival cinematografico che si tiene a Ischia.
17. **apparato PC** = i dirigenti del Partito Comunista Italiano.
18. **essere outsider** = tenersi fuori dal sistema politico.
19. **generazionale** = proprio/caratteristico di una generazione.
20. **pare più in là dei quarant'anni** = sembra avere più di 40 anni.

lavorando al montaggio del suo ultimo film, il settimo, intitolato *Caro Diario*, la cui uscita **è prevista**[21] per l'autunno. Il regista si è fatto un po' più *amaro*°, un po' più **avaro**[22] di parole con i giornalisti **accusati** del resto **di abuso del luogo comune**[23], un po' più **appartato**[24]. È stato seriamente ammalato, di un tumore, ma ha vinto la sua battaglia e **si è rimesso dietro - e davanti - alla macchina da presa**[25]. Come sempre ha messo la sua vita nel film che sta girando, anche la malattia. Fra *Io sono un autarchico* e *Caro Diario* sono passati sedici anni. Sedici anni di quello che è stato chiamato, con intenti non sempre nobili, il "morettismo": un'atteggiamento a metà fra la sfida orgogliosa e la *consapevolezza*° della sconfitta *inevitabile*°°, un sogno di grandi valori e ideali, una volontà *caparbia*° di **metter in discussione**[26] tutte le certezze e possibilmente di *ribaltarle*°.

L'autarchia degli anni Settanta è diventata senz'altro una scelta *pragmatica*° con la costituzione della sua casa produttrice, la *Sacher*, e la sua sala cinematografica, di cui si diceva in apertura di articolo.

○ *pessimista/triste*

○ *coscienza* ○○ *sicura*
○ *ostinata*
○ *capovolgerle*
○ *realistica*

---

21. è prevista > prevedere = (a) predire (es. "predire il futuro") (b) aspettarsi (es. "non prevedo niente di buono"; "non prevedo di uscire oggi") (c) contemplare, considerare, stabilire, (es. "la gita prevede una visita al museo"; "la legge non prevede questo caso"). Si noti anche l'idioma "era da prevedere" = era immaginabile. **Nel testo vale l'accezione (c).**

22. avaro = (a) tirchio, meschino, tirato; (b) scarso. **Nel testo, "avaro di parole" significa**: "che parla poco".

23. accusati di abuso del luogo comune = accusati di esprimersi in modo banale e scontato.

24. appartato = (agg.) (a) (di luogo) isolato, lontano, distante; (b) (di persona) solitario. **Nel testo vale l'accezione (b).**

25. si è rimesso dietro - e davanti - alla macchina da presa = rimettersi a lavorare sia come regista che come attore.

26. mettere in discussione = dubitare.

Eserciziario

ESERCIZI DI GRAMMATICA E DI LESSICO

A. Sostituite alle strutture sottolineate il sinonimo appropriato.

Es. <u>Era da prevedere</u> che non sarebbero venuti
> **Era immaginabile che non sarebbero venuti**

1. <u>A dispetto</u> del vento contrario, il traghetto salpò lo stesso alle nove per Calais.
2. I ragazzi quando giocano <u>si fanno</u> sempre molti <u>dispetti</u> fra di loro.
3. Il ministro ha tenuto ieri alla Camera un discorso molto <u>significativo</u> sulla situazione economica italiana.
4. Penso che <i>Le lezioni americane</i> di Calvino sia il libro più <u>significativo</u> degli ultimi venti anni.
5. È molto <u>determinato</u> a non farsi influenzare, nelle sue scelte, dalle pressioni della sua famiglia.
6. Maria e Franca si incontrano ogni lunedì in un luogo e in un posto <u>determinato</u> per prendere il tè insieme.
7. <u>Non avevo previsto</u> di dover spendere così tanto per rimodernare la casa di campagna.
8. È difficile <u>prevedere</u> gli sviluppi della situazione per quel che riguarda il successo dell'Euro.
9. Chi poteva <u>prevedere</u> un simile disastro?
10. L'uscita del libro <u>è prevista</u> per ottobre.

B. Date a ogni aggettivo o participio le preposizioni che competono (spesso più di una).

Es. Essere seccato
> **Essere seccato con qualcuno**
> **Essere seccato di qualcosa**

1. Essere conscio
2. Essere avaro
3. Essere appoggiato
4. Essere attento
5. Essere orgoglioso
6. Essere indeciso
7. Essere determinato
8. Essere implacabile
9. Essere ammalato
10 Essere consapevole

C. Date il contrario dei seguenti aggettivi usati nel testo:

1. amaro ....
2. avaro ....
3. significativo ....
4. vecchio ....
5. inattuale ....
6. appartato ....
7. tagliente ....
8. caparbio ....
9. indeciso ....
10. inevitabile ....

D. Formate delle frasi di senso compiuto con i seguenti spezzoni, facendo attenzione alla scelta del tempo e del modo verbale.

Es. È bello che...
> **È bello che le sia rimasto amico, anche se si sono lasciati**

1. È stato significativo che ....
2. Fu un caso che ....
3. Nel caso che ....

4. Si dà il caso che ....

5. Si mise in discussione che ....

6. Le cronache dicono che ....

7. Sarebbe importante che ....

8. Era naturale che ... .

9. È incredibile che ... .

10. È giusto che ... .

11. È bello che ... .

E. Formate una frase mettendo i seguenti idiomi in un contesto di vostra scelta.

Es. Essere attenti
> **Alcuni studenti sono poco attenti alla lezione**

1. Guardare a sinistra.
2. Essere outsider.
3. Mettere in discussione.
4. Salire al potere.
5. Ribaltare le certezze.
6. Essere appoggiato da.
7. Fare una scelta pragmatica.
8. Avere un atteggiamento.
9. Essere attento.

F. Trasformate le frasi da attive in passive e viceversa.

1. Moretti ha chiamato *Sacher* la sua casa di produzione.
2. I film di Moretti raccontano i sentimenti, le miserie e i desideri di una generazione.
3. Il film *Io sono un autarchico* fu girato da Moretti con l'aiuto di amici.
4. Nel film che sta girando, Moretti ha messo episodi della sua vita.
5. Ad Ischia Moretti fu sconfitto da *Un cuore semplice* di G. Ferrara.
6. In *Bianca*, lui annegava il suo desiderio frustato d'amore dentro una Nutella.
7. Moretti ha intitolato il suo ultimo film *Caro Diario*.
8. Moretti ha vinto, con grande energia e forza d'animo, la battaglia contro il tumore.

G. Leggete attentamente le frasi e indicate con una I, R, P se sono impersonali, riflessive o passive.

1. Si dice che Moretti festeggerà con una torta al cioccolato il suo compleanno.
2. Qualcuno ha detto che a quarant'anni si diventa finalmente quel che si è.
3. Al tempo di Savonarola si bruciarono molti libri in Piazza della Signoria.
4. Si racconta che il 24enne Moretti abbia detto, riferendosi ai giurati: "Li avrei accoppati tutti".
5. Nei suoi film Moretti racconta i temi che si agitano dentro la sua generazione.
6. Moretti si rivelò con il film *Io sono un autarchico*.

7. Il regista si ammalò di un tumore, ma, vinta la battaglia, si è rimesso dietro la macchina da presa.

8. Il modo di sentire e, quindi, di fare cinema di Moretti per un certo periodo della sua carriera si chiamò "morettismo".

9. Si diceva, in apertura di articolo, che la sua casa cinematografica fu chiamata *Sacher*.

10. Si afferma, da parte dei critici cinematografici, che, oggi, Moretti è uno dei migliori registi italiani.

H. Trasformate le frasi dal passato prossimo al passato remoto.

1. A quelli che hanno per lo più la sua età e che hanno vissuto guardando a sinistra, Moretti è parso sempre un compagno di strada.

2. Moretti con il suo film *Io sono un autarchico* ha fatto correre gente come Antonioni, i Taviani e Moravia.

3. *Un cuore semplice* di Ferrara ha sconfitto Moretti alle "Settimane" di Ischia.

4. Il suo film *Io sono un autarchico* è stato girato in superotto con l'aiuto di amici.

6. L'autarchia, negli anni '70, è diventata una scelta programmatica.

7. Mentre era sul treno è stato colto da un malore.

8. Sono andato a Londra l'anno scorso per tre mesi, perché volevo fare una vacanza studio.

DOMANDE DI COMPRENSIONE

1. Spiegate l'espressione "Moretti ha sempre bruciato i tempi"?

2. Che cosa vuol dire per Moretti essere un "autarchico"?

3. Spiegate il rapporto fra Moretti e la sua generazione.

4. Che cosa è il "morettismo"?

5. Quale è stato l'avvenimento chiave nella vita di Moretti fra il suo primo film e *Caro Diario*?

6. Quale è il giudizio che Tognazzi dà di Moretti?

7. Quali frasi tipiche di Moretti sono entrate nell'uso comune e che cosa vogliono dire?

8. Che cosa vuol dire "essere outsider" secondo l'ideologia di Moretti?

9. Qual è il rapporto fra Moretti e il cioccolato?

10. Perché Moretti vuole "accoppare" i giurati?

"Caro Diario: i tre viaggi di un anno fatale" *di Lietta Tornabuoni*

Le **battute-chiave**[1] di *Caro Diario,* il nuovo film di Nanni Moretti, molto divertente, molto **intimo**[2], molto *commovente*°, risultano forse due. "Sono felice solo nel mare, nel *tragitto*° tra un'isola che ho lasciato e un'altra isola che non ho ancora raggiunto", è la prima. La seconda è: "*Mi sa*° che mi troverò sempre a mio agio con una **minoranza**[3]". Tutte e due sembrano **esprimere**[4] la fine della lotta adolescente contro il mondo: non l'accettazione dell'inaccettabile, ma la *constatazione*° dell'impossibilità di volere gli altri simili a sé: non l'*elogio*° della **precarietà**[5], ma il riconoscimento dell'esistenza di destinazioni decisive, l'**apprezzamento**[6] della vita nel suo svolgersi.

° *toccante*

° *traversata/percorso*

° *penso*

° *consapevolezza*

° *lode*

Come il titolo indica, è il *resoconto*° privato di un anno *cruciale*°° nell'esistenza dell'autore (e non più del suo personaggio-sosia Michele Apicella), diviso in tre parti. In *Medici,* Nanni Moretti si ammala, va *peregrinando*° invano di medico in medico in un percorso *buffo*° e *terrificante*°°, scopre per caso d'*essere aggredito*°°° dal tumore che poi l'ha lasciato. In *Vespa*[7], Nanni Moretti *vagabonda*° in **motorino**[8], libero, leggero, con la felicità di tornarsene a sentirsi sano, per Roma deserta di Ferragosto: guarda le vecchie case amate, va a vedere film, **strapazza**[9] un critico cinematografico snob (è Carlo Mazzacurati) e un cinema italiano **vittimista**[10], visita il luogo **desolato**[11] di sterpi e immondizia dove Pasolini venne ucciso. In *"Isole",* viaggia insieme con l'amico Renato Carpentieri attraverso le illusioni perdute della giovinezza, gli *isolamenti*° diversi e le differenti nevrosi in cui la proclamata caduta delle ideologie e della politica **ha precipitato**[12] alcuni suoi coetanei quarantenni, le alterazioni *risibili*° a cui può portare la smania del Nuovo Cinema che avanza.

° *relazione/cronaca* °° *decisivo* *fondam*

° *vagando*

° *strano* °° *spaventoso* °°° *a*

° *vaga*

° *esclusioni*

° *ridicole*

Nelle tre parti molte **gag**[13], emozioni, risate, malinconie, battute; qualche naturale e quieta apparizione di Jennifer Beals, di Alexander Rockwell e di Silvia Nono, la compagna di Moretti. Ma tra la cose davvero ammirevoli d'un film che arriva a essere insieme *schietto*° e divertente, c'è lo stile del regista: il tragitto in Vespa attraverso Roma ha una *scioltezza*° *eloquente*°° ed espressiva di vera *maestria*°°°; la bellezza del mare e

° *sincero*

° *disinvoltura* °° *significativa* °°° *abilità*

---

1. **Battute-chiave > battuta-chiave** = la frase più importante. Si vedano i seguenti significati ed usi della parola "battuta": (a) frase, parola; (b) freddura, barzelletta, facezia; (c) (mus.) nota; (d) alle prime battute = all'inizio; (e) non perdere una battuta = stare attento; (f) battuta d'arresto = sosta, fermata.
2. **intimo** = (a) interiore, spirituale; (b) prediletto, carissimo, strettissimo; (c) più interno, più profondo. **Nel testo vale l'accezione (a).**
3. **minoranza** = il gruppo più piccolo o minoritario.
4. **esprimere** = (a) (di pensiero) manifestare, rivelare, dire; (b) (di opere d'arte) rappresentare, simboleggiare. **Nel testo vale l'accezione (a).**
5. **precarietà** = (s.f.) instabilità, incertezza. Si noti anche l'uso dell'aggettivo "precario" = temporaneo, instabile.
6. **apprezzamento** = valutazione positiva.
7. **Vespa** = nome di un famoso motoscooter italiano.
8. **motorino** = motociclo di piccola cilindrata.
9. **strapazza > strapazzare** = (a) (di persona) maltrattare, sgridare; (b) (di cosa) sciupare, non avere cura. **Nel testo vale l'accezione (a).**
10. **vittimista** = che si autocompatisce.
11. **desolato** = (agg.) (a) (riferito a luogo) abbandonato, deserto; (b) (riferito a persona) afflitto, disperato. **Nel testo vale l'accezione (a).**
12. **ha precipitato > precipitare** = (a) (tr.) gettare; (b) (intr.) cadere, crollare. **Nel testo vale l'accezione (a).**
13. **gag** = una battuta comica.

delle isole, *classica°* e significativa come nel viaggio di **Telemaco**[14] alla ricerca del padre, è narrata per immagini con intensità, invenzione e bravura mai viste prima nel cinema di Moretti.

    "In *Caro Diario* - dice Moretti - il personaggio *si annulla°*. Non sono più quello: non rimprovero, non do la linea, non voglio essere il direttore *etico°*, estetico e artistico degli spettatori. Non c'è più da una parte un personaggio ingenuo, furente, *incorrotto°*, e dall'altra parte il resto del mondo. Non ci sono toni violenti né indignati. *Caro Diario* mi sembra il meno polemico dei miei film: ho soltanto voluto raccontare quello che mi è successo in un anno. Ho scelto io il tono, i tempi, i mezzi espressivi: quindi no, non ho avuto *remore°*. Non c'è nulla di inventato."

○ *esemplare*

○ *sparisce/svanisce*
○ *morale*
○ *integro*

○ *indugi*

---

14. Telemaco = figlio di Ulisse. Nell'Odissea si mette in cerca del padre scomparso e con alcuni compagni salpa dalla natia Itaca e veleggia per il Mediterraneo per molto tempo.

Eserciziario

ESERCIZI DI GRAMMATICA E DI LESSICO

A. Sostituite alle parole sottolineate il sinonimo appropriato.

1. Alle prime <u>battute</u> ho subito riconosciuto l'opera che la radio stava trasmettendo: era *La Traviata* di Verdi.
2. <u>Non ho perso una sola battuta</u> del suo discorso: era così interessante.
3. Le sue <u>battute</u> non mi divertono più come un tempo perché sono diventate noiose e ripetitive.
4. Il dibattito sul nucleare ha subito <u>una battuta d'arresto</u>.
5. Il <u>tragitto</u> da casa mia all'Università è relativamente breve: ci vogliono, infatti, solo dieci minuti in macchina.
6. Il <u>tragitto</u> per arrivare fino al rifugio è stato arduo, perché abbiamo dovuto attraversare anche un ghiacciaio.
7. La <u>precarietà</u> della nostra situazione economica mi fu comunicata da mia madre in lacrime, dopo che ebbe parlato con l'avvocato.
8. Il tempo <u>oggi</u> è <u>precario</u>.
9. Mi fu confermato dal medico che la zia si trovava in <u>precarie</u> condizioni di salute.
10. Il <u>resoconto</u> della spedizione al Polo è appena stato pubblicato dalla rivista *Life*.

B. Collegate il sostantivo all'aggettivo appropriato.

I		II	
1. amico		commovente	A
2. film		buffa	B
3. esperienza		schietta	C
4. persona		cruciale	D
5. gesto		intimo	E
6. viso		eloquente	F
7. storiella		espressivo	G
8. incidente		desolata	H
9. campagna		terrificante	I

C. Completate le frasi scegliendo il verbo fra quelli dati e coniugando opportunamente.

raggiungere (2), lasciare (2), esprimersi, esprimere, apprezzare, precipitare (2), strapazzare

1. Il nostro ospite americano ha .... un bel ricordo in tutti noi.
2. La nonna ha .... il suo paese quando era ancora molto giovane.
3. Franco ha .... la sua famiglia in Italia a Natale per quindici giorni.
4. Ho .... finalmente il mio scopo: comprarmi una barca a vela.
5. Non ti sai .... bene in inglese perché non conosci ancora a sufficienza la lingua.
6. Che cosa .... secondo te la pittura di Leonardo?
7. Siamo stati .... dai nostri genitori perché ieri sera siamo tornati tardi.
8. Ho .... molto il regalo che mi hai fatto per il mio compleanno.
9. La situazione è .... senza che noi ci potessimo fare niente.
10. Il ragazzo è .... dalle scale, ma, miracolosamente, non si è fatto niente.

D. Volgete la seguente narrazione al passato, facendo attenzione alla sequenza dei tempi.

Es. Nanni Moretti si ammala
> **Nanni Moretti si ammalava**

In *Medici*, Nanni Moretti si ammala, va peregrinando invano di medico in medico in un percorso buffo e terrificante, scopre per caso di essere aggredito dal tumore che poi l'ha lasciato. In *Vespa*, Nanni Moretti vagabonda in motorino, libero, leggero, con la felicità di tornarsene a sentirsi sano, per Roma deserta di Ferragosto: guarda le vecchie case amate, va a vedere film, strapazza un critico cinematografico snob, visita il luogo desolato di sterpi e immondizia dove Pasolini venne ucciso. In *Isole*, viaggia insieme con l'amico Renato Carpentieri attraverso le illusioni perdute della giovinezza e le differenti nevrosi in cui la proclamata caduta delle ideologie ha precipitato alcuni suoi coetanei quarantenni.

E. Riferendovi al IV paragrafo mettete le dichiarazioni di Moretti al discorso indiretto, apportandovi le modifiche necessarie. Iniziate così: "Moretti dice che in *Caro Diario* il personaggio si annulla e lui non è più quello...".

F. Esprimete giudizi su *Caro Diario* usando opportunamente il congiuntivo.

Es. Il film è il resoconto di un anno cruciale nell'esistenza dell'autore || sembrare
> **Mi sembra che il film sia il resoconto di un anno cruciale nell'esistenza dell'autore**

1. "Sono felice solo nel mare ...." costituisce una delle battute-chiave di *Caro Diario* || non essere sicuro se.
2. Ci sono due famose battute-chiave in *Caro Diario* che esprimono la fine della lotta adolescente contro il mondo. || pensare.
3. Il percorso di Moretti in *Medici* diventa buffo e terrificante || avere l'impressione che.
4. In *Vespa* Moretti vuole dimostrare di essere tornato in salute || ritenere.
5. *Caro Diario* è un film autobiografico || avere seri dubbi.
6. In *Isole*, Moretti e l'amico Carpentieri viaggiano attraverso le illusioni perdute della giovinezza || sembrare.
7. Moretti è stato intervistato da Lietta Tornabuoni || credere.
8. *Caro Diaro* è il meno polemico dei film di Moretti || dubitare.

G. Indicativo, congiuntivo o condizionale? Completare le frasi mettendo il verbo fra parentesi al giusto modo e tempo.

1. Secondo lui stesso, Moretti (essere) .... felice solo nel mare, nel tragitto tra un'isola che ha lasciato e un'altra isola che non ha ancora raggiunto
2. Sarà vero che Moretti (trovarsi) .... sempre a suo agio con una minoranza?.
3. Secondo fonti non ancora confermate Moretti (aggredire) .... da un tumore.
4. Da più parti si afferma che, alla fine degli anni '70, la proclamata caduta delle ideologie e della politica (causare) .... la nevrosi collettiva di un'intera generazione.
5. Secondo il giornale (essere) .... l'attrice stessa a comunicare la notizia che (risposarsi) ....
6. Secondo indiscrezioni di amici, la coppia (incontrarsi) .... segretamente già da molti mesi.
7. Alla direzione nessuno ha confermato che le lettere di licenziamento (firmare) .... da diversi giorni.
8. C'è chi è convinto che l'incontro fra le due potenze straniere (concludersi) .... senza un accordo preciso.

DOMANDE DI COMPRENSIONE

1. Qual è, secondo voi, il significato della prima battuta-chiave di Moretti?
2. Chi è il protagonista di *Caro Diario*?
3. Chi accompagna Moretti in un breve viaggio in mare?
4. Quali sono i luoghi dove è ambientato *Caro Diario*?
5. C'è un rapporto fra la vita dell'autore e questo film?
6. Nel film *Caro Diario* che cosa fa Moretti in giro per Roma?
7. Secondo il testo, che cosa si apprezza di più nel film *Caro Diario*?
8. Spiegate il riferimento a Telemaco e all'Odissea contenuto nel terzo paragrafo del testo.
9. Secondo Moretti, *Caro Diario* è un film polemico?
10. Chi viene trattato male da Moretti?

ESERCIZI DI SCRITTURA

Testi di riferimento: Testi III e IV di questa Unità; scheda 2 di questa Unità; Introduzione all'Unità III; Bibliografia essenziale dell'Unità III e bibliografia specifica su Moretti; film: *Io sono un autarchico, Caro Diario, Bianca, Aprile, La stanza del figlio*.

1. Immaginate di essere un giornalista e di intervistare Moretti sulla sua attività cinematografica. Riscrivete a modo vostro l'intervista e cominciate così: Intervistatore: "Signor Moretti, ci parli, innanzi tutto, di *Caro Diario*"; Moretti: "Il mio film è il resoconto di un anno cruciale della mia vita...".
2. Scrivete, sull'esempio di *Caro Diario*, il copione di un film che abbia per soggetto un anno della vostra vita. A voi la scelta della lunghezza!
3. Fate un riassunto del testo III. *(Scrivete 300 parole)*.
4. Tracciate un profilo della carriera cinematografica di Moretti, definendone le tappe e le caratteristiche essenziali. *(Fate una scheda di 300 parole)*.
5. Mettete a confronto le opinioni e i giudizi dati sul cinema di Moretti dalla critica più autorevole e dallo stesso regista e tirate le vostre conclusioni. *(Scrivete 300 parole)*.
6. Isolate nel testo III tutti gli aggettivi e le espressioni che descrivono e definiscono Nanni Moretti. Es. "implacabile"; "un compagno di strada".

Unità 3 / Sezione 3

Capire l'Italia e l'italiano
Lingua e cultura italiana oggi

Lia Buono Hodgart

Il Cinema

**Gabriele Salvatores, il ragazzo
timido che sognava Hollywood**

Gabriele Salvatores, il ragazzo
timido che sognava Hollywood

Gabriele Salvatores

Gabriele Salvatores (Napoli, 1950) ha studiato a Milano all'Accademia d'Arte Drammatica del Piccolo Teatro. Nel 1972 ha fondato, con altri, il Teatro dell'Elfo, per il quale ha curato, come autore o come regista, oltre 20 spettacoli. Il passaggio dal teatro al cinema avviene gradualmente negli anni '80. Le prime prove cinematografiche sono infatti ancora legate al teatro, o per origine, *Sogno di una notte di mezza d'estate* (1981), trasposizione cinematografica di una sua versione musical-rock del *Sogno* di Shakespeare) o per ambientazione, *Ultima notte a Milano* (1987) e *Turné* (1990), che raccontano le vicende di un gruppo di attori o di aspiranti tali.

Dal sodalizio con il soggettista e sceneggiatore Enzo Monteleone e l'attore Diego Abatantuono nascono i tre film di maggior successo, *Marrakech Express* (1989), *Mediterraneo* (1991) e *Puerto Escondido* (1992), tutti incentrati sui temi del viaggio come gesto di ribellione nello spazio, alla ricerca dell'autenticità dei valori.

Salvatores sa essere magistrale quando, pescando nell'esperienza diretta dei movimenti giovanili radicali degli anni '70, descrive le identità di gruppo e le proiezioni utopiche di una generazione, mentre, secondo alcuni critici, sembra essere meno convincente allorché vuole consegnare allo spettatore un esplicito messaggio politico. Questa debolezza forse si riflette nel film, *Sud* (1993), che narra con piglio accattivante la vicenda di una ribellione morale disperata e minoritaria. Il suo ultimo film è *Nirvana* (1997).

"Salvatores a Hollywood"

Timido. *Introverso°*. **Aria da intellettuale di sinistra**[1], capelli rasati a zero, **occhialini alla Gandhi**[2], volto abbronzato. Gabriele Salvatores è così. Ha un'aria un po' *spaurita°* e un sorriso da ragazzino anche se ha 41 anni. È appena tornato dal Messico, ai confini con il Guatemala, dove **ha ultimato**[3] le riprese del suo ultimo film, *Puerto Escondido*, che arriverà in autunno. Dal Messico, a fine marzo, è andato a Los Angeles per ritirare il premio Oscar vinto da *Mediterraneo* come miglior film straniero. "Un premio che non credevo di ricevere. Quando sono arrivato a Los Angeles non avevo *patemi d'animo°*", racconta, "avevo solo voglia di divertirmi. Non ero mai stato nella capitale del cinema mondiale. Fino a poche ore prima ero su una spiaggia messicana a *girare°*. Poi, come in uno *stacco°* cinematografico, mi trovavo a Hollywood. In una dimensione del tutto diversa, per me irreale".

- "Ma possibile che non abbia neanche per un momento sperato di **potercela fare**[4], di ottenere quella statuetta desiderata da tanti?"

- "Beh, quando mi sono seduto al Chandler Pavillon", dice Salvatores, ho incominciato a pensarci. Ero lì, seduto nell'*ombelico°* di Hollywood. Ero affascinato. Anche dai lati negativi. In quel momento **mi sono reso conto**[5] che non avevo avuto né il tempo né soprattutto la voglia di **preparare**[6] un discorso nel caso in cui avessi vinto. Per calmarmi mi dicevo che, se **fosse capitato**[7], sarei salito sul palco e *avrei fatto scena muta°* proprio come Giuseppe Tornatore due anni fa quando venne premiato per *Nuovo Cinema Paradiso*.

"Non a caso il mondo intero ha visto in TV un Salvatores *impacciato°* che *biascicava°°* due ringraziamenti in inglese prima di scappare via. Ma adesso si sente *arrivato°*?" "No", risponde timido, "non *attribuisco°* molta importanza ai premi"...

Ho amato *Mediterraneo* fin dall'inizio, avrei continuato ad amarlo anche senza Oscar. Comunque è certo che questo **riconoscimento**[8] ha aiutato il film sui mercati

Glossario marginale:
- ❂ *taciturno/chiuso*
- ❂ *sbigottita*
- ❂ *preoccupazioni*
- ❂ *filmare*
- ❂ *interruzione di sequenza*
- ❂ *centro*
- ❂ *sarei stato zitto*
- ❂ *goffo*   ❂❂ *esprimeva con difficoltà*
- ❂ *affermato*
- ❂ *do*

---

1. **Aria da intellettuale di sinistra**. Espressione comunemente usata per indicare l'aspetto di un certo tipo di intellettuale, generalmente giovane, o giovanile d'aspetto, con abbigliamento casual. Il rifiuto dell'abbigliamento formale è un implicito messaggio di rifiuto di certi formalismi della società borghese.
2. **occhialini alla Gandhi**. Spesso parte integrante del *look* dell'intellettuale di sinistra, gli occhiali sono piccoli, rotondi, con montatura di metallo, simili a quelli portati da Gandhi.
3. **ha ultimato** < ultimare = finire/portare a compimento.
4. **potercela fare** = riuscirci.
5. **mi sono reso conto** > rendersi conto = accorgersi/ prendere

coscienza.
6. **preparare** = (a) disporre, sistemare, fare (es. "preparo la tavola") (b) (fig.) avvicinarsi (es. "si preparano brutti tempi"). **Nel testo vale l'accezione (a)**.
7. **fosse capitato** > capitare = (a) giungere per caso (es. "Giovanni capitò qui da noi ieri sera senza avvisarci"); (b) presentarsi (es. "ci è capitata un'ottima occasione ed abbiamo comprato una casa nuova"); (c) accadere, succedere (es. "capita spesso di vederlo passare in strada tutto solo e triste, dopo la morte della moglie"). **Nel testo vale l'accezione (c)**.
8. **riconoscimento** = premio/elogio.

internazionali e **ha aumentato**[9] la mia *credibilità*° come regista. Poi però *ammette*°° con sincerità: "l'Oscar, il David di Donatello come miglior film del '91 e il Nastro d'Argento come miglior regista mi hanno dato una nuova forza e spinto a proseguire in questo lavoro che, faticosamente, sto imparando film dopo film".

    ° *attendibilità* °° *riconosce*

I film di Salvatores hanno una caratteristica essenziale: esprimono i sentimenti, gli *umori*° e le emozioni della generazione che oggi ha tra i trenta e i quarant'anni. Che è diventata adulta negli anni '70, si è nutrita dell'illusione di cambiare tutto e subito ed **è stata segnata**[10] dal mito della fuga, dai blues, dalla **beat generation**[11], dalla droga e dai viaggi in Oriente.

    ° *stati d'animo*

Marrakech Express e *Turné* lo *consacrarono*° regista. Ma con questi film Salvatores, per il suo pubblico, diventa "quello che parla dei *sopravvissuti*° ai **sogni degli anni '70**"[12]. "Sono due **road-movies**[13] *dipinti*° con un *tocco*°° appassionato ed esistenziale", spiega il regista, due storie (ma anche *Mediterraneo* è così) di amici.

    ° *confermarono*
    ° *superstiti*
    ° *rappresentati* °° *stile*

I suoi film, *a tratti*° ricchi di comicità, raccontano, su uno sfondo serio, l'amore, l'allegria, la giovinezza. Con lui trionfano gli italiani come sono: i soliti *giocosi*° *arruffoni*°, tristi e *geniali*°°, sognatori.

    ° *in parte*
    ° *allegri*
    ° *pasticcioni* °° *ingegnosi*

In *Mediterraneo* ci sono uomini capaci, durante la guerra, di dimenticarla. Una guerra che per Salvatores è anche una **metafora dell'Italia di oggi**[14]. Contiene *le promesse*° di cambiamento (poi deluse) per cui quelli della sua generazione *si sono battuti*°. E a lui, dopo la sconfitta, non resta che gridare la non *complicità*°, il tirarsi fuori.

    ° *un impegno*
    ° *hanno lottato*
    ° *coinvolgimento*

---

9. ha aumentato > aumentare = (a) (tr.) ingrandire, incrementare (es. "il padrone del ristorante ha aumentato lo stipendio ai suoi dipendenti"); (b) (intr.) crescere, moltiplicarsi (es. "sono aumentato di peso"). **Nel testo vale l'accezione (a).**

10. è stata segnata > segnare = (a) notare, annotare, registrare (es. "segno in rosso gli errori"); (b) marcare, contrassegnare (es. "la sua vita è stata segnata dall'insuccesso"). **Nel testo vale l'accezione (b).**

11. beat generation. Riferimento ad un fatto di costume proprio degli USA negli anni '50, caratterizzato da ribellismo individuale e da comportamenti anticonformisti.

12. i sogni degli anni '70. Gli anni '70, esito naturale del movimento studentesco di fine anni '60, hanno segnato, in Italia, un ritorno dei giovani all'attività politica ed a certe forme di idealismo (**i sogni**). L'escalation dell'attività terroristica, nella seconda metà della decade e la comprovata

responsabilità, in questa attività, di alcuni gruppi politici, hanno portato al dissolversi di questi sogni.

13. road movies. Con questa definizione, che viene dalla cinematografia americana, si identificano i film che descrivono un itinerario geografico che è metafora di un percorso spirituale e psicologico dell'individuo e della società in cui opera. Prototipo di questo genere di film è *Easy Rider*.

14. metafora dell'Italia di oggi. Salvatores, insieme a Moretti, rappresenta la generazione degli anni '70, che fu politicamente attiva nei suoi anni universitari, quando sperava di contribuire ad un rinnovamento profondo dell'Italia. Negli anni '80 Salvatores, così come Moretti, si sente deluso nelle sue aspettative ed incapace di entusiasmi in una realtà che non lascia apparentemente più spazio a sogni rivoluzionari. Egli è un 'sopravvissuto', sconfitto e disincantato, proprio come i soldati italiani di *Mediterraneo* alla fine della seconda guerra mondiale.

Eserciziario

ESERCIZI DI GRAMMATICA E DI LESSICO

A. Riscrivete il racconto di Salvatores riportato sotto usando il discorso indiretto. Cominciate così: "Salvatores racconta che quando si è seduto al Chandler Pavillion...".

"Quando mi sono seduto al Chandler Pavillon, ho incominciato a pensarci. Ero lì, seduto nell'ombelico di Hollywood. Ero affascinato. Anche dai lati negativi. In quel momento mi sono reso conto che non avevo avuto né il tempo né soprattutto la voglia di preparare un discorso nel caso in cui avessi vinto. Per calmarmi mi dicevo che, se fosse capitato, sarei salito sul palco e avrei fatto scena muta proprio come Giuseppe Tornatore due anni fa, quando venne premiato per *Nuovo cinema Paradiso*".

B. Sostituite alle strutture sottolineate, delle strutture di pari significato.

1. Salvatores ha un'aria da intellettuale di sinistra, con capelli <u>rasati a zero</u> e occhialini <u>alla Gandhi</u>,
2. "Ma possibile che non abbia neanche per un momento sperato di <u>potercela fare</u>?"
3. Non a caso il mondo intero ha visto in TV un Salvatores impacciato che <u>biascicava</u> due ringraziamenti in inglese prima di <u>scappare via</u>.
4. Salvatores è molto contento del <u>riconoscimento</u> ricevuto.
5. I film di Salvatores, <u>a tratti</u> ricchi di comicità, raccontano storie semplici di amore e di allegria.
6. Gli italiani hanno la fama di essere <u>giocosi, arruffoni, tristi e geniali</u>.
7. Nonostante abbia ricevuto molti elogi e premi, non si sente mai <u>arrivato</u>.
8. I giornali del mattino uscirono con la notizia che <u>si stava preparando</u> una crisi di governo.
9. È arrivato a casa tutto stravolto, ma non vuol dirci cosa gli <u>è capitato</u>.
10. <u>Ho segnato</u> sul testo i passi più interessanti.

C. Trasformate le parole sottolineate da singolari a plurali e viceversa, concordando opportunamente.

Es. <u>Le ultime riprese</u> del film <u>sono</u> appena <u>terminate</u>
> **L'ultima ripresa del film è appena terminata**

1. <u>L'Oscar è un premio</u> molto ambito.
2. <u>I film</u> di Salvatores <u>hanno tratti comici</u>, ma <u>sono</u> spesso anche un po' <u>sentimentali</u>.
3. <u>Gli italiani hanno</u> fama di essere <u>tristi</u> e <u>geniali</u> insieme.
4. In occasione della prima di *Puerto Escondido*, <u>la sala cinematografica era affollata</u> più del solito.
5. Il nostro direttore riesce sempre a fare <u>i discorsi</u> più <u>appropriati</u> alle circostanze.
6. <u>Il produttore</u> del film <u>era contento</u> di aver ricevuto <u>un premio speciale</u>.
7. <u>Questo riconoscimento ha aiutato</u> il film <u>sul mercato internazionale</u>.
8. <u>I film</u> di Salvatores <u>hanno delle caratteristiche spiccate</u>.

D. Riscrivete il seguente paragrafo supponendo che si parli di una donna-regista invece che di Salvatores. Mettete al femminile e concordate opportunamente.

Timido. Introverso. Ha un'aria un po' spaurita e un sorriso da ragazzino anche se ha 41 anni. È appena tornato dal Messico, ai confini con il Guatemala, dove ha ultimato le riprese del suo ultimo film, *Puerto Escondido*, che arriverà in autunno. Dal Messico, a fine marzo, è andato a Los Angeles per ritirare il premio Oscar vinto da *Mediterraneo* come miglior film straniero. "Un premio che non credevo di ricevere. Quando sono arrivato a Los Angeles non avevo patemi d'animo, avevo solo voglia di divertirmi. Non ero mai stato nella capitale del cinema mondiale. Fino a poche ore prima ero su una spiaggia messicana a girare. Poi, come in uno stacco cinematografico, mi sono trovato a Hollywood".

E. Completate la tabella I con l'articolo indeterminativo e la tabella II con l'articolo determinativo.

Tabella I

	voglia di divertirsi
	opera di gran valore
	spettacolo indimenticabile
	dimensione nuova
	articolo interessante
	caratteristica essenziale
	umore difficile
	psicologia complessa

Tabella II

	spiagge messicane
	stacchi cinematografici
	scena muta
	ideali di una generazione
	statuette desiderate
	illusioni perdute
	ideali irraggiungibili
	entusiasmi giovanili

F. Dite se i participi passati sottolineati sono usati con valore verbale, nominale o aggettivale.

1. Salvatores ha il volto abbronzato e un'aria un po' spaurita.
2. Salvatores, mentre si trovava nel Chandler Pavillion, dice che era affascinato.
3. A Hollywood vediamo un Salvatores impacciato.
4. Salvatores parla, nei suoi film, dei *sopravvissuti* ai sogni degli anni '70, per cui quelli della sua generazione si sono battuti.
5. I superstiti del naufragio sono stati ripescati molto velocemente dalle altre imbarcazioni che si trovavano vicino.
6. Arrivati a New York, siamo rimasti subito colpiti dalla straordinaria architettura della città.
7. Alcuni film di Salvatores sono *road movies* dipinti con tocco appassionato.

DOMANDE DI COMPRENSIONE

1. Descrivete l'aspetto fisico e il carattere di Salvatores.
2. Perché Salvatores afferma di non aver avuto "patemi d'animo" quando è andato a Hollywood?
3. Come ha reagito Salvatores alla notizia di aver vinto l'Oscar?
4. Quali effetti hanno avuto su Salvatores i premi vinti con *Mediterraneo*?
5. Quali sono le caratteristiche comuni a tutti i film di Salvatores?
6. Quali erano gli ideali della generazione degli anni '70 a cui apparteneva Salvatores?
7. Spiega il significato della frase: "Salvatores è diventato quello che parla dei sopravvissuti ai sogni degli anni '70".
8. Che cosa stava facendo in Messico Salvatores?
9. Che cosa vuol dire l'articolista quando afferma che il tema della guerra, in *Mediterraneo*, è anche "una metafora dell'Italia di oggi"?
10. Come si comportò Tornatore al momento di ritirare l'Oscar per *Nuovo Cinema Paradiso*?

"Mediterraneo" *di Lorenzo Pellizzari*

Siamo° nel 1941. Un *drappello*°° di soldati italiani, guidato dal tenente Montini, viene sbarcato sulla spiaggia di una *sperduta*° isoletta dell'**Egeo**[1], con il compito di *presidiarla*°° e di evitarne l'*occupazione*° da parte delle forze inglesi.

Il villaggio che raggiungono appare deserto; poi si scopre che è abitato solo da donne, vecchi e bambini, giacché gli uomini sono stati deportati dai tedeschi. Del drappello, oltre al tenente (che scoprirà una *vocazione*° per la pittura murale), fanno parte il *rude*°° e beffardo sergente Lo Russo (di cui finirà con l'innamorarsi un soldato rivelatosi omosessuale), il soldato Farina (inesperto di sesso, che avvierà un'appassionata e gelosa relazione con la prostituta locale), due *goffi*° alpini (che impareranno ad *apprezzare*°° il mare e, senza *rivalità*°, la medesima pastorella), pochi altri militari caratterizzati dalla passione per la poesia piuttosto che dallo *smisurato*° affetto per una fedele mula. Sul **fronte locale**[2] si *distinguono*° le donne - da Vassilissa, che pratica a modo suo il più antico "mestiere" del mondo, alla disponibile e disinibita pastora - ma anche il saggio e *furbo*° pope, che diventa ben presto compagno di giochi e di bevute. I giorni, i mesi, gli anni (quasi due e mezzo) trascorrono tutti uguali, lontani dagli *eventi*° bellici, con una *progressiva*° **integrazione**[3] fra occupanti e occupati e un'altrettanto progressiva **"smilitarizzazione"**[4] del drappello, un solo componente del quale ha il *miraggio*° della fuga (che *alfine*° riesce a **realizzare**[5]) per raggiungere la famiglia in Italia. Cosicché quando un bel momento *sopraggiungono*° un **aereo italiano passato ai nuovi alleati inglesi**[6] - nessuno sull'isola è stato informato della caduta del fascismo - e poi i marinai di Sua Maestà britannica che **intendono**[7] "liberare" quei quattro soldati *straccioni*°, la partenza avviene con evidente rammarico, come un *brusco*° risveglio dopo un bel sogno di libertà.

Non tutti però sono partiti. Il soldato Farina, che è *riuscito*° a **sottrarsi**[8] all'ordine, resta nell'isola accanto alla donna che ha sposato. Lo rivediamo ai giorni nostri,

° ci troviamo   °° pattuglia
° remota   °° difenderla
° presa di possesso

° passione   °° rozzo

° impacciati   °° amare
° antagonismo
° immenso
° mettono in evidenza

° astuto
° fatti
° graduale
° sogno
° alla fine
° arrivano

° pezzenti
° improvviso

° ce l'ha fatta

---

1. Egeo. Il Mar Egeo è quella parte del Mar Mediterraneo compresa fra la costa occidentale della Grecia e la Turchia.

2. fronte locale. L'espressione (che ricorda scherzosamente, nella parola "fronte", il gergo militare) indica il villaggio greco e la sua popolazione, che comprende, fra gli altri, Vassilissa, prostituta del luogo ("**che pratica il più antico mestiere**"), e la pastora, che si concede con facilità (è "**disponibile**") e non ha inibizioni (è "**disinibita**").

3. integrazione = l'incorporare un certo gruppo etnico all'interno di un gruppo sociale senza che si creino discriminazioni o attriti. Nel testo si dice che le differenze fra i greci e gli italiani vengono lentamente a sfumare e, di conseguenza, i soldati italiani diventano parte integrante del contesto sociale del villaggio, svolgendo i ruoli lasciati scoperti dall'assenza degli stessi uomini greci andati in guerra.

4. smilitarizzazione = il processo per cui quelle caratteristiche di comportamento e di aspetto che distinguono i militari dai civili

vengono gradualmente abbandonate.

5. realizzare = (tr.) (a) portare a termine, compiere (es. "mio padre ha realizzato un vecchio sogno, comprarsi una barca"); (b) rendersi conto, comprendere (es. "lui realizzò che stava facendo troppo tardi"); (c) (rifl.) realizzarsi = (di eventi) attuarsi, avverarsi (es. "si è realizzato il loro più grande desiderio ed hanno avuto un bambino"); (di persona) affermarsi (es. "finalmente mi sento realizzata"). **Nel testo vale l'accezione (a)**.

6. aereo italiano passato ai nuovi alleati inglesi. L'aereo italiano combatte, ora, al fianco degli inglesi e non più dei nazi-fascisti. Si ricordi che lo schieramento delle alleanze cambiò l'8 settembre 1943 e che l'Italia, da questo momento, combatté a fianco delle forze alleate.

7. intendono > intendere = (a) avere intenzione di; (b) capire (c) sentire, udire. **Nel testo vale l'accezione (a)**.

8. sottrarsi (all'ordine) = sfuggire all'ordine.

invecchiato, ormai vedovo, proprietario di un ristorante caratteristico nel villaggio che è diventato località di villeggiatura alla moda. A ritrovarlo è il tenente Montini, tornato nell'isola per un pellegrinaggio della memoria. Ma Farina non è solo: l'ha raggiunto ben presto Lo Russo, **deluso** - come tanti - **nelle sue aspettative**[9] di poter cambiare l'Italia e autoesiliatosi in quel luogo fuori della Storia. In poco più di due anni Gabriele Salvatores **è riuscito a fare tris**[10], ed ha composto - con *Marrakesh Express, Turné* e *Mediterraneo* - una trilogia, in un certo senso *involontaria*°, che **ha conquistato**[11] il pubblico, specie quello giovane, e ha costretto buona parte della critica a **stare al gioco**[12].

    Una prova? Le conclusioni raggiunte, a proposito di *Mediterraneo*, da *stimabilissimi*° *recensori*°. Per Lietta Tornabuoni *(La Stampa)*, *Mediterraneo* è "un poco troppo *autoconsolatorio*°, non abbastanza **sorvegliato**[13] nello stile", anche se gode di "una rara qualità di sincerità e di tensione intellettual-sentimentale", di "una brillante invenzione metaforica". Per Sauro Borelli *(l'Unità)*, *Mediterraneo* è "*imbastito*° e *giostrato*° con disinvoltura (forse anche troppa)", ma non sempre "l'esito è felice, né ancor meno *coerente*°, né è facile cogliere alcun aspetto metaforico, al di là *dell'esile*°° e pur *garbata*° favola *velata*°° di nostalgia, di trepidi rimpianti". Sono opinioni - pur tra loro contraddittorie - che si possono condividere.

○ *non voluta/casuale*

○ *degni di stima*
○ *critici*
○ *compiacente*

○ *costruito*
○ *condotto*
○ *logico* ○○ *semplice*
○ *elegante* ○○ *soffusa*

---

9. deluso nelle sue aspettative = rattristato perché i suoi desideri e le sue speranze non si sono avverate.

10. è riuscito a fare tris = è riuscito a girare tre film di successo in breve tempo. L'espressione è presa dal gioco delle carte.

11. ha conquistato > conquistare = (a) occupare militarmente (b) riuscire gradito, sedurre. **Nel testo vale l'accezione (b).**

12. stare al gioco = assecondare, adattarsi. Nel testo si dice che la critica cinematografica, anche se non sempre positiva nei confronti di questi nuovi giovani registi, ha dovuto dar loro importanza a causa del grande successo riscosso, dai loro film, presso il pubblico.

13. sorvegliato = (a) sottoposto a controllo, a vigilanza; (b) accurato, attento. **Nel testo vale l'accezione (b).**

ESERCIZI DI GRAMMATICA E DI LESSICO

A. Specificate la funzione grammaticale dei pronomi sottolineati.

1. Un drappello di soldati italiani viene sbarcato sulla spiaggia di una sperduta isoletta dell'Egeo, con il compito di presidiar<u>la</u> e di evitar<u>ne</u> l'occupazione da parte delle forze inglesi.
2. Il villaggio <u>che</u> raggiungono appare deserto; poi si scopre che è abitato da donne, vecchi e bambini.
3. Del drappello, oltre al tenente, fa parte il rude e beffardo sergente Lo Russo, <u>di cui</u> finirà con l'innamorarsi un soldato rivelatosi omosessuale.
4. Farina non è il solo italiano sull'isola: <u>lo</u> ha raggiunto, dopo la fine della guerra, Lo Russo.
5. Il soldato Farina, <u>che</u> è riuscito a sottrarsi all'ordine, resta sull'isola accanto alla donna <u>che</u> ha sposato.
6. Le opinioni di Lietta Tornabuoni e Sauro Borelli sono opinioni contraddittorie <u>che</u>, però, si possono condividere.
7. Gli amici <u>con cui</u> di solito giocavamo a tennis, si sono trasferiti, così ora siamo senza compagnia.
8. <u>Ci</u> hanno invitati, per il fine settimana, a raggiunger<u>li</u> nella loro casa di campagna e noi <u>ci</u> siamo andati con piacere.

B. Identificate, per ogni gruppo, la parola che, per significato, le comprende tutte.

1. sergente, soldato, militare, tenente, comandante
2. eventi bellici, occupazione, bombardamento, invasione, sbarco
3. drappello, divisione, reparto, corpo, truppe
4. flotta, forze armate, marina, aviazione, esercito
5. invadere, conquistare, fare la guerra, combattere, resistere
6. giorno, mese, ora, anno, tempo

C. Trasformate le seguenti frasi da attive in passive e viceversa.

1. Gabriele Salvatores ha conquistato il pubblico, specie quello giovanile.
2. Vassilissa pratica a modo suo il più antico "mestiere" del mondo.
3. Gli inglesi hanno occupato una piccola isola dell'Egeo.
4. I soldati hanno presidiato il forte per due mesi.
5. I tedeschi hanno occupato quasi tutto il Nord d'Italia nel 1944.
6. La zona è stata evacuata molto velocemente dopo che è suonato l'allarme.
7. L'Italia è stata liberata dagli alleati il 25 aprile 1945.
8. L'antica Abbazia di Montecassino, nel Lazio, è stata bombardata e rasa al suolo dagli alleati nel 1944, ma poi è stata riedificata.

D. Scegliete, tra quelle sottolineate, la parola più idonea al contesto.

1. Il villaggio dell'isola greca dove i soldati italiani vivono per un po' di tempo appare <u>deserto / solitario / incolto</u>.
2. Il soldato Farina, <u>semplice / ingenuo / inesperto</u>, avvierà un'appassionata relazione con la prostituta locale.
3. Alcuni militari che fanno parte del drappello sembrano avere uno <u>sterminato / smisurato / immenso</u> affetto per la mula che trasporta la loro roba.
4. La partenza avviene con evidente rammarico, come un <u>agro / brusco / pungente</u> risveglio dopo un bel sogno di libertà.

5. Lo Russo è stato <u>deluso / disilluso / disingannato</u> - come tanti - nelle sue aspettative.

6. Mediterraneo è un poco troppo autoconsolatorio, non abbastanza sorvegliato per <u>forma / carattere / stile.</u>

7. Non sempre l'esito è felice, né ancor meno coerente, né è facile cogliere alcun aspetto <u>allegorico / simbolico / metaforico</u>.

E. In ciascuna frase sostituite al verbo *realizzare* il sinonimo appropriato.

1. Finalmente ho potuto realizzare un vecchio progetto che mi stava molto a cuore.

2. Lui realizzò molto presto che il lavoro che gli era stato affidato era molto difficile.

3. Le previsioni degli economisti, di un miglioramento della situazione finanziaria del paese, si sono realizzate.

4. Molte donne non si sentono realizzate se non hanno un lavoro fuori casa.

5. Non riesco a realizzare il senso delle tue parole.

6. Ho realizzato troppo tardi che lui aveva ragione.

7. Si è realizzato il nostro più gran desiderio, perché nostro figlio ha finalmente deciso di andare all'università.

8. Quel posto che Maria ha appena accettato non fa per lei: lì non potrà mai realizzarsi a pieno.

F. Inserite nel testo le parole mancanti scegliendo fra quelle indicate.

smilitarizzazione, sopraggiungono, una, mezzo, brusco, marinai, progressiva, quattro, la, miraggio, isola

I giorni, i mesi, gli anni (quasi due e ....) trascorrono tutti uguali, lontani dagli eventi bellici, con una .... integrazione fra occupanti e occupati e .... altrettanto progressiva .... del drappello, un solo componente del quale ha il .... della fuga (che alfine riesce a realizzare) per raggiungere .... famiglia in Italia. Cosicché quando un bel momento .... un aereo italiano passato ai nuovi alleati inglesi - nessuno sull'..................... è stato informato della caduta del fascismo - e poi i .... di Sua Maestà britannica che intendono "liberare" quei .... soldati straccioni, la partenza avviene con evidente rammarico, come un .... risveglio dopo un bel sogno di libertà.

G. Immaginando di essere il comandante dei soldati italiani sperduti su un isola del Mediterraneo, formulate un ordine collettivo e poi un ordine individuale in tono formale.

Es. Rimanere nascosti dietro i cespugli
> **Rimanete nascosti dietro i cespugli**
> **Rimanga nascosto dietro i cespugli**

1. Avanzare fino alle prime case.
2. Non sparare.
3. Perlustrare la costa palmo a palmo.
4. Fare la guardia a turno.
5. Non fidarsi della gente del luogo.
6. Non oltrepassare le linee.
7. Ritornare alla base.
8. Mandare i segnali.
9. Arrestare chiunque si incontri.
10. Non perdere la speranza.

DOMANDE DI COMPRENSIONE

1. Qual è il compito dei soldati italiani sbarcati sull'isola greca?
2. Descrivete i componenti del drappello di soldati italiani.
3. Fra gli abitanti del villaggio, chi si mette più in evidenza e perché?
4. I soldati italiani, sono contenti di ritornare in Italia?
5. Chi riesce a sfuggire all'ordine di rimpatrio?
6. Che impressione fanno i soldati italiani ai marinai di Sua Maestà britannica ?
7. Chi ritorna all'isola, a guerra finita, e perché?
8. Quale attività svolge l'ex soldato Farina sull'isola?
9. Quali cambiamenti ha subito il villaggio col passare degli anni?
10. Quando apprendono i soldati italiani della caduta del fascismo?

ESERCIZI DI SCRITTURA

Testi di riferimento: testi V e VI di questa Unità; scheda 3 di questa Unità; Introduzione all'Unità III; bibliografia essenziale dell'Unità III; Film: *Mediterraneo, Marrakesh Express, Puerto Escondito.*

1. Riassumete il testo V in 200 parole.
2. Riscrivete a modo vostro l'avventura hollywoodiana di Salvatores. *(Scrivete 300 parole).*
3. Provate a scrivere il copione di una scena di *Mediterraneo* che vi piace particolarmente. *(A voi la scelta della lunghezza!).*
4. I cinque soldati italiani protagonisti di *Mediterraneo* sono degli antieroi? Discutete e fate una caratterizzazione di ciascuno. *(Scrivete 300 parole).*
5. Quale posto occupa Salvatores nella cinematografia italiana? Discutete. *(Scrivete un saggio di 500 parole).*
6. Considerate il I paragrafo del testo VI e mettetelo al passato. Iniziate così: "Eravamo nel 1941...".
7. Considerate il testo V. Isolate almeno cinque strutture di registro colloquiale e cinque di registro medio-alto.

Unità 3 / **Sezione 4**

Capire l'Italia e l'italiano　　Lia Buono Hodgart　　　Il Cinema　　　**Roberto Benigni, il Mostro**
Lingua e cultura italiana oggi

Roberto Benigni, il Mostro

Roberto Benigni

Benigni è nato nel 1952 a Vergaio, un paese in provincia di Prato, nel nord della Toscana. La sua carriera inizia qui, con esibizioni e monologhi teatrali alla *Casa del popolo*, il centro ricreativo popolare del paese che compare come punto di riferimento in tutte le sue opere giovanili dai monologhi di *Cioni Mario* al suo primo film *Berlinguer ti voglio bene* (1977), per la regia di Giuseppe Bertolucci.

Benigni, oltre alla regia cinematografica, che segna il punto di arrivo della sua attività artistica, ha al suo attivo una travolgente carriera di attore comico per il teatro e per la televisione - carriera tutta giocata sulla sua intensa comunicativa e sulla scoppiettante, torrenziale comicità della sua parlata toscana.

L'attività teatrale e televisiva è particolarmente intensa dal '76 all''86. Le sue esibizioni alla televisione fanno epoca, poiché determinano una rottura con gli schemi perbenistici dei programmi di quei tempi: il suo linguaggio è poliedrico, inventivo e concitato e vi prevale un lessico esasperato che non teme lo scandalo, anzi lo cerca. Con lui si enfatizza il gesto ma, soprattutto, si recupera l'importanza della parola. Grazie a lui, il comico viene ora accettato come mezzo di ricerca e di rappresentazione. Le sue geniali gag si ispirano prevalentemente alla politica, alla donna, alla religione, all'eternità della "goduria e del patimento", come si vedrà più da vicino nel nostro testo VIII.

Berlinguer ti voglio bene e Tuttobenigni (1986) segnano l'inizio di un cinema aspro e d'assalto, interpretato da Benigni con punte critiche e satiriche molto avanzate. Il suo terzo film, *Non ci resta che piangere* (1986), che lo vede protagonista insieme a Massimo Troisi, ha un grande successo di pubblico e raggiunge alti vertici d'incasso. Eccellenti sono poi le sue interpretazioni in *La voce della luna* (1989), per la regia di Fellini e in *Il figlio della Pantera Rosa* (1994) per la regia di Blake Edwards.

Come attore e regista Benigni firma film di grande successo: *Il piccolo diavolo* (1988), *Johnny Stecchino* (1991) e *Il Mostro* (1994). Quest'ultimo incassa circa 35 miliardi, classificando Benigni, in quel momento, al primo posto assoluto, per popolarità, presso il pubblico italiano.

La vita è bella, il suo ultimo film, arriva nel 1997, a Natale. Come dice Gian Piero Brunetta, con questo film Benigni "ha regalato non soltanto all'Italia, ma al mondo, il suo film più intenso, ambizioso e riuscito, in cui si apprezza anche, per la prima volta, l'intelligenza registica". Il film ha ricevuto uno straordinario numero di premi, tra cui 2 Oscar (uno al miglior film straniero e uno al protagonista maschile), il Gran Premio della Giuria al Festival di Cannes, il premio come miglior film dell'anno (1998) e un premio speciale dallo Stato d'Israele. Il successo presso il pubblico nazionale ed internazionale è stato enorme.

I giudizi della critica cinematografica, tuttavia, non sono stati unanimi. Gian Piero Brunetta (in *Il cinema italiano oggi*) assegna al film valori eterni e dimensioni universali - di amore, di rinascita e di sacrificio - e colloca Benigni "nell'Olimpo dei massimi attori di tutti i tempi". Altri critici, come per esempio gli inglesi Boyd Farrow e Jonathan Romney tacciano il film di sentimentalismo, di mancanza di buon gusto e di leggerezza nella trattazione dell'Olocausto, che secondo loro, nel film, viene minimizzato da Benigni.

Ed ora due parole sull'intreccio: il film è la storia di Guido, un cameriere italiano di religione ebraica, che viene deportato con la moglie Dora e il figlio Giosuè in un campo di concentramento nazista. Qui, Guido cerca di nascondere al figlio la coscienza della realtà del luogo e vive, con il bambino, nella finzione: il campo diventa parte di un gioco che coinvolge grandi e piccoli e promette, come premio per chi sta nascosto più a lungo, un carro armato vero. Quest'ultimo appare sul serio nella scena finale, quando arrivano gli alleati. Ma Guido non può vederlo, perché è stato ucciso. La moglie e il figlio, invece, gli sopravvivono.

"Il cinema italiano salvato dai mostri" *di Marco Giusti*

Il Mostro di Roberto Benigni, che è **uscito**[1] nelle sale il 2 ottobre [1994], giorno del compleanno del regista stesso, viene *etichettato*° nei modi più disparati: "horror", "classico", "sentimentale erotico". Ma la definizione preferita sembra essere quella di "**film-donna**"[2] poiché unisce *connotazioni*° femminili all'amore sincero per la brava Nicoletta Braschi, moglie e protagonista.

    definito/classificato

    tratti/caratteristiche

"Sì, è con Nicoletta che il film **decolla**[3]. Io non posso pensare ad un film senza la mia bella. Lei dà al *Mostro* un grande senso di amore, di dolcezza. Il bacio finale? *una citazione di*° Hitchcock: l'abbiamo fatto e rifatto infinite volte". Tenero, tenerissimo Loris-Benigni, uomo *ingordo*° di sesso, in verità appare come uno *spaurito*°° omino, uno **Charlot**[4] anni '90 che non *si adegua*° alle regole della **società-condominio**[5].

    riferimento a

    avido   *spaventato*

    si adatta/si uniforma

Ma dal momento che il protagonista è fortemente *indiziato*° di essere un *efferato*°° maniaco sessuale (e tutto congiura contro di lui), è naturale che qualcuno pensi al **mostro di Firenze**[6]:

    sospettato   *feroce/spietato*

"**C'entra**[7] qualcosa Pacciani?" "È un caso che *Il Mostro* sia uscito *in contemporanea con*° quel processo. I miei film sono sempre usciti in ottobre, mentre è la prima volta che processano Pacciani in ottobre: **nessuna speculazione**[8]. L'assassino del film somiglia al serial killer di Firenze? Piange come Pacciani? Tutti i mostri piangono.

    nello stesso momento di

Hanno una psicologia **esasperata**[9]. Insomma *Il Mostro* non vuol essere un "instant movie", ma gli spettatori sono liberi di *esercitarsi sui*° possibili parallelis".

    cercare

È stata *tempestività*° del distributore?" "Secondo me **è il distributore di Pacciani che è un furbino**[10]."

    prontezza

In pochi mesi *Il Mostro* ha raggiunto altissimi vertici di incassi. Il regista Vanzina, che ha firmato **S.P.Q.R.**[11], così commenta: "**Il cinema commerciale** è sempre stato la spina

---

1. **Uscito** > uscire = (a) andare fuori, andarsene, andare a spasso (es. "è una ragazza molto mondana e le piace uscire tutte le sere con gli amici"); (b) allontanarsi da, abbandonare (es. "lo stadio era molto affollato e riuscì ad uscire a fatica dalla folla che mi opprimeva"); (c) (di ambiente) provenire, discendere da (es. "ha ricevuto un'ottima educazione perché esce dalla famosa università di Cambridge"); (d) (di stampa) essere pubblicato, stampato (es. "fra un mese uscirà il mio nuovo libro"); (e) (di prodotto) arrivare sul mercato, comparire (es. "il nuovo film di Benigni *La vita è bella* è uscito nel 1998"); (f) fuoriuscire, straripare (es. "il fiume è uscito dagli argini due volte quest'autunno"). Si noti l'uso di uscire nelle seguenti strutture: uscire di mano = sfuggire; uscire fuori di sé = arrabbiarsi; uscirsene = sbottare, inveire contro. **Nel testo vale l'accezione (e)**.
2. **film-donna**. Definizione un po' insolita che si riferisce al prevalere, nel film, dell'elemento e del personaggio femminile, nonostante il titolo. *Il Mostro*, dice Benigni poco dopo, deve molto del suo successo alla interpretazione di sua moglie, Nicoletta Braschi.
3. **decolla** > decollare = (a) staccarsi dal suolo; (b) (fig.) avviarsi bene, affermarsi. **Nel testo vale l'accezione (b)**.
4. **Charlot**. Riferimento al famoso Charlie Chaplin, soprannominato "Charlot".
5. **società-condominio** = società che è governata da una

normativa comune, come in un condominio.
6. **mostro di Firenze**. Soprannome dato ad un *serial killer*, che fu autore, nel decennio '69-'79, di diversi crimini nella zona di Firenze. Il più forte indiziato fu un certo Pacciani, che fu processato nello stesso periodo in cui uscì il film *Il Mostro*.
7. **c'entra** > entrarci = avere a che fare, essere rilevante.
8. **nessuna speculazione** = nessun tentativo di trarre profitto. Nel testo, Benigni dice che l'uscita in ottobre del suo film *Il Mostro*, in contemporanea con il processo al "mostro di Firenze", non è frutto di un preciso disegno, o di un desiderio di speculazione finanziaria che giochi sulla pubblicità del processo stesso.
9. **esasperata** > esasperato = (a) esagerato; (b) infuriato, arrabbiato. **Nel testo vale l'accezione (a)**.
10. **è il distributore di Pacciani che è un furbino**. **Distributore** = grossista, fornitore. **Essere un furbino** = (neol.) = essere malizioso e scaltro insieme. Nel testo, Benigni fa un ragionamento per assurdo dando prova della sua corrosiva ironia. La sua frase vuol dire: "il furbo è il distributore di Pacciani, che facendo 'uscire' il processo al "mostro di Firenze" in contemporanea all'uscita del film *Il Mostro*, ci guadagna in pubblicità".
11. **SPQR** = *Senatus Populusque Romanus*. Il titolo del film corrisponde all'iscrizione che si trovava sul sigillo dell'impero romano. Tale sigillo veniva impresso su tutte le proprietà

dorsale del **cinema d'autore**[12] in Italia, dove si facevano i film di **Fellini** e di **Visconti**[13] con gli incassi delle commedie di **Totò**[14]. I dati parlano chiaro. Il 90% degli incassi totali dei film usciti in Italia è ottenuto da tre o quattro film sicuri: *Il Mostro*, *Il Postino*[15] e *S.P.Q.R.*. Dobbiamo *chiederci*° perché siamo arrivati a questo". Mentre sui   ○ *domandarci*
giornali *scoppiano*° polemiche sul cinema d'autore - se *Il Branco*[16] di Marco Risi è di   ○ *esplodono*
destra o di sinistra, se *Lamerica*[17] di Amelio offende o no il popolo albanese, il
pubblico *dribbla*° i problemi e va a vedere solo ciò che trova rassicurante, cioè Benigni,   ○ *evita*
Troisi e Vanzina." Quest'ultimo continua, parlando del suo film *S.P.Q.R.*: "È un film
rassicurante° perché mantiene quello che promette. È fatto con molta onestà. È quello   ○ *che rasserena*
che è. Non **pretende**[18] di essere diverso. E quando un film incassa venti miliardi, vuol
dire che qualcuno lo va a vedere. È inutile dire: "Come **siamo caduti in basso**[19], che
volgarità". La sua volgarità è quella dei nostri giorni.

Lo specchio esatto di quello che accade tutti i giorni nel nostro paese e che si vede in
TV. Nel caso di Roberto Benigni, io non mi domando se sia o no un grande regista. So
che è un *grande fenomeno*°, che il suo film è lui, il suo personaggio. *Il Mostro* non   ○ *portento*
tradisce nessun tipo di pubblico. L'incasso che ha fatto non viene fuori da un *certo*°   ○ *particolare*
pubblico, ma da tutto, di destra e di sinistra.

Se quindi dovrà essere il pubblico, come dice l'***Economist***[20], e non i *sussidi*°   ○ *sovvenzioni*
ministeriali a salvare il cinema europeo, rispettiamo le indicazioni che ci vengono dal box
office degli ultimi mesi. Perché è soprattutto grazie alla commedia, alla *mediazione*° tra   ○ *compromesso/intesa*
cinema commerciale e cinema d'autore che tutta la nostra industria cinematografica
potrà sopravvivere."

"Mi hanno telefonato tanti piccoli *esercenti*°, ringraziandomi" ha detto Benigni "solo   ○ *gestori/proprietari*
un mese fa stavano chiudendo le sale. Gli incassi del Mostro li hanno salvati. **La salvezza
tiene**, insomma, **inevitabilmente, dalla parte della commedia**[21]."

---

dell'impero. Infatti, lo si trova ancora su monumenti, statue, ponti, acquedotti etc.. Era il segno della potenza di Roma. Il suo significato letterale è: "Il Senato e il popolo di Roma". Oggi è anche la sigla del comune di Roma.

12. **cinema commerciale, cinema d'autore**. Cfr. Introduzione a questa Unità.

13. **Fellini, Visconti**. Due dei più famosi registi del dopoguerra e rappresentanti autorevoli del "cinema d'autore". Su Federico Fellini, si veda la sezione I di questa Unità. Luchino Visconti (1906-1976) inizia come uno dei maestri del Neorealismo e si evolve poi verso una forma tutta sua di estetismo cinematografico. I suoi film più famosi, tra gli altri, sono: *La terra trema* (1943), *Bellissima* (1952), *Senso* (1954), *Il Gattopardo* (1963) e *Morte a Venezia* (1971).

14. **Totò** (1898-1967). Un grande attore comico, di teatro e di cinema, del dopoguerra, i cui film raggiunsero alti vertici d'incassi.

15. *Il Postino*. Film di grande successo per la regia ed interpretazione di Massimo Troisi. Cfr. Introduzione a questa Unità.

16. *Il Branco*. Film di Dino Risi. Cfr. Sezione 5 di questa Unità.

17. *Lamerica*. Film di Gianni Amelio. Cfr. Sezione 5 di questa Unità.

18. **pretende** > pretendere = (a) esigere, volere (es. "pretendo una spiegazione"); (b) presumere, ambire (es. "pretendo di sapere le lingue"). **Nel testo vale l'accezione (b)**.

19. **siamo caduti in basso** > cadere in basso = (metaf.) degenerare.

20. **l'*Economist***. Famoso settimanale inglese.

21. **la salvezza tiene, inevitabilmente, dalla parte della commedia** = gli incassi maggiori provengono dai film comici, che sono i soli in grado di salvare l'economia del cinema italiano. Si noti qui l'uso di "**tiene**" = porta.

Eserciziario

ESERCIZI DI GRAMMATICA E DI LESSICO

A. Distinguete i modi verbali, dandone ragione.

1. È naturale che qualcuno pensi al "mostro di Firenze".
2. È un caso che *Il Mostro* sia uscito in ottobre.
3. È la prima volta che processano Pacciani.
4. Dobbiamo chiederci perché siamo arrivati a questo.
5. È un film rassicurante perché mantiene quello che promette.
6. È inutile dire come siamo caduti in basso.
7. Io non mi domando se Benigni sia o no un grande regista.
8. So che Benigni è un grande fenomeno.
9. Penso che il cinema italiano oggi non sia all'altezza della sua grande tradizione.
10. Molti critici dubitano che *Il Mostro* sia un capolavoro della cinematografia italiana, ma sono d'accordo nell'affermare che il film ha battuto tutti i record di incassi.

B. Trasformate le interrogative dirette in interrogative indirette, secondo il modello. Fate attenzione alla trasformazione del tempo e del modo verbale.

Es. "C'entra qualcosa Pacciani?"
> **Benigni si chiede se Pacciani c'entri qualcosa**

1. L'assassino del film assomiglia al serial killer?
2. *Il Mostro*, piange come Pacciani?
3. È il distributore di Pacciani che è un furbino?
4. Gli incassi de *Il Mostro* hanno salvato i piccoli proprietari di cinema?
5. La salvezza del cinema porta dalla parte della commedia?
6. È stata tempestività da parte del distributore del *Mostro*?
7. C'entra qualcosa Pacciani?
8. È con Nicoletta che il film decolla?
9. È un caso che *Il Mostro* sia uscito in contemporanea al processo?
10. Che cosa rappresenta il bacio finale de *Il Mostro*?

C. Le strutture sottolineate esprimono tutte un rapporto di causa. Riscrivete le frasi usando strutture alternative, ma di pari valore semantico.

1. Dal momento che il protagonista è fortemente indiziato, è naturale che qualcuno pensi al "mostro di Firenze".
2. Perché è soprattutto grazie alla commedia che l'industria cinematografica italiana potrà sopravvivere.
3. La definizione preferita è film-donna, poiché unisce connotazioni femminili all'amore sincero per la moglie Nicoletta Braschi.
4. Visto che non abbiamo i fondi necessari, rinunceremo a comprare la macchina nuova.
5. Siccome le condizioni del malato non migliorano, si pensò a ricoverarlo in ospedale.
6. Dato che non conosco l'inglese, ho deciso di iscrivermi ad un corso pratico di sole 4 settimane prima di andare in vacanza in Inghilterra questa estate.

D. Sostituite al verbo *uscire* il sinonimo appropriato.

1. Ha delle idee poco moderne e certo non progressiste sull'educazione dei figli, forse perché esce da una famiglia molto all'antica.
2. Lo scrittore Ignazio Silone uscì da Partito Comunista Italiano nel 1930 dopo essere stato iscritto per molti anni.
3. Durante la riunione il direttore se ne uscì contro alcuni delegati, facendo loro una serie di rimproveri.
4. Esco nel parco a prendere un po' di aria fresca.
5. Francesco se ne uscì con parole molto dure contro sua moglie e ci lasciò tutti stupefatti.
6. I giornali del pomeriggio sono appena usciti con la terribile notizia dell'incidente aereo a Londra.
7. Nel mondo dello spettacolo ogni tanto esce un nuovo idolo.
8. L'auto è uscita di strada perché ha slittato sulla strada tutta bagnata.
9. È uscito dal solito giro di amici e ora se ne sta tutto solo.
10. Sono uscito presto stamattina perché volevo arrivare in ufficio alle otto per sbrigare una questione urgente.

E. Completate le frasi scegliendo i verbi appropriati fra quelli dati.

entrarci, adeguarsi (2), esercitarsi, tenersi (2), chiedersi, scoppiare (2), arrivare

1. Quello che dici non .... niente con le proposte che ti sto facendo.
2. Quando faceva il servizio militare ha trovato difficoltà ad .... alla disciplina che gli era imposta.
3. Non mi sono potuto .... abbastanza prima dell'esame di guida e sono stato bocciato.
4. La stanza dove .... la conferenza era pienissima e non siamo riusciti ad entrarvi.
5. .... al suo giardino e ci passava pomeriggi interi.
6. In quell'affare lui non volle ......alle decisioni prese dai suoi soci.
7. ....se facciamo bene o male a vendere quell'appartamento.
8. Nel pomeriggio......un temporale molto violento.
9. Non pensavo che la sua insolenza .... a tanto.
10. Quando Benigni è apparso sulla scena, ...un fragoroso applauso.

F. Formulare una frase di senso compiuto utilizzando il vero modale, il pronome e l'infinito.

Es. volere / voi / esercitarsi > **Volete esercitarvi questo pomeriggio?**

1. Non volere/ tu / adeguarsi >
2. Dovere / noi / tenere >
3. Volere / voi / limitarsi >
4. Potere / loro / offendersi >
5. Potere / io / arrabbiarsi >
6. Potere / lei / laurearsi >
7. Non potere/ loro /salvare >

DOMANDE DI COMPRENSIONE

1. Che cosa vuol dire Benigni quando afferma "io non posso vivere senza la mia bella"?
2. Qual è il legame fra il film *Il Mostro* e il serial killer Pacciani?
3. Spiegate che cosa intende dire il regista Vanzina quando parla di "cinema d'autore" e di "cinema commerciale".
4. *Il Mostro è un instant movie*?
5. Che cosa rappresenta il "cinema commerciale" per l'Italia?
6. Quali film hanno raggiunto i più alti vertici d'incasso nel 1994?
7. Che cosa pensa il regista Vanzina di Benigni?
8. Come vede l'*Economist* la situazione finanziaria del cinema europeo?
9. Perché Benigni dice che tanti piccoli esercenti sono stati salvati dal *Mostro*?
10. Spiegate con parole vostre la frase: "la salvezza tiene inevitabilmente dalla parte della commedia".

"Pantera rosa a Vergaio" *di Claudio Carabba*

"Certo nella vita potevo aspettarmi di essere l'amante di Tex Willer, il cugino di Topolino, il papà di 007, ma non avrei mai immaginato di essere il figlio della Pantera Rosa".

Nelle notti di Nizza, fra una **ripresa**[1] e l'altra di un'avventura che dura tutta l'estate, Roberto Benigni ci scherza sopra. Ma l'avventura de *Il figlio della Pantera Rosa* è davvero rischiosa, il fatto, quasi storico. Per la prima volta un comico di casa nostra, apparentemente legato a scherzi *autarchici*° o addirittura *strapaesani*°°, entra come superstar in una produzione internazionale e miliardaria, diretta da un **mago**[2] sacro della commedia come Blake Edwards. Ce la farà il piccolo clown a compiere il grande salto da **Vergaio**[3] alle colline di Hollywood?

° tipicamente italiani
°° molto provinciali

Ma per capire come è potuto accadere tutto questo, come è stato possibile che un ragazzaccio della Toscana profonda sia stato scelto da uno dei più sofisticati autori del cinema americano, proprio da lì *converrà*° partire, dalla solitaria Vergaio. Cerchiamo dunque di comprendere, attraverso le testimonianze di chi lo conosce bene, chi è davvero Roberto Benigni e come siamo arrivati a questa **svolta**[4].

° sarà opportuno

Andiamo a Vergaio e incontriamo Albertina Benigni, una delle tre sorelle di Roberto, e forse la più **devota**[5], e poi tutto il resto della famiglia, che è molto unita. C'è la severa mamma Isolina, papà Luigi, che ora è finalmente pensionato dopo una dura vita da muratore, e che ha insegnato al figlio il piacere dello scherzo e della *burla*°; ci sono le sorelle Brunella e Anna, che hanno cresciuto e **coccolato**[6] il piccolo Roberto, **folletto**[7] di famiglia.

° canzonatura

"Roberto era il più piccolo, era tanto buono, ma qualche preoccupazione ce la dava, così distratto e *scapestrato*°".

° sfrenato

E Albertina ricorda quando il fratello, a quattro anni, giocando *cascò*° nel **bottino**[8] e fu ripescato, si può immaginare in che stato, dalla vicina, la signora Giuditta, che diventa poi il simpatico spirito **dispettoso**[9] de *Il piccolo diavolo*. Albertina mi parla nel **salotto buono**[10] della sua quieta casa di contadini inurbati. Ogni parola, ogni ricordo è un atto d'amore verso il fratello lontano.

° cadde

---

1. **Ripresa** = (a) recupero (es. "dopo la malattia Luigi ha dimostrato un'ottima capacità di ripresa"); (b) nuovo inizio (es. "domani c'è la ripresa delle lezioni"); (c) scena filmata (es. "le riprese del film sono state interrotte improvvisamente"); (d) a più riprese = in più occasioni. **Nel testo vale l'accezione (c).**
2. **mago** = (a) stregone, incantatore, indovino; (b) (fig.) genio, artista. **Nel testo vale l'accezione (b).**
3. **Vergaio.** Nome del paese, in provincia di Prato, dove è nato Benigni e di cui si parla in questo articolo. Si trova in una zona interna e rurale nel nord della Toscana, che viene chiamata, poco sotto nel testo, "**Toscana profonda**". Con questa definizione, dal calco americano "Deep South" (gli Stati del Sud Est), si vuole indicare la distanza, in termini economici, sociali e culturali fra l'area di Vergaio ed altre aree più progredite e cosmopoliti della Toscana.
4. **svolta** = (a) curva (es. "questa strada è piena di svolte"; "dopo la svolta del fiume cominciano le rapide"); (b) (fig.) cambiamento, mutamento (es. "dopo il divorzio, la mia vita ha subito una svolta decisiva"; "le ultime elezioni hanno determinato una svolta importante nella politica del paese"). **Nel testo vale l'accezione (b).**
5. **devota** > devoto = (a) (agg.) pio, religioso (es. "è un uomo molto devoto"); (b) fedele, fidato, affezionato (es. "Francesca è una moglie devota"); (c) (s.m.) credente. **Nel testo vale l'accezione (b).**
6. **coccolato** > coccolare = vezzeggiare/viziare.
7. **folletto** = piccolo essere immaginario, di indole bizzarra e astuta, dotato di poteri magici che si trova nelle fiabe. Nel testo la parola è usata in senso figurato e scherzoso ed equivale a: "bambino molto vivace ed imprevedibile".
8. **bottino** = pozzo per lo scarico di rifiuti organici/pozzo nero.
9. **dispettoso** = che fa dispetti o gli scherzi.
10. **salotto buono** = il salotto dove si ricevono gli ospiti. "Avere un salotto buono" era una consuetudine del secolo scorso ancora mantenuta da determinati ceti sociali come il ceto

"Robertino era tanto buono, tanto intelligente, lo diceva sempre anche la sua maestra. Magari qualche volta non studiava tanto. Ma leggeva per conto suo, era curioso di tutto e riusciva a divertire tutti quelli che avvicinava. Insomma era nato per recitare, si capì subito. Anche il babbo del resto era un vero *mattacchione*°, alla **Casa del popolo**[11] non lo teneva nessuno. Le "*parolacce*"° per noi non sono una cosa brutta, si dicono tranquillamente in famiglia. Siamo gente educata, per carità, ma bisogna pure farsi capire. Così quelli che scrivono che Roberto **fa del turpiloquio**[12] e della volgarità, dovrebbero venire un po' di giorni qui a Vergaio a **completare l'istruzione**"[13].

   Lasciamo la signora Albertina e andiamo verso il centro di Vergaio. La zona non è così arida e desolata, come sembrava negli **esterni**[14] di *Berlinguer ti voglio bene*. Ci sono, ora, alcune villette nuove, la ricchezza industriale della vicina Prato si estende. Ma Roberto ha lasciato il segno. Nessuno degli amici si è dimenticato di lui. Roberto ha avuto successo, ma non ha tradito. Negli spettacoli della *Casa del popolo* - e poi nei più scelti teatrini romani e sugli schermi dei cinema e della TV - quelli della mia generazione furono *folgorati*° da quel folletto *beffardo*°° che con l'aria di scherzare e sparare parolacce, parlava del mistero della vita e del sogno della rivoluzione. La sua *rabbia*° da burattino elettrizzato era viva e non *di maniera*°. I tempi sono cambiati e anche Roberto è cresciuto. È diventato un quarantenne da incassi miliardari. Ma nonostante la popolarità, non si è mai *buttato via*° in filmetti d'occasione e **strenne**[15] natalizie. Ha sempre scelto e selezionato, si è concesso lunghe pause di silenzio, ma ha pur sempre continuato, come attore e come regista, **il discorso "sulla goduria e sul patimento"**[16].

   Il fatto che Benigni è *in testa*° alla classifica degli **incassi**[17] mi pare uno dei pochi segni di progresso della nostra società civile."

° *allegrone/burlone*
° *volgarità/oscenità*

° *fulminati/colpiti* °° *che pren...*
   in g...
° *sdegno/ira*
° *convenzionale/affettata*

° *abbassato*

° *il primo*

---

contadino-inurbato (citato nel testo) a cui appartiene la famiglia di Benigni.
11. *Casa del popolo*. Centro ricreativo popolare del paese.
12. **fa** (>fare) **del turpiloquio** = parlare in modo osceno. Fra i molti usi del verbo "fare", si notino i seguenti: (a) costruire, fabbricare (es. "fare un ponte", "fare una strada"); (b) confezionare (es. "la sarta mi ha fatto uno stupendo vestito"); (c) girare/produrre un film (es. "il film *La pantera rosa* è stato fatto a Hollywood"); (d) cucinare, preparare (es. "ho fatto la pizza per cena"); (e) trascorrere (es. "ho fatto le vacanze in Grecia la scorsa estate"); (f) suscitare (es. "fare impressione/ scandalo/ pena/ paura"). Si notino le seguenti strutture: farcela = riuscire; fare a pugni = picchiarsi; farsi la barba = sbarbarsi; fare caso a = prestare attenzione; avere molto da fare = essere molto impegnato.
13. **completare l'istruzione**. La frase è scherzosa, ma riflette uno specifico costume sociale. La signora Albertina vuol dire che il turpiloquio è un elemento costante ed accettato nel parlare quotidiano dei popolani toscani. I giornalisti che disapprovano

Benigni ed il suo linguaggio forte, dovrebbero essere al corrente di questa consuetudine: se non lo sono, devono venire a "completare la loro istruzione" imperfetta, a Vergaio.
14. **esterni**. In linguaggio cinematografico e televisivo, "gli esterni" sono le scene girate fuori dagli studi cinematografici, all'aperto, in ambienti reali o ricostruiti.
15. **strenne** = doni e regali scambiati in occasione delle feste più importanti.
16. **il discorso sulla goduria e sul patimento. Goduria**= divertimento prolungato e, a volte, chiassoso. **Patimento**= sofferenza. La frase allude alla satira politica di Benigni e al contesto sociale italiano: secondo Benigni, in Italia, ci sono molte persone che 'godono' per una situazione di grande benessere economico mentre altre, troppe, 'patiscono' ingiustamente da molto tempo.
17. **incassi** = il realizzo e l'ammontare di una somma relativamente ad un determinato introito. Qui ci si riferisce al guadagno realizzato dai film di Benigni.

Eserciziario

ESERCIZI DI GRAMMATICA E DI LESSICO

A. Identificate, per ogni gruppo di parole, quella che per significato le comprende tutte.

1. padre, figlio, cugino, familiare, sorella
2. pantera, felino, gatto, leopardo, tigre
3. roditore, topo, castoro, coniglio, scoiattolo
4. casa, villetta, scuola, chiesa, edificio
5. sceneggiatore, attore, comico, mestiere, regista
6. cucina, stanza, studio, salotto, sala da pranzo
7. estate, inverno, primavera, stagione, autunno
8. spettacolo, commedia, varietà, opera, concerto
9. furgone, autobus, veicolo, automobile, camion

B. Abbinate le parole della colonna I a quelle della colonna II che hanno un significato affine.

I	II	
1. convenire	mutamento importante	A
2. svolta	scherzo	B
3. coccolare	cadere	C
4. burla	scavezzacollo	D
5. scapestrato	essere necessario	E
6. cascare	umorista	F
7. mattacchione	dono	G
8. turpiloquio	viziare	H
9. folgorato	linguaggio scurrile	I
10. comico	burlone	J
11. strenna	fulminato	K

C. Completate le frasi scegliendo, fra quelli dati, il verbo richiesto dal contesto e coniugando al tempo e modo corretto.

> nascere, immaginare, farcela, usare, scegliere, insegnare, abbassarsi, trovarsi

1. Roberto Benigni non .... mai .... di interpretare un giorno *Il figlio della Pantera Rosa*.
2. Chi avrebbe detto che un comico di casa nostra .... da uno dei più sofisticati registi americani.
3. Ci si domanda se Benigni .... a compiere il gran salto da Vergaio alle colline di Hollywood.
4. Fu papà Luigi che .... al figlio il piacere dello scherzo e della burla.
5. Sin da quando era piccolo si capì subito che Roberto .... per recitare.
6. La sorella Albertina ha detto che le parolacce .... tranquillamente in famiglia.
7. Nell'articolo di dice che Vergaio è un paese vicino a Prato e ... nella "Toscana profonda".
8. Claudio Carabba dice che, nonostante la popolarità, Benigni non....a filmetti commerciali.

D. Trasformate le frasi dalla forma passiva a quella attiva.

Es. Roberto Benigni è stato premiato da una giuria internazionale
> **Una giuria internazionale ha premiato Roberto Benigni**

1. Per la prima volta un comico di casa nostra è stato scelto da un mago della commedia come Blake Edwards.
2. Roberto fu cresciuto e coccolato dalle sorelle, essendo il più piccolo.
3. Albertina ricorda quando Roberto, caduto nel bottino, fu ripescato dalla vicina, la signora Giuditta.
4. Gli amici di Vergaio non sono stati traditi da Roberto.
5. Quelli della sua generazione furono folgorati da quel folletto beffardo.
6. Le varie tappe della carriera di Roberto sono state seguite con interesse dai paesani di Vergaio.
7. La notizia del disastro aereo di Milano è certamente stata pubblicata dai giornali del mattino.

E. Trasformate i superlativi relativi in superlativi assoluti.

Es. *Il piccolo diavolo* è stato uno dei più grandi successi della stagione
> *Il piccolo diavolo* **è stato il più grande successo della stagione**

1. Blake Edwards è uno dei più sofisticati autori del cinema americano.
2. Albertina è una delle sorelle più amate da Roberto.
3. Roberto era uno dei ragazzi più ribelli del paese.
4. In uno dei più scelti teatri romani la gente venne travolta dalla comicità di Benigni.
5. Vergaio si trova in una delle zone più desolate della Toscana.
6. Benigni è uno dei più grandi comici italiani del dopoguerra.
7. *Il Mostro* è uno dei più divertenti film che il pubblico abbia visto.
8. La storia di Giulietta e Romeo è una delle più famose storie d'amore.

F. Sostituite alle espressioni contenenti il verbo *fare* un sinonimo appropriato.

1. Benigni ce l'ha fatta ad andare a lavorare a Hollywood con un regista americano.
2. Roberto è stato accusato di fare del turpiloquio.
3. Benigni ha fatto un film a Nizza.
4. Nei film western gli attori spesso fanno a pugni.
5. Stamani Filippo non si è fatto la barba col rasoio elettrico.
6. Questo trimestre ho avuto molto da fare con la preparazione delle lezioni.
7. Nostro padre non fa mai caso a quello che diciamo noi.
9. Ho fatto delle lunghe vacanze in Africa lo scorso inverno.
10. Non faccio mai piatti elaborati: mi piace la cucina semplice.

G. Analizzate le seguenti frasi e dite se i participi passati sottolineati sono usati con valore verbale, nominativo, aggettivale.

1. Fra una <u>ripresa</u> e l'altra, Roberto ci scherza sopra.
2. Benigni è stato <u>scelto</u> da uno dei più geniali registi del cinema americano.
3. Roberto, così <u>distratto</u> e scapestrato, qualche preoccupazione la dava!
4. Albertina ha <u>ricevuto</u> il giornalista nel salotto buono della quieta casa di contadini inurbati.
5. Quelli della generazione di Benigni furono <u>folgorati</u> dalla sua aria beffarda sia che lo sentissero alla *Casa del popolo* a Vergaio o nei più <u>scelti</u> teatrini romani, oppure lo vedessero al cinema o in TV.
6. Il <u>fatto</u> che Benigni è in testa alla classifica degli incassi mi pare uno dei pochi segni di progresso nella nostra società civile.

DOMANDE DI COMPRENSIONE

1. Da che ambiente proviene Benigni?
2. Chi, nella sua famiglia, gli ha insegnato il piacere dello scherzo?
3. Com'è stata la fanciullezza di Roberto?
4. Che importanza ha la *Casa del popolo* di Vergaio nella carriera di Benigni?
5. Che cosa pensano di lui quelli che sono rimasti a Vergaio?
6. Quale film ha elevato Benigni a star internazionale? Grazie a chi?
7. Secondo Claudio Carabbia qual è la vera essenza della comicità di Benigni?
8. Perché il fatto che Benigni sia in testa alla classifica degli incassi è un segno di progresso?
9. Che tipo di paese è Vergaio? E i suoi abitanti?
10. Che cosa vuol dire che è un "fatto quasi storico" che Benigni vada a Hollywood?

ESERCIZI DI SCRITTURA

Testi di riferimento: Testi VII e VIII di questa Unità; scheda 4 di questa Unità; Introduzione all'Unità III; bibliografia essenziale dell'Unità III e bibliografia specifica su Benigni. Film: *Il piccolo diavolo* (1988); *Il Mostro* (1994); *La vita è bella* (1998).

1. Considerate il Testo VIII; rileggete il terzo paragrafo (da "Andiamo a Vergaio e incontriamo la signora Albertina") e mettetelo al tempo passato. Iniziate così: "Siamo andati a Vergaio e abbiamo incontrato....".
2. Riassumete il testo VIII, spiegando con parole vostre le varie tappe della carriera di Benigni. *(Scrivete 400 parole).*
3. Fate una descrizione di Benigni usando tutti gli aggettivi e sostantivi che, nei due testi, lo descrivono (Esempio: superstar, folletto, ragazzaccio...).
4. Immaginate di essere un giornalista e di dover scrivere la recensione di un film di Benigni. *(Scrivete 300 parole).*
5. Il fenomeno Benigni, genio consacrato del cinema italiano d'oggi: voi che ne pensate? *(Scrivete un saggio di 600 parole).*
6. Considerate le varie recensioni e giudizi critici de *La vita è bella*, e confrontatele con le vostre impressioni. *(Scrivete 300 parole).*

Unità 3 / **Sezione 5**

| Capire l'Italia e l'italiano
Lingua e cultura italiana oggi | Lia Buono Hodgart | Il Cinema | **Gianni Amelio e Marco Risi:**
i registi dello sdegno |

Gianni Amelio e Marco Risi:
i registi dello sdegno

Gianni Amelio e Marco Risi

GIANNI AMELIO

Gianni Amelio (1945) è stato scoperto dal grande pubblico soltanto negli anni '90, quando già aveva alle spalle una lunga, poliedrica carriera come aiutoregista in film di genere.

Del 1982 è il suo primo successo, *Colpire al cuore* che, secondo Mario Sesti, è "uno dei più originali e importanti film italiani degli anni '80. Di una lucidità quasi intollerabile: è un'analisi rivelatrice e originale del terrorismo e della sua epoca ma anche uno spazio di assoluta e indecifrabile tensione in cui prendere di petto quello che è il cuore del suo cinema: il rapporto tra padri e figli, adulti e giovanissimi, nei suoi film sono divisi sempre da sentimenti che solo con grande mistero ed esagerata delicatezza si possono investigare".

Del 1990 è l'ottimo e poco noto *Porte aperte*, tratto da un romanzo di Leonardo Sciascia. Il film esamina, con realismo e lucidità, il rapporto tra delitto e castigo, tra colpa ed espiazione senza mai cadere nel banale (cosa non facile per un film giudiziario ambientato in Sicilia durante il fascismo). Già da questo film Amelio viene rapportato a Roberto Rossellini, il grande maestro del Neorealismo italiano: è un'interessante ipotesi che può trovare conferma nelle somiglianze di stile e di tecniche cinematografiche e narrative così come nella scelta delle tematiche. È Mereghetti a fare questo accostamento sia in riferimento a *Colpire al cuore*, che al film successivo *Il Ladro di bambini* (1991). Del primo egli dice: "Amelio riesce a fare un cinema di pensiero che sarebbe piaciuto a Rossellini" e del secondo: "È un *road movie* emozionante, un aggiornato viaggio in Italia in senso rosselliniano dove allo squallore morale e ambientale del "Belpaese" [l'Italia] si contrappone un umanesimo povero e irriducibile anche di fronte alla sconfitta. Dalla parte dei vinti, ma senza retorica, Amelio racconta la perfidia delle istituzioni, il silenzio degli innocenti, l'insensibilità dei colti, la volgarità degli ignoranti, la rivolta muta e la condanna all'impotenza di chi non ci sta".

Il ladro di bambini ha ancora come tema centrale il rapporto fra adulti e giovanissimi e racconta la storia di due fratelli, Rosetta e Luciano che vengono destinati ad un Istituto per minori. La bambina era costretta a prostituirsi dalla madre e il fratellino non parla e non mangia quasi mai. Un giovane carabiniere, Antonio, li conduce all'Istituto, ma i bambini non vengono accettati. Antonio, allora, li porta con sè in un viaggio attraverso l'Italia fino alla Sicilia, da cui i bambini provengono. Il film è stato molto apprezzato dalla critica ed ha ricevuto riconoscimenti e premi in Italia ed all'estero.

Del 1994 è infine *Lamerica*, un altro grande successo di critica. Il titolo del film si spiega se si fa riferimento all'emigrazione italiana. Il continente americano, e gli Stati Uniti in particolare, venivano chiamati complessivamente "l'America" dagli emigranti. Ancora oggi esiste il detto "trovare l'America" con il significato di "fare fortuna, far soldi". Il film *Lamerica* racconta la storia di due trafficanti italiani che sbarcano nell'Albania postcomunista alla ricerca di affari vantaggiosi ed illeciti ma rimangono inaspettatamente coinvolti dalla realtà dolorosa di quel paese che intendevano sfruttare. L'attenzione del film si sposta quindi sugli albanesi e sul loro tragico ed allucinante destino quando, assediati dalla povertà, cercano di scappare, con ogni mezzo lecito ed illecito, in Italia, la terra dei loro sogni e la *loro* "America". Il film è molto giocato sul raffronto fra l'Albania e l'Italia postbellica: c'è un gioco di rinvii tra le sospensioni della memoria, in particolare quella degli italiani dimentichi del loro passato di povertà e di emigrazione, e la riscoperta di sé attraverso gli altri: la supposta diversità dei miseri albanesi si rivela essere una triste caricatura degli opulenti italiani, gli uni e gli altri afflitti dagli idoli del benessere e dall'invasione di una tv volgare e grossolana. La definizione più sintetica ed esauriente di Gianni Amelio viene da Mario Sesti: "Amelio è diventato il regista della descrizione assoluta e luminosa di un'epoca in uno spazio, un cinema che è anzitutto uno sguardo, nudo e puro, di un corpo che si aggira ignaro in un territorio, in una Storia, (in questo senso, Amelio è forse l'unico per cui abbia significato il richiamo al cinema neorealista)".

MARCO RISI

Nato nel 1951 a Milano, 'figlio d'arte', Marco Risi impara il mestiere dal padre Dino e dallo zio Nelo. Autore impegnato, versatile, tuttora in evoluzione, ama rivolgersi al grande pubblico affrontando soprattutto le tematiche del mondo giovanile, descrivendone ora il disagio ora il malcostume. Dopo le commedie leggere degli esordi - *Vado a vivere da solo* (1981); *Un ragazzo e una ragazza* (1983); *Colpo di fulmine* (1985) - ha inaugurato un filone realista (da qualcuno ribattezzato con un neologismo francamente orribile, "neo-neorealista") con *Soldati, 365 all'alba* (1987), *Mery per sempre* (1989), *Ragazzi fuori* (1990), *Muro di gomma* (1991), di cui soltanto il secondo può considerarsi opera pienamente riuscita. Le prove successive, *Nel continente nero* (1992) e *Il branco* (1994) hanno poi oscillato tra i due diversi filoni. Nel 1994 ha partecipato alla realizzazione del citato *L'unico paese al mondo*.

"I registi dello sdegno" *di Maria Grazia Bevilacqua*

Gianni Amelio con *Lamerica* e Marco Risi con *Il branco* raccontano entrambi storie di violenza e *sopraffazione*°, un tema presente in molti altri film proiettati durante il Festival di Venezia. Gianni Amelio, che ha vinto "Osella d'oro" per la regia, narra le *vicende*° di due furfanti, Fiore (Michele Placido) e Gino (Enrico Lo Verso), che arrivano nell'Albania povera e **disastrata**[1] dei giorni nostri per cercare di *mettere in piedi*° una truffa: comprare una *scalcinata*° fabbrica di scarpe, intestarla a un **prestanome**[2] albanese, farsi *sovvenzionare*° dallo Stato italiano, con il **pretesto**[3] di *rimetterla in sesto*°°, e scappare con il *malloppo*°.

   ° *prepotenza/sopruso*
   ° *fatti/casi*

   ° *combinare*
   ° *malandata*
   ° *finanziare* °° *sistemarla*
   ° *i soldi*

"Ho pensato di **realizzare**[4] questo film dopo aver visto lo **spettacolo**[5] drammatico e vergognoso dello sbarco degli albanesi in Italia qualche anno fa", dice Amelio. "Quella povera gente affamata, *radunata*° in uno stadio. Il lancio del pane, come fossero bestie allo zoo, gli idranti per lavarli. Mi sono chiesto: ma se riescono ad accettare questo inferno, da quale più terribile inferno arrivano? Così sono andato in Albania, l'ho girata *in lungo e in largo*°, ho visto la miseria, il **degrado**[6], e ho incontrato due tipacci, molto simili a quei due che descrivo nel film, due *faccendieri*°, dall'aria di **levantini**[7] che **si occupavano**[8] in modo molto ambiguo di importazioni e esportazioni, *sfruttavano la situazione*°. E poi, guardando gli albanesi, le loro facce *scavate*°°, i loro poveri abiti, le strade, le misere case, mi è tornata in mente l'Italia del Sud degli anni Cinquanta.

   ° *ammassata/ammucchiata*

   ° *dappertutto*
   ° *trafficanti*

   ° *se ne approfittavano*
   °° *smunte/magre*

Ho pensato di fare un film sulla storia, sull'Italia di allora e l'Albania di oggi che tanto si assomigliano. Così abbiamo scritto la *sceneggiatura*°, in poche settimane, e l'abbiamo modificata di volta in volta, sul set, mentre **giravamo**[9]".

   ° *copione*

Il film comincia con spezzoni di cinegiornali dell'**epoca mussoliniana**[10], mentre la voce del commentatore dice: "Finalmente portiamo la civiltà agli albanesi", e poi si vedono i nuovi colonizzatori, gli *imbroglioni*° di oggi. "Volevo sottolineare la fiducia *cieca*°° che gli albanesi avevano e hanno nell'Italia. Il nostro Paese è per loro quello che era per noi l'America alla fine del secolo, ai primi del '900 e forse ancora oggi. E del resto non si continua a dire da noi: "Hai trovato l'America" per intendere "hai fatto fortuna"? E ho voluto intitolare il mio film *Lamerica*, senza apostrofo, così come l'avrebbe scritta un emigrante. Tanti albanesi, mentre ero là, mi chiedevano: ma perché non fate di noi una vostra colonia? Non potremmo **diventare un'altra vostra regione**[11]?"

   ° *truffatori* °° *totale*

---

1. **Disastrata** > disastrato = gravemente danneggiato/sconvolto.
2. **prestanome** = una persona che compare sui documenti ufficiali come titolare di una ditta, ma, in effetti, non lo è.
3. **pretesto** = (a) falso motivo; (b) scusa; (c) spunto. **Nel testo vale l'accezione (a)**.
4. **realizzare** = (a) attuare, mettere in atto, fare; (b) capire, comprendere. **Nel testo vale l'accezione (a)**.
5. **spettacolo** = (a) scena; (b) manifestazione artistica; (c) vista, veduta, panorama. Si noti l'espressione "dare spettacolo" = attirare l'attenzione. **Nel testo vale l'accezione (a)**.
6. **degrado** = (a) deterioramento (di ambiente); (b) (di persona) abiezione, avvilimento, abbrutimento. **Nel testo vale l'accezione (b)**.

7. **levantini** > levantino = persona che viene da Levante. In Italia, così come nel nostro testo, il termine è spesso usato in senso spregiativo e vuol dire "persona astuta e furba".
8. **si occupavano** > occuparsi = interessarsi a/dedicarsi a. La frase del testo "si occupavano di importazioni e esportazioni" vuol dire: "lavoravano nel campo delle esportazioni e importazioni".
9. **giravamo** > girare. In questo contesto il verbo significa "riprendere le scene di un film/ filmare".
10. **epoca mussoliniana** = il periodo fascista quando Mussolini era capo del governo (Cfr. Unità IV, Introduzione).
11. **diventare un'altra vostra regione** = diventare parte dell'Italia.

I nostri programmi televisivi hanno contribuito a creare il **mito**[12] di un'Italia ricca, lucci-cante. Belle ragazze, giochi, lustrini. Un Paese dove tutti possono vincere milioni con i quiz...

"Certo. Sotto la dittatura, l'Albania era come una prigione, nessuno poteva uscire o entrare. Si andava in *carcere*° se si era scoperti ad ascoltare la radio italiana, si facevano tre anni di lavori forzati se si era sorpresi a cantare una canzonetta italiana.

○ *prigione*

E il **regime**[13] aveva inventato una minaccia, un nemico inesistente: l'Italia. Si erano costruiti bunker e fortini *in previsione di*° una invasione. Caduto il regime, l'Albania è stata invasa dalle immagini di un paradiso **consumistico**[14] e opulento. La gente si raccoglie nei bar per seguire i nostri programmi, sa a memoria gli slogan degli **spot pubblicitari**[15]".

○ *prevedendo*

Il branco di Risi è la storia di uno stupro: due ragazze tedesche vengono violentate da un gruppo, il "**branco**"[16], di turpi *ragazzotti*°. Non c'è *compiacimento*°°, lo stupro non si vede, avviene in una baracca lontano dallo sguardo dello spettatore. Il film è tratto dal romanzo *omonimo*° di Andrea Carraro, pubblicato dall'editrice Theoria.

○ *giovinastri*   **○○** *indulgenza*

○ *dallo stesso titolo*

"Leggendo il libro ho provato molto **disagio**[17]", ammette Risi, "poi ho deciso di accettare la sfida, di raccontare la *vicenda*° attraverso gli occhi di uno dei protagonisti. Raniero è il più debole, il più *vile*° del gruppo, e proprio per essere accettato e ammirato dai compagni più *prepotenti*° finisce col diventare il più *spietato*°°, il peggiore di tutti. Vedere la storia attraverso i suoi occhi non *significa*° affatto *parteggiare per lui*°°, questo deve essere chiaro. Mi interessava soprattutto la psicologia del branco, l'*omertà*° che li lega, **la dinamica della violenza psicologica**[18], come nasce e si sviluppa, crescendo, la violenza che i più **aggressivi**[19] *esercitano*° sui deboli. Mi interessava seguire Raniero, che cade sempre più in basso sino a toccare il fondo, e infine capisce con disperazione di aver causato una tragedia. Credo che gli istinti più bassi che albergano in Raniero si nascondano inconsciamente, non svelati, in molti uomini. Dopo una proiezione del film, a Roma, un ragazzo mi ha detto: "Mi vergogno di essere un uomo". Vorrei che questo film servisse a ridestare la coscienza di certi violenti, li facesse riflettere.

○ *storia*

○ *vigliacco*

○ *arroganti*   **○○** *crudele*

○ *vuol dire*   **○○** *essere dalla sua*

○ *complicità*

○ *usano*

Diversa è stata sinora la reazione delle donne, e me ne dispiace. In genere hanno trovato il film inaccettabile, perché le ha colpite, hanno provato dolore, *repulsione*°. Vorrei che sentissero che **siamo dalla loro parte**[20] e che alla fine, quando Raniero si rende conto che quella "colpa" lo *segnerà*° e perseguiterà per tutta la vita, riuscissero persino a provare un po' di pena per lui".

○ *ripugnanza*

○ *bollerà*

---

12. **mito** = (a) favola, leggenda; (b) idealizzazione; (c) sogno. **Nel testo vale l'accezione (a).**
13. **regime** = (a) governo, forma di governo; (b) norme alimentari, dieta. **Nel testo vale l'accezione (a).**
14. **consumistico** = proprio della società dei consumi.
15. **spot pubblicitari** = pubblicità.
16. **branco** = si dice di solito di un gruppo di animali. **Qui la parola, riferita a persone, è usata in senso metaforico e spregiativo.**

17. **disagio** = (a) fastidio; (b) privazione, stento, sofferenza; (c) difficoltà. **Nel testo vale l'accezione (a).**
18. **la dinamica della violenza psicologica** = come si manifesta la violenza psicologica.
19. **aggressivi** > aggressivo = violento e prepotente.
20. **siamo dalla loro parte** = parteggiamo per loro.

Eserciziario

ESERCIZI DI GRAMMATICA E DI LESSICO

A. Seguendo le indicazioni, trasformate le frasi al discorso indiretto, apportando le modifiche necessarie.

Es.   Tanti albanesi mi chiedevano: "Ma perché non fate di noi un'altra vostra colonia?"

>   **Amelio dice che tanti albanesi gli chiedevano perché non facessimo di loro un'altra nostra colonia**

1. Ho pensato di realizzare questo film dopo aver visto lo spettacolo drammatico e vergognoso dello sbarco degli albanesi in Italia.
   Amelio dice di ...
2. Se riescono ad accettare questo inferno, da quale più terribile inferno arrivano?
   Amelio si chiede da ...
3. Ho pensato di fare un film sull'Italia di allora e sull'Albania di oggi.
   Amelio dice di ...
4. Finalmente l'Italia porta la civiltà agli albanesi.
   La voce del commentatore dice che ...
5. Mi interessava soprattutto la psicologia del branco.
   Risi dice che ...
6. Dopo la proiezione del film un ragazzo mi ha detto: "Mi vergogno di esser uomo".
   Risi dice che ...
7. Credo che gli istinti più bassi che albergano in Raniero si nascondano, inconsciamente, non svelati, in molti uomini.
   Risi dice di ...
8. Mi interessava seguire Raniero che sa di sbagliare ma cade sempre più in basso.
   Risi dice che ...

B. Spiegate i differenti usi di *si* (passivante, riflessivo, impersonale) nelle seguenti frasi.

1. Se si era scoperti ad ascoltare la radio italiana, si andava in carcere.
2. Si facevano tre anni di lavori forzati se si era sorpresi a cantare una canzonetta italiana.
3. In Albania si erano costruiti bunker e fortini in previsione di una invasione italiana.
4. Raniero si rende conto che quella 'colpa' lo segnerà.
5. In Albania la gente si raccoglie nei bar per seguire i nostri programmi.
6. Nel film *Il branco* lo stupro non si vede.
7. Non si continua a dire da noi "hai trovato l'America"?
8. In Albania si vedono i nuovi colonizzatori: gli imbroglioni d'oggi.
9. Quando le cose non vanno come si vuole, ci si rimane male.
10. In condizioni di tempo favorevoli si poteva vedere la cima della montagna coperta di neve.

C. Completate le frasi trasformando gli infiniti fra parentesi al giusto tempo e modo verbale.

1. Vorrei che questo film [servire] a ridestare la coscienza di certi violenti.
2. Vorrei che le donne [sentire] che siamo dalla loro parte.
3. Vorrei che questo film [fare] riflettere.
4. Volevo [sottolineare] la fiducia cieca che gli albanesi hanno nell'Italia.
5. Ho voluto [intitolare] il mio film *Lamerica*.
6. Vorremmo che i nostri figli [venire] a trovarci più spesso: invece li vediamo solo una volta al mese.
7. Vorrebbe [partire] verso le undici, vero? Ma purtroppo non ci sono treni a quell'ora.
8. Avrei voluto che lui [seguire] i miei consigli; ora non si troverebbe in questo pasticcio.
9. Dove vorresti [andare] in vacanza questa estate?
10. Avremmo voluto che i nostri studenti [avere] dei risultati migliori agli esami quest'anno.

D. Trovate il contrario dei seguenti aggettivi:

1. scalcinato   ....
2. scavato   ....
3. misero   ....
4. vile   ....
5. ambiguo   ....

6. opulento   ....
7. prepotente   ....
8. spietato   ....
9. aggressivo   ....
10. inaccettabile   ....

E. Mettete le seguenti parole nel giusto contesto

pretesto (3), spettacolo (3), degrado (2), mito (2), regime (2), disagio (2)

1. Ho visto l'*Aida* all'Arena di Verona: è stato uno .... fantastico e indimenticabile.
2. Dopo la lunga camminata, arrivammo in cima al monte e di lassù si presentò ai nostri occhi il magnifico.......
della vallata.
3. Ha sempre dato .... per i suoi vestiti stravaganti ed appariscenti.
4. In alcuni quartieri di New York si vive in uno stato di totale ....
5. L'uso dei contenitori di plastica ha contribuito non poco al .... dell'ambiente.
6. Alcuni .....dell'antica Grecia sono molto noti come quello di Giasone e del Vello d'oro.
7. Marilyn Monroe, sex-symbol degli anni Sessanta, è ormai diventata un ....
8. L'Italia è stata sotto il .... fascista dal 1922 al 1943.
9. Mi sono dovuto mettere ad un .... dietetico, perché ero ingrassato troppo.
10. Con il suo arrogante modo di parlare, mette tutti a ....
11. I .... del viaggio in Africa sono stati molto più gravi di quello che ci aspettassimo.
12. La trama del libro *Castaway* è solo un ....per descrivere paesaggi esotici.
13. Ne ho abbastanza dei tuoi.......
14. Con un..... ha rifiutato di venire alla nostra festa.

F. Unite le due frasi con un pronome relativo, apportando le dovute modifiche.

Es. Sotto la dittatura l'Albania era una prigione. Nessuno poteva uscire
> **Sotto la dittatura l'Albania era una prigione da cui nessuno poteva uscire**

1. I due film raccontano storie di violenza. Questo tema è comune ad altri film del festival di Venezia.
2. Ho visto il vergognoso spettacolo dello sbarco degli albanesi. Agli albanesi veniva lanciato il pane.
3. Ho incontrato due tipacci in Albania. Ho dato una descrizione dei due tipacci nel film.
4. Abbiamo scritto la sceneggiatura. Abbiamo aggiunto battute di volta in volta sul set.
5. I nostri programmi hanno contribuito a creare il mito. Gli albanesi hanno il mito dell'Italia.
6. Lo stupro non si vede. Avviene in una baracca lontana.
7. In Raniero albergano gli istinti più bassi. In molti uomini si nascondono questi istinti.
8. *Lamerica* è un film straordinario. Ho visto *Lamerica* la settimana scorsa.

DOMANDE DI COMPRENSIONE

1. Qual è il tema comune ai due film, *Lamerica* e *Il branco*?
2. Dove ha preso Amelio l'idea per la trama di *Lamerica*?
3. Perché, secondo voi, guardando gli albanesi, Amelio pensa al Sud d'Italia negli anni '50?
4. Perché il regista utilizza degli spezzoni dell'epoca di Mussolini?
5. Quale idea dell'Italia di oggi si sono fatti gli albanesi?
6. Che cosa significa il titolo *Lamerica* e quali sono le ragioni che hanno spinto il regista a dargli questo titolo?
7. Descrivete il carattere di Raniero, protagonista de *Il branco*.
8. Spiegate il titolo del film *Il branco* e le ragioni addotte dal regista per dargli questo titolo.
9. C'è un senso di redenzione alla fine del film *Il branco*?
10. Quali sono state le reazioni di uomini e donne dopo la visione del film *Il branco*?

"La scoperta dell'Albania: sembra *Apocalypse Now*" *di Gianni Canova*

Venezia. Come un quadro di **Bosch**[1], come un dipinto di **Bruegel**[2]. **Gremito, devastante, infernale**[3]. Atteso al Lido come uno dei probabili candidati al Leone d'oro, *Lamerica* di Gianni Amelio non ha incantato Venezia, l'ha scioccata. **Ha fatto sbandare le solite certezze** *etiche*° **ed estetiche**[4] del pubblico dei **festivalieri**[5], **ha fatto uscire di strada le categorie di gusto dominanti**[6]. **Buon segno**[7]. *Segno che*° *Lamerica* è uno di quei film di cui abbiamo bisogno oggi: uno di quelli che ti obbligano a **fare i conti**[8] col *disagio*° che nasce, anche al cinema, dal *lutto*°° **per la morte della ragione**[9]. Non credete a chi vi dirà che è un film neorealista che narra una storia di viaggio e **deriva**[10].

° morali

° è evidente che

° sconforto °° dolore

La Storia, la politica e l'Albania sono solo *pretesti*°. *Lamerica* è un film *cosmico*°°, *biblico*° una sorta di *Apocalypse Now* degli anni '90 con le canzoni di **Toto Cutugno**[11] al posto delle musiche dei **Doors**[12] per *marcare*°, ancor più spietatamente (e senza alcuna possibilità di consolazione estetica), la devastazione che ha colpito negli ultimi dieci anni anche le nostre piccole vite.

° scuse °° universale

° grandioso

° sottolineare

Enrico Lo Verso, già protagonista del *Ladro di bambini*, vi interpreta il ruolo di un mercante italiano che **cerca di combinare buoni affari sulle macerie del regime di Enver Hoxha**[13] e che finisce per restare prigioniero dell'inferno che voleva sfruttare, mescolato ai profughi che affollano la motonave "Partizani" in rotta da Durazzo alla Puglia, sognando "l'America" che sta dall'altra parte dell'Adriatico: **là dove regnano Canale 5 e i glutei**

---

1. **Bosch**. Pittore fiammingo (1450-1516).
2. **Bruegel**. Pittore fiammingo (1525-1569). Il richiamo ai due pittori fiamminghi serve ad illustrare, visivamente, alcune caratteristiche del film: la presenza simultanea di molte persone sulla scena, come nei quadri di Bruegel e la descrizione impietosa di una realtà sconvolgente, come nei quadri di Bosch. Queste caratteristiche del film sono poi confermate dall'uso, subito dopo, degli aggettivi "gremito", "devastante" e "infernale" in riferimento al film stesso.
3. **gremito, devastante, infernale. Gremito** = affollato; **devastante** = sconvolgente; **infernale** = terribile (come se si fosse all'Inferno, luogo di tormenti e tribolazioni).
4. **ha fatto sbandare le solite certezze etiche ed estetiche.** Ha sorpreso e quasi mandato fuori strada il pubblico convenzionale che va al festival del cinema di Venezia: un pubblico che ha un'idea fissa e scontata del bello (**le solite certezze estetiche**) e del giusto (**le solite certezze etiche**). Si vedano i seguenti significati di "sbandare": (a) (di veicolo) uscire di strada; (b) (fig.) allontanarsi da una linea di comportamento ritenuta giusta o normale.
5. **festivalieri** > festivaliero = (agg.) relativo ad un festival. Qui l'aggettivo è sostantivato e si riferisce al pubblico del Festival di Venezia con un certo senso ironico.
6. **ha fatto uscire di strada le categorie di gusto dominanti.** La frase rinforza il concetto, già espresso poco sopra, che il pubblico è rimasto spiazzato dalla novità del film, poiché quest'ultimo non può essere giudicato secondo metri di giudizio ordinari e correnti.
7. **buon segno** = buon indizio. Si vedano i diversi usi della

parola "segno": (a)traccia (es. "i segni del bombardamento erano ancora evidenti nelle macerie che giacevano dappertutto"); (b) contrassegno (es. "come segno di riconoscimento avrò una cravatta rossa"); (c) attestato, dimostrazione, prova (es. "mi ha dato un segno di grande stima, chiamandomi a dirigere con lui il progetto"); (d) cenno (es. "fece segno di no con la testa"). Si notino anche i seguenti idiomi: segno che = è evidente che; in segno di = come prova di; passare il segno = eccedere ; per filo e per segno = nei minimi dettagli.
8. **fare i conti** (con) = riconoscere.
9. **per la morte della ragione** = a causa del trionfo dell'irrazionalità.
10. **deriva** = (a) spostamento; (b) (fig.) lasciarsi andare, abbandonarsi al corso degli eventi senza opporre resistenza. **Nel testo vale l'accezione (b).**
11. **Toto Cutugno**. Cantante degli anni '80. Le sue canzoni sono di tipo melodico.
12. **I Doors**. Gruppo pop americano molto in voga negli anni '70. La loro musica costituisce la colonna sonora del film *Apocalypse Now*, a cui Lamerica è paragonato in questo articolo. *Apocalypse Now* è un film del 1979, firmato dal regista americano Francis Coppola. Tratta della guerra nel Vietnam di cui mette in evidenza, in termini di crudo realismo, la ferocia e la brutalità, così che Marlon Brando, uno dei protagonisti, pronuncia il suo turbamento con le parole citate nell'articolo: "L'orrore, l'orrore".
13. **cerca di combinare buoni affari sulle macerie del regime di Enver Hoxha** = cerca di sfruttare la situazione di disordine e di caos che si è creata dopo la caduta del governo di Enver Hoxha.

freschi delle ragazzine di "Non è la Rai", e dove Iva Zanicchi e "Ok, il prezzo è giusto" celebrano quotidianamente il trionfo *casereccio°* del consumismo italiano(14). Come diceva Marlon Brando(15) in *Apocalypse Now*: "L'orrore, l'orrore".

Lamerica espone lo spettatore allo shock della folla, al trauma dell'*impatto°* con la massa. Non avevamo mai visto sugli schermi un film italiano così pieno di volti, di corpi, di figure: almeno 50 personaggi in ogni *inquadratura°*, sempre in movimento, come tante formiche che corrono incessantemente, seguendo percorsi che sfuggono alla capacità di comprensione della nostra razionalità. Come travolto dal set e dalla *cognizione°* del dolore che lo pervade, Gianni **Amelio non controlla il film** come aveva fatto in *Ladro di bambini*, **lo subisce**(16). A volte sembra quasi perdersi *attonito°* nel *magma°°* di corpi, carni, voci e ombre in cui si è immerso. Ma anche questo è un buon segno: segno di un film che ha il coraggio di esibire le proprie ferite, le proprie piaghe, la propria perdita di controllo. E sullo schermo rimane lo spessore denso e soffocante del buio, reso ancor più *inquietante°* dalle splendide luci color *cemento°°* del direttore della fotografia Luca Bigazzi. Non si può definire un bel film, *Lamerica*. È piuttosto un film *indispensabile°*, che turba, *spiazza°* e *inquieta°°*.

Come nel bellissimo finale: minuti e minuti di volti *anonimi°* che guardano. *Contemplano°* "l'America" che sta sull'altra riva, là dove siamo noi e dove c'è Canale 5. Nella consapevolezza che forse noi e Canale 5 siamo ormai la stessa cosa. L'orrore, l'orrore.

° casalingo

° urto/scontro

° scena

° coscienza

° sbalordito °° insieme caotic...

° sconvolgente °° grigio inter...
° necessario
° disorienta °° disturba
° impersonali
° guardano estatici

14. **là dove regnano** *Canale 5*, **e i glutei freschi delle ragazzine di** *Non è la RAI*, **e dove Iva Zanicchi e** *OK, il prezzo è giusto* **celebrano il trionfo del consumismo italiano.** La frase è complessa e fa riferimento alla realtà italiana. *Canale 5* è un canale televisivo privato di proprietà di Silvio Berlusconi (Cfr. Unità II, sezione 8); "*Non è la RAI*" e "*OK, il prezzo è giusto*" sono popolari programmi. I riferimenti televisivi intendono segnalare due punti di vista. Il primo è il punto di vista dei poveri albanesi che, vedendo nel loro paese i nostri canali, fra cui appunto *Canale 5*, e i nostri programmi, come i due citati sopra, si sono fatti l'idea che l'Italia sia un paese ricco che offre ampie opportunità di lavoro (quasi che fosse una nuova "America"). Il secondo punto di vista è quello dell'autore, che ben sa come questo apparente stato di benessere sia relativo, avendo l'Italia grossi problemi economici e, soprattutto, un alto tasso di disoccupazione. Si fa quindi vibrata e dura la sua condanna dell'esagerato consumismo promosso dalla televisione italiana, che dà un'immagine fuorviante della realtà del paese. La citazione dei "*glutei freschi delle ragazzine di 'Non è la Rai*'" allude al gusto consolatorio di molti italiani per gli show televisivi dove compaiono ballerine più o meno vestite.

15. **come diceva Marlon Brando.** Cfr. nota 12.

16. **Amelio non controlla il film, lo subisce.** Questa frase vuol dire: "la compartecipazione del regista alle sofferenze e al dolore da lui descritte nel film è così totale da dare quasi l'impressione che sia il film a dirigere il regista e non il regista a dirigere il film". Infatti, poco prima, l'autore dell'articolo aveva detto che Amelio era "*come travolto dal set e dalla cognizione del dolore che lo pervade*".

Eserciziario

ESERCIZI DI GRAMMATICA E DI LESSICO

A. Trasformate le frasi da attive in passive.

Es. *Lamerica* di Gianni Amelio non ha incantato Venezia.
> **Venezia non é stata incantata da *Lamerica* di Gianni Amelio**

1. *Lamerica* narra una storia di viaggio e deriva.
2. Le canzoni di Toto Cutugno marcano spietatamente la devastazione degli ultimi dieci anni.
3. Marlon Brando, in *Apocalypse Now*, interpreta un ruolo di primo piano.
4. Il film espone lo spettatore allo shock della folla e al trauma dell'impatto con la massa.
5. Il pubblico italiano non aveva mai visto sugli schermi un film così potente e devastante.
6. Gianni Amelio non controlla il film *Lamerica*.
7. I profughi Albanesi contemplano l'Italia che sta sull'altra riva.
8. Amelio produce film originali e di grande valore umano.

B. Selezionate la preposizione appropriata a ciascun verbo.

1. Uscire *(di? da)* strada.
2. Obbligare *(di? a)* fare.
3. Nascere *(del? dal)* lutto.
4. Credere *(a? di)* chi.
5. Discendere *(agli? dagli)* inferi.
6. Cercare *(a? di)* combinare.
7. Finire *(a? per)* restare.
8. Finire *(di? a)* fare
9. Sfuggire *(alla? della)* morte.
10. Avere il coraggio *(di? a)* esibire.
11. Mettere *(a? in)* scena.
12. Esporre *(al? in)* trauma

C. Completate le frasi scegliendo opportunamente gli aggettivi fra quelli dati:

gremito, devastante, attonito, indispensabile, anonimo, cosmico, infernale, biblico

1. Nonostante il cinema fosse .... di gente, siamo riusciti lo stesso a trovare un posto a sedere.
2. La notizia del fallimento totale della sua ditta ha avuto un effetto .... su tutta la famiglia.
3. È stato un viaggio ....: il treno aveva sei ore di ritardo, ho viaggiato in piedi, faceva un gran caldo e non c'era il servizio ristoro.
4. Si dice che la poesia di Giacomo Leopardi esprima il sentimento .... del dolore.
5. Sono rimasto .... nel constatare che la mia candidatura non era stata neppure presa in considerazione.
6. È .... che tu ci raggiunga qui in Inghilterra quanto prima, perché devi firmare tu l'atto di vendita della casa.
7. Le recenti inondazioni in Etiopia hanno provocato una catastrofe di proporzioni ....
8. Ha dato con un tono .... la notizia che sarebbe partito per un lungo viaggio e non lo avremmo visto per un po'.

D. Trovate il contrario dei seguenti aggettivi:

1. gremito ....
2. devastato ....
3. infernale ....
4. caotico ....
5. intriso ....
6. solito ....
7. piccolo ....
8. disumano ....
9. ultimo ....

10. buono ....
11. prigioniero ....
12. fresco ....
13. giusto ....
14. casereccio ....
15. anonimo ....
16. attonito ....
17. bello ....
18. indispensabile ....

E. Risalite dal sostantivo al verbo.

SOSTANTIVO	VERBO
1. dipinto	....
2. percorso	....
3. candidato	....
4. shock	....
5. gusto	....
6. segno	....
7. ragione	....
8. obbligo	....
9. conto	....
10. morto	....

F. Mettete al passato le frasi, usando, a seconda del caso, i seguenti tempi verbali: passato remoto, passato prossimo e imperfetto.

Es. Mia sorella dice che viene a trovarci, ma non ne siamo sicuri perché è una ragazza imprevedibile

> **Mia sorella diceva che sarebbe venuta a trovarci, ma non ne eravamo sicuri perché è una ragazza imprevedibile**

1. Enrico Lo Verso, in *Lamerica,* interpreta il ruolo di un mercante italiano che cerca di combinare buoni affari sulle macerie del regime di Enver Hoxha e che finisce per restare prigioniero dell'inferno che voleva sfruttare.
2. Il film *Lamerica* sorprende e spiazza il pubblico convenzionale e blasé dei festivalieri di Venezia, perché non può essere giudicato adottando metri di giudizio convenzionali.
3. *Lamerica*, in questo articolo, è paragonato ad *Apocalypse Now*, un film americano che tratta delle atrocità della guerra del Vietnam.
4. L'articolista dice che questo tipo di film è indispensabile, perché ci fa riflettere sulle miserie umane e sul dolore che ci circonda.
5. Nell'articolo si mette in rilievo che in Italia non si è mai visto un film di questo tipo e che Amelio ci ha dato un film unico ed indimenticabile.
6. Marlon Brando, in *Apocalypse Now*, quando vede la devastazione che la guerra ha prodotto sulla popolazione vietnamita, esprime la sua ripugnanza e la sua disperazione con la parola "Orrore".

G. Sostituite il giusto sinonimo alla parola *segno*.

1. La frenata fu così brusca ed improvvisa che rimasero i segni sull'asfalto.
2. In segno di riconoscenza mi mandò un bellissimo mazzo di rose.
3. La croce uncinata è il triste segno della Germania nazista.
4. Come segno della sua costante amicizia mi regalò una rara edizione delle poesie di Colenridge che faceva parte della sua collezione ed a cui teneva molto.
5. Mi raccontò per filo e per segno tutto il film e io mi sono annoiato a morte.
6. La sua superbia e la sua tracotanza hanno passato il segno.
7. Francesca ha ricominciato ad uscire, segno che si sente meglio dopo la lunga malattia.
8. È buon segno che lui si faccia vivo dopo tre mesi di silenzio: ora possiamo riaprire il nostro dialogo.

DOMANDE DI COMPRENSIONE

1. Di che cosa parla il film *Lamerica* ?
2. Che cosa significa la frase "Lamerica ha fatto sbandare le solite certezze etiche ed estetiche del pubblico"?
3. Perché Lamerica viene paragonato ad *Apocalypse Now*?
4. Qual è il ruolo di Enrico Lo Verso in questo film?
5. Chi è, secondo voi, il vero protagonista del film *Lamerica*?
6. Definite lo stile cinematografico adottato da Amelio nella regia di questo film.
7. Come vedono i poveri albanesi l'Italia?
8. Qual è il ruolo giocato dalla musica, rispettivamente, nei due film, *Lamerica* e *Apocalypse Now*?
9. Perché l'articolista fa riferimento a Canale 5 ed a due popolari show televisivi?
10. In qual modo si evidenzia la compartecipazione del regista al dolore ed alle sofferenze da lui descritte?

ESERCIZI DI SCRITTURA

Testi di riferimento: Testo IX e X di questa Unità; Scheda 5 di questa Unità; Introduzione all'Unità III; bibliografia essenziale dell'Unità III e bibliografia specifica su Amelio. Film: *Colpire al cuore, Il ladro di bambini; Lamerica, Il branco.*

1. Riassumete il Testo X, raccontando con parole vostre la trama e gli elementi caratterizzanti del film *Lamerica*. *(Scrivete 400 parole).*
2. Fate una recensione del film *Il branco* adottando un registro opportunamente gionalistico - colloquiale. *(Scrivete 300 parole).*
3. Il film *Lamerica* descrive la tragica realtà della fuga dalla patria: una realtà antica e comune a tanti popoli. Illustrate questa realtà facendo riferimento anche alle vostre personali esperienze e conoscenze. *(Scrivete un rapporto-documento di 400 parole).*
4. Scrivete un saggio dal titolo "Il cinema di Amelio, da *Colpire al cuore* a *Lamerica* è un cinema di denuncia: analizzate i temi ed i modi di questa denuncia". *(Scrivete 500 parole).*
5. Il film di Risi, Il branco, mette a nudo uno dei volti della violenza nella società d'oggi. Facendo riferimento anche alle rilevanti sezioni delle Unità I e IV e ad altri film, anche non italiani, scrivete un saggio intitolato "Realtà e rappresentazione cinematografica della violenza nella società contemporanea". *(Scrivete 500 parole).*
6. Considerate il Testo IX e isolate tutti gli aggettivi che descrivono o qualificano il film e datene una spiegazione.
7. Considerate il II paragrafo del testo IX e mettetelo al passato remoto. Iniziate così: "Pensai di realizzare...".

Unità 3

Esercizi di scrittura sull'Unità 3

Esercizi di scrittura sull'Unità 3

Testi di riferimento: Testi I-X e schede 1-5 di questa Unità; Introduzione all'Unità III; Bibliografia essenziale dell'Unità III e bibliografie specifiche per regista; film: *La strada, La dolce vita, 8 e mezzo, Amarcord* (Fellini); *Io sono un autarchico, Caro diario, Bianca, Aprile* (Moretti); *Colpire al cuore, Il ladro di bambini, Lamerica, Così ridevamo* (Amelio); *Il branco* (Risi); *Mediterraneo, Puerto Escondito* (Salvatores); *Johnny Stecchino, Il piccolo diavolo, Il Mostro, La vita è bella* (Benigni); scelta di film di Pieraccioni, Vanzina e Verdone.

1. Parlate dell'industria cinematografica italiana degli ultimi venti anni. (*Scrivete un documento di 500 parole*).
2. Spiegate perché G. P. Brunetta definisce il cinema italiano degli ultimi venti anni "un cinema fantasma". (*Scrivete un saggio di 400 parole*).
3. Indicate le tendenze principali e le caratteristiche del nuovo "cinema d'autore" italiano. Fate riferimento ad almeno quattro film. (*Scrivete 400 parole*).
4. Si può ancora definire il cinema italiano un cinema 'impegnato'? Discutetene. (*Scrivete 400 parole*).
5. Fellini è considerato uno dei grandi Maestri del cinema italiano e internazionale. Illustrate. (*Scrivete un saggio di 600 parole*).
6. Confrontate l'Italia dei film di Fellini con l'Italia dei film di Moretti, mettendo in evidenza gli elementi di continuità e di rottura nella società italiana. (*Scrivete 600 parole*).
7. Benigni e Moretti: due diversi modi di fare il cinema. Illustrate. (*Scrivete un saggio di 500 parole*).
8. Quali registi vi pare che meglio rappresentino le diverse 'tendenze' del cinema italiano? (*Rispondete con 400 parole*).
9. Siete d'accordo con l'opinione che una buona parte del cinema degli ultimi venti anni è improntato ad un crudo realismo? Discutete con esempi. (*Rispondete con 400 parole*).
10. Dite in che cosa consiste il "cinema commerciale", ed illustrate riferendovi, in particolare, al cinema italiano degli ultimi venti anni. (*Scrivete 400 parole*).
11. Come spiegate e come giudicate il successo del film *Il Mostro* e del suo autore, Roberto Benigni? Confrontate la vostra opinione con quella di vari critici e di Benigni stesso. (*Scrivete 400 parole*).
12. Illustrate la personalità, lo stile ed il modo di fare cinema di almeno uno dei registi studiati. (*Scrivete un saggio di 500 parole*).
13. Siete d'accordo con l'opinione di G. P. Brunetta, che *La vita è bella* è uno dei massimi capolavori della cinematografia internazionale? (*Scrivete un saggio di 400 parole*).
14. Illustrate e discutete un film fra quelli studiati. (*Scrivete 600 parole*).
15. Quale personaggio, nei film visti, vi ha più colpito? Cercate di definirne i tratti, la personalità e il ruolo. (*Scrivete 500 parole*).
16. Quale ruolo gioca il "Sud" nel cinema italiano d'oggi? (*Scrivete 500 parole*).
17. Scegliete un attore comico italiano del cinema contemporaneo e definitene - attraverso i film - lo stile, i modi e la comicità. (*Scrivete 500-600 parole*).
18. Quali paesaggi ricorrono con più insistenza nel "nuovo cinema italiano"? (*Scrivete 400 parole*).
19. Fate un confronto fra le dive del cinema italiano degli anni '60 e le dive degli anni '80-90. (*Scrivete 400 parole*).
20. Come si definisce in Italia il rapporto fra cinema, televisione e videocassette? (*Scrivete 400 parole*).
21. Commentate la seguente frase di G. Fofi: "È un segno di cambiamento grandissimo che alcuni registi riscoprano la necessità di narrare il paese e la società'" (*Scrivete un saggio di 400 parole*).
22. Illustrate le caratteristiche e i principali rappresentanti del film comico italiano degli ultimi venti anni. (*Scrivete un saggio di 500 parole*).

Indice grammaticale degli esercizi

Testi	I	II	III	IV	V	VI	VII	VIII	IX	X
Lessico										
Generale	a,b,g	b		b,c		b,d,f	e	a,c	e	c
Sinonimi e contrari	f	c,d,e	a,c	a	b	e	d	b	d	d,g
Espressioni idiomatiche	c	c	a,b,d,e		b				f	b,g
Formazione/derivazione parole										e
Grammatica										
Analisi grammaticale e logica			g	d	f	a	a	g	b,c	
Articoli determinativi/indeterminativi					e					
Comparativi e superlativi								e		
Comunicazione libera /semi-libera	b,d	a	d,e				f			
Condizionale	h			g						
Congiuntivo		f	d	f,g			b		a	
Congiunzioni e connettivi							c		f	
Coniugazione e sintassi	d,e	b	d,h	c,d	c,d		e	c,f	c	f
Discorso diretto/indiretto; interrogativa		f		e	a		b		a	
Forma attiva/passiva del verbo			f			c		d		a
Forma implicita/esplicita										
Futuro										
Gerundio		g								
Imperativo						g				
Indefiniti										
Indicativo	e		h	d,g						f
Infinito										
Ortografia										
Participio					f			g		
Periodo ipotetico										
Preposizioni semplici/articolate	c		b							b
Pronomi e aggettivi possessivi										
Pronomi diretti/indiretti/riflessivi						a				
Pronomi relativi e interrogativi						a			f	
Si impersonale/passivante/riflessivo			g						b	
Sostantivi e aggettivi; concordanza	a,b,f,g		c	a,b	c,d	d		b	e	c,d
Verbi transitivi / intransitivi		a								
Verbi riflessivi		a					f			

Indice degli esercizi di scrittura sui testi

Testi	I II	III IV	V VI	VII VIII	IX X
Analisi della frase e del periodo		6	7	3	6
Esercizi di manipolazione del testo	4		6	1	7
Attività analitiche e critiche sul testo	1, 6		4		2
Attività creative	5	1, 2	2, 3	4	
Riassunto	3	3	1	2	1
Saggio, rapporto, commento	2, 7	4, 5	5	5, 6	3, 4, 5

Filmografia

Per **Fellini, Moretti, Salvatores, Benigni, Amelio e Risi** si vedano le schede individuali in ciascuna sezione di questa unità.

Francesca Archibugi
Mignon è partita, 1988; *Verso sera*, 1990; *Il grande cocomero*, 1993; *L'unico paese al mondo*, 1994; *Con gli occhi chiusi*, 1995.

Giacomo Campiotti
Corsa di primavera, 1989; *Come due coccodrilli*, 1995.

Antonio Capuano
Vito e gli altri, 1991.

Pappi Corsicato
Libera, 1992; *I buchi neri*, 1995.

Daniele Luchetti
Juke Box, 1983 (con Carlo Carlei, Enzo Civitareale, Sandro De Santis, Antonello Grimaldi, Valerio Jalongo, Michele Scuro); *Domani accadrà*, 1988; *La settimana della sfinge*, 1989; *Il portaborse*, 1991; *È arrivata la bufera*, 1993; *L'unico paese al mondo*, 1994 (con Martone, Mazzacorati, Tognazzi); *La scuola*, 1995.

Mario Martone
Morte di un matematico napoletano, 1992; *Rasoi*, 1994; *L'unico paese al mondo*, 1994 (con Luchetti, Mazzacorati, Tognazzi); *L'amore molesto*, 1995.

Carlo Mazzacurati
Notte italiana, 1987; *Il prete bello*, 1989; *Un'altra vita*, 1992; *Il toro*, 1994; *L'unico paese al mondo*, 1994 (con Luchetti, Martone, Tognazzi); *Vesna va veloce*, 1997.

Maurizio Nichetti
Ratataplan, 1979; *Ho fatto splash*, 1980; *Domani si balla*, 1982; *Il Bi e il Ba*, 1985; *Ladri di saponette*, 1989; *Volere Volare*, 1991; *Stefano Quantestorie*, 1992.

Leonardo Pieraccioni
I laureati, 1992; *Fuochi d'artificio*, 1997; *Il ciclone*, 1992.

Michele Placido
Pummarò, 1990; *Le amiche del cuore*, 1992; *Un eroe borghese*, 1995; *Del perduto amore*, 1998.

Pasquale Pozzessere
Verso sud, 1992; *Padre e figlio*, 1994; *Le acrobate*, 1997.

Ettore Scola
La famiglia, 1987; *Mario, Maria e Mario*, 1993; *Romanzo di un giovane povero*, 1995.

Silvio Soldini
L'aria serena dell'Ovest, 1990; *Un'anima divisa in due*, 1993; *Giulia in ottobre*, 1998.

Ricky Tognazzi
Piccoli equivoci, 1988; *Ultrà*, 1991; *La scorta*, 1993; *L'unico paese al mondo*, 1994 (con Luchetti, Martone, Mazzacorati); *Vite strozzate*.

Giuseppe Tornatore
Il camorrista, 1989; *Nuovo cinema paradiso*, 1987; *Stiamo tutti bene*, 1990; *Una pura formalità*, 1994; *L'uomo delle stelle*, 1996.

Massimo Troisi (San Giorgio a Cremano, Napoli 1953 - Roma 1994)
Ricomincio da tre, 1981; *Scusate il ritardo*, 1982; *Non ci resta che piangere*, 1994 (con Benigni); *Le vie del signore sono finite*, 1987; *Pensavo fosse amore e invece era un calesse*, 1991; *Il postino*, 1994.

Carlo Vanzina (fra i moltissimi film di Vanzina si dà qui una scelta)
Yuppies, 1986; *S.P.Q.R.*, 1994; *Selvaggi*, 1996; *A spasso nel tempo*, 1997.

Carlo Verdone
Un sacco bello, 1980; *Bianco, rosso e Verdone*, 1981; *Acqua e sapone*, 1983; *Troppo forte*, 1986; *Io e mia sorella*, 1987; *Compagni di scuola*, 1988; *Al lupo, al lupo*, 1992; *Maledetto il giorno che t'ho incontrato*, 1992; *Perdiamoci di vista*, 1994.

Bibliografia essenziale

Testi di riferimento per una storia del cinema italiano

GIAN PIERO BRUNETTA, *Cent'anni di cinema italiano,* Bari, Laterza, 1991.

GIAN PIERO BRUNETTA, *Storia del cinema italiano. Dal miracolo economico agli anni novanta. 1960-1993,* Volume I, II, III, Roma , Editori Riuniti, 1993.

CARLO LIZZANI, *Il cinema italiano: dalle origini agli anni '80,* Roma, Editori riuniti, 1992.

LINO MICCICHÈ, *Il cinema italiano degli anni 50, 60, 70* (3 Vol.), Marsilio, Venezia, 1980. *Schermi opachi. Il cinema italiano degli anni '80,* Venezia, Marsilio, 1998.

Testi di riferimento per il cinema italiano degli ultimi venti anni

(a) Testi fondamentali:

MARIO SESTI, *Nuovo cinema italiano: Gli autori, I film, Le idee,* Roma-Napoli, Theoria, 1994.

MARIO SESTI, *La «scuola» italiana, Storia, strutture e immaginario di un altro cinema* (1988-1996), Venezia, Marsilio, 1998.

GIAN PIERO BRUNETTA, *Storia del cinema italiano. Dal miracolo economico agli anni novanta. 1960-1993,* Volume IV, Roma, Editori Riuniti, 1993.

GIAN PIERO BRUNETTA, *Il cinema italiano oggi,* in «Annali d'Italianistica», 17, (1999), pp. University of North Carolina, USA, pp.16-30.

VITO ZAGARRIO, *Cinema italiano, anni novanta,* Venezia, Marsilio, 1998.

(b) Testi di approfondimento

GOFFREDO FOFI, *Cinema: raccontare il paese e la società,* in *Stato dell'Italia,* pp. 593-596.

CARLO LIZZANI, *Il discorso delle immagini. Cinema e televisione: quale estetica?* Venezia, Marsilio, 1995.

AA.VV. (a cura di Franco Montini), *Una generazione in cinema (1975-1988),* "Quaderni della mostra italiana del nuovo cinema", Venezia, Marsilio, 1988.

FRANCO MONTINI, *I Novissimi. Gli esordienti del cinema italiano degli anni '80,* Torino, Nuova Eri, 1988.

LINO MICICCHÈ, *Schermi opachi. Il cinema italiano degli anni '80,* Venezia, Marsilio, 1998.

ROY MENARINI, *Gli attori italiani degli anni '90,* in «Annali d'Italianistica», 17, (1999), University of North Carolina, USA.

(c) Testi di riferimento per filmografie, ricerche bibliografiche e copioni

PAOLO D'AGOSTINI, *Cinema italiano, Annuario,* Milano, Il Castoro, 1996.

FERNALDO DI GIANMATTEO, *Dizionario del cinema italiano,* Roma, Editori riuniti, 1995.

GAETANO STUCCHI-GIANNI VOLPI, (a cura di) *Corti d'autore. Film e video italiani 1980-1997,* Torino, Lindau, 1998.

ROBERTO POPPI, *Dizionario del cinema italiano:* vol. I, *I Film;* vol. II, *I Registi;* Roma, 1993.

PAOLO MEREGHETTI, *Dizionario dei film,* Milano, 1995.

(d) Testi specialistici

Su Moretti:

Fra i molti studi dedicati a Nanni Moretti da studiosi italiani e stranieri, ne scegliamo   cinque che ci sembrano mettere in rilievo gli aspetti più importanti della sua arte inserendola in una prospettiva internazionale:

P. D'AGOSTINI, *Caro diario di Nanni Moretti,* in «Rivista di cinematografo», vol. 64, (1994).

F. DE BERNARDINIS, *Nanni Moretti,* Roma, Il Castoro, 1993.

M. MARCUS, *Caro diario and the Cinematic Body of Nanni Moretti,* in «Italica», 73 (1996), pp. 233-247.

N. SAADA, *'Journal Intime' de Nanni Moretti. Et la vie continue,* Cahiers du Cinema, 479-480, (1994), 50-61.

GEORGETTE RANUCCI-STEFANIA UGHI (a cura di), *Nanni Moretti,* Roma, Audino, 1996.

Su Amelio:

GOFFREDO FOFI, *Amelio secondo il cinema, Conversazione con Gianni Amelio,* Roma, Donzelli, 1994.

R. DE GAETANO, *Gianni Amelio,* Cosenza, Università degli studi della Calabria, 1997.

Su Salvatores

G. SALVATORES, *Sud,* Roma, Ediesse, 1993.

Su Benigni

R. BENIGNI-G. BERTOLUCCI, *Tuttobenigni,* Editori riuniti, 1998.

R. BENIGNI-V. CERAMI, *La vita è bella,* Firenze, Morgana,1994.

Su Fellini

Le sceneggiature dei film di Federico Fellini sono edite quasi per intero presso le case editrici Cappelli, Garzanti e Longanesi. Tra i vari volumi scritti da e su Fellini, talvolta in forma di intervista e talvolta a più mani, suggeriamo:

RITA CIRIO, *Il mestiere del regista.* Intervista con Federico Fellini, Milano, Garzanti, 1994.

FEDERICO FELLINI, *Block notes di un regista,* Torino, Longanesi, 1988.

FEDERICO FELLINI, *Fare un film,* Torino, Einaudi, 1993.

FEDERICO FELLINI, *Toni Maraini, Imago. Appunti di un visionario,* Semar, 1994.

PETER BONDANELLA, *Il cinema di Federico Fellini,* Guaraldi, 1994.

CHARLOTTE CHANDLER, *Io, Federico Fellini,* Milano, Mondadori, 1994.

CLAUDIO G. FAVA, *Aldo Vigano, I film di Federico Fellini,* Gremese, 1992.

TULLIO KEZICH, *Fellini,* Camunia, 1987.

MARIO VERDONE, *Federico Fellini,* Castoro Cinema, 1994.

DARIO ZANELLI, *Nel mondo di Federico. (Fellini di fronte al suo cinema e a quello di altri registi),* Roma, Nuova Eri, 1988.

BERNARDINO ZAPPONI, *Il mio Fellini,* Venezia, Marsilio, 1955.

Unità 4 / **Indice**

Unità 4

Capire l'Italia e l'italiano
Lingua e cultura italiana oggi
Lia Buono Hodgart

La Società

ITALIA COMPLESSA, ITALIA COMPLICATA

L'Italia è stata definita dal noto studioso e storico Arnaldo Bagnasco "una società complessa, ma prima ancora complicata"[1]. La definizione promuove[2], con il termine "società complessa", l'Italia a nazione moderna e progredita, capace di stare al passo[3] con quelle altre nazioni europee, come la Francia o la Germania, che sono organizzate e strutturate in "società complesse" da più lungo tempo.

Il termine "complesso", in contesto[4] sociale, si riferisce all'alta qualità e alla grande varietà delle strutture economico-sociali così come alla loro indipendenza ed efficienza funzionale all'interno della società stessa. Bagnasco definisce così una *società complessa*: "Il termine società complessa indica che la struttura delle società avanzate è meno facilmente ordinabile[5] con poche e semplici categorie. Se immaginiamo la società come un sistema[6], osserviamo che i suoi diversi sottosistemi[7] diventano più indipendenti gli uni dagli altri, e che ognuno tende a crescere con logiche riferite a se stesso"[8].

In senso lato, una società avanzata è quella in cui la povertà è stata in massima parte vinta, l'analfabetismo è stato debellato[9] e il mondo del lavoro, organizzato su basi sindacali, offre opportunità di impiego[10] ad ampi strati della popolazione. Le circostanze economiche, cioè, sono tali da consentire una decorosa[11] sopravvivenza ai più, quando non addirittura un buon tenore di vita[12] ai molti. In una società avanzata, lo Stato garantisce ai suoi cittadini un numero di servizi[13] funzionali (burocratici, assistenziali e previdenziali) mentre il cittadino, a sua volta, ha verso lo Stato ben definite responsabilità e doveri.

La nazione italiana è ora, nel Duemila, una società avanzata nel senso che abbiamo appena definito, ed è diventata, come dice Bagnasco, una società a struttura "complessa": in 140 anni ha percorso un lungo e

---

1. A. Bagnasco, *Una società complessa, ma prima ancora complicata*, in *Stato dell'Italia*, pp. 226 e seg.
2. **promuove** > promuovere = ammettere ad una classe o categoria superiore. Nel testo la frase: "**la definizione promuove l'Italia a nazione moderna e progredita**" vuol dire: "l'Italia appartiene ora alla categoria delle nazioni più moderne ed evolute".
3. **stare al passo** = procedere con la stessa andatura di altri. Nel testo la frase "**l'Italia [è] capace di stare al passo... da più lungo tempo**" vuol dire: "l'Italia riesce a mantenere socialmente, economicamente e culturalmente gli stessi alti standard delle nazioni europee avanzate, come per esempio la Francia e la Germania".
4. **contesto** = campo.
5. **ordinabile** = riducibile a.
6. **se immaginiamo la società come un sistema** = se immaginiamo la società come un insieme di settori coordinati tra loro in modo organico e funzionale.
7. **sottosistemi** = settori. Importanti settori sono: il settore industriale, il settore pubblico, il settore privato.
8. **tende a crescere con logiche riferite a se stesso** = tende a svilupparsi con caratteri, modi e tempi che sono specifici a quel determinato sistema.
9. **debellato** > debellare = vincere definitivamente.
10. **impiego** = lavoro.
11. **decorosa** > decoroso = dignitoso.
12. **un buon tenore di vita** = uno stile di vita confortevole ed agiato.
13. **servizi** = il complesso delle opere che lo Stato presta direttamente, o attraverso concessioni, ai suoi cittadini.

travagliato[14] cammino; un cammino a volte anche tragico che l'ha vista coinvolta in sanguinosi conflitti[15] interni, una dittatura, una tardiva e disastrosa politica colonialista e due guerre mondiali.

L'Italia, per oltre un secolo (dalla sua nascita nel 1861 agli anni '60) è stata una nazione povera con alti indici di analfabetismo e vertiginosi livelli di disoccupazione. Questi fattori, insieme alla sua economia prevalentemente contadina ed agricola e ai grandi divari[16] economici, sociali e culturali fra il Nord e il Sud, hanno determinato due fenomeni che sono di grande importanza per capire la società italiana: l'emigrazione (a varie ondate) di una larga parte della popolazione verso paesi più prosperi ed industrialmente più sviluppati (che potessero, cioè, offrire una qualche possibilità di lavoro) e le migrazioni interne che, fino a pochi decenni fa, si muovevano dal Sud povero e destituito verso il Nord ricco, affluente ed industrializzato.

L'Italia ha risolto[17] molti dei suoi atavici[18] problemi sociali ed economici e si presenta, nel Duemila, come una società industriale avanzata. Essa è, però, anche una "società complicata", come avverte Bagnasco: l'Italia, a paragone di altre società avanzate, è cioè una società meno omogenea e con un minor senso di coesione[19] fra i suoi membri. È una società in cui ancora prevalgono forze contrastanti ed a volte contraddittorie, dove i dissensi[20] e le gelosie del passato convivono[21] con l'inefficienza e l'incuria[22] del presente.

È un dato di fatto rilevato dagli studiosi della storia del costume e della società e ammesso dagli italiani stessi, che questi ultimi poco si riconoscono[23], fra di loro, come cittadini di uno stesso Stato e che lo Stato, a sua volta, ha da sempre un rapporto difficile ed ambiguo con i suoi cittadini. Ad aumentare il senso di separatismo ha contribuito il fattore linguistico: per secoli gli italiani non si sono potuti riconoscere in una lingua italiana comune e hanno dovuto optare per il dialetto familiare e locale. Ancora oggi in Italia c'è il 7% di dialettofoni.

La mancanza di coesione è il primo carattere distintivo della società italiana, ed è imputabile[24], almeno in gran parte, alla sua Storia, alla brevità della sua esistenza come Stato e, quindi, alla brevità della sua storia politica unitaria.

Il secondo carattere distintivo della società italiana, strettamente collegato al primo, consiste nella sua apparente incapacità a governarsi: fatto questo che non cessa di stupire gli osservatori stranieri. L'Italia, in quanto Repubblica italiana, ha avuto dal '46 ad oggi, una tormentata vita parlamentare che l'ha vista cambiare più di cinquanta governi. Inoltre lo Stato italiano, fra gli anni '70 e '80, si è visto costretto a dover fronteggiare situazioni di gravissimo pericolo per i cittadini e per le istituzioni democratiche quando terroristi di destra e di sinistra tentarono di destabilizzare[25] lo Stato e la Nazione.

Il terzo carattere distintivo, questa volta positivo, è la grande vitalità del suo corpo sociale: di quegli italiani, cioè, che con energia, competenza e ingegno hanno senz'altro contribuito a quel "miracolo economico"[26] che dal dopoguerra agli anni '60 ha trasformato il volto del paese. Questi italiani, se non

---

14. **travagliato** = tormentato.
15. **conflitti** > conflitto = lotta/scontro.
16. **divari** > divario = differenza.
17. **ha risolto** > risolvere = eliminare.
18. **atavici** > atavico = ereditari/vecchi.
19. **coesione** = unità.
20. **dissensi** > dissenso = conflitto.
21. **convivono** > convivere = coesistere.

22. **incuria** = mancanza di impegno e professionalità.
23. **si riconoscono** > riconoscersi = identificarsi.
24. **è imputabile** = è dovuto a.
25. **destabilizzare** = mettere in crisi le istituzioni di uno Stato per mezzo di oscure manovre, attentati ed episodi di violenza.
26. **miracolo economico**. Cfr. scheda I di quest'Unità, sezione "L'età repubblicana".

si identificano ancora tutti in una Nazione, si collocano però all'interno di una grande e gloriosa tradizione culturale, artistica e letteraria.

Vediamo ora più da vicino questa Italia complicata e cerchiamo di analizzarne le caratteristiche costitutive e le insite[27] contraddizioni.

STATO E NAZIONE: IL PAESE DAI MILLE CAMPANILI

L'Italia è al tempo stesso una nazione con poco senso[28] dello Stato, e uno Stato con poco senso della nazione. Almeno secondo un diffuso stereotipo, che ammette ovviamente molte eccezioni, la maggioranza degli italiani è individualista e antepone, da sempre e dove può, l'utile[29] privato al bene pubblico e il paese di origine alla nazione. Questo fenomeno si chiama "campanilismo": la parola si ricollega al campanile della chiesa parrocchiale del paese di nascita: questa chiesa è, da sempre, il simbolo della collettività locale e, la domenica, il luogo di riunione di molti paesani. Il senso civico degli italiani e il loro affetto, quindi, si riferiscono al paese o alla regione di origine prima che alla patria comune, l'Italia.

Benedetto Croce e Antonio Gramsci avevano attribuito le fragili radici delle virtù civiche degli italiani, al ritardo nella formazione di un'autorità statale moderna[30]. Di certo l'Italia era uno Stato-nazione ancora giovane. Lo Stato italiano è nato nel 1861, ma la sua attuale configurazione territoriale risale alla fine del primo conflitto mondiale: 140 anni di unità nazionale non sono bastati a superare il peso di antiche tradizioni regionali o addirittura municipali[31], di remote[32] tradizioni di autonomia che risalgono spesso all'età comunale (XII-XIV secolo). La difficoltà di amalgamare gli italiani in un solo popolo era ben evidente all'élite politica risorgimentale[33]: "L'Italia è fatta, ora bisogna fare gli italiani", aveva profeticamente sentenziato Massimo d'Azeglio[34] all'indomani dell'Unità[35].

La storia dell'Italia post-unitaria mostra come la politica abbia raramente unito gli italiani, anzi, più spesso, li abbia divisi. Tuttavia, gli ultimi decenni sembrerebbero indicare una svolta degli italiani verso uno spirito civico unitario. Negli anni di *Tangentopoli* (1992-1994)[36], la magistratura e Antonio Di Pietro[37] hanno, per un breve periodo, svolto un ruolo di unificazione simbolica, alimentando[38] quel desiderio di onestà e di rinnovamento che aveva avviato[39] i processi per corruzione alla classe dirigente italiana.

In quegli stessi anni la lotta alla Mafia ha suscitato una passione civile unitaria: nel 1992, in seguito alle stragi in cui hanno perso la vita due valenti magistrati, Giovanni Falcone e Paolo Borsellino, tutto il paese, a cominciare dalla Sicilia, ha preso posizione[40], con manifestazioni e pubblici interventi, contro la criminalità politico-mafiosa. Nell'autunno del 1997 di nuovo gli italiani si sono uniti, questa volta al Nord, nelle massicce manifestazioni in opposizione al secessionismo della *Lega Nord*[41] e del suo leader, Umberto Bossi.

---

27. **insite** > insito = innato/congenito.
28. **senso** = idea/percezione.
29. **l'utile** = (s.m.) interesse/guadagno.
30. **Croce e Gramsci avevano attribuito... statale moderna.** Croce e Gramsci pensavano che lo scarso senso civico degli italiani fosse dovuto a ragioni storiche: al fatto, cioè, che l'Italia era una nazione ancora giovane e che gli italiani non erano ancora abituati all'idea di fare tutti parte di un'unica nazione. **Benedetto Croce** (1866-1957): grande filosofo, storico e critico. **Antonio Gramsci** (1981-1937): uomo politico e pensatore, è stato fra i fondatori del Partito comunista italiano.
31. **municipali** > municipale = comunale. Nel testo "**tradizioni municipali**" vuol dire "tradizioni proprie di uno specifico paese o di una specifica città".
32. **remote** > remoto = antiche.
33. **élite politica risorgimentale** = gli uomini politici che dopo la proclamazione del Regno d'Italia fecero parte del governo ed ebbero il difficile compito di organizzare il nuovo Stato e la giovane nazione.
34. **Massimo D'Azeglio.** (Torino, 1798-1866) uomo politico, scrittore e memorialista, fu una figura prominente del Risorgimento italiano.
35. **l'Unità** = modo di identificare il momento storico in cui l'Italia, dopo secoli di dominazioni straniere, si costituisce in un unico Stato: Il Regno d'Italia.
36. **Tangentopoli.** Cfr. Unità IV, scheda 1.
37. **Antonio Di Pietro.** Cfr. Unità IV, scheda 1.
38. **alimentando** > alimentare = far nascere.
39. **aveva avviato** > avviare = mettere in moto.
40. **preso posizione** > prendere posizione = schierarsi contro qualcosa o qualcuno.
41. **Lega Nord.** Cfr. Unità IV, schede 1 e 2.

La politica estera, poi, ha favorito, almeno in apparenza, il formarsi di un sentimento nazionale. Stando ai sondaggi[42], tra i cittadini della UE gli italiani sono stati i più convinti assertori[43] di una maggiore integrazione europea: "andare in Europa" è stato uno slogan che ha accomunato[44] tutte le forze politiche ed è diventato mentalità corrente. Il loro europeismo, sincero ma generico, si accompagna però ad un "campanilismo" che tuttavia sopravvive, e l'apertura ai vicini europei convive con la chiusura nei confronti dei lavoratori extracomunitari, che vivono in Italia per lo più confinati entro le gabbie invisibili delle loro comunità di appartenenza[45], spesso in circostanze di grande svantaggio quando non addirittura oggetto di odio e di violenza fisica.

Guardando all'Italia attuale, possiamo dire che la società italiana resta senz'altro "complicata", ma si avvia[46] a diventare più omogenea. Facciamo il confronto con l'Italia postbellica. Nel primo dopoguerra gli italiani si erano sentiti vicini nel desiderio di ricostruzione del paese, che era un fine comune e condiviso. Ma il divario economico, culturale, sociale e linguistico fra le diverse regioni, fra la campagna e la città e, ovviamente, fra il Nord e il Sud era grande ed a volte quasi insormontabile.

Dove senza dubbio l'identità nazionale viene sentita e vissuta con grande intensità e partecipazione emotiva da parte di tutti gli italiani è allo stadio, in occasione delle partite della squadra nazionale contro una squadra straniera, o nelle gare sportive, quando le vittorie della Ferrari o di alcuni atleti popolari come lo sciatore Alberto Tomba o il ciclista Marco Pantani vengono sentite come vittorie che toccano ed entusiasmano l'intera collettività.

Negli ultimi quarant'anni diversi fattori hanno contribuito a rendere più omogeneo il paese "dai mille campanili": lo sviluppo economico ed industriale; il diffondersi dell'alfabetizzazione, l'elevarsi del livello culturale; l'adozione di modelli di comportamento, di abitudini di vita e di mentalità uniformi; l'accettazione e l'uso di una lingua comune; l'impatto dei media.

La Chiesa cattolica che per secoli è stata il punto di riferimento di un popolo diviso e il suo più evidente elemento di coesione, ha perso la sua posizione di preminenza nel paese. Oggi l'Italia è senz'altro un paese secolarizzato[47] anche se ha un'alta presenza di cattolici: le pratiche religiose, come per esempio l'ascolto della Messa domenicale, coinvolgono ancora il 30 circa % della popolazione. Si deve notare, tuttavia, che i valori di ascolto sono più bassi nelle aree urbane e al Nord (19% a Milano, 4% a Bologna) rispetto alle campagne ed al Centro- Sud (23% a Roma e Napoli).

ECONOMIA E SOCIETÀ: "CHI È DENTRO E CHI È FUORI"

Come si è detto, l'Italia è diventata una società avanzata di tipo capitalistico industriale. Ma anche qui ci sono da osservare le sue peculiarità[48] rispetto agli altri paesi europei avanzati. L'Italia era ed è un paese di piccoli imprenditori[49]. Dice infatti Bagnasco che nonostante la crescente importanza che

---

42. **sondaggi** > sondaggio = inchiesta, indagine statistica.
43. **assertori** > assertore = sostenitore.
44. **ha accomunato** > accomunare = unire. (Per un altro significato di "accomunare", si veda nota 55).
45. **confinati entro le gabbie ... di appartenenza** = costretti a vivere all'interno di un unico gruppo sociale senza poter entrare a far parte di altre comunità.
46. **si avvia** > avviarsi = incominciare.
47. **secolarizzato** = laico.
48. **peculiarità** = particolarità/ caratteristica.
49. **imprenditori** > imprenditore = chi esercita un'attività economica.

il settore terziario[50] ha assunto importanza[51] nella vita economica del paese, la piccola impresa "sopravvive bene [poiché] si è ristrutturata, si è modernizzata, le sue figure sociali[52] sono cambiate [ed] ha trovato sue strade adattandosi a seconda delle risorse locali[53] che è stata capace di costruire".

La situazione economica dell'Italia degli ultimi vent'anni si presenta, sempre secondo Bagnasco, senz'altro positiva ma anche contraddittoria, perché nel paese c'è stata una crescita economica senza crescita dell'occupazione[54]; c'è stata espansione della ricchezza ma non sviluppo. In breve, gli italiani sono più ricchi di quaranta anni fa, vivono più agiatamente, ma la disoccupazione si aggira su alti indici. Sotto questo aspetto, tuttavia, l'Italia si accomuna[55] alle altre società avanzate dove il *welfare state* convive[56] con alti indici di disoccupazione.

Ma per quel che riguarda il suo aspetto peculiare l'Italia segue nuovamente modelli tutti suoi. Bagnasco riassume così i tratti della società italiana verso la metà degli anni '90: "Da un lato si forma *una classe media*, che in questo senso allarga i suoi confini, composta da classi e ceti[57] diversi, anche popolari. Chi negli anni dello sviluppo (gli anni '60) ha avuto un lavoro sicuro e una famiglia solida, si è comprato la casa e ha risparmiato in vari modi [...], è *dentro*, può resistere alle difficoltà della crisi e ha predisposto un solido punto di partenza per i suoi figli. Chi ha avuto un lavoro marginale[58] o si è arrangiato "nell'*economia sommersa*[59], chi non è arrivato a una pensione decente, chi ha una certa età, non è qualificato ed è stato estromesso dalla ristrutturazione industriale, [...] rischia ormai, con il ridimensionamento[60] del *welfare* e la crisi occupazionale, di *restare fuori*, in certi casi sulla via dell'emarginazione sociale[61]".

NORD E SUD: VECCHI E NUOVI COMPORTAMENTI SOCIALI

Molti al Nord - e non solo la *Lega Nord*! - lamentano che lo Stato abbia sinora dato alle regioni meridionali dell'Italia troppi privilegi e troppi finanziamenti. È lo schema che oppone a un Sud parassita e assistito[62] un Nord laborioso e gravato dalle tasse. Senza voler prendere posizione, cosa che non ci compete, bisogna notare, con un esperto di questo settore, Nicola Boccella[63], che agli inizi degli anni '90 le distanze tra Nord e Sud si erano ulteriormente accresciute, e quella meridionale restava un'area economicamente debole: la disoccupazione si aggirava attorno al 24%, contro il 9,5% del Centro-Nord e il 12,5% del livello nazionale; i poveri nel Meridione erano il 21% della popolazione, contro il 7% del Centro-Nord; consumi, redditi, produzione, per abitante, restavano più bassi al Sud.

Tuttavia non è detto che un'area poco dinamica economicamente sia anche un'area dove non conviene vivere. È appunto questo il caso del Sud. Nell'ultimo decennio gli italiani hanno cessato di essere un popolo di emigranti e il Sud si è trasformato, sia pure in misura ancora molto limitata ma comunque significativa, in un'area che accoglie flussi migratori sia dalle aree settentrionali del paese sia dai paesi extracomunitari. Nel primo caso si tratta di una "migrazione di ritorno", da parte di famiglie meridionali che erano emigrate al Nord negli anni '50 e '60 e che ora scelgono di rientrare nei territori d'origine; nel secondo caso si tratta di emigrati, spesso clandestini, provenienti dall'Africa, dall'ex-Jugoslavia, dai Balcani e da varie zone del Terzo Mondo.

---

50. **il settore terziario** = il settore dei servizi (cfr. nota 13).
51. **ha assunto importanza** > assumere importanza = diventare importante.
52. **figure sociali** = i protagonisti della scena sociale. Nel testo la frase "**le sue figure sociali sono cambiate**" vuol dire: "i protagonisti (i singoli individui) hanno cambiato funzione sociale (il loro ruolo e la loro posizione) all'interno di una classe sociale o della società stessa".
53. **risorse locali** = fonti di produzione e di reddito.
54. **occupazione** = lavoro retribuito.
55. **si accomuna** > accomunare = stare alla pari.
56. **convive** > convivere = accompagnarsi (a).
57. **ceti** > ceto = categoria di cittadini, che svolgono una stessa

attività di lavoro e possiedono caratteristiche socioculturali simili (es. 'ceto operaio').
58. **marginale** = di scarsa importanza.
59. **economia sommersa**. Cfr. Unità IV, scheda 3.
60. **ridimensionamento** = riduzione.
61. **emarginazione sociale** = esclusione dell'individuo da una o più comunità sociali.
62. **Sud parassita e assistito** = Sud improduttivo e aiutato. Nel testo si allude alle regioni del Sud d'Italia che, secondo un'opinione diffusa, producono poco e si appoggiano, finanziariamente, al Nord, da cui ricevono aiuto finanziario di vario tipo.
63. **N. Boccella**, *Stato dell'Italia*, pp. 427-431.

L'immigrazione straniera si è diffusa negli anni '80 e nei primi anni '90, quando altri paesi europei adottavano misure restrittive per ridurre gli ingressi[64] dei lavoratori stranieri. La manodopera immigrata lavora soprattutto nell'"economia sommersa", e svolge attività quali l'agricoltura, l'edilizia, l'assistenza agli anziani, il lavoro domestico, il commercio ambulante.

La presenza degli immigrati, specie al Sud, sta rapidamente mutando il paesaggio umano, etnico, razziale e religioso del paese. La pacifica coesistenza tra culture diverse è una della grandi sfide che attendono il paese nei prossimi decenni. L'Italia delle istituzioni non sembra però ancora preparata ai problemi tipici delle società multiculturali.

LA QUESTIONE GIOVANILE

Particolarmente complessa è la condizione dei giovani: essere giovani in Italia non è mai stato tanto difficile come in questi anni. La questione giovanile è uno dei più gravi problemi della società italiana d'oggi: per quanto non generalizzabile a tutti coloro che hanno meno di trent'anni, questa emergenza[65] investe[66] tanto il Nord quanto il Sud, tanto le classi medie quanto i ceti meno abbienti[67], tanto chi ha un titolo di studio quanto chi ha interrotto gli studi al termine del ciclo dell'obbligo scolastico. Le difficoltà in cui si trova il mondo dei giovani possono essere così riassunte: prolungata disoccupazione, prolungata dipendenza dalla famiglia, prolungata assenza di prospettive.

L'insistenza sull'aggettivo "prolungato" sottolinea come l'essere giovani tenda ad allungarsi ben oltre i limiti cronologici conosciuti dalle generazioni precedenti: nell'Italia odierna, si è ancora 'giovani' a 35 anni. L'incapacità a conseguire una qualifica professionale adeguata, la difficoltà a trovare un lavoro, gli alti costi della vita, e particolarmente della casa, sono alcuni dei fattori che costringono molti giovani a rimanere a vivere in famiglia fino oltre i trenta anni e a farsi aiutare anche finanziariamente dai genitori. Si ritarda così l'assunzione delle responsabilità tipiche del mondo degli adulti: una vita autonoma e autosufficiente, una famiglia, dei figli.

LA FAMIGLIA ITALIANA: TRA MUTAMENTO E PERSISTENZA

Negli ultimi trent'anni la famiglia italiana è stata investita da quelle stesse trasformazioni che erano avvenute, qualche decennio prima, nelle famiglie del Nord-Europa: ci sono più divorzi e più single; più famiglie monoparentali (formate da un solo genitore e dai figli), più famiglie ricostituite (nate dalle seconde nozze dopo il divorzio) e più famiglie senza matrimonio (coppie che convivono e hanno anche figli, ma non si sposano). La famiglia, inoltre, è diventata più piccola, perché è diminuito il numero dei suoi componenti, soprattutto dei figli per donna-madre.

---

64. **adottavano misure restrittive per ridurre gli ingressi** = prendevano provvedimenti legali per limitare il numero degli immigrati.

65. **emergenza** = situazione imprevista e pericolosa.
66. **investe** > investire = riguardare.
67. **abbienti** > abbiente = ricco.

Come dice P. Ginsborg[68], le trasformazioni nella struttura della famiglia italiana si notano a partire dal '65 quando "le tendenze caratteristiche del periodo post-bellico, dal babyboom alla stabilità dei matrimoni, prendono ad invertirsi e cominciano a essere sostituite da una netta caduta del tasso di fecondità, dall'accresciuta instabilità del matrimonio e da una maggiore varietà di forme della famiglia".

Eppure, nonostante questi mutamenti radicali[69] che persistono[70] anche alla fine degli anni '90 (ad eccezione del tasso di natalità, che si è alzato), gli osservatori italiani e stranieri, studiosi della società italiana, concordano quasi all'unanimità nel considerare l'istituzione della famiglia come una delle grandi costanti[71] della società italiana.

La solidarietà tra i membri del nucleo familiare è ancora fortissima, come lo era nei secoli passati. Esiste un rapporto quasi gerarchico, all'interno della famiglia, fra le diverse generazioni e un sottinteso solido rapporto affettivo. Di questa coesione familiare sono prova: l'assistenza finanziaria dei genitori ai figli sposati e non sposati, i legami duraturi fra i figli sposati e le rispettive famiglie d'origine, il ruolo dei nonni nella cura dei nipoti (specie se i genitori sono al lavoro), la cura degli anziani da parte dei membri più giovani, il tramandarsi di padre in figlio di alcune attività professionali. Questo modo di sentire il vincolo famigliare va sotto il nome di "familismo".

La coesione familiare sostituisce, ieri come oggi, la fiducia nello Stato centrale, l'etica familistica sostituisce l'etica pubblica, il legame di consanguineità sostituisce i legami nella società civile. Se per l'Europa possiamo parlare di compenetrazione fra sfera pubblica e sfera privata, in Italia notiamo soprattutto un'alternativa tra sfera pubblica da un lato e sfera familiare dall'altro.

Concludendo dunque, nonostante i considerevoli mutamenti avvenuti al suo interno, la famiglia italiana costituisce, in Italia, in tempi di grandi trasformazioni sociali, la più nota tra le sue "persistenze"[72].

I CONSUMI DEGLI ITALIANI

I consumi degli italiani sono molto cambiati negli anni '90, come risulta evidente se si confrontano con quelli del decennio precedente. Lo studioso Giuseppe Barile così sintetizzava il cambiamento nel '94: "La recessione[73] che ha colpito l'Italia nei primi anni '90, al pari di altri paesi industrializzati, ha introdotto nelle scelte dei consumatori cambiamenti significativi. Il crollo più macroscopico[74] tra le variazioni dei consumi delle famiglie è la diminuzione degli acquisti dei mezzi di trasporto (l'automobile, −21%), dell'abbigliamento (−5%) e degli articoli per la casa (−4%). Ma vi sono categorie di spese che registrano un incremento: il telefono (+6%), il tabacco (+4,5%), gli alcolici (+2,7%), i libri e i giornali (+1,5%)[75]. Alla fine degli anni '90, le statistiche del CENSIS[76] confermano, con alcune varianti, i cambiamenti avvenuti all'inizio della decade. Resta chiaro, comunque, che oggi la componente di ostentazione simbolica[77] e di spreco è entrata in crisi, mentre la domanda di qualità e di sicurezza si è estesa a tutti i gruppi sociali. La necessità di stringere

68. **P. Ginsborg**, *Stato dell'Italia*, pp. 284.
69. **radicali** > radicale = fondamentale.
70. **persistono** > persistere = continuare.
71. **le grandi costanti** = i fattori più stabili e persistenti.
72. **persistenze** > persistenza = elemento di stabilità e continuità.
73. **recessione** = diminuzione dell'attività economica con

conseguente perdita di posti di lavoro e crisi finanziaria.
74. **macroscopico** = molto evidente.
75. **G. Barile**, *Stato dell'Italia*, pp. 254-261.
76. **CENSIS**. Cfr. Unità IV, scheda 4.
77. **ostentazione simbolica** = lo sfoggio di beni o articoli di consumo che diventano simboli di ricchezza e di benessere.

i cordoni della borsa[78] ha indotto[79] la maggioranza degli italiani a risparmiare e a ridimensionare molti consumi voluttuari[80] e alcuni consumi di *status*, e a preferire la qualità alla quantità, i beni durevoli ai consumi effimeri[81], primi fra questi l'acquisto di una casa, bene irrinunciabile insieme all'educazione dei figli.

CRISI DEL WELFARE STATE E VOLONTARIATO

Il *Welfare State* italiano è in stato di profonda crisi soprattutto per due ragioni: difficoltà economiche da parte del governo e la quasi proverbiale inefficienza[82] della burocrazia. Disorganizzazione, lentezza, incapacità, incuria e molti sprechi nella gestione dei fondi[83] fanno sì che quegli strati sociali più deboli e che più avrebbero bisogno dell'assistenza statale non se ne possono avvalere: si pensi ai disoccupati, agli anziani, agli immigrati, agli emarginati, ai malati, agli handicappati.

Come risposta alla situazione appena descritta, il volontariato sembra ricoprire, a partire dagli anni '80, gli spazi lasciati scoperti dallo Stato. Le associazioni che organizzano il volontariato rispondono, in parte, a bisogni non ancora riconosciuti dal settore pubblico; in parte servono di rinforzo a servizi già garantiti. Nel 1991 la funzione sociale del volontariato è stata riconosciuta da una apposita legge, secondo la quale lo Stato si impegnerebbe a promuovere lo sviluppo del volontariato. Quello del volontariato è un mondo in espansione, diffuso in modo uniforme su tutto il territorio, che ignora le barriere sociali e abbraccia tutte le età. Ma lasciamo parlare i dati statistici: nel 1999 in Italia si contavano 7 milioni di volontari.

---

78. **stringere i cordoni della borsa** = limitare le spese anche a costo di sacrifici.
79. **indotto** > indurre = spingere
80. **voluttuari** > voluttuario = superfluo.

81. **effimeri** > effimero = temporaneo/del momento.
82. **proverbiale inefficienza. Inefficienza** = incapacità a funzionare. **Proverbiale** = noto, risaputo.
83. **gestione dei fondi** = amministrazione del denaro.

Capire l'Italia e l'italiano
Lingua e cultura italiana oggi

Lia Buono Hodgart

La Società

Gli italiani

Gli italiani

Sintesi della storia d'Italia dal Risorgimento ad oggi

La storia italiana degli ultimi due secoli può essere così sintetizzata: il *Risorgimento* (1820-1870) che si conclude con la proclamazione del Regno d'Italia (1861) e di Roma capitale (1870); *l'età liberale* (1861-1922); *il Fascismo* (1922-1945); *l'età repubblicana* (dal 1946 ad oggi).

IL RISORGIMENTO

Il termine *Risorgimento* definisce il periodo storico (1820-1870) in cui si concretizzò, dopo secoli di dominazione straniera, l'indipendenza e l'unità della nazione. Fu un grande movimento spirituale, politico ed ideologico che segnò il 'risorgere' di una coscienza nazionale e il desiderio di liberare l'Italia dal dominio straniero: intere regioni del Nord d'Italia (Lombardia e Veneto) erano sotto il dominio diretto dell'Impero austriaco; una parte dell'Italia centrale (Abruzzi e Molise) e tutta l'Italia meridionale, con la Sicilia, erano sotto il dominio della famiglia spagnola dei Borboni e costituivano il *Regno delle due Sicilie*. Altre zone d'Italia erano controllate politicamente da queste due potenze straniere, Austria e Spagna, a mezzo di una serie di alleanze e sudditanze. Roma, il Lazio, le Marche e parte della Romagna erano sotto il dominio della Chiesa e del Papa e costituivano lo *Stato Pontificio*. L'unificazione nazionale si verificò in varie tappe segnate da diversi conflitti di varia entità e portata: le tre *Guerre di Indipendenza*, combattute contro gli austriaci per la liberazione del Lombardo-Veneto (1848-1849; 1859 e 1866); la *Spedizione dei Mille*, un'azione militare contro i Borboni per la liberazione del Meridione (1860); l'occupazione di Roma, che affrancò la città dalla sudditanza al Papa e ne fece la capitale del nuovo Regno d'Italia (1870).

La funzione di leader nel processo di unificazione, così come nei conflitti stessi, spettò all'unico Stato indipendente della penisola, il Regno di Sardegna, che comprendeva la Savoia, il Piemonte, la Val d'Aosta, la Liguria e la Sardegna, e aveva come capitale Torino. La dinastia regnante era la famiglia Savoia (*Casa Savoia*, come è ancor oggi chiamata). Il primo re d'Italia, nel 1861, fu Vittorio Emanuele II di Savoia e Torino fu la prima capitale del Regno d'Italia (1861-1864).

I due ideali dominanti nel processo risorgimentale furono di tipo monarchico e repubblicano. L'ideologia monarchica si identificava con la dinastia dei Savoia e con Camillo Benso conte di Cavour (1810-1861), piemontese e liberale, Ministro e poi Presidente del Consiglio del Regno d'Italia. L'ideologia repubblicana era condivisa dalla gente del Centro-Nord d'Italia e particolarmente dai ceti borghesi. Esponente dell'ideale di un'Italia repubblicana era soprattutto Giuseppe Mazzini (1805-1872), genovese, filosofo e pensatore, vissuto a lungo esule in Francia, Svizzera e Inghilterra, a contatto con le correnti democratiche e socialiste europee. A lui si affianca Giuseppe Garibaldi (1807-1882), uomo d'azione e capo carismatico, l'artefice della *Spedizione dei Mille*.

L'ETÀ LIBERALE

L'unificazione politica di un paese così poco omogeneo pose, sul piano sociale, economico e culturale, moltissime difficoltà ai suoi primi governanti, la cosiddetta Destra Storica, un gruppo parlamentare di ideologia liberale moderata, dotato di alte qualità intellettuali, politiche e morali.

Il paese, per secoli diviso in 'stati' governati da potenze straniere, al momento dell'unificazione aveva pochissime vie di comunicazione interregionale, un altissimo livello di analfabetismo (circa il 75% della popolazione), atavici pregiudizi sociali, assenza di senso civico e nazionale e un'economia prevalentemente contadina. Il paese mancava poi di una lingua parlata comune: il mezzo di comunicazione orale era il dialetto che variava da regione a regione ma anche da paese a paese. L'italiano scritto, di ascendenza letteraria, era appannaggio esclusivo delle persone colte.

La distanza non solo geografica fra il Nord e il Sud del paese si evidenziò subito in tutta la sua drammaticità per le gravi condizioni di arretratezza e povertà in cui versavano grandi zone dell'Italia meridionale e delle isole e, in particolare, le campagne. Tuttavia, nei seguenti sessanta anni, la classe politica liberale riuscì a costruire, quasi dal nulla, i servizi essenziali di uno Stato moderno: gli apparati politici, burocratici e finanziari così come l'esercito, le ferrovie, le strade e le scuole.

IL FASCISMO

Dopo la prima guerra mondiale lo stato liberale entrò in crisi mentre nascevano e si facevano strada richieste e rivendicazioni di tipo nazionalista che guadagnavano il favore di strati sempre più larghi della popolazione fino a dare vita al *Partito nazionale fascista* (1921). A seguito di una prova di forza che il re Vittorio Emanuele II non volle reprimere militarmente, Benito Mussolini conquistò il potere il 28 ottobre 1922 ed ottenne la carica di "Capo del governo".

Il fascismo diede vita, fra il 1922 e il 1925, ad uno stato autoritario che si trasformò poi, fra il 1925 e il 1928, in un regime totalitario. La svolta totalitaria avvenne nel 1924, dopo l'uccisione del deputato socialista Giacomo Matteotti da parte delle squadre fasciste: in pochi mesi le opposizioni vennero messe a tacere o costrette all'esilio; lo stato parlamentare e i diritti civili vennero soppressi; l'economia, l'apparato statale, le espressioni culturali furono sottoposte al controllo del partito fascista. Nel 1938, Mussolini si alleò con Hitler e portò l'Italia in guerra a fianco della Germania.

L'esito della guerra, l'invasione anglo-americana della Sicilia, il bombardamento di Roma e l'opposizione crescente al nazi-fascismo da parte sia della popolazione che dei partiti di opposizione furono tra le cause che determinarono, il 25 luglio 1943, la caduta di Mussolini e poco dopo, l'8 settembre, la firma dell'armistizio fra il nuovo governo italiano, presieduto dal generale Badoglio, e gli alleati anglo-americani. In Italia, gli ultimi tre anni di guerra videro l'occupazione nazista delle regioni centro-settentrionali, la conseguente costituzione di un governo nazi-fascista (*Repubblica Sociale Italiana*) e la nascita di un moto popolare di lotta armata, la *Resistenza*. Quest'ultima fu combattuta da formazioni volontarie costituitesi fra cittadini e persone di ogni ceto sociale o ambiente culturale. Queste formazioni si chiamavano *Brigate partigiane* ed erano in parte dirette dagli stessi partiti politici dell'opposizione (specie dal *Partito comunista italiano* e dal *Partito d'Azione*). Dal '44 la *Resistenza*, ora *Corpo volontari della libertà*, ebbe in Ferruccio Parri, il suo leader e capo spirituale. La liberazione del paese avvenne il 25 aprile 1945.

L'ETÀ REPUBBLICANA

Il primo dopoguerra coincide con la proclamazione della Repubblica, il 2 giugno 1946, e con un grandioso rinnovamento politico, culturale e civile. Il nuovo clima di libertà, la nuova costituzione democratica, il fervore ricostruttivo, la diffusa volontà di modernizzare il paese sono le premesse del rinnovamento economico e sociale che, negli anni '50 e '60, ha trasformato radicalmente il volto dell'Italia.

In pochi anni l'industrializzazione, la scolarizzazione, l'urbanizzazione e l'introduzione dello stato sociale (*Welfare State*) hanno modificato il panorama sociale e culturale, generando un diffuso benessere: gli anni '60 diventano così gli anni del "miracolo economico".

La decade successiva vede il paese in uno stato di grave crisi istituzionale e politica quando le Brigate rosse cercano di destabilizzare lo Stato con il rapimento e l'assassinio di Aldo Moro, ex ministro e presidente del consiglio, ed artefice di una politica di avvicinamento del PCI al governo. Dopo la caduta del muro di Berlino, il *Partito comunista italiano*, fra il 1990 e il 1991, si divide in due partiti distinti, il *Partito democratico della sinistra* e *Rifondazione comunista*.

Negli anni '90 scoppia lo scandalo di *Tangentopoli*. Il termine, usato nel linguaggio corrente, si riferisce a specifici avvenimenti che hanno inizio nel 1992, quando, a seguito dell'inchiesta giudiziaria avviata dalla procura della repubblica di Milano, vennero alla luce fatti e pratiche di corruzione nel mondo della politica, della finanza e della pubblica amministrazione. Il termine *Tangentopoli* si riferisce alla diffusa pratica di pagamenti segreti ("le tangenti") versati da imprenditori privati e industrie all'amministrazione pubblica con lo scopo di ottenere l'assegnazione di lavori pubblici ("appalti"). L'inchiesta condotta tra il 1992 e il 1994 da un gruppo chiamato *Mani pulite* e dal magistrato Antonio Di Pietro, ha contribuito al crollo del sistema dei partiti tradizionali e al successo elettorale di nuove formazioni politiche quali *La Lega Nord* di Umberto Bossi e *Forza Italia* (elezioni politiche del 1992 e del 1994). *Forza Italia* è stato il primo partito in Occidente ad essersi costituito in pochi mesi per impulso di un solo leader, Silvio Berlusconi, e della sua compagnia pubblicitaria (*Publitalia*). Basandosi sui mezzi di comunicazione di massa e sugli uomini alle dipendenze delle sue imprese, Berlusconi, pur senza rappresentare una forza politica organizzata ottiene un repentino successo alle elezioni politiche del 1994, e diventa Presidente del Consiglio, appoggiato dal partito neofascista, *Alleanza Nazionale* e dalla *Lega Nord*. Dal 1996 al 2001 il paese è governato dai partiti e gruppi parlamentari di centrosinistra: si sono alternati alla carica di Presidente del Consiglio Romano Prodi, Massimo D'Alema e Giovanni Amato. Le elezioni del 2001 sono state nuovamente vinte dalla coalizione di centro destra che vede alleati *Forza Italia*, *Alleanza nazionale* e la *Lega Nord* e Silvio Berlusconi è diventato nuovamente Presidente del Consiglio nel maggio 2001.

"Il nostro essere italiani" *di Corrado Augias*

È vecchio il **disagio**[1] di essere italiani e non è vero che lo abbia **inventato**[2] la **Lega**[3]. La Lega ha caratteristiche sue proprie, ma avevamo già **conosciuto**[4] **il separatismo siciliano**[5], il *malcontento*° della Sardegna, la voglia di **secessione**[6] dell'Alto Adige. Regioni **periferiche**[7], ognuna tentata dalla ribellione per il modo con cui i trattati, o le guerre, o i **plebisciti**[8], le avevano **condotte**[9] ad essere parte di quell'insieme di città e popolo che dopo essere stato, per 85 lunghi anni, un regno, chiamiamo, dal 2 giugno 1946, Repubblica italiana.

° *insoddisfazione*

È sempre stato difficile essere italiani perché il nostro è un paese di *malcerta*° unità per tante ragioni tra le quali bisogna **includere**[10] perfino quelle geografiche, per la curiosa forma lunga e stretta che ha questa penisola, e di latitudine, perché il Mediterraneo è un'area **inquieta**[11] da sempre. Ma tra le molte ragioni bisogna mettere anche il modo in cui le due "**fedi**"[12] popolari più diffuse, quella cattolica e quella ex-marxista, si sono atteggiate rispetto all'idea di "nazione", ai sentimenti e agli atteggiamenti pratici che ne derivano. Entrambe, anche se per motivi diversi, hanno trascurato il **dato**[13] **contingente**[14] e *laico*° d'una patria comune cosicché, anche per questa via, l'idea di nazione è rimasta *appannaggio*° esclusivo della destra fascista, che l'ha deformata, forzandola a suo modo.

° *dubbia/incerta*

° *mondano/secolare*
° *prerogativa*

Al **Fascismo**[15], che è stato tra l'altro il tentativo di **trasformare a bastonate gli italiani**[16] in un popolo unito, la sinistra non ha saputo contrapporre altro che la *componente*° patriottica *affiorata*°° accanto alle altre nella **Resistenza**[17], forse la più

° *elemento*   °° *emersa*

---

1. **Disagio** = (a) mancanza di agi, scomodità; (b) privazione, stento, sofferenza; (c) (fig.) difficoltà, imbarazzo. **Nel testo vale l'accezione (c).**
2. **inventato** > inventare = (a) (di cosa) escogitare, scoprire, ideare; (b) (di storie, di situazioni) concepire, creare con la fantasia. **Nel testo vale l'accezione (a).**
3. **La Lega** = *La Lega Nord*. Cfr. scheda 2 di questa unità.
4. **conosciuto** > conoscere = (a) sapere (es. "so quattro lingue straniere"); (b) provare, avere esperienza di (es. "non ho mai conosciuto la povertà"); (c) riconoscere, ravvisare (es. "sei così cambiato che non ti riconosco"). **Nel testo vale l'accezione (b).**
5. **separatismo siciliano** = tendenza di una parte o di gruppo a rendersi indipendente dall'organismo statale di cui fa parte. Nel testo l'autore si riferisce al desiderio della Sicilia di volersi rendere amministrativamente autonoma dal governo centrale di Roma.
6. **secessione** = distacco effettivo di una parte o di un gruppo da un complesso politico o sociale unitario.
7. **periferiche** > periferico = (a) di periferia, lontano dal centro; (b) (fig.) marginale, secondario, superficiale. **Nel testo vale l'accezione (a).**
8. **plebisciti** > plebiscito = la consultazione diretta del popolo su questioni di notevole importanza politica riguardanti per lo più le istituzioni.
9. **condotte** > condurre = (a) dirigere (es. "ha condotto l'azienda per quaranta anni"); (b) accompagnare, scortare; (c) (di veicoli) guidare, dirigere; (e) (fig.) trascinare, indurre. **Nel testo vale l'accezione (c).**
10. **includere** = (a) chiudere dentro, accludere, allegare; (b)

comprendere; (c) implicare. **Nel testo vale l'accezione (b).**
11. **inquieta** > inquieto = irrequieto, agitato, ansioso. L'espressione del testo "il Mediterraneo è un'area inquieta" significa: "i paesi che si affacciano sul mar Mediterraneo sono stati spesso in guerra o teatro di guerra".
12. **fedi** > fede = (a) il fatto di credere con assoluta convinzione (es. "aver fede nella democrazia"); (b) il complesso dei principi seguiti nella vita morale (fede religiosa o politica); (c) la virtù teologale del cristiano per la quale, con l'ispirazione e l'aiuto della grazia di Dio, si credono essere vere le cose da Lui rivelate. **Nel testo vale l'accezione (a).**
13. **dato** = (s.m.) fatto accertato, nozione, elemento. Da non confondere con "dato" (part. pass.) = consegnato, donato etc.
14. **contingente** = (agg.) (a) accessorio; (b) momentaneo, transitorio, occasionale. È un aggettivo derivato dal part. pres. di un verbo arcaico, contingere = accadere. **Nel testo vale l'accezione (a).** Nota: molti participi presenti, come "contingente", hanno assunto valore aggettivale e spesso derivano da forme arcaiche di verbi.
15. **Fascismo** = dottrina e prassi politica fondata sull'indiscriminata affermazione di motivi nazionalistici ed imperialistici, sulla presunta loro sufficienza a superare ed armonizzare conflitti economici, politici e sociali, e sull'imposizione del principio gerarchico a tutti i livelli della vita nazionale. **Il testo si riferisce al Fascismo italiano.** Cfr. scheda 1 di quest'Unità.
16. **trasformare a bastonate gli italiani.** Allusione ai noti metodi disciplinari fascisti.
17. **Resistenza** = nella recente storia d'Europa, il complesso di movimenti che durante la seconda guerra mondiale si

debole. Per due volte noi italiani abbiamo tentato di di darci un mito fondatore, prima con il **Risorgimento**[18], poi con la Resistenza, e per due volte **abbiamo fallito**[19]. Nella nostra **perdurante**[20] incertezza resta, tra i più solidi elementi di *coesione*°, la cultura: dalla lingua che parliamo alle memorie *collettive*° che ci *accomunano*°°.

  Lì troviamo elementi certi di riconoscibilità e di appartenenza e infatti il **militante**[21] leghista Corrado Della Torre, che ha proposto l'abolizione della lingua nazionale per sostituirla al Nord con i dialetti, ha dal suo punto di vista colpito l'obiettivo principale. Proposta ridicola e in pratica inapplicabile, ma teoricamente fondamentale.

  Come aveva *anticipato*° **Paolini**[22] trent'anni fa, per la prima volta da quando stiamo insieme, noi italiani (grazie soprattutto alla televisione) ci riconosciamo per un parlato medio che ci rende simili. *Togliere di mezzo*° quella lingua sarebbe, ai fini secessionistici, più importante che creare una polizia, una *valuta*° o una magistratura proprie. Dai catalani agli irlandesi, dai baschi ai còrsi, dai fiamminghi ai valloni, non c'è oggi in Europa movimento indipendentista o separatista che non *fondi*° le sue richieste anche su una propria identità culturale e linguistica.

  All'opposto, uno dei principali *fattori*° che impediscono un *allargamento*°° della dimensione politica dell'UE, è proprio l'insufficiente coesione culturale tra i vari Stati membri. Nessuno sa quali pratiche conseguenze politiche la manifestazione leghista lungo il Po potrà avere. Poche, probabilmente. Ma se è fallita, è anche perché qualche **camicia verde**[23] non basta a cancellare quei profondi elementi *d'identità*° che sono la cultura degli italiani.

Glossario a margine:
- ○ *unione*
- ○ *comuni* ○○ *uniscono*
- ○ *previsto*
- ○ *abolire*
- ○ *moneta*
- ○ *basi*
- ○ *cause* ○○ *ingrandirsi*
- ○ *identificazione*

---

svilupparono contro l'occupazione dei nazisti e dei loro alleati, e che nei paesi a regime fascista rappresentarono la continuità e l'espansione delle forze e dei fermenti democratici sopravvissuti o sviluppatisi nel periodo prebellico. **Nel testo ci si riferisce specificatamente alla Resistenza italiana.** Cfr. scheda 1 di quest'Unità.

18. Risorgimento = il movimento che in Italia si sviluppò soprattutto nel secolo XIX e che, nel quadro di una generale tendenza europea all'affermazione nazionale, intese realizzare la libertà politica e l'unità d'Italia. La parola **Risorgimento** indica anche il periodo storico corrispondente. Anche per questa nota vedi la scheda 1 di questa Unità.

19. abbiamo fallito > fallire = non riuscire.

20. perdurante > perdurare. **Perdurante** ha valore aggettivale e vuol dire "persistente" = che dura da molto tempo.

21. militante. È un altro participio presente con valore aggettivale e vuol dire "membro attivo di un'organizzazione".

22. Paolini. È il nome di un deputato della *Democrazia Cristiana*.

23. camicia verde. È il colore della camicia dei leghisti, che sono così identificati dal colore della loro divisa.

Eserciziario

ESERCIZI DI GRAMMATICA E DI LESSICO

A. Trovate la parola che, per significato, non appartiene al gruppo in cui si trova.

1. referendum, consultazione, plebiscito, voto
2. secessione, separatismo, indipendentismo, malcontento.
3. penisola, arcipelago, nazione, isola.
4. Fascismo, Risorgimento, imperialismo, Nazismo.
5. Resistenza, partigiani, antifascisti, Lega.
6. valuta, soldi, fondi, fondamenta

B1. Dal nome ricavate l'aggettivo.

Es. patria > **patriottico**

1. guerra ....
2. città ....
3. ragione ....
4. idea ....
5. dialetto ....

6. regione ....
7. popolo ....
8. fede ....
9. cultura ....
10. indipendenza...................................

B2. Dal nome del movimento risalite a quello della persona.

Es. fascismo > **fascista**

1. secessione. ....
2. comunismo. ....
3. socialismo. ....
4. nazionalismo ....
5. esistenzialismo ....

6. lega ....
7. separatismo ....
8. cattolicesimo...................................
9. marxismo ....
10. romanticismo...................................

C. Leggete attentamente le seguenti frasi e dite se i participi presenti sottolineati sono usati con valore verbale, aggettivale o nominale.

1. Sia la "fede" cattolica che quella ex-marxista hanno trascurato il dato <u>contingente</u> e laico di una patria comune.
2. La sinistra non ha saputo contrapporre altro che la <u>componente</u> patriottica.
3. In un clima di <u>perdurante</u> incertezza, la cultura resta tra i più solidi elementi di coesione.
4. Un <u>militante</u> leghista ha proposto l'abolizione della lingua nazionale.
5. Bossi, <u>dirigente</u> della Lega Nord, vorrebbe il separatismo della Padania.
6. Udirono una voce <u>invocante</u> aiuto.

D. Nelle seguenti frasi, attribuite l'opportuna desinenza ai participi passati.

1. L'idea di nazione è rimast… appannaggio esclusivo della destra fascista.
2. La *Lega* non ha inventat…il disagio di essere italiani.
3. Alcune regioni periferiche italiane, ognuna tentat… dalla voglia di ribellione per il modo con cui i trattati o le guerre le avevano condott…. a far parte del regno d'Italia, avevano già conosciut…la voglia di separatismo.
4. La manifestazione leghista lungo il Po pare sia fallit….

5. Come aveva anticipat.... Paolini, gli italiani si riconoscono per un parlato medio comune.
6. Gli italiani hanno molto soffert.... dal 1943 alla fine della guerra, poichè si sono anche scontrat...italiani contro italiani.
7. Durante la seconda guerra mondiale, l'Italia è stat.... teatro di guerra fra il blocco nazi-fascista e le forze alleate.
8. Dove sono le paste? Se l'è mangiat...Filippo.
9. La mia bibita chi l'ha bevut...?
10. Avrei voluto comprare dei fichi ma li avete vendut.... tutti!

E. Per ognuno dei participi passati scrivete il corrispondente infinito.

Es. rimasto > **rimanere**

1. condotto ....
2. colpito ....
3. impedito ....
4. fondato ....
5. rimasto ....

6. incluso ....
7. atteggiato ....
8. proposto ....
9. escluso ....
10. saputo ....

F. Mettete gli infiniti fra parentesi al tempo del congiuntivo appropriato.

Es. Non è vero che la Lega (inventare)...............il disagio di essere italiani
> **Non è vero che la Lega abbia inventato il disagio di essere italiani**

1. Bisognava che sia i movimenti cattolici che quelli marxisti non (trascurare)............la nozione di patria.
2. Era luogo comune che Mussolini (tentare) ....di trasformare a bastonate gli italiani in un popolo unito.
3. Pare che la televisione (trasmettere).........un altro servizio scioccante sui lager nazisti.
4. Oggi in Europa non c'è movimento separatista che non (fondare)......... le sue richieste su una propria identità culturale e linguistica.
5. Sembra che uno dei principali fattori che impediscono un allargamento della dimensione politica della UE (essere)........ l'insufficiente coesione fra i vari stati.
6. Sembra che in quest'ultimo decennio molti emigranti (essere)........tornati in Italia.
7. Si dice che in Italia il fascismo (deformare).......l'idea di nazione.

G. Indicativo o congiuntivo? Trasformate opportunamente gli infiniti dati fra parentesi.

1. Secondo Augias, gli italiani [fallire] per ben due volte di darsi un mito fondatore.
2. Augias dice che [essere] difficile essere italiani, perché il nostro è un paese di malcerta unità.
3. Si dice che il fascismo [essere]un tentativo di trasformare gli italiani in un popolo unito.
4. Benché ci [essere] tanti elementi di divisione, gli italiani sono sempre stati accomunati dalle memorie collettive.
5. Il professor Tullio De Mauro è convinto che i media [contribuire] all'unità linguistica del paese.
6. In Europa oggi non c'è movimento indipendentista che non [fondarsi] le sue richieste su un'identità culturale e linguistica.
7. Le rivendicazioni separatiste della *Lega* sono troppo ridicole perché gli [potersi] dar credito.
8. Benché [viaggiare] molto, non sono mai stato nel Nord Europa.
9. Che *La Lega* [diventare] popolare, è una cosa ancora da vedersi.
10. La storia europea mette in evidenza il fatto che il Mediterraneo [essere] sempre un'area inquieta.
11. La prima volta che sono andata in Italia, ho trovato il paese più bello di quanto mi [immaginare].
12. Molti osservatori stranieri dicono che l'Italia [essere] un paese incomprensibile.

Eserciziario

DOMANDE DI COMPRENSIONE

1. Secondo Augias, che cosa "non ha inventato la Lega"?
2. Quali regioni d'Italia avevano già dato segni di separatismo?
3. Quale elemento in particolare impedisce l'ingrandirsi dell'Unione Europea?
4. In qual modo il fascismo voleva persuadere gli italiani a diventare un popolo unito?
5. Qual è il più solido elemento di coesione nazionale?
6. Quale proposta ha fatto Corrado Della Torre?
7. In Italia qual è stato il fattore più importante di coesione nazionale?
8. Dite in quali altri paesi europei ci sono fermenti separatisti e dite su che cosa si basano le loro richieste di indipendenza.
9. Spiegate perché il Mediterraneo è un'"area inquieta".
10. Perché le due "fedi" popolari più diffuse, quella cattolica e quella ex-marxista, non sono riuscite a creare un sentimento nazionale fra gli italiani?

ESERCIZI DI SCRITTURA

Testi di riferimento: Testi I e II di questa Unità; schede 1 e 2 di questa Unità; Introduzione all'Unità IV; Bibliografia essenziale dell'Unità IV; P. Ginsborg, *Stato dell'Italia*, capitolo *La Società*; T. De Mauro, *Storia linguistica dell'Italia unita*; G. Beccaria, *Italiano*.

1. Riscrivete l'articolo passando dal registro formale di Augias ad un vostro registro informale. Iniziate così: "Tutti sappiamo che essere italiani è difficile, se non addirittura problematico. È sempre stato così, non è un'invenzione recente della *Lega*. Già nel passato si era verificato che delle regioni d'Italia desiderassero separarsi, almeno dal punto di vista amministrativo: è il caso della Sicilia, della Sardegna e dell'Alto Adige. *La Lega*, quindi......".
2. Scegliete uno dei periodi storici citati da Augias ed illustratelo. *(Scrivete 500 parole)*.
3. Riassumete brevemente la storia dell'Italia dal Risorgimento ad oggi, cercando di spiegarne le caratteristiche peculiari. *(Scegliete voi la lunghezza)*.
4. Siete d'accordo con Augias che la lingua e le memorie collettive sono i più forti elementi di coesione e di identità di un popolo? Discutete riferendovi all'Italia, al vostro paese o ad altri paesi di vostra conoscenza. *(Scrivete 400 parole)*.
5. Commentate la frase di Augias: "È sempre stato difficile essere italiani, perché il nostro è un paese di mal-certa unità". *(Scrivete 500 parole)*.

Capire l'Italia e l'italiano   Lia Buono Hodgart   La Società   **La Lega Nord**
Lingua e cultura italiana oggi

La Lega Nord

La Lega Nord

La *Lega Nord* è il movimento politico a carattere federale nato nel 1991 dall'unione fra la *Lega Lombarda*, la *Liga Veneta* e altre Leghe del Nord Italia. Segretario e capo carismatico è Umberto Bossi. La *Lega Nord*, costituitasi al di fuori del tradizionale sistema partitico italiano, è un partito militante: un partito, cioè, che si fonda sul carisma del suo leader e su varie forme di dedizione da parte dei suoi iscritti.

Attraverso un linguaggio diretto e aggressivo, Umberto Bossi si propone come alternativa agli uomini politici tradizionali. Questi ultimi sono da lui accusati di essere, nei loro programmi politici, lontani dalla realtà e dai bisogni del paese e di risultare poi, nei loro discorsi, incomprensibili alla maggior parte del popolo italiano per la lingua difficile e astratta in cui si esprimono.

La proposta politica della *Lega* prevede una secessione del Nord d'Italia, ricco ed efficiente, dal Sud e da Roma, sede attuale del potere politico. Il Sud e Roma sono visti come sedi del clientelismo, dell'assistenzialismo e della corruzione, da cui la *Lega* si vuole distanziare. Altre proposte della *Lega* comprendono il progetto di una federazione delle regioni del Nord Italia e la costituzione di macro regioni autonome dal governo centrale. La politica della Lega è di difficile definizione e il suo progetto secessionista è spesso confuso e ambiguo. Meno controverso è, all'interno del movimento, l'atteggiamento di rifiuto verso gli immigrati.

La *Lega Nord* svolse un ruolo chiave nelle vittoria presidenziale di Berlusconi alle elezioni del 1994. La triplice alleanza, *Lega Nord*, *Alleanza Nazionale* e *Forza Italia* fu determinante per la vittoria di quest'ultimo, il partito appunto di Berlusconi.

Nella seconda metà degli anni '90, la *Lega* ha scelto un rischioso isolamento: il rifiuto di stringere alleanze sia con la destra che con la sinistra. La scelta dell'isolamento si esprime nella volontà di farsi portavoce della protesta dei ceti medi del Nord, in particolare delle piccole imprese artigiane e commerciali che si sentono oppresse dal sistema fiscale (le tasse) e sono favorevoli alla 'secessione' della cosiddetta 'Padania' dal resto del paese. Questa nuova realtà territoriale, storicamente e culturalmente inesistente, dovrebbe comprendere, nel disegno di Umberto Bossi, oltre alle regioni che si affacciano sulla valle del Po, anche le floride Toscana, Umbria e Marche, che propriamente settentrionali non sono. Alle elezioni del 2001, tuttavia, Bossi e la *Lega* si ripresentano a fianco di Silvio Berlusconi *(Forza Italia)* e di *Alleanza nazionale* e ne escono vittoriosi.

"Ma chi sono questi padani?" *di Giorgio Bocca*

E a *un certo punto*° si è vista la **variopinta**[1] **assemblea leghista**[2] mettersi a saltare al   ° ad un tratto
grido "chi non salta italiano è" e allora ci è parso di averlo già visto da altre parti, questo
spettacolo scimmiesco[3], ma sì sulle tribune calcistiche dell'**Atalanta o del Verona**[4],
sulle tribune degli **ultras**[5]. E adesso **basta con la storia**[6] **che Bossi e i leghisti
rappresentano un problema reale**: anche l'infarto è un problema reale, ma non si può
farne un modello di vita. I padani odiano gli italiani, disprezzano gli italiani, si distinguono
dagli italiani.

Ma loro chi sono? Ci pare che siano degli italiani di *scarsa*° cultura, di scarsa   ° poca
educazione, degli italiani **gretti**[7]. **Si vestono da carnevale**[8], e da qualche tempo a
questa parte **fanno la faccia di quelli che hanno visto la Madonna**[9] quando intonano
il **"Va', pensiero"**[10]. Capite? *Si rifanno*° come *esuli*°° agli ebrei del Nabucco che   ° si richiamano °° esiliati/
pensavano alla terra promessa, poi per **fare un bel minestrone**[11] si ritrovano **al   profughi
giuramento di Pontida**[12] da sempre noto come giuramento di Comuni italiani contro
un imperatore germanico.

Ma non è finita[13]: se un **incauto**[14] telecronista si *avventura*° **fra i vestiti da crociati,   ° si arrischia
da celta, da soldato nordista, da pagliaccio**[15] si sente gridare da uomini e donne che
sembrano **aver perso il ben dell'intelletto**[16]: "Va' via, italiano" - "Perché voi non siete
italiani?" - "Noi agli italiani sputiamo, noi preferiamo i bavaresi, gente seria, non come i
romani che mangiano e i napoletani che cantano". C'è da *supporre*° che i leghisti   ° immaginare
ignorino che i bavaresi, tedeschi del sud, hanno l'abitudine di pagare le tasse come i
tedeschi del nord, sorpresa *sgradevole*°. Perché fra tanta **confusione mitologica, etnica,**   ° spiacevole

---

1. **Variopinta** > variopinto = (a) multicolore; (b) (fig.) vario, multiforme. **Nel testo valgono entrambe le accezioni.**
2. **assemblea leghista** = assemblea dei rappresentanti della *Lega Nord* il cui leader è Umberto Bossi. Cfr. scheda 2 di questa Unità.
3. **spettacolo scimmiesco** = spettacolo proprio di scimmie. Bocca vuol dire che l'assemblea leghista è una manifestazione animalesca, indegna di esseri umani.
4. **l'Atalanta e il Verona** = due squadre di calcio italiane.
5. **ultras** = (a) in politica, definisce gli appartenenti a movimenti politici estremisti; (b) nel linguaggio sportivo, descrive fanatici sostenitori di una squadra di calcio. **Nel testo vale l'accezione (b)**.
6. **basta con la storia che Bossi e i leghisti rappresentano un problema reale** = smettiamo di ripetere che Bossi e i leghisti rappresentano un vero problema.
7. **gretti** > gretto = (a) avaro, spilorcio, tirchio; (b) (fig.) meschino. **Nel testo vale l'accezione (b)**.
8. **si vestono da carnevale** = i leghisti adottano costumi d'epoca. Adottano, cioè, i costumi di quei popoli - romani, celti, longobardi, tedeschi, etc. - antichi abitatori della valle padana, con cui si identificano o a cui vogliono far risalire le loro origini. Il risultato è che sembrano tutti in maschera come se andassero ad una sfilata di Carnevale. Per Bocca tutto questo è ridicolo, anche perché la scelta dei costumi è spesso sbagliata. Cfr. note (15) e (17). La confusione di etnie è un segno della confusione mentale dei leghisti. Tutta la manifestazione, quindi, assume l'aspetto di una pagliacciata. Non a caso, più

sotto, Bocca chiama i leghisti anche "pagliacci".
9. **fanno la faccia di quelli che hanno visto la Madonna** = hanno un'espressione intenta, quasi estasiata e commossa, come se avessero avuto una visione mistica.
10. **"Va', pensiero".** Famosa aria del Nabucco di Verdi, in cui gli Ebrei esuli esprimono in termini accorati la nostalgia per la patria lontana.
11. **fare un bel minestrone** = fare una gran confusione.
12. **il giuramento di Pontida** = allusione ad un fatto storico di epoca Comunale (XI sec.). A Pontida (in Lombardia), il 7 aprile 1167, si riunirono i delegati di vari Comuni del Piemonte, della Lombardia e del Veneto. Costituitisi in Lega Lombarda, strinsero un patto di alleanza, a salvaguardia della loro autonomia, contro l'imperatore tedesco Federico Barbarossa. A questo episodio si ispira, ideologicamente, la *Lega Nord*.
13. **ma non è finita** = (coll.) c'è ancora molto da raccontare.
14. **incauto** = (a) imprudente; (b) avventato. **Nel testo vale l'accezione (a)**.
15. **fra i vestiti da crociati, da celta, da soldato nordista, da pagliaccio. Crociati** = i cristiani che, dall'XI al XIII secolo, combatterono per liberare la Terra Santa dai Mussulmani. **Celta** = antichi abitatori dell'Italia settentrionale, della Gallia e delle isole britanniche. **Soldato nordista** = soldato che ha preso parte alla guerra di secessione americana.
16. **aver perso il ben dell'intelletto** = aver perso la ragione, essere impazziti.

ideologica[17], si è finalmente capito che **il vero cemento ideologico della Lega**[18] è quello di non pagare le tasse, che come è noto sta fra le maggiori *aspirazioni*° e fra i più **tenaci**[19] *costumi*° degli italiani.

○ *desideri*
○ *abitudini*

Ma davvero basta con questa storia della Lega, che comunque è una cosa seria. Anche l'analfabetismo e il razzismo sono delle cose serie ma nessuno li trova simpatici, **pittoreschi**[20] come i media trovano la Lega.

Chi sono questi italiani verso cui i **fanatici**[21] della Lega urlano *invettive*° saltando come scimmioni? Sono, come è noto etnicamente, indefinibili, eredi di tutte le invasioni, *crogiolo*° di tutte le migrazioni. Non sono definibili come pura razza italiana **i napoletani**, gran parte dei **siciliani e dei calabresi**[22] che a memoria d'uomo, non nella preistoria, parlavano greco, il greco della **Magna Grecia**[23], non lo sono tutti gli altri mescolati a **bizantini**[24], **dalmati**[25], francesi, **longobardi**[26], spagnoli. Non è attraverso l'**etnografia fantastica**[27], che si possono definire l'Italia e gli italiani, che ci sono perché hanno una cultura comune, una lingua, una religione comune.

○ *insolenze*

○ *luogo di incontro*

Con quale serietà si può parlare di un **popolo padano**[28], erede di virtù celtiche, quando almeno cinque milioni di meridionali si sono trasferiti al nord a partire dagli anni Cinquanta? I romani **mangiatori a ufo**[29]? Ma i romani sono per tre quarti provinciali di tutta Italia, **la Roma dell'Unità**[30] **è stata fatta dai piemontesi**, ci hanno portato persino le loro caserme dei reali carabinieri. **La onesta perfetta celtica amministrazione padana**[31], **a lasciarla fare**[32] dalla nascita della Repubblica **ha avvelenato il territorio, ucciso il fiume Po, fatto un labirinto urbano della Brianza**,

---

17. **confusione mitologica, etnica, ideologica. Confusione mitologica** = confusione di leggende e tradizioni relative ad uno specifico popolo. **Confusione etnica** = confusione fra etnie (razze e popoli). **Confusione ideologica** = confusione fra diverse fedi o ideologie.
18. **il vero cemento ideologico della *Lega*** = elemento di coesione dell'ideologia leghista.
19. **tenaci** > tenace = (a) forte, costante; (b) ostinato. **Nel testo vale l'accezione (a)**.
20. **pittoreschi** > pittoresco = (a) suggestivo (di paesaggio); (b) (fig.) (di stile, di modo di parlare) vivace, colorito, espressivo; (c) eccentrico, bizzarro, strano. **Nel testo vale l'accezione (c)**.
21. **fanatici** > fanatico = (agg. e sost.) (a) esaltato; (b) entusiasta, appassionato; (c) partigiano, sostenitore. **Nel testo valgono le accezioni (a) e (c)**.
22. **napoletani, siciliani, calabresi** = abitanti di tre regioni dell'Italia centro-meridionale e precisamente, nell'ordine, la Campania, la Sicilia, la Calabria.
23. **la Magna Grecia** = nome dato, fra l'VIII e il VI secolo a. C., ad una parte dell'Italia meridionale, dove si trovavano fiorenti città greche.
24. **bizantini** = cittadini dell'Impero Bizantino o Impero Romano d'Oriente.
25. **dalmati** = abitanti della Dalmazia.
26. **longobardi** = cittadini del Regno Longobardo, che nel 500-700 A.D. occupava l'odierna Lombardia.

27. **etnografia fantastica** = classificazione bizzarra di etnie. La frase **"non è attraverso l'etnografia fantastica che si possono definire l'Italia e gli italiani"** vuol dire: "la stirpe italiana non si può definire per mezzo di una classificazione bizzarra di tutte le sue componenti etniche".
28. **popolo padano** = secondo i leghisti, coloro che abitano la valle del fiume Po. Il termine è ovviamente usato in senso ironico poiché non esiste e non è mai esistito un popolo padano.
29. **mangiatori a ufo** = che mangiano gratis. Nel testo l'espressione "mangiatori a ufo" è riferita ai romani che vengono penalizzati come cittadini disonesti perché "non pagano le tasse".
30. **la Roma dell'Unità è stata fatta dai piemontesi** = l'organizzazione dell'amministrazione del Regno d'Italia fu opera di funzionari piemontesi che, a questo scopo, si recarono dal nativo Piemonte a Roma. La città era, infatti, divenuta capitale del Regno d'Italia e sede appunto degli uffici amministrativi.
31. **onesta perfetta celtica amministrazione padana** = Bocca si riferisce alle amministrazioni regionali e locali dell'Italia del Nord. Gli aggettivi sono qui usati in senso ironico e derisorio come si deduce subito dopo, non appena Bocca inizia ad elencare i misfatti permessi e favoriti da queste amministrazioni.
32. **a lasciarla fare** = a non porre un freno. Nel testo Bocca vuol dire che, mancando delle leggi che ne controllassero il potere,

distrutto le spiagge liguri e cementificato le valli alpine, fatto di Milano una città invivibile[33].

Duole dirlo, ma pare che il vero *collante*○, il vero *distintivo*○○ della padanità sia il *fermo*○○○ desiderio di non pagare le tasse, vedasi la più recente battaglia del popolo padano, l'assedio a Milano dei produttori di latte, mossi da una sola vera ragione: non pagare le tasse, farle pagare dallo Stato. Su un cartello dei leghisti si è letto: "Butta la polenta, che libero la **Padania**[34] e poi torno a casa". **Ma la polenta non si butta, si gira[35]**.

○ *elemento di unione*
○○ *elemento caratteristico*
○○○ *tenace/irremovibile*

le amministrazioni locali dell'Italia del Nord hanno permesso e favorito un'edilizia selvaggia che ha portato al degrado dell'ambiente.

33. ha avvelenato il territorio, etc. = lista di luoghi in cui il degrado ambientale è più evidente. **Ha ucciso il Po** = le sue acque sono inquinate perché le varie amministrazioni permettono che gli scarichi industriali vi confluiscano. **Ha fatto un labirinto umano della Brianza** = le amministrazioni locali hanno permesso un'edilizia selvaggia in questa famosa zona collinare fuori Milano. La zona, un tempo verde e ridente, è ora piena di edifici e sovrappopolata. **Ha distrutto le spiagge liguri e cementificato le valli alpine** = altre conseguenze dell'edilizia selvaggia, questa volta in Liguria e nel nord della Lombardia e del Piemonte, dove si trovano le Alpi. **Ha fatto di Milano una città invivibile** = Milano non fornisce e non consente condizioni di vita accettabili poiché è

stata deturpata dall'edilizia selvaggia e dal degrado ambientale, prodotto e tollerato dalle varie amministrazioni locali.

34. Padania = termine coniato dai leghisti, ad indicare le regioni bagnate dal fiume Po e unite dalla comune ideologia leghista.

35. la polenta non si butta, si gira = la frase si riferisce ad un'abitudine alimentare dell'Italia del Nord, quella di mangiare la polenta. Ma il cartello leghista, ahimè, è sbagliato, come rileva Bocca, perché il verbo "buttare" si riferisce unicamente ad un'abitudine alimentare del Sud. Qui si dice, infatti: "butta la pasta" per iniziarne la cottura. La polenta, che è una farina di mais, si cucina girandola in continuazione nel tegame con una spatola di legno. Il complesso riferimento serve a denotare la confusione linguistica dei leghisti, confusione che è un'ulteriore prova, secondo Bocca, della loro confusione etnica e della loro malafede: il cartello non può essere stato scritto da altri che da un italiano del Sud che si spacci per 'padano'!

Eserciziario

ESERCIZI DI GRAMMATICA E DI LESSICO

A. Formate una frase di vostra invenzione con le seguenti espressioni colloquiali contenute nel testo.

1. E adesso basta con la storia che...
2. Ma non è finita...
3. Sembrano aver perso il ben dell'intelletto.
4. Fanno la faccia di quelli che hanno visto la Madonna.
5. Poi, per fare un bel minestrone...
6. Si vestono da carnevale.

B. La colonna I contiene avverbi e locuzioni temporali derivate dal testo. Associate ogni elemento della colonna I con il suo simile nella colonna II.

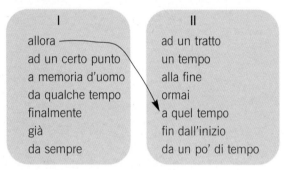

I	II
allora	ad un tratto
ad un certo punto	un tempo
a memoria d'uomo	alla fine
da qualche tempo	ormai
finalmente	a quel tempo
già	fin dall'inizio
da sempre	da un po' di tempo

C. Rifacendovi al testo e alle note, sostituite agli aggettivi sottolineati il sinonimo appropriato.

1. Il tradizionale costume femminile ai Caraibi è un grembiulone <u>variopinto</u> a grossi quadri.
2. È stato <u>incauto</u> ad avventurarsi da solo su quella spiaggia isolata, poteva fare dei cattivi incontri.
3. Il suo comportamento è stato <u>incauto</u>, perché avrebbe dovuto sondare il terreno e valutare le circostanze prima di avanzare la sua proposta al comitato.
4. È una donna <u>tenace</u> perché è riuscita ad allevare da sola quattro bambini, dopo che il marito l'ha lasciata.
5. È <u>tenace</u> nei suoi propositi e raggiunge sempre quello che vuole.
6. Mi hanno detto che il paesaggio delle Dolomiti è <u>pittoresco</u>, ma io lo trovo addirittura magnifico.
7. Al Greenwich Village di New York abitano artisti, intellettualoidi, modelle e sfaccendati: tutta gente <u>pittoresca</u>!
8. È un tipo <u>gretto</u>, non mi sorprende che quasi non abbia amici.
9. È un <u>fanatico</u> razzista e un giorno o l'altro avrà dei guai.
10. È stato un <u>fanatico</u> del rock and roll, ma ora non gli piace più.

D. Spiegate la funzione dei connettivi testuali sottolineati e indicate quale tipo di proposizione introducono: principale, coordinata, subordinata; nel caso di una subordinata, specificate di quale tipo si tratta: relativa, causale, temporale, finale, etc.

1. Si vestono da carnevale <u>e</u> da qualche tempo a questa parte fanno la faccia di quelli <u>che</u> hanno visto la Madonna, <u>quando</u> intonano il "Va', pensiero".
2. Si rifanno come esuli agli ebrei del *Nabucco* <u>che</u> pensavano alla terra promessa, poi per fare un bel minestrone, si trovano al giuramento di Pontida.

3. <u>Perché</u> fra tanta confusione, si è finalmente capito <u>che</u> il vero cemento ideologico della *Lega* è quello di non pagare le tasse.
4. Non è attraverso l'etnologia fantastica <u>che</u> si possono definire l'Italia e gli italiani, <u>che</u> ci sono perché hanno una cultura comune.
5. È evidente <u>che</u> al Nord c'è un'attività produttrice diversa dal Sud: il federalismo è l'unico sistema <u>per</u> far convivere due realtà diverse.
6. Ci siamo sempre dichiarati una forza di governo transitoriamente all'opposizione, <u>finché</u> riusciremo a spingere il Paese verso una struttura e un'organizzazione federalista, <u>che</u> noi riteniamo il punto chiave di tutto il cambiamento possibile.
7. <u>Per</u> "andare in Europa" bisogna tagliare gli sprechi, ma non mi pare <u>che</u> i partiti abbiano molte intenzioni di farlo.
8. Sembra evidente dai sondaggi <u>che</u>, in Francia, il partito socialista vincerà le prossime elezioni.
9. <u>Che</u> lui sia un genio, non ci sono dubbi.
10. Gli ho dovuto mandare dei soldi <u>perché</u> potesse pagare almeno i debiti più pressanti.

E. Trasformate le seguenti interrogative dirette in interrogative indirette. Iniziate con "Bocca si chiedeva" e concordate tempo e modo verbale opportunamente. Seguite l'esempio.

Es. Ma loro chi sono?
> **Bocca si chiedeva loro chi fossero.**

1. Chi sono veramente questi padani?
2. Capite?
3. Con quale serietà si può parlare di un popolo padano?
4. Chi sono questi italiani contro cui i fanatici della Lega urlano invettive?
5. I romani mangiano a ufo?
6. *La Lega* pensa di poter fronteggiare la grande evasione fiscale che c'è in Italia?
7. Il senatore Bossi si presenta candidato alle elezioni in Sicilia per provocazione?
8. *La Lega* è una forza di governo disponibile?
9. Il senatore Bossi ha trasformato il suo governo da nordista in federalista?
10. I leghisti pagano le tasse?

DOMANDE DI COMPRENSIONE

1. Di che cosa tratta questo articolo?
2. Perché Bocca definisce l'assemblea dei leghisti "uno spettacolo scimmiesco"?
3. E dove ha già visto Bocca "uno spettacolo scimmiesco" simile a quello offerto dall'assemblea dei leghisti?
4. Quale opinione ha Bocca dei leghisti?
5. Quale accoglienza fanno i leghisti all'incauto cronista che va a fare un servizio sulla loro assemblea?
6. Che cosa pensano dell'Italia i leghisti?
7. Secondo Bocca i leghisti costituiscono un problema reale?
8. Quali sono gli elementi che unificano gli italiani, secondo Bocca?
9. Secondo Bocca, quali sono, per quel che riguarda l'ambiente, le gravi colpe delle amministrazioni locali delle regioni del Nord?
10. Come interpreta Bocca l'errore linguistico sul cartello protestatario della Lega che dice: "Butta la polenta, che libero la Padania e poi torno casa"?
11. Perché non si può parlare con serietà di un popolo padano?
12. In qual modo Bocca difende la reputazione dei romani, accusati di non pagare le tasse?

ESERCIZI DI SCRITTURA

Testi di riferimento: Testi I e II di questa Unità. Schede 1 e 2 di questa Unità; Introduzioni all'Unità IV e all'Unità I; Bibliografie essenziali dell'Unità IV e I; P. Ginsborg, *Stato dell'Italia*, capitolo *La politica* (cfr. I. Diamanti, *Lega Nord*), pp.671-677; Testi I-VIII dell'Unità I.

1. L'articolo di Bocca è un articolo di fondo del *Corriere della Sera*. È un articolo di registro complesso, un registro formale dove il giornalista esprime, soprattutto, le sue opinioni. Riscrivetelo come se fosse un articolo di cronaca, adottando, cioè un registro più colloquiale e più idoneo alla comunicazione veloce. Iniziate così: "In 'Padania' c'è stata un'altra assemblea di leghisti... Come al solito i leghisti vestivano...".

2. Commentate il pensiero di Bocca in merito alle incongruenze del movimento leghista e mettete a confronto la sua opinione con quella di altri giornalisti di vostra scelta. *(Scrivete 300 parole).*

3. Cercate di spiegare il movimento leghista, chiarendone i modi e le ideologie e valutandone la sua validità e attualità. *(Scrivete 400 parole).*

4. Richiamandovi alle vostre esperienze ed alle letture fatte, definite il vostro concetto di Italia e di italianità. *(Scrivete 400 parole).*

5. Il separatismo non è un fenomeno solo italiano, né è solo appannaggio della *Lega*. Commentate riferendovi alla storia d'Italia e a quella di altri paesi. *(Scrivete 500 parole).*

Capire l'Italia e l'italiano
Lingua e cultura italiana oggi

Lia Buono Hodgart

La Società

L'economia sommersa

L'economia sommersa

L'economia sommersa

Come si diceva nell'Introduzione a quest'Unità, il settore più caratteristico e dinamico dell'economia italiana è sempre stato rappresentato dalle piccole e medie aziende: quelle, cioè, con meno di cento lavoratori. Esse rappresentano una fitta rete e per quanto dotate a volte di capitali modesti, sono saldamente proiettate verso l'esportazione di un'ampia gamma di prodotti. La crescita del numero di aziende non si è però accompagnata a una crescita parallela dell'occupazione e ciò a causa soprattutto della nuova tecnologia che ha consentito alle imprese di aumentare la produttività senza far crescere il volume di lavoro impiegato.

Tuttavia, secondo due autorevoli studiosi, Enrico Pugliese e Arnaldo Bagnasco, e secondo le indagini dell'ISTAT (Istituto centrale di statistiche), il mercato del lavoro italiano ha assunto negli ultimi vent'anni un suo volto particolare. Esso sarebbe caratterizzato da contratti più flessibili ("i contratti a tempo parziale"), da situazioni di lavoro che prevedono più di un'attività ("il secondo lavoro"), dalla presenza di una nuova offerta di manodopera ("lavoratori in nero") rappresentata da stranieri che sono entrati clandestinamente in Italia e che non sono forniti di adeguato permesso di lavoro.

Il mercato del lavoro attuale sarebbe anche caratterizzato da una percentuale notevole di lavoro non dichiarato, né allo Stato né agli istituti di previdenza, che sfugge, quindi, al controllo statale e previdenziale. Questo tipo di lavoro va sotto la definizione di "economia sommersa" o "lavoro nero". Secondo gli studiosi citati più sopra, la definizione nasconde realtà diverse accomunate, tuttavia, dalle seguenti caratteristiche: elevato impiego di mano d'opera, mancanza di regolamentazione delle condizioni di lavoro, mancanza di prelievo fiscale sul datore di lavoro e sul lavoratore, mancanza di versamenti dei contributi per l'assistenza medica, l'assicurazione e la pensione.

Quest'ultimo aspetto solleva il problema se il "lavoro nero" sia determinato dalla libera scelta del lavoratore, interessato a evitare di pagare le tasse, o se rappresenti piuttosto una costrizione imposta dal datore di lavoro, con conseguente sfruttamento del lavoratore. Le difficoltà, inoltre, nel valutare le dimensioni reali del fenomeno dell'economia sommersa, si rispecchiano nelle incertezze delle statistiche relative al tasso (livello) di occupazione effettiva.

Le aree di maggior presenza dell'economia sommersa sono quelle tradizionalmente meno sviluppate a livello industriale e imprenditoriale e ad alta disoccupazione, cioè le zone del *Mezzogiorno*.

"Napoli, l'industria del vicolo: il posto fisso è un miraggio" *di G. D'Avanzo*

Vicolo di Napoli. Fuori, auto impediscono il passaggio. I pedoni sono costretti a camminare al centro della stradina. I clacson delle auto sollecitano i pedoni a levarsi di torno, in fretta. Il rumore e l'aria ammorbata dai gas di scarico arrivano dentro, nel **basso**[1].

Il "basso" non è ampio - 60 metri quadrati, più o meno - ma è pulito e *rimesso a nuovo*°. Nuovo il pavimento, fresca la tinteggiatura delle pareti, nuovi i neon aerei sui banchi, nuovo il cesso e il piccolo lavabo. Nel basso lavorano tre uomini, una donna e un ragazzo. Il tagliatore **trincia**[2] il pellame (300 mila lire alla settimana). Il **banconista**[3] ne piega gli orli, ne assembla provvisoriamente gli elementi (350 mila lire). Il **macchinista**[4] è l'operaio meglio pagato (anche 450 mila lire a settimana): riceve il pezzo dal banconista, lo infila sotto la cucitrice e con gesti esatti e rapidi trasforma quel pezzo informe in una borsa da donna di gran *qualità*°, marchio *prestigioso*°°. Resta la donna, l'**apparecchiatrice**[5]. Per 250 mila lire alla settimana, elimina le imperfezioni, le bave di colla, i fili di cotone e cuoio. Il ragazzo (150 mila lire) infila la borsa nella carta velina *inscatolandola*°.

Metti un giorno[6], allora, davanti a un caffè nero e bollente, Giacomo, **padroncino**[7] (come chiamarlo?) di un laboratorio di pelletteria del tutto illegale e **sommerso**[8] dei **Quartieri Spagnoli** (o dei **Vergini**, o del **Rione Sanità** o di **Grumo Nevano** o di **Casalnuovo**[9]), e Alfonso, **lavoratore in nero**[10], tagliatore a 300 mila lire di paga alla settimana. Mettili seduti l'uno di fronte all'altro a **rosicchiare il durissimo osso**[11] di una discussione che divide **D'Alema, Cofferati e Ciampi**[12], **Cgil e Cisl**[13]. È vero - come dice il segretario del Pds - che "con gli ispettori del lavoro[14] c'è il rischio che invece di far emergere l'evasione si provochi la fuga delle imprese e un milione di posti di lavoro in

° rinfrescato/imbiancato

° pregio   *°° importante*

° mettendola in scatola

---

1. **Basso** = abitazione a pianterreno che prende luce esclusivamente dalla porta d'ingresso posta a livello della strada. Si trovano specialmente a Napoli.
2. **trincia** > trinciare = tagliare a pezzi o a strisce.
3. **banconista** = chi è addetto ad un banco di vendita o lavora ad un bancone.
4. **macchinista** = chiunque lavori ad una macchina o sia addetto al funzionamento di una macchina.
5. **apparecchiatrice** = addetta all'apparecchiatura, cioè alle varie operazioni di rifinitura della confezione.
6. **metti un giorno.** Espressione del registro colloquiale. Vuol dire: "prova ad immaginare che un giorno ci sia questa conversazione fra...".
7. **padroncino** = modesto imprenditore privato. La connotazione da cui deriva per diminutivo è padrone, termine con cui si indicavano, specie nel passato, i padroni di una fabbrica e i capitani d'industria.
8. **sommerso** = (a) ricoperto di acqua; (b) (fig.) clandestino. **Nel testo vale l'accezione (b)**. Nel linguaggio del lavoro si parla anche di: **economia sommersa** = guadagni che sfuggono al controllo fiscale e statistico. e di **lavoro nero** = attività o posto di lavoro che sfugge al controllo statale perché opera clandestinamente.(Cfr. nota 10).
9. **Quartieri Spagnoli o dei Vergini** etc...= quartieri commerciali di Napoli.

10. **lavoratore in nero** = uno che lavora clandestinamente, perché la sua attività non è stata dichiarata allo Stato. Tale lavoratore non sottostà alla vigente normativa che regola e tutela il mondo del lavoro: non paga, quindi, contributi e tasse ma non gode neppure dei benefici che tale normativa contempla. Come si diceva nella scheda 3 di questa Unità, con "lavoro nero" si identifica quell'attività che sfugge al controllo statale perché opera clandestinamente.
11. **rosicchiare il durissimo osso** = affrontare una difficoltà.
12. **D'Alema, Cofferati e Ciampi** = sono noti uomini politici italiani. Per D'Alema, si veda la scheda 1 di questa Unità. Carlo Azeglio Ciampi è economista e uomo politico, è stato Presidente del Consiglio e Presidente della Repubblica. Sergio Cofferati è un sindacalista.
13. **CGIL, CISL** = due dei tre maggiori sindacati dei lavoratori italiani.
14. **con gli ispettori del lavoro e seg.** = la frase è piuttosto complessa e vuol dire: se il governo fa dei controlli sulle imprese istituendo degli ispettori del lavoro (**con gli ispettori del lavoro**) che le ispezionano allo scopo di scoprire (**far emergere**) quegli imprenditori che non pagano le dovute tasse, imposte e contributi (**l'evasione**), c'è il pericolo che questo controllo provochi il dissolversi delle imprese stesse (**la fuga delle imprese**), con conseguente scomparsa di posti di lavoro.

meno"? È giusto o accettabile, per virtuosa necessità, scambiare **occupazione**[15] (che oggi non c'è) con **salari flessibili**[16] che poi - in chiaro - significa meno salario?

Alfonso, il tagliatore: "Con qualsiasi paga anche *la più miserabile°*, ho fatto il muratore, il cameriere, il venditore ambulante. Signore mio, più flessibile di me c'è solo il materasso permaflex o, per la verità, ho accettato tutto per *bisogno°*, ma pensavo che sarebbe venuto il giorno buono anche per me. Buono per un posto fisso e sicuro con la pensione, la *mutua°* e tutto quanto. Ora mi parlano di flessibilità. E che è? Né più né meno, **il sangue che buttavo ieri e che butterò domani**[17]: anche se lascio la **fatica**[18] e mi metto a lavorare, **nessuno mi metterà davvero a posto**[19]."

○ *la più bassa*

○ *necessità*

○ *previdenza/assistenza*

Giacomo, il padroncino: "Se devo mettere a posto te, devo mettere a posto anche gli altri quattro, e con tutti e cinque in regola, io chiudo bottega. Lo sai meglio di me: noi siano l'ultimo anello della catena. Quello di Firenze viene e dice: 300 borse a 35 mila lire l'una...".

Alfonso: "...Eppoi, se le vendono a 800 mila lire...".

Giacomo: "Ma io che ci posso fare? Lo sai, quelli di Firenze, prima, tenevano loro le fabbriche. Poi hanno chiuso le fabbriche e si sono tenuti le commesse e vengono a lavorarle qui. Se io gli dico: fratello, la borsa te la faccio a 40 e non a 35 mila lire, quello si fa una risata, va al vicolo di sopra e la borsa magari gliela fanno a 34/33 mila lire. Quindi, prendere o lasciare. E se la prendo a 35 mila lire, come faccio a pagare tasse e *contributi°*? Già a cinque di voi vi pago ogni settimana che c'è o non c'è il lavoro. Dì la verità al giornalista".

○ *imposte*

Alfonso: "Ma poi, a fine anno, facciamo i conti...".

Giacomo: "E certo che facciamo i conti, ma - intanto - tu sai che ogni mese t'entrano 1 milione e 200 mila lire. Sei **nullatenente**[20], non paghi tasse, non paghi niente, **o' guaglione**[21] a scuola ha i libri gratis e la **refezione**[22]... Sei proprio sicuro che, messo a

---

15. **occupazione** = (a) (di luogo) presa di possesso, invasione; (b) (di persona) lavoro, impiego, attività. **Nel testo vale l'accezione (b).**

16. **salari flessibili** > salario flessibile = salario variabile. Vedi anche poco sotto nel testo l'uso del sostantivo "**flessibilità**" con il significato di "possibilità che i lavoratori di una impresa o di una ditta vengano impiegati con compiti diversi da quelli per cui sono stati assunti".

17. **il sangue che buttavo ieri e che butterò domani** = il duro lavoro che ho fatto e che farò.

18. **fatica** = (a) sforzo fisico; (b) difficoltà, disagio, pena; (c)

(fig.) impresa difficile. **Nel testo l'aggettivo è usato in senso improprio, come sinonimo di "lavoro nero".**

19. **nessuno mi metterà davvero a posto** = nessuno mi metterà in regola con lo Stato e gli istituti di previdenza.

20. **nullatenente** = chi non ha beni propri e non è soggetto ad imposte.

21. **o' guaglione** = il ragazzino o il figlio (parola dialettale napoletana).

22. **refezione** = a scuola, è la distribuzione di pasti gratuiti ai bambini poveri.

posto, tra tasse e contributi guadagneresti tanto di più? Perché non lo dici al giornalista di quella volta che io ti volevo mettere a posto e tu mi dicesti di no?".

Alfonso: "Ma lo sapete perché dissi di no. Signor giornalista, voi dovete sapere che **io non sono un malamente**[23]. Sarebbe così facile **abboccarsi**[24] con la **camorra**[25]. Io chiedo solo un lavoro e sono un disoccupato iscritto al **collocamento**[26]. Quell'anno dicevano che ci avrebbero preso nei **corsi di formazione**[27]. *E che ero fesso* che mi facevo mettere a posto? Diventavo lavoratore occupato e non mi pigliavano più '*ncoppa 'o comune*[28]. Dissi di no a don Giacomo. Che dovevo fare? Poi, non entrai nei corsi ed eccoci qua, tiriamo avanti".

Giacomo: "Ma tu vuoi essere messo a posto ora?"

Alfonso: "Don Giacomo, io voglio un posto per sistemarmi!" Il posto è stabile, la fatica oggi c'è e domani non c'è. Il posto è un lavoro sicuro, non hai incertezze e responsabilità. La fatica è una maledizione: oggi c'è, domani non c'è. E se non posso **scendere a lavorare**[29] ché *o' piccirillo sta malato*[30]"?

Giacomo: "Alfonsi', qui, prima o poi, ci dobbiamo mettere a posto tutti. Quello, il **contoterzista**[31] di Firenze, vuole le fatture e io già **mi sono fatto la partita Iva**[32] e mio cugino **fiscalista**[33] mi ha detto che mi conviene - fino a un certo punto, però! - perché così posso *scaricare*° qualche spesa... Ma io non vi posso mettere in regola a tutti quanti. Uno sì, forse due, ma tutti e cinque come faccio? Se metto la testa fuori e sempre 35mila lire mi pagano la borsetta, con quelle 35 mila lire ci debbo pagare tasse e contributi, contributi e tasse. Non ce la posso fare. Devo tirar giù la saracinesca e tornare a fare quello che facevo prima che era quello che fai tu, il tagliatore".

° detrarre

23. **io non sono un malamente** =io non sono un criminale o una persona corrotta (gergo dialettale napoletano).
24. **abboccarsi** = intendersela con/entrare in trattative con.
25. **la camorra** = notissima organizzazione criminale napoletana, che opera da molti anni ed è di tipo mafioso.
26. **collocamento** = ufficio che si occupa di trovare un lavoro ai disoccupati che vi si iscrivono.
27. **corsi di formazione** = corsi istituiti dallo Stato o dalle amministrazioni locali allo scopo di insegnare un lavoro specifico (dare una specializzazione) ai disoccupati che ne sono iscritti, così da incrementare le loro possibilità di trovare lavoro. Questo processo si chiama anche "formazione professionale".
28. **'ncoppa o'comune** = al Comune, cioè presso la sede dell'Amministrazione locale che organizza i corsi di formazione professionale che Alfonso voleva fare. (Espressione dialettale napoletana).
29. **scendere a lavorare** = andare a lavorare. (Espressione dialettale napoletana).
30. **o' piccirillo sta malato** = il bambino sta male. (Espressione dialettale napoletana).
31. **contoterzista** = chi agisce per conto di altre persone.
32. **mi sono fatto** > (farsi) **la partita Iva** = registrare la propria ditta presso il Ministero delle Finanze così da poter usufruire delle detrazioni d'imposta consentite. Così facendo Giacomo spera di poter risparmiare ("**scaricare qualche spesa**").
33. **fiscalista** = professionista esperto di questioni fiscali.

Eserciziario

ESERCIZI DI GRAMMATICA E DI LESSICO

A. Unite le seguenti frasi derivate dal testo usando una congiunzione causale.

Es. Il giornalista chiede al famoso economista Giorgio Fuà ... diffidi dei dati della disoccupazione in Italia
> **Il giornalista chiede al famoso economista Giorgio Fuà perché diffidi dei dati della disoccupazione in Italia**

1. Giacomo dice che non può mettere a posto Alfonso .... poi deve mettere a posto anche gli altri.
2. Giacomo dice che non può vendere le borse a 18 euro .... avrebbe difficoltà a pagare le tasse e i contributi.
3. Giacomo dice che si è fatto la partita Iva .... suo cugino fiscalista gli ha detto che a lui, come datore di lavoro, questo conviene.
4. Giacomo chiede ad Alfonso .... non dice al giornalista di quella volta che lui voleva metterlo a posto.
5. Alfonso dice che ha accettato tutto per bisogno .... pensava che sarebbe venuto il giorno buono anche per lui.
6. Alfonso chiede che cosa sia la flessibilità .... evidentemente l'idea non gli è affatto chiara.
7. Alfonso dice che il posto, a differenza della fatica, è un lavoro sicuro, ... non si hanno incertezze e responsabilità.
8. Nonostante il gran numero di domande al Comune di Milano, molti giovani hanno rifiutato di accettare di fare il postino .... non volevano lavorare per le strade.

B. Trasformate le seguenti frasi ipotetiche della realtà in frasi ipotetiche della possibilità.

Es. Alfonso vuole un posto per sistemarsi se Giacomo glielo dà
> **Alfonso vorrebbe un posto per sistemarsi se Giacomo glielo desse**

1. Anche se faccio la fatica e mi metto a lavorare, nessuno mi metterà davvero a posto.
2. È così facile abboccarsi con la camorra, se mi sento di farlo.
3. Se io vi chiedo di mettermi a posto, voi che fate?
4. Se devo mettere a posto te, devo mettere a posto anche gli altri.
5. Se fanno i conti a fine anno, Alfonso avrà forse altri soldi.
6. Alfonso va ai corsi di formazione se lo prendono.
7. Se ne abbiamo voglia, stasera io e mia moglie andiamo al Circolo a giocare a carte.
8 Se ce la faccio, rivedo le bozze del libro un'altra volta prima di mandarle all'editore.

C. Completate le seguenti frasi scegliendo fra le strutture date sotto.

sommerso, illegale, lavoratore in nero, lavoro nero, contributi (2), nullatenente, disoccupato (2), collocamento (2), posto fisso (2)

1. Nei Quartieri Spagnoli di Napoli ci sono dei laboratori del tutto ....
2. Un famoso economista afferma che in Italia l'economia .... è maggiore di quanto si pensi: ci sono infatti più di due milioni di ....
3. In Italia c'è molto .... ma è difficile quantificarlo perché non si possono fare indagini statistiche accurate.
4. Giacomo dice ad Alfonso: "Sei ...., non paghi tasse, non paghi niente".
5. Se sei .... ricevi una pensione dallo Stato ed hai molte altre agevolazioni.
6. Alfonso sperava che sarebbe venuto un giorno buono per un ...., con un salario, la pensione e ....
7. Non tutti in Italia desiderano un ...., perché spesso questo non è adeguato alle loro aspettative, qualifiche e potenzialità di guadagno.
8. Alfonso dice che è disoccupato ed è iscritto al ....

9. Molti italiani che sono .... preferiscono seguire un corso di formazione professionale e godere del sussidio che viene dato dall'ufficio di ....

10. Ogni datore di lavoro è obbligato, per legge, a versare diversi tipi di .... allo Stato.

D. Spiegate le seguenti condizioni di 'non lavoro'.

1. disoccupato
2. iscritto al collocamento
3. persona che frequenta un corso di formazione professionale
4. pensionato
5. mantenuto
6. persona che vive di rendita
7. fannullone
8. licenziato
9. sfaccendato
10. studente

E. Le espressioni sottolineate appartengono al registro colloquiale di una varietà regionale dell'italiano, il parlato napoletano. Spiegatele cercando di dare la vostra versione in italiano standard.

parlato napoletano	italiano standard
io non sono un malamente	....
il sangue che buttavo ieri e che butterò domani	....
'ncoppa o' comune	....
non posso scendere a lavorare	....
nessuno mi metterà davvero a posto	....
e che ero fesso?	....
o' piccirillo sta malato	....

F. Unite un aggettivo della colonna I con un sostantivo della colonna II così da avere delle coppie di senso compiuto.

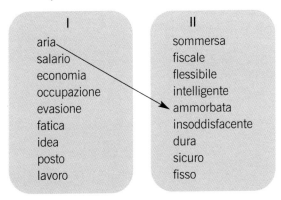

I	II
aria	sommersa
salario	fiscale
economia	flessibile
occupazione	intelligente
evasione	ammorbata
fatica	insoddisfacente
idea	dura
posto	sicuro
lavoro	fisso

G. Indicativo o congiuntivo? Trasformate opportunamente gli infiniti dati fra parentesi.

1. Benché Alfonso [fare] molti mestieri, non è riuscito a sistemarsi con un posto fisso.
2. È giusto che tante persone [lavorare] senza una retribuzione adeguata?
3. Le statistiche riportano che i lavoratori in nero [essere] in continuo aumento.
4. Alfonso pensa che Giacomo [sapere] perché lui [rifiutare] di essere messo a posto.
5. Benché "il basso" [essere] molto piccolo, è tenuto molto in ordine ed è stato rinfrescato.
6. Un giorno accetterò un posto fisso, a patto che mi [piacere].
7. Non ci sono dubbi che i dati sull'economia sommersa [essere] inquietanti.
8. Comunque [andare] la cose, puoi considerarti fortunato se hai un lavoro.
9. A quanto pare, a Napoli, molti [vivere] in queste abitazioni a pianterreno chiamate "bassi".
10. Dopoché [prendere] la decisione di dare le dimissioni, nessuno fu più in grado di dissuaderla.

DOMANDE DI COMPRENSIONE

1. La conversazione è veramente avvenuta o è immaginata?
2. Chi racconta questa conversazione?
3. Che cosa significa per Alfonso "mettersi a posto"?
4. Spiegate i mestieri che ha già fatto Alfonso.
5. Perché Giacomo è chiamato "padroncino"?
6. Dite di quali vantaggi gode Alfonso essendo nullatenente.
7. Descrivete la fabbrica di pelletteria di Giacomo e specificate da quante persone è costituita la sua forza-lavoro.
8. Perché Giacomo non vuole, in un primo tempo, mettere in regola i suoi lavoratori?
9. Quanti dei suoi lavoratori può mettere in regola Giacomo?
10. Perché Giacomo non li può mettere in regola tutti e cinque?

ESERCIZI DI SCRITTURA

Testi di riferimento: Testo III e scheda 3 di questa Unità; Introduzione all'Unità IV; Bibliografia essenziale dell'Unità IV (sezione *Lavoro, Mezzogiorno, Disoccupazione*); P. Ginsborg, *Stato dell'Italia*, capitolo *La Società* (sezione *Le strutture sociali*) pp. 239-245; *L'Italia del tempo presente*, cap. 2; P. Calza Bini, *La disoccupazione: i punti di vista*.

1. Riassumete la conversazione fra Giacomo e Alfonso. Servitevi del seguente schema di struttura: a) definite il ruolo del giornalista; b) descrivete l'ambiente dove avviene il dialogo; c) delineate la personalità degli interlocutori; d) indicate l'argomento della discussione; e) riassumete i punti salienti del dibattito fra i due; f) riportate la conclusione della conversazione.
2. Immaginate di scrivere un articolo per una rivista o un giornale sull'economia sommersa in Italia. Adottate il registro appropriato. *(Decidete voi la lunghezza)*.
3. Il problema della disoccupazione è stato spesso soggetto di film famosi. Sceglietene uno e parlatene. *(Scrivete 400 parole)*.
4. In Italia ci sono un milione e duecentomila extracomunitari che sono "lavoratori in nero". Fate una ricerca sull'argomento e poi riferite. *(Decidete voi la lunghezza)*.
5. Parlate del problema della disoccupazione nel vostro paese e confrontate con l'Italia. *(Scrivete 400 parole)*.

Unità 4 / **Sezione 4**

Capire l'Italia e l'italiano
Lingua e cultura italiana oggi

Lia Buono Hodgart

La Società

I consumi degli Italiani

I consumi degli italiani

I consumi degli italiani

Il Centro Studi Investimenti Sociali (CENSIS) è un istituto di ricerca socioeconomica fondato nel 1964 che da più di trent'anni studia settori vitali della realtà sociale (la formazione, il lavoro, il welfare, l'ambiente, l'economia, lo sviluppo locale ed urbano, la comunicazione, la cultura, etc.).

Secondo il rapporto annuale del CENSIS, il 1999 è stato l'anno della svolta nel settore della comunicazione e dell'informazione. Nonostante le persone coinvolte rimangano ancora una minoranza, la rapidità travolgente con cui è cresciuto il numero degli internauti (circa 8 milioni il dato stimato) è indubbiamente uno dei segnali più evidenti della trasformazione culturale determinatasi nell'ultimo anno nel nostro paese. Secondo il CENSIS, gli italiani risultano divisi in due gruppi per quel che riguarda l'utilizzo dei media: il 35% della popolazione italiana con età superiore ai quattordici anni legge quotidiani e libri, va al cinema e a teatro, guarda la televisione e naviga in Internet; il 40% invece rimane in contatto esclusivo con la televisione, importante momento di 'aggregazione quotidiana'.

Alla televisione si vuol vedere soprattutto il calcio, scelta che è stata decisiva per l'aumento dei canali televisivi satellitari (a quota 38 nel 1999) e *fiction* - cinema, telenovele, racconti all'italiana, gialli - tutte storie semplici e rilassanti. Il calcio può ancora essere definito una febbre, sia che ci si rechi allo stadio, sia che si segua alla televisione o sui quotidiani sportivi. Numerosi sono infatti i termini e le parole del linguaggio calcistico entrate a far parte del linguaggio politico e di quello quotidiano.

Il rapporto CENSIS rileva anche che, nel 1999, le donne sono più presenti nel mondo del lavoro dove rappresentano un terzo degli occupati, e il Mezzogiorno sembra dare segni di ripresa con 16.000 imprese fondate nel corso dell'anno e un aumento dell'occupazione dell'1,4%.

Il 1999 è stato l'anno dell'esplosione dei piccoli professionisti, dei collaboratori e delle "aziende piccole" (di telefonia e di nuove tecnologie) che cercano di espandersi nel mercato estero dopo aver trovato un ottimo mercato interno. Già 5 milioni nel 1995, la mania dei telefonini ("i cellulari") ha interessato tutti i settori sociali diffondendosi largamente sul territorio nazionale. Ritenuto uno strumento necessario per il lavoro, è ora divenuto indispensabile nella vita della maggior parte degli italiani, senza distinzione di professione o ceto sociale.

"Andavamo all'osteria. Ci restano sonno e stress" *di Enrico Menduni*

Il tempo siamo noi. Non è il **verso**[1] di una canzone di **De Gregori**[2] - (potrebbe esserlo) - ma un modo per ricordarci che siamo noi a **prendere le decisioni**[3], a **mettere la sveglia**[4], a *segnare*° l'appuntamento sull'agenda, per *collocarci*°° le nostre attività più o meno obbligatorie, faticose, oppure desiderate e piacevoli. L'orologio da polso ci aiuta, e ci condanna, a dividere questo tempo in ore *fisse*°, da *ripartire*°° tra i nostri vari impegni.

      ° annotare °° metterci

      ° stabilite °° dividere

Il lavoro vuole il suo tempo fisso, e così gli spostamenti da un posto all'altro, perché il treno o l'aereo non ci aspettano, se arriviamo in ritardo; **l'ufficio di anagrafe**[5] ha i suoi orari e lo sportello bancario ne ha altri; persino il divertimento deve essere *programmato*°, fra gli orari della palestra e quelli del teatro, l'uscita dalla scuola del bimbo e la chiusura dei supermercati. Qualunque attività vogliamo o dobbiamo *intraprendere*° deve trovare posto in un'agenda *affollata*° da altri impegni, ed essere scritta - per ricordarla - su un librettino apposito, o su un'agenda elettronica. *Al termine*° di una riunione, tutti *estraggono*° il libretto per concordare la data della prossima.

      ° pianificato

      ° svolgere

      ° piena di

      ° alla fine

      ° tirano fuori

Una monumentale ricerca (*promossa*° dal Centro Studi S. Salvador della Telecom) ci dice oggi come *passano*° la loro giornata tremila italiani-tipo, rappresentativi di noi tutti o quasi. *Ne esce*° l'immagine di paese in cui quasi il 40% degli adulti corre continuamente e non ha tempo, ma più del 20% **fa una vita dai ritmi regolari, dilatati e un po' pigri**[6], dove il tempo è una **risorsa**[7] abbondante, che può essere difficile da riempire con soddisfazione. Un paese che legge ancora troppo poco (solo il 14,5% nei giorni feriali legge un **quotidiano**[8]) e ama meno il cinema (appena il 20% **frequenta**[9] le sale cinematografiche) ma *ha a disposizione*° una *dotazione*°° di mass media quanto mai varia e *copiosa*°, ospitati in una casa sempre più simile a una grotta elettronica dotata di **ogni ben di Dio**[10]. Il 98,4% degli intervistati ha il televisore, che **si conferma**[11] così il vero *dato*° unificante della società italiana. Il 74% possiede due o tre apparecchi e il 78,2% degli italiani la vede ogni giorno.

      ° fatta

      ° trascorrono

      ° emerge/viene fuori

      ° possiede °° quantità

      ° abbondante

      ° elemento

---

1. **Verso** = (a) direzione, senso, svolta (es. "andare nello stesso verso"); (b) modo, maniera (es. "non c'è verso di" = non c'è modo di, non si riesce a); (c) "trovare il verso" = trovare il modo, riuscire; (d) gesto, atteggiamento, smorfia; (e) (fig.) "prendere qualcuno per il suo verso o per il giusto verso" = saper trattare una persona nel modo adatto alla sua indole e al suo carattere; (f) "per un verso" = da un certo punto di vista; (g) (al pl.) composizione, produzione poetica. **Nel testo vale l'accezione (g).**
2. **De Gregori**. Francesco De Gregori, cantautore degli anni '70 e '80.
3. **prendere** = (a) afferrare, acchiappare, pigliare; (b) portare; (c) (di treno, autobus, aereo) servirsi, usare; (d) (di merce) acquistare, comprare; (e) (di stipendio, compenso) percepire, ricevere. Nel testo, "prendere le decisioni" vale "decidere".
4. **mettere la sveglia** = caricare l'orologio perché suoni ad un'ora stabilita. La sveglia è un orologio a suoneria.
5. **ufficio di anagrafe** = ufficio comunale dove si tiene il registro dei cittadini residenti con tutte le pratiche che li riguardano.
6. **fa** (> fare) **una vita dai ritmi regolari** = fare una vita metodica in cui ogni attività è stata pianificata secondo orari e modi prestabiliti. Nel testo si parla anche di "**ritmi dilatati e un po' pigri**" ad indicare che un individuo si concede, per svolgere le sue attività, più tempo di quello che sarebbe necessario.
7. **risorsa** = (a) mezzo disponibile, accorgimento; (b) capacità, qualità, dote; (c) capitale, patrimonio, bene, fonte di reddito. **Nel testo vale l'accezione (c).**
8. **quotidiano** = (s.m.) giornale che esce tutti i giorni.
9. **frequenta** (> frequentare) **le sale cinematografiche** = andare al cinema. Il verbo **frequentare** ha anche altri significati: (a) (di luogo) visitare spesso; (b) (di istituzione o corso di insegnamento) essere iscritto a (es. "frequento l'università"; "frequento i corsi di pittura"); (c) (di persona) trattare, essere in relazione con (es. "per affari ho frequentato molto i tedeschi e devo dire che ne ammiro molto la professionalità").
10. **ogni ben di Dio** = una gran quantità.
11. **si conferma** > confermarsi = dare la prova di essere, dimostrare di essere.

Dopo i *fabbisogni°* elementari (mangiare, dormire, igiene personale) questa è l'attività più *coralmente°* effettuata dagli italiani, molto più che studiare e lavorare (rispettivamente il 21 e il 52%). Il personal computer è presente nel 24,7% delle case. Fra coloro che hanno il computer, il 10% è collegato a Internet. Per stare in contatto col mondo sembra assai più amato il telefono: il 28% degli italiani dichiara di avere un cellulare in famiglia, ma si calcola che i 'telefonini' in Italia siano un'armata sterminata.

Sotto questa *sfavillante°* superficie mediologica, resistono vecchie *tendenze°°*, pregiudizi, abitudini. Il lavoro domestico è ancora *appannaggio°* delle donne, l'84,8% contro il 17,7% degli uomini. Tre ore e 35 minuti al giorno per le donne, solo 35 minuti per i maschi.

Si dorme parecchio e i sonni sono lunghi, 7 ore e 59 minuti nei giorni feriali, 9 ore e 29 la domenica (32%). Poi c'è il tempo per la conversazione e la compagnia; quasi la metà degli italiani (46%) dichiara di farlo nei giorni feriali, per un'ora e 25 minuti, la domenica addirittura il 68,9% fa conversazione per 2 ore e 19 minuti. Un paese fortemente *sociale°* e facile alla conversazione, talvolta un po' *sfaticato°°* dove una percentuale *significativa°* di persone passa le sue giornate al bar (15,5% per un'ora e 15 minuti in media) e un altro 12,2% impiega un'ora e 19 minuti per andare a passeggio e guardare le vetrine.

C'è anche un preoccupante *nucleo°* di giovani, soprattutto nel Sud, che non lavorano, e si **dividono tra il bar, le chiacchiere e la frequenza dei media**[12]. Sono gli "annoiati": qualcosa come 4,4 milioni di persone.

L'inchiesta individua poi un nucleo centrale della popolazione, tra il 35 e il 40 per cento, che ha un rapporto equilibrato col proprio tempo, anche se a volte *venato°* di noia: si tratta della parte più attiva e benestante dei pensionati, delle casalinghe (una parte delle quali ha anche vivaci interessi e impegni fuori di casa), e di una *quota°* rilevante di lavoratori a reddito fisso di elevata istruzione e *reddito°*, impiegati, insegnanti, dirigenti e funzionari e una parte dei liberi professionisti; nel loro tempo ci

○ *necessità*
○ *universalmente*

○ *scintillante/splendente* ○○ *att*
                                    me
○ *prerogativa*

○ *socievole*   ○○ *pigro*
○ *considerevole*

○ *gruppo*

○ *pervaso*

○ *numero*
○ *stipendio/salario*

---

12. si dividono tra il bar, le chiacchiere e la frequenza dei media. Si dividono > dividersi = passare il proprio tempo o svolgere le proprie attività in luoghi diversi a tempi stabiliti (es. "è difficile per una donna che lavora dividersi fra il lavoro e la famiglia"). **La frase del testo ha un evidente senso ironico.**

sono *margini*° per la cultura, l'*impegno*°° sociale e anche per la **militanza politica**[13].

Tutti insieme fanno il 37% circa degli italiani[14], 14 milioni e mezzo di cittadini che sono probabilmente il **tessuto connettivo**[15] della società e un elemento indispensabile di ogni stabile alleanza sociale e politica.

° *spazi disponibili*
°° *attività*

Il nucleo più instabile, più *frenetico*° e attivo, è però costituito da coloro, quasi il 40%, a cui il tempo manca per la troppa attività che svolgono. È difficile trovare un confine tra ciò che sono obbligati a fare per sopravvivere e ciò che invece non riescono ad evitare per la loro nevrosi di super-impegnati.

° *agitato*

Non sempre è stato così. In un vecchio testo di trent'anni fa abbiamo trovato un'altra inchiesta oggi dimenticata: *agli albori*° della diffusione di massa della televisione, la Rai si domandava come gli italiani passassero il loro tempo in un'ora della giornata in cui adesso sono svegli ancora i bambini: alle nove e un quarto della sera. Diciotto adulti su cento già a quell'ora dormivano, 23 vedevano la tv, soltanto 5 ascoltavano la radio. Quasi tutti avevano già mangiato, le donne *badavano*° alla casa (19) mentre solo 3 uomini su 100 lavoravano in casa. La lettura era un'occupazione *marginale*°. Se le donne rimanevano in casa, gli uomini uscivano: non pochi, il quarantadue per cento. Era la loro *prerogativa*° di maschi: 20 su cento passavano la sera all'osteria, al bar, al circolo, 16 andavano a vedere la televisione da qualche parte, 4 andavano al cinema e 2 a teatro.

° *all'inizio*

° *si occupavano di*
° *secondaria*

° *privilegio*

Un'Italia del basso consumo, con discriminazioni ancora più *stridenti*°, stanca del troppo lavorare. Quando critichiamo l'Italia di oggi, dovremmo sempre ricordarci come eravamo.

° *contrastanti*

---

13. **militanza politica** = la partecipazione ad un'attività politica.
14. **tutti insieme fanno il 37% degli italiani** = (dall'inchiesta risulta che) sono il 37% degli italiani che hanno un rapporto

equilibrato con il loro tempo. Per capire questa frase è necessario rifarsi al paragrafo precedente.
15. **tessuto connettivo** = l'elemento portante o di sostegno.

Eserciziario

ESERCIZI DI GRAMMATICA E DI LESSICO

A Sostituite alle strutture sottolineate, strutture di uguale valore semantico.

1. Uno straniero chiese la strada per il Colosseo e io gliela indicai, ma poi lo vidi dirigersi nel <u>verso</u> opposto: forse non mi aveva capito.
2. Nonostante molte spiegazioni, <u>non c'è verso di</u> fargli entrare in testa come funziona il computer.
3. Bisogna <u>trovare il verso di</u> convincerlo a riconciliarsi con la sua famiglia.
4. <u>Per un verso</u> credo nell'efficacia dei suoi metodi di insegnamento, per un altro esito ad adoperarli io stesso.
5. Mentre parlano, gli italiani <u>fanno un sacco di versi</u> che gli stranieri non riescono ad interpretare.
6. È sempre stato un ragazzo dal carattere difficile e chiuso. Dobbiamo <u>prenderlo per il suo verso</u>, altrimenti non ne otteniamo niente.
7. De Gregori è un vero poeta: <u>i suoi versi</u> sono sempre bellissimi e pieni di significato.
8. Il turismo è la principale <u>risorsa</u> della Sardegna.
9. Alla riunione del Consiglio d'Amministrazione ha usato tutte le sue <u>risorse</u>, ma non è riuscito a persuadere i colleghi ad accettare il suo nuovo progetto finanziario.
10. Al momento le mie <u>risorse</u> economiche sono molto limitate e purtroppo non posso permettermi nessun viaggio all'estero.
11. Stiamo distruggendo alcune delle più importanti <u>risorse</u> naturali della terra, le foreste tropicali.

B. Scrivete le cifre in lettere.

Es. 40,5% = **quaranta virgola cinque per cento**

1. 98,4%   = ...
2. 78,2%   = ...
3. 68,9%   = ...
4. 15,5%   = ...
5. 4,7%   = ...
6. 12,2%   = ...
7. 3,2%   = ...
8. 84,8%   = ...
9. 17,7%   = ...
10. 24,7%   = ...

C. Mettete gli infiniti tra parentesi all'indicativo, adoperando la forma impersonale quando possibile.

Secondo le statistiche sull'impiego del tempo in Italia, la giornata modello di un italiano ci (dare) l'immagine di una società molto impegnata, affannata e senz'altro stressata. La giornata tipo (riassumere) così. (Alzarsi) alle sette e (trangugiare) un veloce espresso con qualcosa - spesso, biscotti o pane. (Andare) all'ufficio alle 8 e (lavorare) fino alle undici, quando, piacere a cui non (rinunciare), (concedersi), al bar di sotto, una pausa cappuccino - con cornetto. (Staccare) per pranzo, e raramente (andare) a mangiare a casa. (Costringere) spesso al fast food dello snack bar dietro l'angolo dell'ufficio o della mensa aziendale. (Riprendere) alle due e mezza e (tirare) avanti fino alle sei/sette quando finalmente (tornare) a casa e (ristorare) con una buona cena, spesso al microonde, crollando davanti alla televisione e poi navigando in Internet.

D. Trasformate le forme personali sottolineate in forme impersonali.

Es. Trenta anni fa gli italiani uscivano poco di sera
> **Trenta anni fa si usciva poco di sera**

1. Qualunque attività <u>vogliamo o dobbiamo intraprendere,</u> deve trovare posto in un'agenda affollata da altri impegni, e deve essere scritta su un librettino apposito, o su un'agenda elettronica.
2. Al termine di una riunione, <u>tutti estraggono</u> il libretto per concordare la data della prossima.
3. È difficile trovare un confine tra ciò che <u>alcuni italiani sono obbligati</u> a fare per sopravvivere e ciò che invece non <u>riescono</u> ad evitare per la nevrosi di super-impegnati.
4. Annotiamo i nostri spostamenti su un'agenda, perché <u>se arriviamo</u> in ritardo, il treno o l'aereo, non aspettano.
5. La domenica, in Italia, <u>moltissimi passano</u> almeno un paio d'ore fra il bar e il passeggio.
6. Dalle statistiche, sembra evidente che trenta anni fa, in Italia, la gente <u>viveva</u> in un modo meno stressante.

E. Mettete le parole nella giusta sequenza per formare una frase.

1. polso / dividere / tempo / L' / ci / in / a / fisse / questo / da / aiuta / ore / orologio/
2. oggi / passano / Una / tremila / ricerca / loro / la / ci / come / monumentale / italiani-tipo / giornata / dice/
3. disposizione / troppo / cinema / ma / mai / ama / Un / e / che / ancora / mass media / meno/ /a / ha / una / il / poco / dotazione / quanto / di / varia / legge /paese/
4. Il / televisore / , / si / della / degli / dato / 98,4% / ha / così / italiana / intervistati / che / il / /conferma / unificante / società / vero / il /
5. computer / che / a / In Italia/ è / il / Internet / hanno / 3,2% / coloro / solo / collegato / il / /fra/
6. percentuale / sociale / bar / le / e / alla / persone / , / di / al / paese / un po' / passa/ significativa / talvolta / fortemente / un / una / sfaticato / facile / giornate / dove / sue / conversazione / L'Italia / è /

F. Completate il testo sostituendo opportunamente agli infiniti uno dei seguenti tempi: imperfetto indicativo, passato prossimo, trapassato prossimo.

Non sempre (essere) così. In un vecchio testo di trent'anni fa (trovare) un'altra inchiesta oggi dimenticata: agli albori della diffusione di massa della televisione, la Rai (domandarsi) come gli italiani (passare) il loro tempo in un'ora della giornata in cui adesso sono ancora svegli i bambini: le nove e un quarto della sera. Diciotto adulti su cento già a quell'ora (dormire), 23 (vedere) la TV, soltanto 5 (ascoltare) la radio. Quasi tutti (mangiare) già: le donne (badare) alla casa (19) mentre solo 3 uomini su cento (lavorare) in casa. La lettura (essere) un'occupazione marginale. Se le donne (rimanere) in casa, gli uomini (uscire): non pochi, il 42%. (Essere) la loro prerogativa di maschi: 10 su 100 (passare) la sera all'osteria, al bar, al circolo, 16 (andare) a vedere la televisione da qualche parte (solo 10 le donne); 4 (andare) al cinema o a teatro.

DOMANDE DI COMPRENSIONE

1. Spiegate il significato della frase "il tempo siamo noi".
2. Per quali ragioni dobbiamo programmare la nostra giornata secondo "ore fisse"?
3. Quali sono i risultati più significativi della ricerca Telecom sulla giornata di 3000 italiani-tipo?
4. In qual modo preferiscono comunicare fra loro gli italiani?
5. Quale spazio occupa la lettura nella vita di un italiano oggi?
6. Quale parte della popolazione ha un rapporto equilibrato con il proprio tempo?
7. Qual è lo svago favorito degli italiani oggi?
8. Il personal computer, è molto diffuso in Italia?
9. Quanti super-impegnati ci sono in Italia, oggi?
10. Secondo l'inchiesta della RAI, quale era la prerogativa dei maschi italiani trent'anni fa?

ESERCIZI DI SCRITTURA

Testi di riferimento: testo IV e scheda 4 di questa unità; Introduzione all'Unità IV; Bibliografia essenziale dell'Unità IV (sezione *Lavoro, Mezzogiorno, Disoccupazione*); P. Ginsborg, *Stato dell'Italia*, capitolo La Società (G. Barile, *Sugli status symbol prevalgono i consumi di sicurezza*) pp. 254-261; P. Ginsborg, *L'Italia del tempo presente*, cap. 2; G. Bocca, *Italiani strana gente*.

1. Numerate i paragrafi del testo e poi associate i titoli riportati qui sotto ad uno o più paragrafi.
   a. Siamo noi ad organizzare la nostra giornata.
   b. Gli italiani possiedono una gran quantità di apparecchiature elettroniche nelle loro case.
   c. Gli italiani amano la conversazione e la vita sociale.
   d. Al Sud c'è un'alta percentuale di giovani che non lavora.
   e. Quasi il 40% della popolazione non riesce a gestire il proprio tempo in modo equilibrato.
   f. Alcune vecchie abitudini e tendenze sopravvivono ancora oggi in Italia, come per esempio la divisione dei compiti fra uomini e donne.
   g. Quaranta anni fa gli italiani passavano le serate in modo diverso da ora.

2. Esprimete le vostre impressioni sui risultati dell'inchiesta Telecom e confrontatele con le vostre esperienze personali di vita in Italia o con informazioni in vostro possesso. *(Scrivete 400 parole)*.

3. Immaginate la vostra prima settimana di lavoro e provate a pianificarla descrivendo attività, compiti, appuntamenti, etc. *(Scegliete voi la lunghezza)*.

4. Dite come passate il tempo libero e quali sono i vostri hobby preferiti. *(Scrivete 400 parole)*.

5. Rifacendovi al testo 4 e alla scheda 4 di questa Unità, compilate la tabella sull'impiego del tempo libero degli italiani ieri e oggi. Esprimete i dati in percentuali.

Impiego del tempo libero degli italiani		
	IERI	OGGI
leggere		
andare al cinema		
guardare la televisione		
ascoltare la radio		
andare a passeggio		
andare al bar, al circolo		
andare a teatro		
dormire		
conversare		
studiare		
sport		
telefonare		
navigare su Internet		

Unità 4 / Sezione 5

Capire l'italia e l'italiano   Lia Buono Hodgart   La Società   **La famiglia**
Lingua e cultura italiana oggi

La famiglia

La famiglia italiana

La famiglia italiana è oggetto di attenta e continua analisi da parte degli studiosi italiani e stranieri. Il campo d'indagine è vario, multiforme e spesso contraddittorio. Come dice uno dei maggiori studiosi della famiglia italiana, Paul Ginsborg: "ogni tentativo di operare generalizzazioni sulla famiglia italiana è impresa azzardata. Non esiste *la* famiglia italiana, bensì tante famiglie *differenti*, ciascuna con una propria storia e una propria parabola, con i suoi segreti, le sue aspirazioni e delusioni, i suoi conflitti e le sue passioni. Studiando la famiglia occorre stabilire distinzioni relative a dimensione e tipo, classe e regione, città e campagna, ma anche così non rendiamo sufficiente giustizia all'infinita ricchezza della materia. Nondimeno le generalizzazioni si impongono".

In virtù di questa riconosciuta necessità, seguendo le interpretazioni di Ginsborg e di Arnaldo Bagnasco, abbiamo tracciato, nell'Introduzione, delle linee di tendenza, cercando di porre in luce gli elementi di "persistenza" e di "mutamento", dove per "persistenza" si intende un fattore costante di stabilità, e per "mutamento" un fattore di deviazione dalla norma o dalla consuetudine.

Fra i primi, abbiamo considerato il "familismo" che, si diceva, è un modo di sentire il vincolo familiare: è un legame intenso di solidarietà fra i membri di una stessa famiglia e prevale sul legame con la comunità sociale e sugli interessi della collettività. Il "familismo" è un fatto antico nella società italiana ed è stato spesso visto, nel passato, da un'ottica negativa. Ma oggigiorno il giudizio sul "familismo" è cambiato. È ancora Paul Ginsborg che parla e che aggiorna il concetto di familismo al momento attuale, inserendolo in una prospettiva storica: "Il "familismo" non deve essere visto come espressione di arretratezza, ma altresì come fenomeno strettamente connesso alla società moderna. Il familismo è presente in Italia perché, qui, la società civile ha presentato maggiori caratteri di debolezza rispetto ai paesi più settentrionali, ed è un dato che sussiste ancora".

Passando ai fattori di "mutamento", ne vogliamo notare qui uno in particolare che costituisce l'argomento centrale dell'articolo di Natalia Aspesi (Testo V): il nuovo ruolo assunto dalla madre nella famiglia italiana. Le madri del 2000 sono più dinamiche, più indipendenti, più sicure, ma, soprattutto, più presenti nella famiglia e con i figli. Queste madri sanno conciliare, non senza grandi sacrifici, il lavoro fuori casa e il lavoro casalingo, la carriera e la cura dei figli o degli anziani. La madre, e non il padre, è oggi il vero elemento di coesione, di unione, del nucleo familiare: la madre è la vera protagonista della famiglia italiana. Possiamo quindi concludere con le parole di Natalia Aspesi: "tutto il potere alle mamme!"

"Famiglia, tutto il potere alle mamme" *di Natalia Aspesi*

Puerpere che abbandonano il neonato nel *cassonetto°*, mamme che buttano i figli dalla finestra o li fanno affogare in un lago, mariti **sterminatori**[1] di tutti i parenti, suoceri compresi, padri sfruttatori, figli adolescenti che si drogano, figli adulti che *pestano°* le madri o ammazzano entrambi i genitori: dalla cronaca quotidiana esce un'immagine *terrificante°* della famiglia, un *nucleo°°* di carnefici e vittime strettamente intrecciato, chiuso in se stesso, che rivelandosi al mondo, fa sì che il mondo *si accorga°* della sua *ossessiva°* esistenza solo quando c'è una tragedia a spezzarlo.

° bidone delle immondizie

° picchiano

° terribile   °° gruppo
° noti
° tormentata

"I giornalisti, come gli psichiatri, essendo affacciati a una finestra da cui per la loro professione hanno una visione limitata della realtà, sono portati soprattutto ad osservare quella drammatica, spesso fatta di follia, **disperazione**[2], solitudine. "Però - dice Furio Ravera, psichiatra - si tratta ovviamente di **casi** isolati, **che** per questo **fanno notizia**[3]. Che però nelle famiglie stia aumentando la **fragilità**[4] dei suoi componenti, è vero".

La famiglia, stretta tra la continua *riproposta°* del suo *ideale immaginario°°* e l'*assedio°* delle difficoltà interne ed esterne, sottoposta all'incessante curiosità degli esperti che la vedono malata, resiste come un coraggioso navigatore solitario, adattandosi al suo *procelloso°* cambiamento.

° riaffermazione   °° modello
° pressione

° tempestoso

"Oggi la famiglia è diventata **trasparente**[5], non è più come un tempo, per fortuna, quando era una fortezza in cui poteva avvenire di tutto, senza che *trapelasse°* nulla e senza che la società se ne *occupasse°*. **I panni sporchi non si lavano più in casa**[6], le *magagne°* sono visibili, quindi si possono alleviare, gli **abusi**[7] non si possono nascondere, quindi è possibile troncarli: la gente sa come si dovrebbero educare i figli, sa che non vanno maltrattati, sa come dovrebbe essere un buon genitore. Lo sa, anche se poi non è capace di comportarsi come dovrebbe", dice Maria Rita Parsi, psicoterapeuta. Sono due i grandi cambiamenti che stanno rivoluzionando la famiglia al suo interno, al di là dei nuovi modelli di convivenza e della sua elasticità a spezzarsi e rifarsi. Essi sono il crescere dell'importanza della figura materna, come se all'*arcaica°* figura del **padre-padrone**[8] si

° venisse fuori
° prendesse cura
° vizi segreti

° antica

1. **Sterminatori** > sterminatore = chi fa una carneficina o una strage.
2. **disperazione** = (a) sconforto, dolore, angoscia; (b) (fig.) croce, disgrazia (es. "quel ragazzo è la mia disperazione"). **Nel testo vale l'accezione (a).**
3. **casi che fanno notizia** = termine del linguaggio giornalistico che significa: "fatti o persone che si ritengono importanti e di cui si deve parlare o scrivere".
4. **fragilità** = (a) (di cosa) facilità a rompersi; (b) (di persona) (fig.) insicurezza, debolezza. **Nel testo vale l'accezione (b).**
5. **trasparente** = che lascia passare la luce. Nel testo la frase **"oggi la famiglia è diventata trasparente"** vuol dire: "ora che la famiglia è 'aperta', è possibile per un estraneo vedere che cosa succede al suo interno, a differenza del passato quando era impenetrabile a chiunque non vi appartenesse".

6. **i panni sporchi non si lavano più in casa.** Versione, al negativo, del noto proverbio popolare "I panni sporchi si lavano in casa", che sta a significare che ciò che avviene all'interno della famiglia riguarda solo la famiglia. In particolare, il proverbio allude al fatto che si risolvono in famiglia tutti i fatti scandalosi di cui i suoi membri sono protagonisti.
7. **abusi** > abuso = sopruso/oltraggio/ingiustizia. Nel testo **"troncare gli abusi"** vuol dire "mettere fine ai soprusi, agli oltraggi".
8. **padre-padrone.** Espressione che simboleggia una figura paterna autoritaria di tipo tradizionale, tipica soprattutto dei ceti bassi analfabeti. *Padre padrone* è il titolo di un romanzo di Gavino Ledda pubblicato nel 1975. Il romanzo tratta appunto del difficile rapporto fra l'autore e il padre, uomo molto violento e autoritario.

stesse sostituendo l'immagine ancora indefinita di una grande madre-padrona e il nascere di *instabili*° e *ansiosi*°° rapporti tra genitori e figli.

    Eugenia Scabini, direttrice del Centro studi e ricerche sulla famiglia dell'Università Cattolica di Milano, *disegna*° lo scenario di una famiglia dominata dalla donna: "Sia per i figli maschi che per le femmine, la madre è il genitore più comunicativo, che sa parlare ed ascoltare, quello che più influenza nelle scelte scolastiche e professionali. Occupa tutto lo spazio, sottraendo al padre anche i rapporti col sociale, diventando così la sola protagonista del nucleo familiare". Il papà come persona senza più *potere*°, addirittura *superflua*°?

    "Non proprio. I padri oggi sanno valutare i figli meno affettivamente, quindi più *obiettivamente*°, perciò *si trovano in sintonia*°° con loro soprattutto dopo l'infanzia, quando comincia l'adolescenza. Certo la figura del padre si fa ancora più debole quando, in seguito a separazione o divorzio, i figli vengono affidati alla madre, come avviene nel novanta per cento dei casi. Capita che il padre finisca col diventare **inaccessibile**[9] e che i figli sentano di non poter *contare*°su di lui. Il rapporto troppo stretto tra madre e figli può creare un'eccessiva dipendenza, oppure un'emancipazione esagerata del figlio, che si sente 'parentificato', cioè messo in coppia col genitore. Paola Golinelli, della società Psicanalitica italiana, è convinta che ora sia diffusa una situazione familiare in cui il padre è debole, o assente, che è la stessa cosa, oppure è il bersaglio di un atteggiamento **sprezzante**[10] della madre".

                          ° *precari*   °° *inquieti*

    ° *delinea/traccia*

    ° *autorità/influenza*

    ° *inutile*

    ° *oggettivamente*   °° *vanno d'ac*

    ° *fare affidamento*

---

9. inaccessibile = inavvicinabile/ con cui non si può stabilire un rapporto e comunicare.

10. sprezzante = pieno di disprezzo.

Eserciziario

ESERCIZI DI GRAMMATICA E DI LESSICO

A. Spiegate il valore dei gerundi sottolineati e, quindi, trasformate la frase da implicita in esplicita.

Es. Nella famiglia italiana la madre ha assunto oggi il ruolo di leader, _essendo_ ormai decisamente _diminuita_ l'importanza della figura paterna

> **Nella famiglia italiana la madre ha assunto oggi il ruolo di leader, poiché l'importanza della figura paterna è ormai decisamente diminuita**

1. Dalla cronaca quotidiana esce un'immagine terrificante della famiglia che, _rivelandosi_ al mondo, fa sì che il mondo si accorga della sua ossessiva esistenza.
2. I giornalisti, _essendo affacciati_ ad una finestra da cui hanno una visione limitata della realtà, sono portati ad osservare quella drammatica.
3. La famiglia resiste, come un coraggioso navigatore solitario, _adattandosi_ al suo procelloso cambiamento.
4. La madre occupa tutto lo spazio, _sottraendo_ al padre anche i rapporti col sociale e _diventando_ così la sola protagonista del nucleo familiare.
5. _Studiando_ la famiglia italiana oggi, occorre stabilire delle distinzioni per quel che riguarda la classe sociale, la regione, la città o la campagna.
6. La struttura della famiglia italiana è molto cambiata _essendosi_ drammaticamente _abbassato_ il tasso di natalità.
7. I giovani italiani continuano a vivere in famiglia fino quasi a trent'anni, non _avendo_ abbastanza soldi da andare a vivere da soli.
8. Molte donne italiane non hanno rinunciato al loro ruolo di madre, _pur svolgendo_ un'attività di lavoro a tempo pieno e _dovendosi_ dividere fra tanti ruoli diversi.

B. Sostituite all'infinito sostantivato sottolineato la parola che gli corrisponde semanticamente.

Es. _Il crescere_ dell'importanza della figura materna è un fattore di cambiamento nella famiglia italiana

> **La crescita dell'importanza della figura materna è un fattore di cambiamento nella famiglia italiana**

1. _Il nascere_ di instabili ed ansiosi rapporti fra genitori e figli è un altro fattore di cambiamento nella famiglia italiana.
2. _Vivere_ in una città diventa sempre più stressante, poiché è sempre più difficile scendere a patti con il degrado dell'ambiente, l'inquinamento e la criminalità.
3. _Leggere_ è sempre stata la mia attività preferita e lo è ancora.
4. _Ritornare_ in patria è un desiderio comune a tutti gli emigranti.
5. _Discutere_ non serve a niente: io resto della mia opinione.
6. _Viaggiare_ è una forma di vacanza sempre più popolare.
7. _Nuotare_ è una delle attività sportive preferite dagli italiani.

C. Completate le frasi scegliendo fra i diversi usi di farsi + aggettivo/avverbio elencati qui sotto.

farsi tardi, farsi difficile, farsi rosso, farsi avanti, farsi nuvoloso, farsi complicato, farsi debole, farsi indietro

Es. Alla notizia che la madre non poteva venire a trovarlo per le feste di Natale ...

> **Alla notizia che la madre non poteva venire a trovarlo per le feste di Natale, si è fatto triste**

1. Nella famiglia italiana la figura del padre ...
2. Siamo andati a fare una lunga passeggiata e non ci siamo accorti che ...

3. La situazione dei naufraghi ... più ... perché i soccorsi tardavano a venire.

4. Nella casa in fiamme c'erano ancora due persone: si cercò un volontario per andare dentro a prestare soccorso ma nessuno ...

5. Era una giornata fantastica e tutti erano sulla spiaggia, ma in breve tempo il cielo ... e scoppiò un temporale.

6. Ti sei arrabbiato molto e ti ... tutto ...

7. La situazione degli extracomunitari in Italia...negli ultimi anni a causa dell'ostilità di certi italiani.

8. In un primo tempo ha accettato le nostre proposte con entusiasmo, ma poi .... senza una ragione plausibile.

D. Spiegate il valore del *si* (riflessivo, passivante) nelle seguenti frasi del testo.

1. Il mondo si accorge della tormentata esistenza della famiglia, solo quando succedono delle disgrazie terrificanti.

2. Oggi, nelle famiglie, i panni sporchi non si lavano più in casa.

3. Le magagne si possono alleviare.

4. La famiglia sa come si devono educare i figli, anche se poi non è capace di comportarsi come dovrebbe.

5. I padri si trovano in sintonia con i figli quando comincia l'adolescenza.

6. Il figlio si sente parentificato quando si instaura un rapporto troppo stretto con un genitore.

7. È un dato di fatto che oggi la maggior parte dei giovani si drogano.

8. Prima la famiglia era come una fortezza e la società non se ne occupava.

E. Completate le seguenti coppie di frasi con le parole date. Tenete presente che la prima frase in ciascuna coppia è derivata dal testo.

fragilità, rapporto, abuso, disperazione

1. I giornalisti osservano una realtà drammatica, spesso fatta di ...

1a. La morte del giovane figlio gettò la madre nella più nera .....

2. È vero che nelle famiglie stia aumentando la ..... dei suoi componenti.

2a. La ragazza ha dimostrato una gran ..... di carattere e non ha saputo reagire alle prime contrarietà.

3. Poiché oggi la famiglia è diventata trasparente, ... non si possono nascondere.

3a. Nei regimi dittatoriali gli .... di potere sono una realtà quotidiana contro cui non è facile opporsi.

4. Tra genitori e figli si sono instaurati ..... instabili ed ansiosi.

4a. In ufficio siamo riusciti ad instaurare un ..... di fiducia, di stima e di simpatia con i nostri superiori.

F. Costruite una frase con le seguenti strutture derivate dal testo:

trovarsi in sintonia con, essere il bersaglio di, crearsi una dipendenza da, diventare inaccessibile, fare notizia, essere il protagonista, troncare un abuso

DOMANDE DI COMPRENSIONE

1. Di quali fatti terribili è protagonista la famiglia italiana oggi, secondo le cronache quotidiane dei giornali?
2. I giornalisti hanno un'ampia visione della realtà di cui scrivono oppure no?
3. Che cosa vuol dire che la famiglia è "diventata trasparente"?
4. Ti sembra positivo il fatto che oggi "i panni sporchi non si lavano più in casa"?
5. Per quale ragione la madre è diventata la figura più importante nella famiglia di oggi?
6. Dite quando il padre e il figlio riescono ad instaurare un buon rapporto e ad andare d'accordo.
7. In quali casi il padre diventa "inaccessibile"?
8. Riferite le opinioni di Maria Rita Parsi e di Furio Ravera relativamente alla famiglia italiana.
9. Spiegate perché, secondo l'articolista, la famiglia italiana è diventata: "un nucleo di carnefici e vittime strettamente intrecciato".
10. In quali circostanze il figlio si sente "parentificato"?

ESERCIZI DI SCRITTURA

Testi di riferimento: Testo V e scheda 5 di questa unità; Introduzione all'Unità 1V; bibliografia essenziale dell'Unità IV; P. Ginsborg, *Stato dell'Italia,* capitolo *La Società* (sezione *La Famiglia*) pp. 284-306; P. Ginsborg, *L'Italia del tempo presente*, cap. 3; L. Sabbadini, *Le famiglie italiane degli anni '80*; film: *Napoli milionaria* di De Sica; *Novecento* di Bertolucci, *Divorzio all'italiana* di Pietro Germi; *Caro Diario* (episodio II) e *La Messa è finita* di Moretti; *La famiglia* di Ettore Scola; *Mignon è partita* e *Verso sera* di Francesca Archibugi.

1. Rintracciate e spiegate con parole vostre le varie metafore relative alla famiglia italiana contenute nel testo.
2. Riscrivete il testo adottando un registro colloquiale.
3. Esprimete la vostra opinione sul contenuto del testo e mettetelo a confronto con le vostre esperienze personali o/e con la realtà del vostro paese. *(Scrivete 400 parole).*
4. La famiglia italiana ieri e oggi: delineate un quadro del passato e del presente servendovi anche del materiale cinematografico indicato sopra o di materiale vostro. *(Scrivete 500 parole).*
5. La famiglia italiana e la sua rappresentazione letteraria: scegliete i romanzi che vi sembrano più esemplificativi e discutetene. *(Scrivete 500 parole).*

Unità 4 / Sezione 6

Capire l'Italia e l'italiano
Lingua e cultura italiana oggi

Lia Buono Hodgart

La Società

I giovani

I giovani

Il malessere giovanile

Come si diceva nell'Introduzione a quest'Unità, la questione giovanile è forse uno dei più gravi problemi della società italiana d'oggi. Sembra che un diffuso quanto oscuro malessere attraversi un mondo giovanile dominato, per gran parte, dalla caduta di speranze e di valori, dallo scetticismo politico e morale, dalla mancanza di identità collettive: un mondo giovanile pervaso dall'inquietudine che si trasforma, talvolta, in disperazione. E quest'inquietudine, questo disagio faticano ad emergere, a trovare parola, e finiscono per esprimersi, a volte, in forme estreme: il vandalismo, le corse in auto sfidando la morte, i sassi gettati dal cavalcavia, il suicidio, l'anoressia. A volte, meno drammaticamente, si traducono in una qualche forma di esibizionismo: per alcuni gli *status symbols* più accessibili, come il telefono cellulare, per altri, l'abbigliamento o l'automobile fuori serie.

Due le principali interpretazioni di questi comportamenti. Secondo lo psichiatra Paolo Crepet, con questi gesti i giovani cercherebbero di far emergere il loro "male di vivere", di ottenere attenzione dagli adulti. Secondo altri (A. Cavalli, L. Pepino) i giovani italiani sconterebbero il prezzo delle società di massa: la difficoltà a valorizzare l'individualità dell'uomo.

Al di là delle diverse interpretazioni, un dato comune sembra essere la necessità dei giovani di rendersi visibili, che vuol dire la necessità di esibirsi e di farsi notare in modo vistoso, quando non addirittura criminale, tanto dal mondo degli adulti, quanto da quello dei loro coetanei. Gli atteggiamenti provocatori, di ribellione o di sfida, sarebbero dunque la risposta al loro vivere in uno stato di insoddisfazione e di incertezza.

Alla forza delle identità collettive del passato, che si esprimevano nell'appartenenza a formazioni politiche o ad associazioni religiose, si sono venute creando, negli anni Ottanta e Novanta, diverse forme di aggregazione: queste vanno dall'impegno nel sociale, il volontariato, al divertimento di gruppo che trova nel bar, nelle discoteche, nel circolo, il momento di ritrovo privilegiato. Le "stragi del sabato sera", a cui il divertimento in discoteca viene spesso associato soprattutto dai media, costituiscono la radicalizzazione di un modo di divertirsi altrimenti innocuo, preferito dalla maggioranza dei giovani non solo in Italia.

"La gara notturna della ruspa formula uno" *di Sergio Saviane*

La nuova *trovata°* dell'autunno Nordest è la corsa **all'ultimo sangue**[1] delle **ruspe**[2]. **○** *idea/invenzione*
Dopo la *stravagante°* e folle idea della **discoteca-postdiscoteca**[3] a **Nervesa della** **○** *bizzarra*
Battaglia[4] - un ampio capannone provvisto di bar e potenti amplificatori, che apre alle
sette del mattino per accogliere i discotecari della notte e rifarli *tornare in pista°* senza **○** *ballare*
perdere tempo - è arrivata a Spresiano anche la gara notturna delle ruspa **formula uno**[5],
mentre le ragazze disoccupate mordono le madri innocenti.

Per fortuna a Nervesa della Battaglia sono arrivati i carabinieri a chiudere la
postdiscoteca. Alla corsa *demenziale°* delle ruspe, invece, i carabinieri sono arrivati troppo **○** *folle/pazzesca*
tardi, e Stefano Bandiera, il pilota sedicenne della ruspa, s'è *rovesciato°* in curva con la **○** *capovolto*
sua monoposto gommata **Caterpillar**[6] ed è rimasto schiacciato all'interno della cabina.
La gara fra la Caterpillar e un'altra **ruspa cingolata**[7] era stata organizzata **con tutti i**
crismi[8] delle corse da sei ragazzi dai quattordici ai diciott'anni per **ammazzare il**
tempo[9] fino all'ora della pizzeria. Il giovane pilota s'è messo al volante della **rombante**[10]
ruspa di oltre cento milioni per raggiungere su strada il terreno della sfida, il bordo di una
grande cava di ghiaia, ma, alla prima curva pericolosa, *in piena velocità°*, non è riuscito a **○** *a tutta velocità*
raddrizzare il volante ed è morto *sul colpo°* imprigionato sotto il peso di quattordici **○** *all'istante*
tonnellate di metalli **aggrovigliati**[11].

Sono i drammi dello svago nel ricco e *florido°* Nordest. Poi ci sono i problemi del **○** *fiorente/prospero*
lavoro. Nei dintorni di **Paderno del Grappa**[12], una ragazza licenziata si ritrova in casa
avvilita° e *demotivata°°* a causa della **forzata inattività**[13]. Senza lo stipendio, la sua **○** *demoralizzata* **○○** *senza*
utilitaria è inservibile, non può andare più la sera in pizzeria con gli amici, è costretta a *incentivi/stimoli*
rimanere in casa a rosicchiarsi le unghie. Cambiano le abitudini e cambia anche l'umore;
la noia si trasforma in rabbia, e la ragazza, tutta lavoro, discoteca e famiglia, diventa
cattiva, *rancorosa°*, non sa con chi *prendersela°°*, così, un giorno, in un momento di **○** *piena di rancore* **○○** *risen-*
maggiore sconforto, morde la madre. *tirsi*

---

1. **All'ultimo sangue** = mortale. Ci sono molti idiomi legati alla parola "sangue"; ne diamo alcuni: "soffocare nel sangue" = reprimere violentemente; "versare il proprio sangue per" = sacrificarsi fino a morire; "sudare sangue" = faticare; "avere il sangue caldo" = cedere facilmente alla rabbia; "farsi il sangue cattivo" = tormentarsi eccessivamente; "sentirsi agghiacciare il sangue" = essere in preda allo spavento; "non aver sangue nelle vene" = mostrare insensibilità, freddezza d'animo; "avere il sangue freddo" = avere padronanza dei propri nervi, essere una persona controllata.
2. **ruspe** > ruspa = macchina escavatrice.
3. **discoteca-postdiscoteca.** Insolito accoppiamento di sostantivi. Il termine descrive una discoteca che apre, come dice il testo, alle sette di mattina e dove i giovani possono andare quando la discoteca notturna chiude.
4. **Nervesa della Battaglia.** Cittadina del Veneto, in provincia di Treviso. Anche Spresiano, citata poco dopo, è una cittadina in

provincia di Treviso Il Veneto si trova in Italia, a Nord Est: di qui, il riferimento che segue, al Veneto come al Nordest.
5. **formula uno.** Categoria di automobili da corsa.
6. **Caterpillar.** Nota ditta di pneumatici e cingolati.
7. **ruspa cingolata** = una ruspa che ha i cingoli sulle ruote. I cingoli, detto semplicemente, sono delle catene che si mettono sulle ruote e che permettono all'automezzo di avanzare su terreni accidentati.
8. **con tutti i crismi** = rispettando tutte le regole (previste dall'attività che si sta svolgendo).
9. **ammazzare il tempo** = far passare il tempo in fretta/tenersi occupati.
10. **rombante** = che fa un gran strepito.
11. **aggrovigliati** > aggrovigliato = ridotto ad un groviglio tale che non si può districare.
12. **Paderno del Grappa** = cittadina del Veneto.
13. **forzata inattività** = inoperosità.

Un altro grave **malinteso**[14] del Veneto, divenuto ormai zona di guerra, è la folle velocità sulle strade in forte contrasto col vertiginoso aumento del traffico e **conseguenti** [15] morti ammazzati, 808 l'anno e ventimila feriti. Secondo i *dati*° della polizia stradale, *infaticabile*°° nel suo lavoro ma a volte *impotente*°° di fronte alle **stragi dell'asfalto**[16], la provincia di Treviso, oltre a contare il più *alto tasso*° di morti, tutti giovanissimi, è la prima in classifica per guida in stato d'*ebbrezza*°. Su centoventimila accertamenti, oltre il 25% risulta positivo al controllo del tasso etilico. Questo nel 1994. Nell'anno successivo i morti e i feriti sono molto aumentati. Queste sono le contraddizioni del Nordest florido, ricco e *beota*°. Ma è anche lo scontro fra il braccio e la mente, cioè il rapido sviluppo economico-industriale in contrasto con l'*atavica*° mentalità della popolazione impreparata culturalmente ad affrontare la trasformazione del territorio. La ragazza-madre che getta nelle immondizie il neonato perché non sa che la legge **prevede**[17] di poter partorire e lasciare la creatura nei centri assistenziali, il ragazzo che muore per fare le corse con la ruspa o la figlia disoccupata e rabbiosa che morde a sangue la madre **sono la riprova**[18] che spesso in alcune zone nel Triveneto, ma anche in tutta Italia, non siamo ancora usciti dallo **stadio semipastorizio**[19] in forte contrasto col nuovo benessere.

Questi **sono tre casi limite**[20], ma nella società di oggi il malinteso aumenta proprio per l'impreparazione, l'incapacità o la mancanza di coraggio di mettere il naso fuori di casa e capire cosa succede nel mondo.

° *informazioni*   °° *instancabile*
° *incapace*
° *percentuale*
° *ubriachezza*

° *stupido*

° *radicata/antica*

---

14. malinteso = equivoco suscitato da un'interpretazione errata dei fatti.
15. conseguenti > conseguente = che è il risultato/la conseguenza. **Nel testo, "la folle velocità sulle strade in forte contrasto con l'aumento del traffico e conseguenti morti ammazzati", significa:** "i morti ammazzati che sono il risultato della folle velocità e dell'aumento del traffico".
16. le stragi dell'asfalto = gli incidenti mortali che accadono sulle strade.
17. prevede > prevedere = contemplare (di legge). Altri usi del verbo sono: (a) predire, calcolare (es. "si prevede un'ondata di mal tempo"); (b) prendere in considerazione, pensare (es.

"prevedo di uscire presto oggi"); (c) immaginare (es. "era da prevedere che le ragazze si sarebbero annoiate in vacanza coi vecchi zii").
18. sono la riprova > essere la riprova = servire a confermare/essere la conferma.
19. stadio semipastorizio = stile di vita primitivo. Allusione ad un sistema sociale e a condizioni di vita propri di un paese o di una comunità ad economia agricola e pastorale, dove non è ancora avvenuta la rivoluzione industriale.
20. sono tre casi limite > essere un caso limite = essere un caso estremo.

Eserciziario

ESERCIZI DI GRAMMATICA E DI LESSICO

A. Analizzate le seguenti frasi desunte dal testo e dite se i participi passati sottolineati sono usati con valore aggettivale, verbale o nominale.

1. La nuova trovata dell'autunno Nordest è la corsa all'ultimo sangue delle ruspe.
2. È arrivata a Nervesa della Battaglia la discoteca-postdiscoteca - un ampio capannone provvisto di bar e di potenti amplificatori.
3. La gara fra la ruspa gommata Caterpillar e la ruspa cingolata era stata organizzata da sei ragazzi.
4. Il giovane pilota è morto imprigionato sotto il peso di 14 tonnellate di metalli aggrovigliati.
5. Nei dintorni di Paderno del Grappa una ragazza licenziata si trovava a casa avvilita e demotivata.
6. Un altro malinteso del Veneto divenuto ormai zona di guerra è la folle velocità sulle strade.
7. Secondo i dati della polizia stradale la provincia di Treviso è la prima in classifica per guida in stato di ebbrezza.
8. Il rapido sviluppo economico-industriale è in contrasto con l'atavica mentalità della popolazione impreparata culturalmente ad affrontare la trasformazione del territorio.

B1. Risalite dall'aggettivo al sostantivo.

Es. conseguente > **conseguenza**

1. stravagante	8. potente ....
2. demenziale	9. notturno ....
3. rombante	10. folle ....
4. assistenziale	11. nuovo ....
5. impotente	12. pericoloso ....
6. vertiginoso	13. avvilito ....
7. ampio	14. ricco ....

B2. E ora risalire dal nome al verbo.

Es. corsa > **correre**

1. idea	10. guida ....
2. gara	11. scontro ....
3. curva	12. rabbia ....
4. sfida	13. sviluppo ....
5. colpo	14. dramma ....
6. peso	15. aumento ....
7. svago	16. classifica ....
8. noia	17. controllo ....
9. contrasto	18. centro ....

C. Mettete la frase al passato.

Es. La noia si trasforma in rabbia e la ragazza non sa con chi prendersela
> **La noia s'è trasformata in rabbia e la ragazza non sapeva con chi prendersela**

1. Il pilota sedicenne della ruspa si rovescia in curva e rimane schiacciato all'istante.
2. Il giovane pilota si mette al volante della rombante ruspa per raggiungere il terreno di sfida ma, alla prima curva pericolosa, in piena velocità, non riesce a raddrizzare il volante e muore sul colpo.
3. Su centoventimila accertamenti fatti dalla polizia, almeno un terzo risulta positivo al controllo del tasso etilico.
4. Nella zona di Treviso succedono terrificanti sciagure, come si può capire da questo articolo.

5. Secondo il giornalista molti giovani nella provincia di Treviso si ammazzano sulla strada perché guidano in stato di ubriachezza.

6. Si chiude la postdiscoteca a Nervesa perché la polizia riesce ad arrivare in tempo.

7. Nel Veneto, una ragazza-madre getta nel cassonetto il neonato, perché non sa che la legge prevede di poter lasciare la creatura nei centri assistenziali.

8. La ragazza che ha subito il licenziamento, non può più usare la sua macchina, o uscire con gli amici e andare in pizzeria, perché non ha i soldi.

D. Sostituite alle strutture sottolineate dei sinonimi di ugual valore semantico.

1. Ho scritto una lettera <u>con tutti i crismi</u> al segretario della commissione diffidandolo dal prendere ulteriori iniziative senza consultarci.

2. Avevo sei ore di attesa fra un aereo e l'altro ed allora, <u>per ammazzare il tempo</u>, sono andato in una delle salette di proiezione dell'aeroporto ed ho visto due film, uno dopo l'altro.

3. Avevamo fatto tardi per la festa così abbiamo chiesto a nostro fratello se ci dava un passaggio: non se lo è fatto dire due volte, è saltato in macchina, <u>si è messo al volante</u> e in 10 minuti eravamo a destinazione.

4. Ha un carattere scontroso e permaloso e <u>se la prende</u> per un nonnulla.

5. Spesso in Italia si ha l'impressione che il governo <u>sia impotente</u> a risolvere i problemi del paese.

6. <u>Non prevedo</u> di poter fare un altro viaggio in Africa prima della prossima estate, perché ora sono pieno di lavoro.

7. <u>Era da prevedere</u> che sarebbe stato bocciato agli esami, perché non ha studiato nulla durante l'anno.

8. <u>Si prevede</u> che ci sarà un nuovo sistema rotatorio in centro e sono sicura che questo causerà molta confusione, almeno per i primi tempi.

9. Nonostante la mamma lo avesse invitato, mio fratello ha trovato una scusa e non è venuto al pranzo di Natale: questa <u>è la riprova</u> che non sente più nessun affetto per la sua famiglia.

10. L'episodio di violenza che ha visto quindici bambini uccisi in una scuola per mano di un pazzo criminale <u>è un caso limite</u>.

E. Completate le seguenti frasi con le opportune espressioni idiomatiche relative alla parola *sangue*.

1. Ogni tentativo di rivolta è stato soffocato .... dalle forze dell'ordine.

2. Si dice che gli italiani siano espansivi, chiacchieroni, ed abbiano ....

3. Nonostante avesse già avuto un grave incidente di macchina, ha .... ed è riuscito a fermare una macchina ed a chiedere soccorso.

4. Ogni volta che torno a casa dai miei mi .... perché non riesco a tollerare l'autoritarismo di mio padre, che decide tutto da solo.

5. Nei libri di scuola italiani, parlando dei soldati che sono morti nelle guerre di liberazione, si legge spesso che sono morti .... per la patria.

6. Quando mi sono accorta che i freni della macchina non funzionavano più mi sono .... nelle vene.

F. Per ogni 'causa' date, in una frase compiuta, i possibile effetti. Rifatevi al testo ed anche al vocabolario!

Es. Alcolismo > **L'alto tasso di alcolismo fra i disoccupati ha creato un ulteriore problema per le autorità**

1. Incapacità
2. Impreparazione
3. Emarginazione

4. Disoccupazione
5. Licenziamento
6. Noia
7. Rancore
8. Ignoranza
9. Corruzione

G. Coniugate al giusto tempo e modo l'infinito fra parentesi.

1. Si dice che il Veneto [diventare] zona di guerra.
2. Benché la polizia [adottare] severe misure di vigilanza, non è riuscita ad impedire la corsa demenziale delle ruspe.
3. Nonostante [esserci] controlli frequenti, molti giovanissimi guidano in stato d'ebbrezza.
4. I carabinieri hanno chiuso la postdiscoteca prima che [succedere] altre disgrazie.
5. È tragico che non [potersi] impedire questi passatempi demenziali.
6. Temo che questi giovani, di cui si parla nell'articolo, [perdere] il senso della vita.
7. Si dice che una ragazza-madre [gettare] il suo bambino nelle immondizie, perché non voleva andare al centro assistenziale.
8. Penso che le tragedie di cui si parla in questo articolo [essere] casi estremi.

DOMANDE DI COMPRENSIONE

1. Come ci si diverte quest'autunno in alcune zone del Veneto?
2. In che cosa consiste la corsa notturna delle ruspe formula uno?
3. Perché il giornalista chiama la corsa delle ruspe "demenziale"?
4. Quale grave sciagura è capitata a Nervesa e chi ne è rimasto coinvolto?
5. La polizia è riuscita ad arrivare in tempo per impedire la corsa delle ruspe?
6. Per quale ragione la ragazza di Paderno ha morsicato la madre?
7. A cosa è dovuta l'alta percentuale di morti sulle strade del Veneto?
8. A cosa allude il giornalista quando parla di contraddizioni nel "Nordest florido e beota"?
9. Che cosa vuol dire il giornalista quando afferma "non siamo ancora usciti dallo stadio semipastorizio"?
10. A cosa allude la frase: "Ma è anche lo scontro fra il braccio e la mente"?

ESERCIZI DI SCRITTURA

Testi di riferimento: Testo VI e scheda 6 di questa Unità; Introduzione all'Unità IV; Bibliografia essenziale dell'Unità IV; C. Benazzo, *Problemi aperti* (Criminalità, pp.45-69); M. Matarrazzo, *Verso il Duemila* (*I volti della violenza*, pp. 549-663); L. Pepino, *Delinquenza minorile: una piaga sociale*, in *Stato dell'Italia*, pp. 534-537.

1. Raccontate con parole vostre "i drammi dello svago nel ricco e florido Nordest".
2. Mettete al passato remoto il secondo paragrafo e concordate opportunamente.
3. Che cosa significa per voi essere giovani? *(Scrivete 400 parole)*.
4. Scrivete un saggio dal titolo "Il malessere giovanile", riferendovi all'Italia d'oggi e ad altri paesi di vostra conoscenza. *(Scrivete 500 parole)*.
5. Parlate di film famosi che trattano dei giovani e dei loro problemi. *(Scrivete 400 parole)*.

Unità 4 / **Sezione 7**

Capire l'Italia e l'italiano   Lia Buono Hodgart   La Società   **L'Emigrazione**
Lingua e cultura italiana oggi

L'Emigrazione

Migrazioni di ritorno e *Questione meridionale*

Fin dall'Ottocento l'emigrazione è stata la risposta alla miseria e alla disoccupazione in Italia. I due movimenti migratori più vistosi, quanto a entità numerica, di italiani verso l'estero si sono avuti soprattutto all'indomani delle due guerre mondiali. America, Australia, Argentina le mete più lontane, Germania, Inghilterra e Nord Europa quelle più vicine.

La migrazione interna più massiccia, dal Sud d'Italia verso le regioni del Nord, in una ricerca disperata di lavoro, si è avuta negli anni '50. Il fenomeno non si è arrestato, se è vero che ancora nei primi anni '70 migliaia di italiani lasciavano i loro paesi d'origine, soprattutto nelle regioni meridionali, per emigrare al Nord d'Italia o all'estero, sempre in cerca di lavoro o di migliori opportunità.

Oggi gli italiani non emigrano quasi più, nemmeno dalle regioni del Sud (*Il Mezzogiorno*), dove pure, come si diceva nell'Introduzione a quest'Unità, i livelli di disoccupazione restano alti e i poveri, ancora all'inizio di questa decade costituivano il 21% della popolazione. Non solo gli italiani non emigrano più, ma, anzi, molte di quelle famiglie meridionali che, in tempi diversi, erano emigrate al Nord stanno, in questi ultimi dieci anni, ritornando al loro Sud. Sono queste le "migrazioni di ritorno". Quali le cause di questo viaggio di ritorno?

Prima di tutto, le crescenti difficoltà finanziarie di vivere al Nord, specie nelle grandi metropoli industriali, dove gli alti costi della vita e dell'alloggio non sono più compensati da adeguate opportunità di lavoro e da stimolanti prospettive per il futuro. Viene poi la qualità della vita stessa: lo stress, i ritmi frenetici imposti dal lavoro, la mancanza di relazioni interpersonali, la difficoltà di integrarsi, e, in ultimo, i problemi dell'ambiente visti in riferimento ai figli e alla loro crescita..

Così alcuni emigranti cominciano a compiere il percorso inverso, dal Nord verso quel Sud dove vivere costa meno e dove è possibile vivere meglio. Infatti, pur offrendo minori opportunità professionali, il Sud consente di ridurre il costo della vita, cominciando dalla casa, e di vivere una vita più tranquilla al proprio paese di origine o al paese del marito, con il sostegno di una rete solida di relazioni interpersonali: i familiari, gli amici, i vicini.

Sin dai tempi dell'*Unificazione*, *Il Mezzogiorno* si è imposto così all'attenzione della classe politica dirigente come degli stessi italiani, per una serie di problemi sociali ed economici: problemi di povertà e di disoccupazione, soprattutto, ma anche di cultura, di scolarizzazione e di mentalità. Problemi che si presentavano, tutti, ancora più macroscopici se rapportati alla situazione economica sociale e culturale delle regioni del Nord e considerati da un'"ottica nordica", cioè dal punto di vista, così differente, di un italiano nato e cresciuto al Nord.

Il complesso di questi problemi riguardanti il Sud d'Italia, così come l'insieme delle proposte e dei tentativi di soluzione offerti, nello svolgersi di più di un secolo, da governi, da studiosi e da esperti dei vari settori, va sotto la denominazione di *Questione meridionale*.

Su questo argomento di così fondamentale importanza per capire l'Italia e gli italiani, diamo qui le recenti opinioni di alcuni studiosi e giornalisti, opinioni che dimostrano, nel contrasto e nella forza delle argomentazioni, la profondità, l'ampiezza e la necessità dei problemi che riguardano il Sud.

Sulla *Questione meridionale*, le opinioni degli studiosi vanno da forme di forte pessimismo a forme di pacato ottimismo. Vito Teti, in un suo recente studio, *La razza maledetta*, parla di antichi pregiudizi di razza da parte del Nord nei confronti del Sud e imputa la proposta secessionista della Lega Nord anche a ragioni finanziarie: il desiderio di scissione dal Sud sarebbe dovuto a semplici motivazioni di convenienza economica, da parte della ricca borghesia del Nord, la stessa che aveva caldeggiato nel XIX secolo l'unificazione del paese per motivi economici.

Il giornalista Giorgio Bocca sostiene, invece, nel suo libro *Inferno*, che la *Questione Meridionale* non è determinata da pregiudizi verso il Sud, ma corrisponde alla situazione di sfascio presente nel *Mezzogiorno*. Le cause dello sfascio, secondo Bocca, sono imputabili in parte alla politica assistenziale svolta dal governo, in parte allo stesso Sud ed alla sua incapacità a gestirsi. Per far fronte a questa situazione, e per impedire il riformarsi di logiche mafiose, dice il giornalista, i cittadini dovrebbero scegliere rappresentanti ed uomini politici nuovi, come ha fatto il Nord. Bocca dice: "La *Questione meridionale* è tutta compresa nel seguente dilemma: o il *Mezzogiorno* riesce con il proprio voto a imporre un vero cambiamento, come hanno fatto i milanesi, oppure lì prevarrà presto o tardi la restaurazione mafiosa".

Il meridionalista Giovanni Russo critica l'analisi di Bocca, ricordando come siano state proprio le operose imprese del Nord, le stesse poi coinvolte negli scandali di *Tangentopoli*, ad usufruire dei finanziamenti statali per incentivare lo sviluppo economico nel Sud. Più conciliante, invece, la posizione dello storico Silvio Lanaro, secondo cui anche il Sud sarebbe oggigiorno più vicino all'Europa, vista la sua crescita economica in atto. Nonostante sia ancora visibile un dualismo territoriale tra il Nord e il Sud d'Italia (per le diverse velocità di crescita), non vi sarebbero più gli estremi per parlare di *Questione meridionale*. Interessante è poi il punto di vista di padre Bartolomeo Sorge, secondo il quale nel Sud ci sarebbe una società civile più avanzata dello Stato e degli stessi partiti: "In passato l'errore è stato quello di decidere a Roma come sviluppare Palermo. Ma per fortuna - continua Sorge - questa impostazione ora è finita. Come è finito l'assistenzialismo".

"Il dietrofront dell'emigrante" *di Maurizio Crosetti*

È un viaggio senza delusioni, senza rimpianti, **senza valigie di cartone**[1], con piccolissimi dolori e speranze forti. **È un percorso nell'Italia capovolta e nuova**[2], **uno scivolamento verso la propria terra d'origine**[3] con la coscienza esatta di essere diventati emigranti al contrario. Sì, perché gli emigranti stavolta tornano al Sud, ma non per quelle *motivazioni*° *complesse*°° e a volte contraddittorie che li avevano spinti al Nord: per cercare un lavoro malpagato ma sicuro, per trovare l'occasione *unica*° o ultima o per adottare **una identità sociale nuova**[4]. No, stavolta si torna indietro per **tenersi aggrappati a quella classe media**[5] nella quale si era entrati come in una stanza calda e proibita e dalla quale, restando al Nord sempre più caro, si rischia lo **sfratto**[6], l'uscita veloce.

° ragioni   °° complicate
° irripetibile

Lo dicono gli economisti: in Meridione la vita costa, in media, dal 20 al 30 per cento in meno *rispetto*° alle grandi città del Nord. Lo dimostra un saggio per nulla *accademico*°° scritto da Luigi Campiglio, *Il costo del vivere*, edito dal Mulino. Nel primo capitolo **si ipotizza**[7] il *progetto*° di una famiglia decisa a lasciare Milano per Palermo: non a causa del clima, dei parenti lontani, delle atmosfere *smarrite*°. Per i soldi. Per non perdere le posizioni. Per dare ai figli un futuro più *solido*°.

° in rapporto   °° complesso
° idea
° perdute
° sicuro

Qualche decennio fa **poteva sembrare un paradosso**[8], oggi è invece una *tendenza*° piuttosto diffusa. L'esempio del libro è *teorico*°, però basato su statistiche accuratissime. Invece la storia che raccontiamo è vera, è il viaggio al contrario di una famiglia avvenuto cinque mesi fa dopo discussioni, timori, incertezze.

° atteggiamento
° astratto

E la conclusione si adatta come una fotocopia alle teorie dell'economista perché sì, al Sud si sta meglio e se si riesce a tornare non si parte più.

Enrico Pace ha 41 anni, è impiegato contabile all'Inps. Sua moglie Adele, 38 anni, fa la maestra elementare. Hanno due bambini: Luca, 9 anni e Claudia, 5. A luglio si sono trasferiti da **Settimo Torinese a Lanciano, Chieti**[9]. Una scelta difficile ma *convinta*°.

° consapevole

---

1. **Senza valigie di cartone**. Allusione alla povertà degli emigranti nel momento in cui hanno intrapreso il viaggio verso il Nord. A quel tempo erano poveri e usavano, di solito, valigie di cartone, non potendo permettersi quelle fatte di materiali più costosi. Adesso, invece, per il viaggio di ritorno al Sud, gli emigranti non usano più le valigie di cartone, segno questo che la loro situazione finanziaria è migliorata.
2. **è un percorso nell'Italia capovolta e nuova**. L'emigrazione è sempre stata un movimento di masse di lavoratori da Sud a Nord. Secondo il giornalista, ora che l'emigrante torna al Sud, non è la direzione del suo percorso che cambia (da Nord a Sud), ma è l'Italia che si capovolge e sembra, quindi, nuova, secondo questa prospettiva geografica.
3. **uno scivolamento verso la propria terra d'origine**. Scivolamento = slittamento. In questo contesto la parola ha senso metaforico e sta significare un ritorno al Sud senza traumi o emozioni, frutto di una ponderata decisione.
4. **un'identità sociale nuova**. L'emigrante era andato al Nord con la speranza e il desiderio di guadagnarsi, con il suo lavoro, una nuova posizione sociale, migliore di quella che aveva al

paese di origine. C'era il desiderio di passare dal ceto contadino al ceto borghese - **la classe media** - di cui si parla poco dopo nel testo.
5. **tenersi aggrappati alla classe media** = per poter rimanere dentro alla classe media. L'emigrante desidera disperatamente di continuare a far parte della classe media e poiché al Nord gli alti costi della vita non glielo permettono più, decide di tornare al Sud, dove i costi sono più bassi: solo così lui può mantenere lo stile di vita a cui si è abituato.
6. **sfratto** = la parola indica una situazione per cui si è obbligati a lasciare un immobile che si ha in affitto. **Nel testo la parola è usata in senso metaforico. La frase "quella classe media da cui si rischia lo sfratto"** significa: "l'emigrante, a causa della nuova realtà economica, rischia l'espulsione (lo sfratto) dal sistema sociale in cui opera e vive".
7. **si ipotizza** = si prevede come ipotesi/si fa l'ipotesi.
8. **poteva sembrare un paradosso** = poteva sembrare un'assurdità/un errore/un'esagerazione.
9. **Settimo Torinese** = è in Piemonte, vicino a Torino; **Lanciano** è in Abruzzo, in provincia di Chieti.

"Eravamo al Nord da sedici anni" racconta Enrico che per diventare emigrante alla rovescia ha dovuto sopportare un sacrificio grande: cioè il cambio del lavoro. "A Settimo ero insegnante di educazione fisica, una passione giovanile, un mestiere vivo, bellissimo, sempre vicino ai ragazzi. Per *anni*° ho chiesto invano il trasferimento: **niente da fare**[10]. Così ho deciso di diventare contabile e con questo nuovo lavoro ho potuto trasferirmi a Lanciano. Ma ora un ufficio chiuso e un computer hanno preso il posto della palestra. Dopo una settimana volevo scappare, poi ha prevalso il *buonsenso*°, anzi **il senso di responsabilità**[11] che ogni padre deve possedere. Perché a Lanciano si vive meglio che a Settimo e si spende meno". "A Lanciano" dice Adele "non abbiamo spese d'affitto perché viviamo nella casetta di mio padre. Il riscaldamento, nei pochi mesi in cui serve, funziona a olio di sansa mentre a Settimo spendevamo due milioni l'anno di gasolio. L'alloggio ci costava 470 mila lire al mese, erano 50 metri quadrati; qui invece abbiamo spazio, un giardino, l'orto e l'uliveto".

Si *delinea*° un'**Italia** magari **sommersa**[12] ma serena, una provincia con meno *servizi*°° e meno **pretese**[13] economiche e dove si risparmia, in media, il 30 per cento. "Il cibo costa un po' meno, la verdura ce la porta mia suocera" spiega Adele, "così sappiamo cosa mangiamo. In pizzeria non si spende mai più di 40-45 mila lire in quattro con patatine, dolci, bevande; non solo la pizza. A Torino ci costava il doppio. E se io e mio marito volevamo uscire la sera, bisognava chiamare la baby sitter: 10 mila lire l'ora. Qui, invece, i bambini stanno con la nonna o con le zie. È chiaro che alla fine del mese il *bilancio*° cambia e si riesce a risparmiare di più". Ci sono vantaggi economici, sociali e ambientali: "A Lanciano non ci sono industrie, si può passeggiare nel parco, a Settimo si sentiva solo puzza di una fabbrica di vernici". Ma un rischio *concreto*° c'è: **l'isolamento culturale**[14], il **disadattamento**[15] *nei confronti di*° una realtà che non è più la tua e *chissà*°° se tornerà mai ad esserlo. "Il Nord cambia le abitudini, crea aspettative diverse", ammette Enrico, "tuttavia vedo i miei figli più felici, più tranquilli. E sono più tranquillo anch'io, perché qui il rischio delle cattive compagnie, della delinquenza e della droga è quasi nullo".

○ *molto tempo*

○ *saggezza/razionalità*

○ *si profila*   ○○ *prestazioni stat e private*

○ *i conti*

○ *reale*

○ *in relazione a*   ○○ *non è sicu*

---

10. **niente da fare** = non c'è stato niente da fare. L'idioma, in questo contesto, vuol dire che Enrico ha provato in tutti i modi a farsi trasferire ma i suoi tentativi sono stati inutili.
11. **il senso di responsabilità** = avere coscienza dei propri compiti e dei propri doveri.
12. **Italia sommersa** = si riferisce all'"economia sommersa" di cui si diceva nella sezione 3 di questa Unità.

13. **pretese** > pretesa = (a) richiesta; (b) ambizione; (c) esigenza, necessità; (d) superbia, presunzione. **Nel testo vale l'accezione (c)**.
14. **isolamento culturale** = la sensazione di sentirsi fuori dal contesto culturale e sociale in cui si vive.
15. **disadattamento** = incapacità ad inserirsi in un dato contesto sociale.

Eserciziario

ESERCIZI DI GRAMMATICA E DI LESSICO

A. Inserite ora il primo ora il secondo termine della comparazione nelle seguenti frasi.

Es. (i) Marco è più interessato ai computer.........alla letteratura
> **Marco è più interessato ai computer che alla letteratura**
(ii) Marco è ..... interessato ai computer che alla letteratura
> **Marco è più interessato ai computer che alla letteratura**

1. Si vive meglio a Lanciano .... a Settimo.
2. Si spende .... per vivere a Settimo che a Lanciano.
3. A Torino la pizza costa di più .... a Lanciano.
4. La vita a Settimo è .... difficile che a Lanciano.
5. A Lanciano ci sono più vantaggi economici, sociali e ambientali .... a Settimo.
6. Secondo le statistiche ora ci sono .... emigranti verso il Sud che verso il Nord.
7. Il lavoro di insegnante di educazione fisica soddisfa Enrico ....che il lavoro di contabile.
8. Il ritorno al Sud è più doloroso.... il viaggio al Nord.
9. Al Nord, negli ultimi decenni, le condizioni di vita sono diventate .... difficili che al Sud.
10. Enrico vede i figli più felici a Lanciano .....a Settimo.

B. Fornite, per ciascun verbo, la preposizione semplice o articolata mancante. Nelle seguenti coppie di frasi, la prima è desunta dal testo.

Es. Sono tornato.... paese dove sono nato, dopo tanti anni di assenza
> **Sono tornato al paese dove sono nato, dopo tanti anni di assenza**

1. Gli emigranti sono tornati .... Sud in gran numero in questi ultimi decenni.
1a. Torna .... ripetere ai suoi amici sempre gli stessi episodi di quando era in guerra e tutti li sanno a memoria.

2. Il libro di Campiglio si basa .... statistiche molto aggiornate.
2a. Non ci possiamo basare .... quanto lui dice, perché non è una persona attendibile.

3. La conclusione della storia vera che stiamo per raccontare si adatta come una fotocopia .... conclusioni dell'economista.
3a. Mi sono adattata facilmente .... vita inglese, perché mi piace molto e la sento congeniale.

4. Il buon senso di Enrico ha prevalso .... suoi sentimenti.
4a. Nell'assemblea di ieri le proposte del direttore hanno prevalso .... quelle degli altri membri del consiglio di Amministrazione.

5. Se si riesce .... tornare, non si riparte più.
5a L'atleta russa è riuscita .... vincere tre medaglie d'oro nel pattinaggio.

C. Completate le frasi scegliendo correttamente fra le strutture date e apportando le modifiche necessarie.

è l'occasione unica, rispetto a, niente da fare, per nulla, per anni, chissà se, nei confronti di, in confronto a

Es. Per la famiglia di Enrico esiste il pericolo del disadattamento........ la realtà del loro paese dopo tanti anni di lontananza

> **Per la famiglia di Enrico esiste il pericolo del disadattamento nei confronti della realtà del loro paese dopo tanti anni di lontananza**

1. La vita nelle cittadine del Meridione è più facile e serena .... le grandi città del Nord.
2. Gli emigranti hanno vissuto .... al Nord una vita di stenti e di fatiche.
3. Enrico ha chiesto il trasferimento, ma non c'è stato ....
4. .... riusciremo ad ambientarci di nuovo al Sud dopo tanti anni di vita al Nord.
5. Tornare al Sud ...., non tanto per ritrovare le proprie radici, quanto per mantenere il tenore di vita a cui si è abituati.
6. Il saggio di Campiglio *Il costo del vivere* non è .... complesso e si legge facilmente.
7. Si è comportato molto male .... i suoi colleghi.
8. .... lui, che sa tutto di computer, devo dire che mi sento molto inesperto.

D. Riscrivete le frasi sostituendo ad ogni struttura sottolineata un suo corretto sinonimo.

Es. L'emigrante torna al Sud per tenersi aggrappato alla classe media a cui appartiene
> **L'emigrante torna al Sud per poter rimanere dentro alla classe media a cui appartiene**

1. La decisione di tornare al Sud è come uno scivolamento verso la propria terra di origine.
2. Lavorare a New York è stata un'occasione unica.
3. Nel primo capitolo del libro di Campiglio si ipotizza il progetto di una famiglia decisa a lasciare Milano per Palermo.
4. Fino a qualche decennio fa il ritorno dell'emigrante al sud poteva sembrare un paradosso.
5. Ogni padre dovrebbe possedere un senso di responsabilità verso i suoi figli.
6. Al Sud c'è il rischio dell'isolamento culturale.

E. Rifacendovi al testo, completate le seguenti frasi inserendo la frase principale mancante.

1. .... per non perdere le posizioni raggiunte.
2. .... per dare ai figli un futuro più solido.
3. .... perché, restando al Nord, si rischia lo sfratto.
4. .... perché qui, a Lanciano, il rischio della droga è quasi nullo.
5. .... perché al Sud si riesce a risparmiare di più.
6. .... perché Enrico vede i suoi figli più felici e più tranquilli.

F. Trasformate le frasi sottolineate da esplicite ad implicite, servendovi opportunamente del gerundio.

1. Dal momento che non era più possibile vivere Settimo per l'alto costo della vita, Enrico ha deciso di tornare al suo paese al Sud.
2. Se Enrico avesse potuto scegliere sarebbe rimasto a Settimo
3. Nonostante avesse chiesto il trasferimento diverse volte, Enrico non è riuscito ad ottenerlo.
4. Dopo che è tornato al paese, Enrico si è reso conto che gli venivano a mancare molte cose che aveva a Settimo.
5. Se lui e sua moglie vogliono uscire di sera, a Lanciano possono lasciare i bambini con i nonni e non hanno bisogno della bambinaia.
6. Quando è andato al Nord, Enrico sperava di costituirsi un'identità nuova.
7. Poiché è in pensione, il nonno ha molto tempo libero.
8. Siccome sono stata al Sud più volte, so quanto può essere difficile vivere in alcune zone particolarmente povere.
9. Se uno vive in campagna ha a disposizione cibo fresco e genuino.
10. Dato che i bambini sono felici a Lanciano, anche Enrico è felice.

DOMANDE DI COMPRENSIONE

1. A cosa si riferisce l'autore del testo quando dice: "è un viaggio senza delusioni, senza rimpianti [...] è un percorso nell'Italia capovolta e nuova"?
2. Per quali ragioni specifiche gli emigranti che erano venuti al Nord tornano alla terra d'origine, il Sud?
3. Di che cosa tratta il saggio di Campiglio *Il costo del vivere*?
4. Che cosa poteva sembrare un paradosso qualche decennio fa?
5. Che cosa rimpiange Enrico della sua vita a Settimo Torinese?
6. Per Enrico e sua moglie la decisione di tornare al Sud è stata facile da prendere?
7. Quali sono i vantaggi della vita al Sud e quali gli svantaggi?
8. Quale "rischio concreto" corrono Enrico e la sua famiglia al Sud?
9. Sono contenti, Enrico e la sua famiglia, di essere tornati?
10. Secondo Enrico, quale effetto ha il Nord sugli emigranti?

ESERCIZI DI SCRITTURA

Testi di riferimento: Testo VII e scheda 7 di questa Unità; Introduzione all'Unità IV; Bibliografia essenziale dell'Unità IV; G. Bocca, *Gli italiani sono razzisti?*; *L'Inferno, Le disunità d'Italia*; G. Russo, *Sud, specchio d'Italia*; P. Ginsborg, *Stato dell'Italia*, capitolo *La Società*, pp. 427-431 e pp. 241-246; *L'Italia del tempo presente*, cap. 2; V. Teti, *La razza maledetta: Origini del pregiudizio meridionale*; S. Lanaro, *Storia dell'Italia repubblicana*.

1. Riassumete il testo in non più di 300 parole, seguendo questa traccia
   a) fate un breve resoconto dell'argomento spiegando il titolo dell'articolo
   b) delineate le cause per cui molti emigranti tornano al Sud
   c) riassumete il contenuto del libro di Campiglio
   d) raffrontate la storia del libro con la storia di Enrico
   e) concludete riportando i punti di vista di Enrico e di sua moglie
2. Immaginate di intervistare Enrico e la sua famiglia e di farvi raccontare la sua storia. Scrivere quindi un dialogo in cui uno di voi è l'intervistatore ed Enrico e sua moglie sono gli intervistati. *(Scegliete voi la lunghezza).*
3. Mettete al passato prossimo il primo paragrafo.
4. Il fenomeno dell'emigrazione è stato un soggetto non solo letterario ma anche cinematografico. Illustrare con esempi. *(Scrivete 400-500 parole).*
5. Mettete a confronto e discutete le varie opinioni sulla *Questione meridionale* date nel testo VII e nella scheda 7 di questa Unità. *(Scrivete 400 parole).*

Unità 4 / Sezione 8

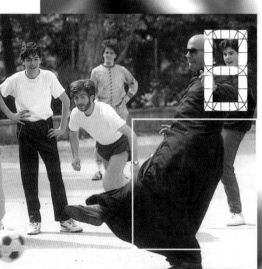

Capire l'Italia e l'italiano   Lia Buono Hodgart   La Società   **Il Volontariato**
Lingua e cultura italiana oggi

Il Volontariato

Il Volontariato In Italia

Il 15% degli italiani sopra i 14 anni passa una parte del proprio tempo impegnandosi coi giovani a disagio, ma anche con gli anziani lasciati soli, con gli immigrati o i malati: sono il cosiddetto esercito dei volontari, oltre sette milioni di persone, secondo l'ultimo sondaggio condotto dall'istituto di ricerca ABACUS. È una platea molto vasta che la DOXA, altro noto istituto di ricerca, stima più diffuso, parlando addirittura di nove milioni di volontari (il 18% della popolazione sopra i 15 anni). In ogni caso, è un fenomeno sempre più visibile nelle sedi delle organizzazioni di quartiere, negli ospedali e nelle parrocchie, ed è in continuo aumento: in cinque anni, infatti, il numero di chi sceglie di occuparsi degli altri è aumentato del 25%. Bisogna, tuttavia, distinguere: lo zoccolo duro dei volontari è costituito da due milioni e 500 mila persone, che 'lavorano' in modo stabile almeno una volta alla settimana.

Al Nord l'impegno verso gli altri è più diffuso: i volontari coprono il 17% della popolazione contro il 15% del Centro e il 12% del Sud. Tutta la fascia della popolazione compresa fra i 18 e i 74 anni offre il suo tempo libero ai giovani e agli handicappati (17%), ai malati e agli immigrati (14%), ai tossicodipendenti (10%) e agli alcolisti (10%). L'8% si occupa della cura dell'ambiente mentre il restante 40% opera con gli anziani non autosufficienti, in settori minori o in più di un'attività.

Chi sono i volontari? Possiamo tracciare l'identikit di un volontario tipo? Risponde Antonella Meo ricercatrice e studiosa, che afferma: "È da respingere lo stereotipo del volontario come una persona socialmente e produttivamente marginale che ha molto tempo libero. Al contrario si tratta di un soggetto pienamente inserito nella società che, avendo risolto i suoi bisogni primari, decide di soddisfare nell'attività del volontariato i propri bisogni di espressività". L'indagine della DOXA dimostra che i volontari sono motivati, soprattutto, dal rapporto umano con gli assistiti e dai legami che si creano con gli altri volontari.

Che cosa è dunque il volontariato? Ce lo dice Guido Bettin che, nel suo libro *Guida al volontariato*, ha redatto questo *Manifesto del Volontariato*: "Centinaia di migliaia di persone, tutti i giorni, dedicano alcune ore del proprio tempo ad attività volontarie che hanno al loro centro la presa in carico di situazioni difficili, la cura di beni di interesse generale, il sostegno a persone in stato di sofferenza, di fatica, di solitudine. Il volontariato, nella sua nuda essenza e nella sua solida sostanza, è questo. È il farsi carico, spesso letteralmente, di qualcosa che nessun altro fa con lo stesso spirito disinteressato, con la stessa forte ma gratuita motivazione. A tale nucleo vitale e irriducibile dell'esperienza di volontariato si collegano, in genere, rami ulteriori: altre esperienze associative, organizzazioni no profit o imprese a vocazione sociale, servizi pubblici, istituzioni, enti... Ma è quel nucleo vitale a fare la differenza: lì si realizza il senso e si custodisce la natura dell'azione volontaria. Prendersi cura senza interesse è l'essenza del volontariato."

"Volontariato, che passione" *di Nadia Tarantini*

L'esercito del **volontariato**[1] **conta**[2] 700 mila soldati nel nostro paese. Ma da un'indagine del **Censis**[3] risulta che oltre 7 milioni di persone vorrebbero *dedicare*° una parte del loro tempo ad aiutare chi ha bisogno. Così come fa Nunzia Coppedé, **volontaria**[4] nel 'Progetto Sud' di **Lamezia Terme**[5]. Ha 48 anni, i capelli biondo *acceso*°, una gran voglia di fare - come se fosse una ragazzina.

    ○ *impegnare*

    ○ *intenso*

Si descrive attraverso le cose che fa e non è difficile immaginarla mani e piedi "**sempre in movimento**"[6], che "**fa i salti mortali**"[7] per **risolvere i problemi**[8] e per *mettere insieme*° le sue giornate molto ricche d'impegni. Solo che per Nunzia Coppedé, tutte le parole che usiamo, le banali metafore del *quotidiano*° *assumono*°° dei significati diversi, più importanti.

    ○ *organizzare*

    ○ *linguaggio ordinario*

    ○○ *prendono*

Nunzia Coppedé è, infatti, disabile grave dalla nascita. Nunzia Coppedé è distrofica: e dai 10 ai 25 anni è restata chiusa in istituto, il Cottolengo di Roma, "dove l'unico obiettivo era *garantirmi*° mangiare e dormire". Negli ultimi 23 anni, invece, da vittima del destino Nunzia Coppedé **è diventata artefice**[9] di benessere fisico e psichico per molte persone che la malattia o altre condizioni di vita tendevano ad **emarginare**[10]. È diventata un'attiva volontaria.

    ○ *assicurarmi*

- "Le chiediamo prima di tutto se potrebbe descriversi".

- "Sì, sono una persona che soffre di una distrofia abbastanza grave. Sono in carrozzina, ho bisogno di assistenza e di un accompagnatore. Faccio parte dal '75 di una associazione di volontariato, della comunità "Progetto Sud" di Lamezia Terme. E sulla mia **esperienza**[11] ho anche scritto un libro, *Aldilà dei girasoli*. L'ha letto?"

- "Purtroppo, no. Cosa raccontava in questo libro?" -.

- "Raccontavo l'esperienza di quindici anni al Cottolengo di Roma, e poi l'esperienza in comunità. Mettevo a confronto le due cose. Facevo vedere come la stessa persona può essere diversa: in istituto avevano *distrutto*° tutti i miei desideri, tutte le speranze; invece il trovarmi in un ambiente stimolante mi ha aiutata ad *affrontare*° i miei problemi e, in un secondo momento, a diventare capace di aiutare altre persone in difficoltà".

    ○ *annullato/soffocato*

    ○ *risolvere*

---

1. **Volontariato** = attività libera e non retribuita svolta individualmente o da gruppi organizzati a favore della comunità.
2. **conta** > contare = (a) enunciare dei numeri; (b) limitare (es. "devo contare i soldi perché me ne sono rimasti pochi."); (c) possedere, avere, vantare (es. "lui conta molti successi nella sua lunga carriera."); (d) godere di autorità, prestigio (es. "nel suo campo, è una persona che conta."); (e) fare assegnamento su, confidare (es. "puoi contare su di me."); (f) avere intenzione, ripromettersi (es. "conto di vederla domani."); (g) prendere in considerazione; (h) comprendere. **Nel testo vale l'accezione (h)**.
3. **Censis** = istituto statale di ricerche sociali. La sigla sta per Centro Studi Investimenti Sociali.
4. **volontaria** = (s.f.) (a) chi fa qualcosa per libera scelta; (b) chi presta spontaneamente e senza retribuzione opera di assistenza.

5. **Lamezia Terme** = città della Basilicata.
6. **sempre in movimento** = indaffarato/affaccendato/occupato.
7. **fa i salti mortali** > fare i salti mortali = fare l'impossibile.
8. **risolvere i problemi** = trovare una soluzione/appianare le difficoltà.
9. **è diventata artefice** > diventare artefice = creare. Nel testo si dice che Nunzia, con il suo lavoro e la sua opera instancabile, ha migliorato (o contribuito a migliorare) le condizioni di vita di molte persone.
10. **emarginare** = mettere da parte; escludere dalla consuetudine dei rapporti umani; relegare in una condizione di avvilente inferiorità. Molto usati: il s.m. "emarginato" e il s.f. "emarginazione".
11. **esperienza** = conoscenza che viene dal contatto con determinati settori della vita.

- "Si capisce, questo **percorso**[12], per una persona disabile: ma lei crede che qualcosa di simile possa *capitare°* anche ad un non disabile; che attraverso il volontariato possa uscire da una vita routinaria e insoddisfacente?"

° succedere/accadere

- "Credo di sì. Sono comunque esperienze che ti fanno crescere, che ti danno una *dimensione°* diversa della vita".

° visione

- "C'è qualche episodio particolare che le piace ricordare? Qualche persona che l'ha aiutata in un momento difficile della sua vita?"

- "Ricordo quando ho scritto dal Cottolengo alla comunità di Capodarco e ho dovuto spedire la lettera di nascosto. *Altrimenti°* non sarebbe arrivata, non l'avrebbero permesso, controllavano tutto. Hanno ricevuto la lettera la mattina e il pomeriggio erano da me. Ero in una situazione tale, volevo uscire di lì viva o morta, **ero nella disperazione più nera**[13] e in qualche modo mi hanno ridato la vita".

° se no

- "E, al contrario, qualcuno che lei ha aiutato?"

- "Ho molte persone che **mi sono vicine**[14] e sono riuscite ad uscire dall'emarginazione anche attraverso il mio aiuto..."

- "Ma qualcuno in particolare?"

- "Potrei parlare di Rita, lei lo dice sempre. Dice: "Io sono la risposta al tuo ***pair counselling...***"[15]. Rita stava sempre in casa, adesso invece fa molte cose".

- "Cos'è, il *pair counselling*?"

- "È il *counselling*, l'aiuto psicologico, che si scambiano due disabili, due persone che hanno lo stesso problema. Allora Rita, è come se dicesse: io sono la tua risposta. È bello".

- "Lei dove vive?"

- "Qui, in questa casa dove stiamo in quindici, disabili e non. Abbiamo un'altra casa per dieci persone: e, insieme, le due case *gestiscono°* **un centro di riabilitazione**[16] con ventisei persone **semi-internate**[17], **un centro di accoglienza**[18] per tossicodipendenti , **un centro studi e formazione**[19] che io dirigo ... e tantissime realtà intorno a noi: servizi, attività artigianali. Noi lavoriamo per progetti. C'è *un'esigenza°*, un bisogno che nasce, e noi ci facciamo sopra un progetto. Dal progetto nascono altre cose".

° dirigono

° necessità

- "Può fare un esempio concreto?"

---

12. percorso = (s.m.) cammino, itinerario, strada. Nel testo la frase "si capisce questo percorso per una persona disabile" significa: "è cosa naturale che una persona handicappata [come Nunzia] abbia voluto seguire questa strada del volontariato".

13. ero (> essere) **nella disperazione più nera** = essere molto afflitto.

14. mi sono vicine > essere vicino a qualcuno = aiutare/sostenere.

15. pair counselling = sostenersi, consigliarsi a vicenda (dall'inglese: pair = coppia; to counsel = consigliare).

16. centro di riabilitazione = istituzione dove si provvede a rieducare alla normale attività chi abbia subito un trauma fisico o psichico.

17. semi-internate = con ricovero o assistenza medica parziale.

18. centro di accoglienza = luogo dove possono affluire persone con varie difficoltà e dove si provvede loro a seconda del bisogno.

19. centro studi e formazione = luogo dove si provvede all'insegnamento di varie discipline e/o mestieri.

- "Per esempio, dal 1978 abbiamo un **gruppo minori**[20], per il carcere minorile".
Abbiamo *coinvolto*° dei giovani che poi si sono costituiti in **cooperativa**[21]. Abbiamo
creato un punto Lila, per la lotta all'Aids, a Lamezia Terme".

      ° *attratto*

- "Quali sono i suoi desideri oggi e quali, invece, i **rimpianti**"[22]?

- "Desideri ne ho tanti, di riuscire a fare tante cose nella vita. Rimpianti non ne ho ...
anzi sì, ne ho uno, grande: rimpiango di aver perso quindici anni della mia vita in
istituto".

- "Torniamo alla domanda iniziale: ma perché *dunque*° un persona che non ha avuto il
suo percorso, che se ne sta tranquilla, con la sua salute media, la famiglia e il lavoro -
perché dovrebbe fare il volontario"?

      ° *allora*

- "*Secondo me*°, perché il senso della vita sta nel crescere insieme ... altrimenti sarebbe
un'esperienza limitata".

      ° *a mio giudizio*

---

20. gruppo minori = un gruppo che si prende cura dei minorenni
e dei loro problemi.

21. cooperativa = associazione di persone che lavorano insieme e
il cui lavoro è organizzato in modo da trarne un profitto da

reinvestire o da distribuire fra i soci.

22. rimpianti > rimpianto = (a) ricordo nostalgico e doloroso;
(b) rammarico. **Nel testo vale l'accezione (b).**

ESERCIZI DI GRAMMATICA E DI LESSICO

A. Unite opportunamente le frasi. Seguite l'esempio.

Es. Faccio parte di un'associazione di volontariato
> **Nunzia diceva di fare parte di un'associazione di volontariato**

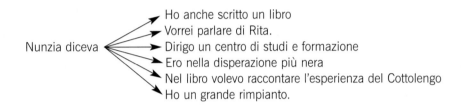

Nunzia diceva
- Ho anche scritto un libro
- Vorrei parlare di Rita.
- Dirigo un centro di studi e formazione
- Ero nella disperazione più nera
- Nel libro volevo raccontare l'esperienza del Cottolengo
- Ho un grande rimpianto.

B. Completate le seguenti frasi, sostituendo all'infinito fra parentesi il condizionale presente o passato a seconda della necessità.

1. Risulta che 7 milioni di persone [volere] dedicarsi al volontariato.
2. Ho dovuto spedire la lettera di nascosto, altrimenti non [arrivare].
3. Il giornalista si chiede perché una persona sana e normale [dovere] fare il volontariato.
4. Il senso della vita sta nel crescere, altrimenti la vita stessa [essere] un'esperienza limitata.
5. Spesso mi chiedo se [potere] diventare un volontario.
6. Il giornalista chiede a Nunzia se [potere] descriversi.
7. Il giornalista chiede a Nunzia se c'è qualche episodio particolare che lei [volere] ricordare..
8. Il giornalista si chiede se qualcosa di simile [potere] capitare ad uno non disabile.

C. Riscrivete la storia di Nunzia, unendo opportunamente le frasi con uno dei seguenti connettivi testuali:

perciò, e, in quanto, che, come, quindi, dove (2), perché

Sì, sono una persona che soffre di una distrofia grave, ... sono in carrozzina. Ho bisogno di assistenza .... di un accompagnatore, ... ho un lavoro fisso. Faccio parte della comunità "Progetto Sud" .... sono una volontaria. Ho anche scritto un libro, *Al di là dei girasoli* .... si basa sulla mia esperienza. Qui racconto .... sono riuscita a lasciare il Cottolengo e, ..., ad inserirmi nella comunità di Lamezia, ... svolgo un lavoro che mi appassiona. Secondo me tutti dovrebbero fare il volontariato, ... il senso della vita sta nel crescere insieme.

D. Date alternative, di pari valore semantico, alle strutture sottolineate.

1. Nunzia Coppedè nonostante il suo handicap <u>è sempre in movimento</u> e <u>fa i salti mortali</u> per risolvere i vari problemi e <u>mettere insieme</u> le sue giornate ricche di impegni.
2. Nunzia <u>è diventata artefice</u> di benessere fisico e psichico per molte persone.
3. L'ambiente stimolante mi ha aiutata ad <u>affrontare</u> i mie problemi.
4. Una persona che <u>non ha avuto il suo percorso</u>, perché dovrebbe fare il volontariato?
5. Ho molte persone che <u>mi sono vicine</u>.

E. Spiegate le diverse funzioni dei seguenti luoghi e poi scrivete a lato a quale tipo di persone si addicono. Ci può essere più di una possibilità.

Es: carcere > **criminali**

1. comunità >
2. istituto >
3. cooperativa >
4. centro di riabilitazione >
5. centro di accoglienza >
6. centro di studi e di formazione >
7. centro di assistenza >
8. ambulatorio >
9. collegio >
10. congregazione >
11. ospedale >

F. Sostituite al verbo *contare* un sinonimo adeguato.

1. L'Italia conta una gran quantità di opere d'arte, ma molte vanno in rovina perché lo Stato non se ne prende cura.
2. Abbiamo contato molto su alcuni vecchi amici d'infanzia quando ci siamo trasferiti a Milano ed in effetti loro ci sono stati di grande aiuto.
3. Contavamo di andare a passare una lunga vacanza in Italia questa estate, ma non è stato possibile per ragioni finanziarie.
4. Ho i minuti contati perché ho fatto tardi e devo correre in centro dove ho un appuntamento fra quindici minuti.
5. Oggi, Roma conta quattro milioni e mezzo di abitanti.
6. Conto di vederlo domani al più tardi.
7. Al concerto c'erano migliaia di persone senza contare quelle rimaste fuori.
8. Sembra che nella famiglia italiana il padre non conti così tanto come in passato, perché la madre ha ora più autorità.

G. Completate le seguenti frasi trasformando gli infiniti fra parentesi al giusto tempo e modo verbale.

1. Se si [dedicare] una parte del nostro tempo a che ha bisogno, [essere] più felici
2. Se Nunzia non [avere] tanto entusiasmo e determinazione, non [potere] cambiare la sua vita.
3. Se Nunzia non [avere] aiutato Rita, lei [rimanere] sempre in casa e [essere] molto infelice.
4. Se [esserci] un'esigenza, l'organizzazione Lila [mettere] subito insieme un progetto.
5. Se Nunzia [restare] in Cottolengo, [continuare] a vivere nella disperazione più nera.
6. Se mi [aiutare], [finire] prima questo lavoro noioso.
7. Se [avere] del tempo libero, spesso non sappiamo cosa farne e lo sprechiamo.
8. Se [vedere] Maria, la [invitare] alla festa.
9. Se [avere] l'opportunità, [diventare] volontario.

DOMANDE DI COMPRENSIONE

1. Che cosa è il volontariato?
2. Quali sono i risultati dell'indagine del Censis?
3. Quale significato assumono per Nunzia Coppedè le banali metafore che noi adoperiamo per descrivere le nostre attività giornaliere?
4. Quale attività svolge Nunzia?
5. Di che cosa parla il libro *Aldilà dei girasoli*?
6. Quale episodio particolare della sua vita racconta Nunzia al giornalista?
7. Come è organizzato "Progetto Sud" nelle parole di Nunzia?
8. Che cosa vuol dire Rita quando afferma "Io sono la tua risposta"?
9. Perché, secondo Nunzia, anche "i non disabili" devono fare il volontariato?
10. Secondo il giornalista c'è molta gente in Italia che vuole fare il volontariato?

ESERCIZI DI SCRITTURA

Testi di riferimento: Testo VIII e scheda 7 di questa Unità; Introduzione all'Unità IV; Bibliografia essenziale dell'Unità IV; P. Ginsburg, *Stato dell'Italia*, capitolo *La Società* (A. Meo, *Le associazioni volontarie e il volontariato*) pp. 327-329; Guido Bettin, G*uida al volontariato*.

1. Riscrivete, mettendo al discorso indiretto, l'intervista fatta a Nunzia Coppedè. Incominciate così: "Il giornalista chiede prima di tutto a Nunzia Coppedè se può descriversi. Nunzia risponde che è una persona che soffre di....."
2. Riassumete il testo in 300 parole..
3. Leggete il Manifesto del volontariato dato nella scheda 8 di questa unità e poi parafrasatelo, cercando di esprimervi con parole vostre. (*Scrivete almeno 200 parole*).
4. Nella Introduzione al manuale *Guida al Volontariato*, Bettin dà alcuni suggerimenti ai pòssibili volontari. Eccoli: "Provate a fare a voi stesse o voi stessi le seguenti domande: che cosa mi spinge a diventare volontario? Sono sicuro di voler diventare volontario? quanto tempo voglio impegnare nell'attività di volontariato? In che cosa posso rendermi utile? in quale attività o competenza? Ed ecco l'elenco delle attività che sono utili per la nostra organizzazione: la segreteria, il centralino, l'amministrazione, l'archivio, la pulizia e la manutenzione della sede, la cucina e l'approvvigionamento dei beni di prima necessità. Se siete professionisti, sappiate che le seguenti competenze sono essenziali per qualsiasi associazione: esperti di management, di marketing, esperti di comunicazione, amministrazione e grafica, d'informatica e telematica, insegnanti. Se decidete di contattare un'associazione di volontariato, fornite loro un vostro chiaro identikit. Esso dovrebbe contenere: nome e cognome, età, attuale situazione lavorativa, la via per la quale siete giunti a conoscenza dell'associazione, le motivazioni che vi spingono ad impegnarvi, i servizi e le attività specifiche cui vorreste partecipare, le eventuali precedenti esperienze di lavoro o di impegno sociale, le eventuali specifiche competenze professionali, il numero di ore e i giorni della settimana per i quali siete disponibili ad impegnarvi, l'eventuale disponibilità personale e di tempo a partecipare a corsi di formazione. Ecco, infine, alcuni indirizzi cui potreste rivolgervi: Fondazione italiana per il volontariato, 1678-66119; Centro nazionale per il volontariato: 0583-419500; Movimento italiano per il volontariato: 06-85301203; settimanale "Vita": 02-795423; 06-4820549". E ora, dopo aver letto quanto sopra, immaginare di voler diventare volontario: seguire le istruzioni! Rispondere alle domande e scrivere il vostro identikit, dando tutte le informazioni richieste. (*Scrivete almeno 350 parole*).
5. Commentare la frase del Manifesto: "Prendersi cura senza interesse è l'essenza del volontariato". (*Scrivete 300 parole*).

Esercizi di scrittura sull'Unità 4

Esercizi di scrittura sull'Unità 4

Testi di riferimento: Testi I-VIII e schede 1-8 di quest'Unità; Introduzione all'Unità IV; Bibliografia essenziale dell'Unità IV; film *Lamerica e Il branco* (cfr. Unità III); Introduzione all'Unità I.

1. Scrivete un breve rapporto su ciascuno dei seguenti argomenti. Vi serviranno come base per saggi e conversazioni sulla società italiana:
   (a) l'Italia, una nazione giovane in un paese antico; (b) lo Stato italiano e gli italiani: un rapporto difficile; (c) la famiglia italiana: tradizione e mutamento; (d) la Chiesa: ieri e oggi (e) il mondo del lavoro: piccole aziende, emigrazione, immigrazione, migrazioni interne, disoccupazione, economia sommersa; (e) i giovani italiani: cosa pensano, cosa dicono, cosa fanno; (f) la *Questione meridionale*.

2. "Quella italiana non è solo una società complessa, è anche una società complicata." (A. Bagnasco). Commentate. *(Scrivete un saggio di 600 parole)*.

3. John Haycraft, nel libro *Italian Labyrinth* dice: "Gli italiani sono in Europa il popolo più compiacente, ma più contraddittorio poiché, oltre ad uno straordinario patrimonio culturale, possiedono un gran senso di adattamento che deriva dall'aver avuto esperienza di ogni tipo di disastro e di ogni tipo di regime politico." Commentate. (A voi la scelta del numero di parole).

4. "Gli stranieri che si occupano dell'Italia giungono spesso alla conclusione che il nostro è un paese incomprensibile" (G. Bocca). Discutete. *(Scrivete un saggio di 500 parole)*.

5. Definite la società italiana del Duemila. Servitevi dei rapporti fatti per l'esercizio 1. Concentratevi almeno su due degli argomenti dati. *(Scrivete un rapporto di 500 parole)*.

6. Il malessere giovanile in Italia: discutete riferendovi, oltre che ai rapporti giornalistici e alla letteratura specifica sull'argomento, anche alle sue rappresentazioni televisive e cinematografiche. *(Scrivete un rapporto di circa 400 parole)*.

8. Volontariato in Italia: una nuova avventura? *(Rispondete con 400 parole)*.

9. Industrializzazione, urbanesimo e mobilità sociale hanno messo in crisi il tradizionale modello di famiglia. *(Scrivete un saggio di 500 parole)*.

10. Il Mezzogiorno e le sue problematiche: illustrate cercando di dare una prospettiva storica e di fare il punto sulla *Questione Meridionale* oggi. *(Scrivete un saggio di 600 parole)*.

11. Come giudicate le nuove forme di razzismo in Italia? *(Rispondete alla domanda con 400 parole)*.

12. Discutete la seguente affermazione, riferendovi anche ad altri paesi, oltre all'Italia: "Il crimine nasce e si sviluppa in prevalenza in una società in crisi" (T. Adorno). *(Scrivete 500 parole)*.

13. Violenza di ieri e di oggi in Italia. *(Scrivete un saggio di 600 parole)*.

14. Famiglia tradizionale, famiglia monoparentale, convivenza: tre modi di vita nell'Italia di oggi. Illustrate. *(Scrivete un saggio di 600 parole)*.

15. Secondo voi, è ancora vero che "l'Italia è il paese dai mille campanili"? *(Rispondete con 400 parole)*.

16. Pensate che sia ancora valido il famoso detto di Massimo D'Azeglio: "L'Italia è fatta, ora bisogna fare gli italiani"? *(Scrivete un saggio di 500 parole)*.

17. Commentate la seguente frase di Gandhi e riferitela ad una realtà sociale di vostra conoscenza: "La vita stessa è impossibile senza un certo grado di violenza". *(Scrivete un saggio di 500 parole)*.

18. Nord e Sud in Italia: secondo voi, sono proprio così lontani? *(Rispondete con 400 parole)*.

19. P. Ginsborg, grande studioso della società e della storia italiana, dice: "Ogni tentativo di operare generalizzazioni riguardo alla famiglia italiana è impresa azzardata". Commentate. *(Scrivete un saggio di 500 parole)*.

20. L'emigrazione di una parte del popolo italiano è sempre stata un problema nazionale. Delineate l'origine, la storia e le cause. *(Scrivete un saggio di 500 parole)*.

21. L'Italia era un paese di emigranti, ora è anche un paese di immigrati. Discutere con particolare riferimento al problema degli extracomunitari in Italia. *(Scrivete 400 parole)*.

22. Considerate i differenti modi in cui la violenza si manifesta oggi nel mondo e scrivete un saggio dal titolo: "I mille volti della violenza". *(Scrivete 500 parole)*.

23. "La caduta del senso globale della vita espone i giovani ad una precarietà di motivazioni e ad un grave vuoto esistenziale dove attecchisce un tempo maledetto fatto di potenti auto, prolungamento delle ore nei locali notturni, eccitazione della compagnia, dell'alcol e della droga". (Giovanni Maria Sartori). Siete d'accordo? *(Scrivete 400 parole)*.

24 "Siamo la terra dove fioriscono i limoni, ma questa è un'immagine che va bene per i classici; per i contemporanei è da queste parti che hanno inventato la pizza, celebrato 'la dolce vita' e praticato, come in nessun altro luogo, il sequestro di persona". (E. Biagi). Commentate. *(Scrivete 500 parole)*.

25. "Il paese è molto bello, ma vivendo da millenni nel bello non ci facciamo più caso, siamo certi che è un bello senza fondo". (Giorgio Bocca). Commentate. *(Scrivete 500 parole)*.

Indice grammaticale degli esercizi

Testi	I	II	III	IV	V	VI	VII	VIII
Lessico								
Generale	a		c,d,f		b,c,e		e	e
Sinonimi e contrari		b,c				d	d	f
Espressioni idiomatiche		a	e	a	c,f	d,e	c	d
Formazione/derivazione parole	b,e					b		
Grammatica								
Analisi grammaticale e logica	c,g	d		f	a,d	a		
Articoli determinativi/indeterminativi								
Comparativi e superlativi							a	
Comunicazione libera /semi-libera		a	d	e	f	f	e	
Condizionale			b					b,g
Congiuntivo	f,g	e	b,g			g		g
Congiunzioni e connettivi		d	a					c
Coniugazione e sintassi		e	b	c	c,f	c		a,g
Discorso diretto/indiretto; interrogativa		e						
Forma attiva/passiva del verbo								
Forma implicita/esplicita					a		f	
Futuro								
Gerundio					a		f	
Imperativo								
Indefiniti								
Indicativo	g		g	c,f		c		
Infinito	e				b			
Ortografia				b				
Participio	c,d,e					a		
Periodo ipotetico			b					g
Preposizioni semplici/articolate							b	
Pronomi e aggettivi possessivi								
Pronomi diretti/indiretti/riflessivi								
Pronomi relativi e interrogativi								
Si impersonale/passivante/riflessivo				d	d			
Sostantivi e aggettivi; concordanza	b	c	d,f		b,e	b,f		e
Verbi transitivi / intransitivi								
Verbi riflessivi								

Indice degli esercizi di scrittura sui testi

Testi	I	II	III	IV	V	VI	VII	VIII
Analisi della frase e del periodo				1	1			
Esercizi di manipolazione del testo	1	1			2	2	3	1
Attività analitiche e critiche sul testo		2		5	3		6	3
Attività creative			2	3		3	2	4
Riassunto	3		1			1	1	2
Saggio, rapporto, commento	2 4 5	3 4 5	3 4 5	2 4	4 5	4 5	4 5	5

Dovendo selezionare una bibliografia sterminata, ci limitiamo a un ristretto numero di titoli mirati. Punto di partenza per qualunque approfondimento o semplice consultazione è il già citato volume curato da PAUL GINSBORG, *Stato dell'Italia*, Milano, Mondadori 1994. Una sintesi accessibile, a cavallo tra sociologia e storiografia, ed espressamente destinata a un pubblico di studenti e di giovani, è quella di P. BEVILACQUA e altri, *Lezioni sull'Italia repubblicana*, (Donzelli, Roma, 1994). Di grande utilità sono anche i *Rapporti* del CENSIS e dell'ISTAT: questi ultimi vengono pubblicati annualmente da Il Mulino, Bologna.

Il saggio che forse aiuta meglio ad avere una visione d'insieme della società italiana in transizione è quello di Arnaldo BAGNASCO, *L'Italia in tempi di cambiamento politico*, Mulino, Bologna, 1996. Sullo scarso sentimento nazionale degli italiani si è molto discusso in questi anni: converrà partire dal saggio che ha sollevato per primo la discussione: GIAN ENRICO RUSCONI, *Se cessiamo di essere una nazione*, Mulino, Bologna, 1993.

Sulla storia dell'Italia repubblicana

S. LANARO, *Storia dell'Italia repubblicana*, Venezia, Marsilio, 2001.

P. GINSBORG, *L'Italia del tempo presente*, Torino, Einaudi, 1998.

DENNIS MACK SMITH, *Storia d'Italia dal 1861 al 1997*, Bari, Laterza, 1999.

D. FORGACS, *Italian culture in the industrial era*, 1880-1980, Manchester, Manchester University Press, 1990.

D. FORGACS e B. LUMLEY, *Italian cultural studies, an introduction*, Oxford, Oxford University Press, 1996.

S. GUNDLE, *I comunisti italiani fra Hollywood e Mosca*, Firenze, Giunti, 1995.

M. CLARK, *Modern Italy*, (1871-1995), Londra, Longman 1996 (2ª ed).

J. HAYCRAFT, *Italian labyrinth*, Londra, Seeker and Warburg, 1985.

Sul fenomeno della Lega Nord

L'analisi più penetrante è quella di Ilvo Diamanti, *La Lega. Geografia, storia e sociologia di un nuovo soggetto politico*. Donzelli, Roma 1993. Dello stesso autore, si veda anche: *Lega Nord: un partito per le periferie, in Stato dell'Italia*, pp. 671-677.

Sugli aspetti sociolinguistici dell'Italiano

T. DE MAURO, *Storia linguistica dell'Italia unita*, Bari, Laterza, 1986; *Come parlano gli italiani*, Firenze, La Nuova Italia, 1994; *Lingua e dialetti in Stato dell'Italia*, pp. 61-67.

G. BECCARIA, *Italiano*, Milano, Garzanti, 1988.

G. e L. LEPSCHY, *La lingua italiana*, Milano, Bompiani, 1992.

Sulle problematiche sociali (la violenza, la delinquenza giovanile, il razzismo)

M. MATERAZZI, *Verso il Duemila*, Torino, Thema, 1997.

A. ALBERTINI: *Realtà italiane*, Firenze, Edizione centro culturale italkontact, 1998.

A. CAVALLI - A DE LILLO, *Giovani anni '90*, Bologna, Il Mulino, 1993.

L. PEPINO, *Delinquenza minorile, una malattia sociale*, in Stato dell'Italia, pp. 534-539.

G. BOCCA, *L'Inferno*, Milano, Mondadori, 1992; *Gli italiani, sono razzisti?* Milano, Garzanti, 1992; *Le disunità d'Italia*, Milano, Garzanti, 1990; *L'Italia che cambia*, Milano, Garzanti, 1987.

Sul mercato del lavoro, sul Mezzogiorno e La Questione meridionale, sull'emigrazione e sull'immigrazione

P. CALZA BINI, *La disoccupazione: i punti di vista*, Napoli, Liguori, 1992.

M. D'ANTONIO, *Il Mezzogiorno: sviluppo o stagnazione?* Bologna, Il Mulino, 1992.

M. PACI, *Il mutamento della struttura sociale in Italia*, Bologna, Il Mulino, 1992.

G. RUSSO, *Sud, specchio d'Italia*, Napoli, Liguori, 1993.

V. TETI, *La razza maledetta: origini del pregiudizio antimeridionale*, Manifestolibri, Roma, 1995.

P. GINSBORG, *L'Italia del tempo presente*, cit. cap. 2.

E. PUGLIESE, *Economia informale*, in Stato dell'Italia, pp. 403-406; *Dualismo e vincoli del mercato del lavoro*, ibid. pp. 423-426.

P. BEVILACQUA, *Questione meridionale*, in Stato dell'Italia, pp. 72-78.

P. ZANCHETTA, *Essere stranieri in Italia*, Milano, F. Angeli, 1991.

U. MELOTTI, *L'immigrazione: una sfida per l'Europa*, Roma, Edizioni associate 1992.

N. BOCCELLA, *Stato, mercato, Mezzogiorno*, Napoli, Liguori, 1993.

Sui consumi degli italiani

G. BARILE, *Sugli Status Symbol prevalgono i consumi di "sicurezza"*, in Stato dell'Italia, pp. 254-262.

P. GINSBORG, *L'Italia del tempo presente*, cit., cap.

A. CALCAGNO, *Bianco, rosso e verde. L'identità degli italiani*, Roma-Bari, Laterza, 1993.

Sulla famiglia italiana

R. PUTNAM, *La tradizione civica in Italia*, Milano, Mondadori, 1993.

G. TURNATURI, *Associati per amore*, Milano, Feltrinelli, 1991.

M. BARBAGLI, *Provando e riprovando*, Bologna, Il Mulino, 1992.

L. SABBADINI, *Le famiglie italiane degli anni '80*, Roma, IRP, 1992.

P. GINSBORG, *L'Italia del tempo presente*, cit. cap. 3.

P. GINSBORG, *Stato dell'Italia*, cit., *La famiglia*, pp. 284-306 e *Familismo*, pp. 78-83.

Sul volontariato

G. BETTIN, *Guida al volontariato*, Torino, Einaudi, 1997.

A. MEO, *Le associazioni volontarie e il volontariato*, in Stato dell'Italia, cit. pp. 327-329.

Unità 5 / **Indice**

Unità 5

Capire l'Italia e l'italiano
Lingua e cultura italiana oggi
Lia Buono Hodgart

Il Design

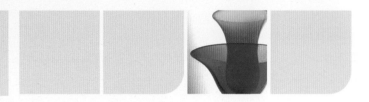

IL DESIGN

Quest'Unità esamina un aspetto della cultura italiana forse meno noto, almeno in alcune sue componenti, ma tuttavia di primaria importanza: il design. È proprio qui, in questo settore, che l'Italia degli ultimi decenni ha dimostrato di essere un paese culturalmente vivo, in grado di raggiungere, grazie all'estro, al senso artistico e alla professionalità di una minoranza, i vertici del successo a livello mondiale. Si deve tuttavia notare, ed anche rimpiangere, che discipline come il design - che vengono chiamate spesso, con un termine infelice e fuorviante[1], cultura "alta"- rimangono patrimonio di élites e non raggiungono il grosso pubblico. Quest'ultimo rimane, quindi, ignaro del successo di illustri contemporanei di cui non conosce neppure i nomi nonché le opere. È questo il caso dei grandi maestri del design di cui si organizzano - è il caso recente di Renzo Piano - retrospettive[2] nelle grandi capitali mondiali, ma raramente in patria. Sfugge poi al pubblico anche l'importanza della portata del design a livello commerciale: nell'ambito dell'economia del paese, il fatturato del design italiano, nel 1997, è stato di 100 mila miliardi, una cifra che parla da sé.

Ci è sembrato giusto dedicare un po' di spazio a questo settore tanto importante della cultura italiana, volendo contribuire, anche se in minima parte, a farlo conoscere ed apprezzare al di fuori della ristretta cerchia degli specialisti o degli appassionati. Non dovrà sembrare strano di trovare, in quest'Unità, anche l'architettura sotto l'etichetta del design. Abbiamo seguito, in questo, un orientamento ben noto agli esperti del settore e riassunto nelle celebre frase di Herman Muthesius: "Il design: ovvero dal cucchiaio alla città". Secondo questo orientamento, ciò che conta è il progetto - la sua forma fisica e funzionale - non la sua dimensione. Questo orientamento è particolarmente giustificato nel caso del design italiano poiché, in Italia più che altrove, c'è stata una grande unità culturale fra architetti e designer, anzi di architetti-designer. È questo il caso, fra gli altri, di Renzo Piano e di Ettore Sottsass, di cui tratteremo fra breve. Per poter inquadrare meglio l'argomento, e in vista delle problematiche sull'ambiente e sull'urbanistica trattate nelle prime due sezioni dell'Unità, diamo alcune notizie sull'architettura degli ultimi decenni e su alcuni suoi rappresentanti.

---

1. **Fuorviante** = che induce in errore
2. **retrospettive** > retrospettiva = mostra che riassume
   i momenti di evoluzione artistica o tecnica
   di un artista.

L'ARCHITETTURA

L'architettura italiana, dopo la fase, negli anni '60, dell'*international style*, uno stile funzionalistico[3] e razionalista, e la caotica fase di crisi degli anni '70, ha visto, negli anni '80, una stagione di gran successo. Vi sono alcuni grandi, talora grandissimi architetti - Renzo Piano, Gae Aulenti, Vittorio Gregotti e Aldo Rossi - che, però, non formano né una scuola né un movimento architettonico prettamente[4] italiano. Essi operano molto in Italia, ma realizzano, spesso, le loro opere più grandiose e famose all'estero: l'esempio più vistoso è il "Beaubourg" di Piano e Rogers, di cui si dirà più oltre. La ragione principale di questo fenomeno è forse da trovarsi nel fatto che in Italia mancano i committenti[5] così privati come pubblici, ivi incluso lo Stato italiano. L'ultima vera committenza si ebbe con l'architettura pubblica monumentale imposta dalla dittatura fascista, e gli effetti furono talora devastanti. I grandi costruttori privati si interessano di speculazioni finanziarie[6], non di qualità edilizia, mentre i piccoli, in assenza di una precisa richiesta, preferiscono rivolgersi a professionisti di modesta caratura[7]. Lo Stato e gli enti pubblici un po' mancano di mezzi e di idee, un po' preferiscono ricorrere ad architetti asserviti[8] ai partiti, il cui maggior merito professionale è quello di avere la tessera giusta o di trovarsi nella corrente politica giusta. È sempre mancato, in Italia un monarca elettivo che, come Pompidou o Mitterrand[9] in Francia, fosse capace di pensare e finanziare grandi progetti e grandi opere. Ed è mancato anche in Italia un serio intervento di tutela ambientale. Così la gran espansione delle aree edificate registratasi[10] dal dopoguerra ad oggi, è coincisa con un'edilizia scadente, che ha devastato il paesaggio ed il volto delle città. Solo in alcune aree dell'Italia centrale i piani regolatori si sono ispirati al rispetto paesistico-ambientale e alla progettazione funzionale, come testimoniano i casi delle città di Urbino e di Bologna, dove hanno operato urbanisti come Giancarlo De Carlo e Luigi Cervellati.

Della generazione che è stata paricolarmente attiva negli anni '60 e '70, ricordiamo Vittorio Gregotti (1927) e Aldo Rossi (1931-1997). Protagonista con Umberto Eco, Edoardo Sanguineti ed altri dell'esperienza del *Gruppo '63*[11], direttore dal 1982 al 1995 della prestigiosa rivista *Casabella*, instancabile promotore del dibattito teorico, Gregotti, ne *Il territorio dell'architettura* (1966) ha manifestato il suo interesse per il rapporto tra architettura, territorio e paesaggio. Questo interesse lo ha indirizzato verso un'architettura geometrica, tendenzialmente antifigurativa[12], attenta al contesto storico, ambientale e sociale, ma anche pronta a tradursi in grandi infrastrutture[13] nell'ambiente metropolitano. Con questa ispirazione Gregotti ha realizzato un po' di tutto: stadi (Barcellona 1985, Genova 1985, Nimes 1988); università (Palermo 1972, Arcavacata 1975); centri culturali (Lisbona 1993); fabbriche (Rovellasca 1972), insediamenti residenziali[14] (Cefalù 1976, Berlino 1980, Venezia 1984, Modena 1984).

Di grande densità, anche concettuale[15], è la figura di Aldo Rossi, recentemente scomparso. Il suo stile, un "nuovo classicismo" di orientamento[16] neorazionalista, ha assunto come riferimenti ideali

---

3. **funzionalistico** = dedicato all'utilizzo pratico.
4. **prettamente** = puramente/tipicamente.
5. **committenti** > committente = richiedente/colui che commissiona un'opera.
6. **speculazioni finanziarie** > speculazione finanziaria = operazione finanziaria che punta al massimo guadagno o/e sfrutta senza scrupoli situazioni favorevoli.
7. **caratura** = calibro, profilo professionale e talento artistico.
8. **asserviti** = assoggettati/sottomessi.
9. **Mitterrand** e **Pompidou** = presidenti della repubblica francese, il primo dal 1981 al 1995 e il secondo dal 1969 al 1974, sono stati, individualmente, committenti di grandi opere architettoniche, tra cui il "Centre George Pompidou" a Beaubourg, a cui ci si riferisce più volte in quest'Unità.

10. **registratasi** = che si è verificata.
11. **Gruppo '63** = movimento poetico ed artistico d'avanguardia, che prende nome da un convegno tenutosi a Palermo nel 1963. Fra i maggiori rappresentanti, il poeta Edoardo Sanguineti.
12. **antifigurativa** > anti + figurativo = che non prevede elementi figurativi/che non riproduce la figura umana, ma solo forme geometriche e astratte.
13. **infrastrutture** > infrastruttura = impianto/attrezzatura/edificio adibito all'utilizzo pubblico, come un aeroporto.
14. **insediamenti residenziali** > insediamento residenziale = area con edifici abitabili
15. **densità concettuale** = grande inventiva.
16. **orientamento** = tendenza/ posizione.

Unità 5

Piranesi, Ledoux, Loos. Dando vita al movimento di *Tendenza*, che ha come manifesto il suo *L'architettura della città* (1966), Rossi ha inteso reagire al consumismo che deforma la città in megalopoli senz'anima. Convinto della necessità di mantenere la crescita spontanea della città moderna nel suo contesto naturale, Rossi ha teorizzato l'opportunità di conservare il rapporto tra edificio e storia, in un'ottica di continuità. La sua sterminata produzione ha avuto grande risonanza internazionale. Tra i suoi progetti ricordiamo: il monumento alla Resistenza a Cuneo (1962); la piazza e la fontana monumentale di Segrate (1966); il quartiere residenziale Gallaratese; il municipio di Trieste (1973); la ricostruzione del teatro dell'opera Carlo Felice a Genova, nonché altri importanti interventi edilizi a Parma, Torino, Berlino.

La generazione successiva, attiva a partire dagli anni '70, è dominata dalle figure di Renzo Piano e Mario Botta. Piano è stato tra i primi architetti al mondo a percorrere con convinzione la via della dimensione associativa, internazionale e interdisciplinare. La sua attività si svolge, infatti, fra Genova, Londra, Parigi e Houston, spesso in collaborazione con altri architetti famosi e tecnici di fama mondiale quali Louis Kahn, Richard Rogers, Ove Arup. Per quel che riguarda la progettazione, Piano opera in campi e contesti diversi e spesso integrati: il design industriale, la prefabbricazione di componenti, la realizzazione di megastrutture[17], l'edilizia per abitazione e l'edilizia industriale, la progettazione di infrastrutture e di servizi, i piani di riuso[18] e riqualificazione[19] dei centri storici, i progetti urbanistici. L'indagine di Piano si incentra sulle possibilità offerte dalle tecniche più avanzate, dai nuovi materiali e dalle nuove strutture, non come segno esteriore di modernità, ma come strumenti in grado di meglio soddisfare i bisogni umani e sociali. La sua fama mondiale si deve al *Beaubourg*: il *Centre National de l'Art et de la Culture Georges Pompidou* di Parigi, realizzato con Rogers (1971-1977), è un edificio antimonumentale[20], aspirante a una funzionalità assoluta, concepito come una macchina in cui tutte le strutture e le tecnologie vengono messe in vista.

Mario Botta (1943) è nato nella Svizzera italiana, il Canton Ticino. Attento all'esperienza di Le Courbusier e alla lezione teorica e stilistica di Aldo Rossi, ha profondamente influenzato l'architettura europea negli anni '80. Botta si è impegnato dapprima nella progettazione di case unifamiliari[21] nel basso Ticino, per dedicarsi via via a progettazioni edilizie sempre più ardite[22] e impegnative: biblioteche (Lugano 1979; Villeurbanne 1988); banche (Friburgo 1982; Lugano 1988; Buenos Aires 1990); teatri (Chambery 1987); musei e gallerie d'arte (Tokyo 1990; San Francisco 1994); chiese (Evry 1995; Monte Tamaro 1995). La sua attività concepisce l'abitazione come rifugio, ricorre alla citazione della tradizione architettonica locale, si serve di aperture al paesaggio e alla luce e tende a razionalizzare gli elementi architettonici.

IL DESIGN DOMESTICO E INDUSTRIALE

Forse non tutti si sono resi conto che il design - la progettazione[23] di oggetti industrialmente prodotti e riproducibili[24] in serie - rappresenta una delle più alte espressioni della creatività italiana, almeno a partire dagli anni

---

17. **megastrutture** > mega + struttura = complesso architettonico di enormi proporzioni.
18. **riuso** = nuova utilizzazione/recupero.
19. **riqualificazione** = riabilitare/adibire ad un uso diverso dall'originale.
20. **antimonumentale** = oggetto concepito secondo un'idea di

modestia e praticità.
21. **unifamiliari** > unifamiliare = abitazione concepita per ospitare un solo nucleo familiare.
22. **ardite** > ardito = audace/coraggioso.
23. **progettazione** = ideazione/elaborazione tecnica.
24. **riproducibili** > riproducibile = che si può duplicare.

del dopoguerra. In altre parole: se il Rinascimento, il Barocco, e tanti altri periodi della vicenda[25] artistica italiana hanno segnato[26] il trionfo di pittura, scultura, architettura, oggi - nel Duemila - è proprio il design a segnare il nuovo millennio, insieme alla moda, che incarna[27] anch'essa quell'incontro tra tecnica e arte, tra fantasia e funzionalità, di solito incostante[28] nelle creazioni dell'arte "pura".

Il design presenta davvero tra le sue caratteristiche quella di valersi[29] sempre di due componenti inscindibili[30]: l'estetica e la tecnologia, entrambe indispensabili perché il prodotto dell'industria abbia la possibilità di incontrare il gradimento[31] di una larga fascia di pubblico[32], pur assolvendo[33] pienamente al compito utilitario[34] cui è destinato già in partenza. Che la fusione tra funzione e bellezza sia spesso raggiunto dal nostro design, lo prova l'accoglienza davvero universale tributatagli[35] già da decenni. Dopo le tappe dei primi famosi prodotti italiani, dalle macchine da scrivere a quelle per cucire, dalle carrozzerie delle automobili alle lampade e alle suppellettili[36] - di cui sono stati pionieri e "maestri" alcuni dei nostri più noti designer e architetti (per fare solo alcuni nomi: Albini e Bonetto, Mari e Gae Aulenti, Gregotti e Mangiarotti, Castiglioni e Zanuso) - il design italiano si è ormai affermato ovunque, superando già nei primi anni del dopoguerra l'acclamatissima[37] progettazione scandinava soprattutto nel settore del mobile e delle suppellettili; eguagliando in seguito quella americana e tedesca dell'elettrodomestico e dell'automobile, e finalmente trionfando anche in quelle forme che costituiscono la prerogativa[38] del disegno industriale italiano e che riguardano l'illuminazione, il packaging, l'arredo urbano.

A questo punto è opportuno sottolineare l'importanza di due requisiti[39] troppo spesso trascurati, anche dagli stessi industriali, nella produzione dei singoli oggetti. Primo: l'oggetto industrialmente prodotto deve sempre essere "auto-pubblicitario"; non può rischiare di essere sgradevole[40], di non venire incontro al gusto del pubblico. D'altro canto il design deve sempre trovare un punto di equilibrio tra ciò che è nuovo e inedito[41] e l'eventuale modificazione dell'oggetto in base a criteri non solo estetici, ma anche funzionali. Questi due punti sono essenziali. Infatti, se ci volgiamo indietro[42] ai primi grandi successi del nostro design, constateremo[43] subito come questa duplice[44] qualità sia rinvenibile[45] tanto nelle carrozzerie dell'automobile (da Bertone a Pininfarina a Giugiaro) quanto in mobili e arredi ormai famosi (le lampade di Castiglioni, le poltrone e le sedie di Magistretti, le suppellettili di Sottsass e di La Pietra, gli elettrodomestici di Bellini e di Zanuso). Oltre a Sottsass e Achille Castiglioni, operano a Milano, capitale italiana del design, anche gli altri grandi designer citati sopra, Gae Aulenti, Vico Magistretti e Enzo Mari.

Due sezioni del design italiano occupano un posto a parte, per il successo che hanno raggiunto subito, sin dai loro tempi pionieristici, presso il grande pubblico italiano e mondiale: ci riferiamo al design dell'automobile, ora chiamato "car design", e della moda. Per il primo rimandiamo alla scheda 3 di questa Unità; per la moda, invece, diamo una trattazione qui di seguito.

---

25. **vicenda** = storia.
26. **hanno segnato** > segnare = denotare/registrare.
27. **incarna** > incarnare = rappresentare/raffigurare/simboleggiare.
28. **incostante** = instabile/incerto/insicuro.
29. **valersi** = servirsi/utilizzare/adoperare.
30. **inscindibili** > inscindibile = inseparabile/indivisibile.
31. **gradimento** = gusto/apprezzamento.
32. **fascia di pubblico** = numero di consumatori.
33. **assolvendo** > assolvere = svolgere/compiere.
34. **utilitario** = pratico/concreto/legato all'utilizzo.

35. **tributatagli** > tributare = concedere/attribuire/conferire.
36. **suppellettili** > suppellettile = oggetto per la casa.
37. **acclamatissima** > acclamatissimo = celebrato, applaudito.
38. **prerogativa** = caratteristica / peculiarità.
39. **requisiti** > requisito = caratteristica/qualità.
40. **sgradevole** = spiacevole/brutto.
41. **inedito** = nuovo/insolito/inconsueto.
42. **ci volgiamo** (> volgersi) **indietro** = ripensare/rivedere.
43. **constateremo** > constatare = prendere atto/notare.
44. **duplice** = doppio.
45. **rinvenibile** = riscontrabile.

LA MODA

Nota e reclamizzata in tutto il mondo, la moda italiana è diventata quasi l'emblema degli stessi italiani - e ciò in virtù dei suoi caratteri distintivi che riassumono molti aspetti della cultura e del comportamento, ivi incluso il desiderio ed il gusto per il figurare bene, per il "fare bella figura". La moda italiana si differenzia dalla moda francese prima di tutto perché è rivolta ad un pubblico più ampio. La moda francese è sempre stata un simbolo di appartenenza ad una casta fatta di donne bellissime e ricchissime, che necessitano di abiti vistosi e firmati per rendere evidente la loro diversità rispetto al resto della società. In Francia lo stilista è ancora considerato un individuo estroso[46] e spesso effeminato, che si fa dell'estetica uno stile di vita. Nella moda in genere vengono ancora utilizzate parole francesi che ne indicano la derivazione. Ma il distacco fra il mondo francese e quello italiano si misura in termini economici e di stile. Lo stilista italiano è 'esposto', non vive più in un mondo a parte, circondato solo da donne ricchissime che necessitano della sua consulenza per aggiornare la propria immagine; in Italia lo stilista ha il merito di pensare a capi di abbigliamento[47] che vanno bene per essere indossati da chiunque, persone comuni o benestanti, che amano abiti di alta qualità ma portabili[48]. Inoltre lo stilista italiano è in continuo contatto con l'industria che produce i suoi vestiti e con la stampa che ne diffonde l'immagine. Ha perduto il rapporto di complicità con le poche e tradizionalmente bellissime clienti, ma ha oggi obblighi contrattuali[49] nei confronti dei tessili, dei confezionisti[50], dei distributori, i quali si aspettano da lui efficienza, precisione e puntualità nella consegna dei progetti. Lo stilista italiano ha, soprattutto, la capacità di indovinare il gusto di uomini e donne mai visti che vivono anche in paesi lontani.

Il look italiano è basato su un utilizzo tradizionale di colori e materiali. La capacità di giocare con il colore e con le forme si avverte, in Italia, anche in campi molto diversi dalla moda. Nella cucina, per esempio, dove piatti raffinati e gustosissimi appaiono sempre molto decorativi e invitanti, grazie alle sfumature di colore dei diversi ingredienti. Gli stessi mercati di frutta e verdura in Italia sono per lo più situati in piazze dal gran valore storico-artistico in cui la merce appare come un'esplosione di colore. L'arte è poi, in Italia, un elemento costante, che rende un viaggio nel Belpaese un'esperienza estetica. L'Italia è una Nazione in cui stili artistici di varie epoche si sovrappongono dando vita ad un ambiente variopinto[51] ed elegante, in cui è naturale che l'occhio acquisisca un'abitudine al gusto, che fa degli italiani un popolo di artisti "naturali". Oltre a questo fattore "ambientale", esiste in Italia la tradizione di produrre materiali di ottima qualità che diventano la materia prima al servizio della creatività degli stilisti. Gran parte del prêt-à-porter francese di lusso è prodotto in Italia, come italiani sono i materiali di cui si servono stilisti anche americani e inglesi. Solo tenendo in considerazione la suggestione[52] pervenuta dall'ambiente e l'enorme importanza della qualità dei materiali, si può comprendere il significato dell'opera creativa di grandi disegnatori di moda come Versace, Armani, Krizia, Valentino, Ferrè, per citare solo alcuni.

Dei maggiori esponenti della moda italiana, quello che è rimasto legato ad una concezione elitaria della moda è stato Valentino, che, fino al suo recentissimo ritiro dalla professione, partecipava con più entusiasmo alle sfilate

---

46. **estroso** = bizzarro/capriccioso/volubile.
47. **capi di abbigliamento** = vestiti.
48. **portabili > portabile** = che si può indossare.
49. **obblighi contrattuali** = clausole imposte dal contratto

stipulato con l'azienda produttrice.
50. **confezionisti** > confezionista = sarto.
51. **variopinto** = colorato/variegato/multicolore.
52. **suggestione** = influenza/condizionamento.

di Parigi che a quelle di Roma. Valentino ha rappresentato l'ideale classico della moda, come rappresentazione di un mondo racchiuso nella coscienza del proprio distacco dalla vita quotidiana delle strade e delle piazze d'Italia. Il suo, è stato un modo di fare moda che si basava sull'idea del sarto-artista che crea piccoli capolavori indossati solo da un ristretto gruppo di persone. Armani, invece, produce abiti eleganti per la donna che lavora e che, al desiderio di distinguersi per la sua eleganza, unisce la necessità di indossare capi portabili e dinamici. Versace è, dei grandi stilisti italiani, quello che più è rimasto influenzato dall'ambiente in cui è cresciuto e ha sperimentato le sue prime creazioni. Originario della Calabria, lo stilista e i suoi eredi rimangono legati ad un'idea classica ed estrosa dell'Italia, coloratissima e fantasiosa. La sua attività di disegnatore di abiti di scena[53] ha permesso a Versace di mettere in pratica tutta la sua inventiva[54]. Lui, più di ogni altro, ha rappre-sentato l'idea dello stilista come 'creatore'.

Ad un'idea imprenditoriale[55] e moderna della moda è invece legata la famiglia Missoni, produttrice di capi comodissimi in lana e materiali naturali ottimi e molto costosi, il cui tratto caratteristico è l'accostamento sapiente dei colori.

Nonostante la più grande stilista francese, Coco Chanel, sia donna, lo stilista è tradizionalmente uomo. L'immaginario comune tende a legare l'invenzione dell'abito elegante alla figura di un creatore fantasioso ed effeminato, il cui fine[56] artistico consiste nel trasformare la donna in un oggetto elegante e sofisticato, solo a volte seducente, ma per lo più raffinatissimo. Tuttavia il mondo della moda italiana è popolato anche da stiliste donne, come Mariuccia Mandelli, in arte Krizia, e Laura Biagiotti. L'approccio femminile alla moda è diverso da quello maschile ed è determinato da un'idea più moderna e dinamica della donna e da una sfumatura più colta e classicheggiante. Krizia, ad esempio, ha scelto il suo pseudonimo[57] dal nome di un dialogo di Platone, e le sue creazioni la avvicinano più al teatro e alle arti figurative che al mondo dello spettacolo. Anche Laura Biagiotti raramente si lascia fuorviare[58] dall'entusiasmo per nuovi materiali e tecnologie, e rimane legata all'idea più classica di una donna elegante e interessata ad abiti di grande qualità e di ottimo taglio.

Moda italiana non significa solo alta moda. Alcuni marchi, anzi, si sono imposti a livello mondiale grazie alla loro capacità di penetrare nelle fasce medio-basse del mercato. Grande fortuna in particolare ha avuto il modello Benetton: una linea semplice, di facile consumo, a prezzi bassi, rivolta a quanti, indipendentemente dall'età, vogliono vestire giovane; una rete internazionale di produzione e di vendita, che sfrutta i vantaggi della globalizzazione; una pubblicità aggressiva, provocatoria, associata a campagne (l'AIDS, il razzismo...) spesso geniali anche se non sempre di buon gusto, e capace di farsi notare e di far parlare di sé, non importa se per apprezzare o deprecare. Massimo artefice di questa strategia è Luciano Benetton, ma le fortune recenti dell'impresa di Treviso si devono anche all'estro creativo del fotografo pubblicitario Oliviero Toscani.

---

53. **abiti di scena** = costumi per il teatro e per il cinema.
54. **inventiva** = immaginazione/fantasia/creatività.
55. **imprenditoriale** = legato all'industria della moda.

56. **fine** = scopo/obiettivo/intenzione.
57. **pseudonimo** = nome d'arte.
58. **fuorviare** = distogliere/distrarre.

Unità 5 / **Sezione 1**

Capire l'Italia e l'italiano
Lingua e cultura italiana oggi

Lia Buono Hodgart

Il Design

Renzo Piano e l'architettura italiana

Renzo Piano e l'architettura italiana

Renzo Piano

Renzo Piano ha vinto nel 1998 il premio *Pritzcker*, il Nobel per l'architettura, ed è tra i rari architetti italiani di questo secolo che abbiano realizzato all'estero un'opera memorabile a livello tecnico, e insopprimibile nel quadro della cultura contemporanea. Piano è il solo architetto il cui prodotto abbia avuto subito notorietà popolare, mondiale, addirittura indipendente dal nome di chi l'ha ideata. Anche se questo non dovesse provarne l'eccellenza, ne prova senz'altro l'eccezionalità. La realizzazione, da parte di Renzo Piano e Richard Rogers, del "*Beaubourg*", il Museo dell'arte contemporanea di Parigi, ovvero il *Centre George Pompidoou* (di cui si parla nel nostro testo I), è stato un evento internazionale. Il *Beaubourg* è diventato presto, nella sua novità per non dire dichiarata aggressività, il simbolo di un'architettura e di una tecnologia apolidi, senza frontiere. Tuttavia non si circoscrive Renzo Piano al solo *Beaubourg*, che diventerebbe, lui stesso, incomprensibile senza molti studi e lavori precedenti. Né il solo *Beaubourg* giustificherebbe i riconoscimenti e i premi ricevuti. Diamo ora uno sguardo all'attività di Renzo Piano.

È nato a Genova il 14 settembre 1937 in una famiglia di costruttori. Si è laureato alla scuola di Architettura del Politecnico di Milano nel 1964 e durante gli studi ha lavorato sotto la guida del designer Franco Albini. Contemporaneamente ha fatto il suo apprendistato pratico nella ditta del padre.

Negli anni tra il 1965 e il 1970 ha lavorato con Louis I. Kahn a Philadelphia e con Z.S. Makowsky a Londra. La sua collaborazione con Richard Rogers ebbe inizio nel 1971 (*Ufficio Piano & Rogers* a Londra), e quella con Petrs Rice nel 1977 (*Ove Arup & partners*).

Nei lavori più recenti, Piano ha applicato i suoi esperimenti sulla struttura a una serie di progetti civici e privati. Attualmente Piano ha uffici a Parigi (*Atelier Piano*), a Londra, a Houston (*Piano e Fitzgerald*). A Genova, dal 1980 dirige il "*Building Workshop*". Le sue opere maggiori includono: la *Basilica di San Giovanni Rotondo* in onore di Padre Pio, che contiene oltre ventimila persone; il grattacielo di Sydney; la *Menil Collection*, un museo privato a Houston, nel Texas; la progettazione del *Porto Antico* a Genova che consiste nel recupero e nella ristrutturazione del vecchio porto in area ricreativa; il *Kansai International Airport* a Osaka, Giappone, che ha aperto nel 1994; la conversione degli edifici della fabbrica di grossi motori Fiat a Lingotto (Torino) in un centro d'arte e di affari (1988-1994); la ristrutturazione della *Potsdamer Platz* a Berlino; il museo *New Metropolis* a Amsterdam. Piano ha anche al suo attivo un gran numero di progetti industriali ed edifici privati.

Come molti lavori dei membri del movimento "*High-Tech*", Piano ha assunto la tecnologia come punto di partenza per il suoi progetti ed ha dato, in architettura, soluzioni originali, impreviste ed eccezionali. Ha in seguito modificato i suoi tentativi di generare un carattere architettonico basato su forme tecnologiche, in favore di un interesse per il comfort e le esigenze dell'utente. I suoi edifici uniscono strutture inventive con un utilizzo molto originale dei materiali.

Nel 1985 il governo francese ha concesso a Piano la sua più alta onorificenza, l'*Ordre Royale de la Legion d'Honneur*. Le motivazioni del premio *Pritzker* comprendono elogi alla sua "curiosità intellettuale" e "alla sua rara abilità di mescolare arte, architettura e ingegneria, secondo l'esempio di predecessori quali Leonardo e Michelangelo" e proseguono: "l'opera di Piano abbraccia la tecnologia più aggiornata della sua era, ma le sue radici sono chiaramente nella filosofia e nella tradizione classica italiana." Ed ecco infine cosa pensa Renzo Piano del suo mestiere: "L'architettura è sempre necessaria, ora più che mai. L'architettura è un servizio: questa è una lezione di sobrietà che dovremmo tenere a mente, tutte le volte che la nostra disciplina si perde nei meandri delle mode, delle tendenze e degli stili. Il nostro mestiere è in bilico fra tecnica e arte. Mi piace pensare all'architetto come a colui che usa la tecnica per creare un'emozione. Ma l'architetto è anche chi sa fare le cose per la gente e sa come e perché si costruiscono case, ponti e città".

"Io ero un bambino curioso e disubbidiente" *di Renzo Piano*

Io ero un bambino curioso e disubbidiente. Non so perché, ma le due cose **vanno sempre insieme**[1]. A scuola, infatti, **ero considerato un pessimo esempio**[2]. Credo che sia giusto collegare la disubbidienza all'**autonomia**[3] **di pensiero**; nel mio caso, però, è la seconda che discende dalla prima. Nasce come un *tratto*° del carattere, del tutto involontario, e solo in un secondo momento diventa un *atteggiamento intellettuale*°. Che si riflette naturalmente nel mio lavoro. Il **Beaubourg**[4], per esempio, fu un po' una forma di disubbidienza civile. Rappresentò il rifiuto di aggiungere un edificio troppo **istituzionale**[5] a una **città troppo carica di memorie**[6]. Ma **far atterrare**[7] nel centro di Parigi questo oggetto fuori *scala*°, **inquietante**[8] nelle dimensioni e nell'aspetto fu evidentemente anche un deliberato *sberleffo*° all'**accademia**[9] più conservatrice. Tutto questo dopo aver vinto una gara internazionale con più di settecento partecipanti.

Forse anche per colpa (o per merito) del Beaubourg, la mia storia di architetto è stata una storia di **eresie**[10]. Io sono stato per decenni una specie di **scomunicato**[11], estraneo ai clubs, alle accademie. In qualche modo, ma non saprei dire come, adesso *sono accolto nel tempio*°. Forse preferivo prima...

Quando mi chiedono come sarà la città del futuro, io rispondo: spero come quella del passato. Il nostro secolo ha fatto *degenerare*° questa grande invenzione dell'uomo che è la città. I suoi valori positivi : la socialità, la miscela delle funzioni, la qualità *del costruito*°, sono tutte *permanenze*°° di un tempo che fu, e sopravvivono a stento nei centri urbani di oggi. C'è una *microstoria*° delle metropoli contemporanee che io faccio sempre per spiegare questi fenomeni.

Nel dopoguerra e fino agli anni Sessanta le città *esplodevano*°, *rubavano*°° spazio alla campagna e ai comuni vicini. Le molte periferie degradate che ci circondano sono *figlie*° dell'urbanistica *scellerata*°° di quel periodo. Negli anni Settanta le città si sono fermate, hanno in qualche modo raggiunto un loro limite di crescita. Dagli anni Ottanta le città hanno iniziato a rivalutare i loro spazi urbani e a riassorbire i vuoti creati dalla *deindustrializzazione*°.

○ peculiarità/connotazione
○ modo di pensare

○ misura
○ gesto di sfida

○ sono acccettato

○ decadere

○ degli edifici   ○○ cose che
○ breve storia   rimangono

○ si ingrandivano oltre misura
○○ sottraevano

○ la conseguenza
○○ devastante

○ riduzione dell'attività industriale

1. **Vanno insieme** > andare insieme = coesistere/essere concomitanti.
2. **ero considerato un pessimo esempio** = ero considerato un modello da non imitare.
3. **autonomia di pensiero** = indipendenza di giudizio.
4. **"il Beaubourg"**. È il nome con cui è comunemente conosciuto il *"Centre George Pompidou"*, che si trova nel quartiere Beaubourg di Parigi. È un centro artistico e culturale progettato da Renzo Piano e Richard Rogers e comprende un Museo nazionale d'arte moderna, una biblioteca, una videoteca e una discoteca.
5. **istituzionale** = formale/che è proprio di un'istituzione. Nel testo, Piano dice di essersi rifiutato di "**aggiungere un edificio troppo istituzionale a una città carica di memorie**". Con questa frase, Piano giustifica la sua scelta di un progetto architettonico nuovo ed altamente innovativo per un'istituzione, quale è appunto il museo e centro

culturale *"Beaubourg"*.
6. **città troppo carica di memorie**. Parigi è chiamata così per la sua ricchezza artistica di monumenti e di edifici storici.
7. **far atterrare** = far cadere sulla terra. Il verbo è usato in senso figurato e con evidente effetto ironico.
8. **inquietante** = che costituisce motivo di apprensione e preoccupazione.
9. **accademia** = (a) sodalizio culturale a livello di istituzione; (b) istituto superiore di belle arti; (c) (fig.) ostentazione di erudizione. **Nel testo vale l'accezione (a), ma Piano imprime alla parola un certo senso peggiorativo. "Accademia"** equivale, qui, a "un'istituzione che segue in modo pedante le forme e le norme tradizionali".
10. **eresie** > eresia = opinione diversa da quella comune e imperante.
11. **scomunicato** = espulso/ messo al bando.

Un esempio di questo nuovo modo di sentire è il mio progetto di ristrutturazione del vecchio porto della città di Genova. "Il porto antico", che si inserisce con antichissimi edifici nel cuore dell'antica Genova, è ora una vasta zona di ricreazione, di sport e di cultura multimediale per tutte l'età, che accoglie ed attrae milioni di visitatori l'anno.

Questo significa che la città *si rigenera*°, sana le sue ferite? Forse. Ma è un processo lungo che andrà *assecondato*°, evitando di ripetere molti errori. Si dovrà *tenere conto*°° dell'insegnamento delle città antiche, il cui modello urbanistico è stato capace di modificarsi e *aggiornarsi*°, sopravvivendo nei secoli, fino a noi. Basta pensare a quei modelli di 'città ideale' che sono ancora oggi alcune cittadine della Toscana, dell'Umbria e delle Marche: San Gimigniano, Pienza, Urbino...

Io ho scelto di lavorare **confondendo le acque**(12) e mescolando le discipline. Non mi interessano le differenze fra le arti, le scienze e la vita. Mi interessano le *similitudini*°: le stesse ansie, le stesse attese, la stessa ricerca di regole da imparare e poi sovvertire. E non si deve nemmeno cercare una perfezione **intoccabile**(13): la perfezione *uccide*° la ricerca e uccide l'architettura.

○ *rifiorisce*

○ *seguito/incoraggiato*
  ○○ *tenere in considera*

○ *tenersi al passo coi tempi*

○ *somiglianze*

○ *distrugge*

12. **confondendo le acque** > confondere le acque = attingere ispirazione da varie fonti e discipline.
13. **intoccabile** = che non si può raggiungere.

Eserciziario

ESERCIZI DI GRAMMATICA E DI LESSICO

A. Date i contrari dei seguenti aggettivi.

1. disubbidiente ....
2. pessimo ....
3. curioso ....
4. involontario ....
5. internazionale...
6. conservatore ....

7. estraneo ....
8. positivo ....
9. civile ....
10. urbano ....
11. contemporaneo ....
12. vasto ....

B. Indicate l'avverbio corrispondente alle seguenti espressioni.

1. In un secondo momento ....
2. A stento ....
3. Per merito ....
4. In modo sistematico ....
5. Con rispetto ....
6. Con gentilezza ....

7. Con urgenza ....
8. Con piacere ....
9. All'improvviso ....
10. In modo consapevole ....
11. In modo evidente ....
12. Con tristezza ....

C. Identificate la parola che per significato non appartiene al gruppo.

1. docente, insegnante, professore, maestro, allievo
2. dipartimento, liceo, università, facoltà
3. città, paese, metropoli, villaggio, campagna
4. Umbria, Urbino, Toscana, Marche, Sicilia
5. architettura, ingegneria, ricerca, economia, legge
6. periferia, sobborghi, dintorni di città, spazi urbani

D. Volgete i verbi in parentesi al passato.

1. Nel caso di Piano, la sua autonomia di pensiero .... (discendere) dalla disubbidienza e .... (riflettere) nel suo lavoro.
2. Renzo Piano.............. (scegliere) fra settecento partecipanti perché il suo progetto .... (scostarsi) dagli schemi conservatori.
3. Renzo Piano .... (dire) che, con il *"Beaubourg"*, non .... (aggiungere) un edificio troppo istituzionale al centro storico di Parigi.
4. Quando .... (chiedere) a Piano come sarebbe stata la città del futuro, lui .... (rispondere): "Spero come quelle del passato".
5. Dal dopoguerra agli anni sessanta le città .... (esplodere) e .... (rubare) spazio alla campagna; poi negli anni '70 .... (raggiungere) a loro modo un limite di crescita.
6. Dovevamo fargli una telefonata, ma .... (dimenticarsene).
7. Questo è il nuovo appartamento che Nicoletta .... appena (comprarsi). Con il suo stipendio non .... (poter permettersi) di comprarlo prima, così .... (dovere) risparmiare per molti anni.
8. Ieri sera .... (vederci) un bel film: era *Nuovo cinema Paradiso*: non ci crederai, ma non lo .... mai (vedere).

E. Coniugate opportunamente l'infinito in parentesi al presente indicativo o al futuro (semplice o anteriore).

1. Se si (volere) rigenerare le città moderne, si (dovere) tenere conto dell'insegnamento che ci viene dalle città antiche.
2. Se si (volere) ristrutturare il vecchio centro storico della città, si (dovere) tenere conto dell'ambiente circostante e degli edifici ancora esistenti.
3. Questo nuovo centro di ricreazione multimediale (attirare) visitatori tutto l'anno.
4. Appena (noi/finire) di visitare gli *Uffizi*, (andare) a vedere Santa Croce.
5. Se Firenze ci (piacere) molto, ci (noi/ritornare) l'anno prossimo.
6. Appena (io/finire) la scuola, (iscriversi) alla facoltà di architettura.
7. Non è venuto all'appuntamento: (trovare) traffico.
8. A quest'ora Maria (arrivare) a Roma, se il treno (essere) in orario.
9. (Essere) meglio che (scrivere) la lettera ora, perché (prevedere) che domani (essere) molto occupato.
10. Ti (promettere) che (parlargliene) appena lo (vedere).
11. Fra un anno, quando (finire) gli studi, (ritornare) a casa in Italia.

F. Coniugate i verbi del seguente dialogo al futuro semplice.

Mario.   "Che (tu/fare) .... quest'estate"?

Francesco.   "(Io /andare)...........al mare".

Mario.   "(Venire)............anche le tue sorelle"?

Francesco.   "Luisa (venire) .... con me, ma Paola (noleggiare) .... una macchina con il suo ragazzo e (fare) ....il giro delle città medioevali dell'Umbria e della Toscana. (Loro/visitare).............. Perugia, Gubbio, Urbino e San Gimignano. Quando (ritornare) .... ci (dire)............. che cosa gli è piaciuto di più e (suggerire) .... un itinerario a me e a Luisa, se noi (decidere) ....di fare un viaggio simile l'anno prossimo".

Mario.   "(Venire) .... senz'altro anch'io con voi".

DOMANDE DI COMPRENSIONE

1. Qual è il tratto del carattere di Piano che lo contraddistingue?
2. Perché secondo voi Piano dice che: a) il *"Beaubourg"* fu "una forma di disubbidienza civile"; b) che la sua storia di architetto fu "una storia di eresie"?
3. Perché Piano parla prima della degenerazione della città e poi si richiama ai suoi valori positivi?
4. Che cosa è successo alle città dall'ultimo dopoguerra in poi?
5. Quale progetto ha ultimato Piano a Genova?
6. Secondo Piano, come si possono "rigenerare le città"?
7. Che cosa significa che "la perfezione uccide la ricerca e uccide l'architettura"?
8. Quali esempi di "città ideale" dà Renzo Piano?
9. Come ha scelto di lavorare Renzo Piano?
10. Perché Piano dice di essere stato uno "scomunicato"?

ESERCIZI DI SCRITTURA

Testi di riferimento: testo I e scheda 1 di questa Unità; Introduzione all'Unità V; Bibliografia essenziale dell'Unità V e bibliografia specifica su Renzo Piano.

1. Mettete al discorso indiretto il primo e il terzo paragrafo del testo I, immaginando che sia un giornalista a raccontare. Cominciate così: "Renzo Piano dice di essere stato un bambino curioso e disubbidiente e di non sapere perché...".

2. Spiegate le seguenti strutture che, nel testo, sono riferite al mondo dell'architettura o ai suoi valori: (i) disubbidienza civile; (ii) edificio istituzionale; (iii) oggetto fuori scala; (iv) qualità del costruito; (v) periferia degradata; (vi) urbanistica scellerata; (vii) spazi urbani; (viii) ristrutturazione; (ix) modello urbanistico; (x) miscela delle funzioni; (xi) città che esplodono.

3. Preparate una scheda informativa su Renzo Piano e la sua attività. *(Scrivete un rapporto di 450 parole).*

4. Provate a descrivere la vostra città, mettendone in luce la dimensione artistica, storica e ambientale. *(Scrivete 400-500 parole).*

5. Riassumete e commentate le affermazioni di Renzo Piano a proposito degli sviluppi e dei ruoli dell'architettura nel mondo di oggi. *(Scrivete 300 parole).*

Unità 5 / Sezione 2

Capire l'Italia e l'italiano   Lia Buono Hodgart   Il Design   **La città ideale**
Lingua e cultura italiana oggi

La città ideale

La città ideale

Il degrado ambientale, così del paesaggio come delle città, è oggi un problema molto sentito. Se ne parla in ambito non solo di architettura, di design e di arte, ma anche in ambito di sociologia, di antropologia e di ecologia, per le ovvie connotazioni che i problemi dell'ambiente assumono nei diversi contesti. Le ragioni e le responsabilità del degrado ambientale - delle città in particolare - sono imputabili così allo Stato e all'apparato della pubblica amministrazione, quanto ai singoli gruppi imprenditoriali ed alle loro speculazioni finanziarie. Studiosi dei diversi campi, critici d'arte, architetti come Renzo Piano, privati cittadini a cui sta a cuore il bene dell'Italia, giornalisti come Bocca, Serra e Augias, lamentano le ferite inflitte al *Belpaese*, nel giro di alcuni decenni, dall'edilizia selvaggia, da dubbie operazioni finanziarie, dalla speculazione economica e dalla corruzione della pubblica amministrazione che hanno operato e operano, singolarmente o congiuntamente, nel nome della ricostruzione del paese.

Uno dei maggiori studiosi dell'architettura moderna e dei problemi dell'ambiente, il professor Leonardo Benevolo, nel suo studio *L'architettura nell'Italia contemporanea* riassume - e lamenta - la situazione di sfascio in questi termini: "l'Italia è un paese che ha rinunciato a progettare in modo unitario le grandi quantità edilizie della ricostruzione e del boom; che ha permesso alla speculazione sui terreni privati di modellare le immense periferie cresciute intorno alle città, di degradare quasi tutte le coste e una parte dei paesaggi di montagna e di rendere proibitiva la difesa del suolo. L'Italia è un paese che ha fatto costruire ogni genere di opere pubbliche senza calcolare il loro impatto sul territorio e sul paesaggio".

Tuttavia, nello stesso interessantissimo volume, il professor Benevolo si fa anche interprete della speranza di molti italiani per un futuro di progettazione urbanistica che tenga nella debita considerazione il contesto ambientale, storico e socioculturale in cui deve operare. Il professor Benevolo esprime anche la sua fiducia nei grandi architetti italiani del presente (Cervellati, Bulgarelli, Bazoli, D'Agostino e Piano) che hanno già realizzato in alcune città italiane, come Bologna, Modena, Brescia, Venezia e Genova, piani urbanistici di grande interesse e successo, grazie anche alla cooperazione di un'amministrazione locale intelligente e cooperante. Questi piani urbanistici sono il risultato dello studio e dell'utilizzazione di quegli antichi contesti storici che costituiscono il grande patrimonio dell'Italia. Ci riferiamo soprattutto ad alcune città dell'Italia centrale, ad Urbino, a Siena, ai piccoli centri dell'alto Lazio, all'Umbria, a Spoleto e a Pienza, la "città ideale" per eccellenza, dove l'architetto Bernardo Rossellino, nella ristrutturazione del borgo e della piazza, ha lasciato un magnifico esempio di complementarità fra architettura e paesaggio (1459-1464).

"Viaggio ai confini di Milano" *di Giorgio Bocca*

Il recente *impacchettamento°* del centro storico e la impossibilità di attraversarlo in macchina *dicono°* che finalmente Milano ha riconosciuto che **il suo mono-centrismo**[1] **è finito**. Milano triste? Milano benedetta o maledetta? Diciamo piuttosto una cosa *enorme°*: che sta *mutando°* sotto gli occhi dei suoi abitanti, troppo grande e troppo mutevole. L'altro ieri parto da casa mia, dalle parti di Sant'Ambrogio, per raggiungere l'autostrada per Genova. Vedo l'indicazione verde "autostrade" e la seguo per chilometri. È chiaro che ho sbagliato, ma ormai **tanto vale**[2] capire dove vado. Avanti ancora per la città di case vecchie, case basse e d'improvviso sono in un'altra città da fantascienza, **svincoli**[3] immensi, palazzi a forma di vela o di piramide, grattacieli, cubi rilucenti *protesi°* sul vuoto.

Mi fermo da un benzinaio: Scusi che posto è questo? "Che posto? - dice lui - siamo a **Corsico**[4]". La Corsico delle trattorie campagnole, sotto il **pergolato**[5], con il campo di bocce, la Corsico operaia in cui venivo, di sera, per discutere di politica, e poi si finiva insieme all'**osteria**[6]? No, la Corsico delle città satelliti, *rilucente°*, supermoderna, in cui commercianti non solo europei ma del mondo si fermano in hotel di lusso vicini agli aereoporti della Malpensa o di Linate, senza neppure *fare una puntata°* al centro.

È triste o è allegro questo grande anello commerciale per cui passano migliaia di miliardi, che dal resto del mondo viene scambiato per Milano, anzi vissuto come la vera Milano? La prima volta che viaggiai per gli Stati Uniti in ogni città in cui arrivavamo, di immenso anello come questo, chiedevo a mia moglie: "Dov'è il centro?". Si stancò di spiegarmi che un centro come i nostri, centro della vita sociale, dell'arte, non c'è più o è sempre più raro, in America.

È triste o allegra una città dove la gente vive "dentro" ma pensa a "fuori"? Quando arrivai a Milano quarant'anni fa le manifestazioni culturali, politiche e *mondane°* si svolgevano il sabato e la domenica. Allora anche i ricchi andavano in vacanza, ma come nell'Ottocento, **a cicli stagionali**[7], la stagione dei laghi, la stagione del mare, la stagione della montagna. E alla vigilia della stagione c'era l'invito di *congedo°*, il pranzo di arrivederci alla fine della stagione.

° chiusura
° mostrano

° grossa   °° cambiando

° che si allungano

° che brilla/splende

° fare un salto/andare

° sociali

° commiato

---

1. **Il suo mono-centrismo è finito**. Il termine **centrismo** si riferisce al linguaggio della politica e definisce l'ideologia dei partiti del "centro". Nel testo, il termine è usato in senso ironico. Bocca vuol dire che Milano ha perduto il suo famoso centro storico e commerciale, ora chiuso al traffico e divenuto zona pedonale. **Mono-centrico** significa "che ha un centro solo".
2. **tanto vale** = (a) è la stessa cosa; (b) vale la pena. **Nel testo vale l'accezione (b)**.
3. **svincoli** > svincolo = complesso di raccordi che collegano un'autostrada al sistema di strade ordinarie.
4. **Corsico**. Cittadina che fa ora parte del comune di Milano.

Poco sotto è chiamata "operaia" perché in tempi passati, quando appunto Bocca vi si recava, la sera, per rilassarsi, era un semplice centro rurale, i cui abitanti erano, per la maggior parte, operai. Bocca si riferisce probabilmente agli anni '50 e primi anni '60.
5. **pergolato** = insieme di costruzioni ricoperte di viti o altre piante, che sono spesso adibite ad adornare o ombreggiare zone del giardino.
6. **osteria** = locale pubblico di tono dimesso con vendita di vini e spesso con servizio di trattoria.
7. **a cicli stagionali** = in tempi o periodi che cambiano con le stagioni.

Oggi non ci sono più stagioni, né per le ciliege o per le fragole né per le vacanze, oggi ogni venerdì pomeriggio le strade che escono da Milano si *gonfiano°* di fiumi di automobili che torneranno la sera della domenica. In questi quaranta anni ho visto diminuire gradualmente fino a scomparire l'amore per la città, la partecipazione dei cittadini al bene della città. È triste o allegra una città dove *spostarsi°* è diventata una fatica o una sofferenza? Ecco un'altra ragione per cui è sempre più *asfittica°* quella vita sociale che è il terreno di crescita delle arti e delle civili celebrazioni. Credo che il problema non sia quello della tristezza o dell'allegria, ma di restarci o di scapparne, almeno ogni tanto.

○ *riempiono*

○ *muoversi*
○ *sterile*

Eserciziario

ESERCIZI DI GRAMMATICA E DI LESSICO

A. Indicate per ciascuno gruppo di parole quella che per significato le comprende tutte.

1. case, palazzi, grattacieli, edifici, scuole
2. locali, trattorie, osterie, ristoranti, bar
3. bocce, giochi, tennis, biliardo, polo
4. ciliege, fragole, frutta, mirtilli, more
5. automobili, veicoli, furgoni, camion, motorini
6. sterlina, lira, franco, valuta, marco

B. Volgete le seguenti frasi al singolare.

1. In questi anelli commerciali passano migliaia di miliardi.
2. Gli uomini d'affari si fermano negli alberghi di lusso, vicini agli aeroporti.
3. Le città satelliti, rilucenti, supermoderne, hanno preso il posto dei vecchi centri storici.
4. Oggi non ci sono più stagioni per andare in vacanza.
5. Ogni venerdì le strade che da Milano vanno in Riviera si gonfiano di fiumi di automobili.
6. Un tempo i ricchi andavano in vacanza a cicli stagionali.
7. Durante l'estate le città rimangono spesso deserte per il gran esodo verso le zone di mare.
8. Gli italiani adoperano molto la macchina come mezzo di trasporto: per questo ci sono fiumi di automobili sulle autostrade e gli svincoli sono spesso intasati.
9. I centri storici delle città italiane sono spesso molto antichi e ricchi di tesori d'arte.
10. Gli artisti che hanno suonato ieri sera al teatro San Carlo provengono dal Conservatorio di Milano.

C. Volgete al passato prossimo, concordando opportunamente i tempi verbali.

1. La prima volta che andai in America, mi resi conto che le città non avevano un centro storico.
2. Quando arrivai a Milano quarant'anni fa, le manifestazioni culturali si svolgevano il sabato e la domenica.
3. Ieri, a Corsico, si svolse una dimostrazione operaia e molti rimasero feriti.
4. Mario si stancò molto perché il traffico sull'autostrada era intensissimo.
5. Bocca vide un'indicazione e la seguì, ma per un bel po' non si accorse di aver sbagliato strada.
6. Tornai a Roma nel 1985, dopo venti anni di assenza, e non credetti ai miei occhi tanto la città mi appariva cambiata.
7. Due mesi fa il Consiglio comunale della città di Genova deliberò di ampliare le zone verdi.
8. La radio annunciò che un violento tifone si stava abbattendo sulla città e subito scattarono le misure di emergenza.

D. Inserite i pronomi mancanti e dove necessario concordate il participio passato.

1. Ho visto l'indicazione e .... ho seguit....
2. Il centro di Milano, ... si può attraversare solo a piedi.
3. A Corsico .... venivamo per discutere di politica.
4. Di politica, se .... parlava la sera con gli operai.
5. Mia moglie .... spiegava che, negli Stati Uniti, il centro storico non c'è.
6. L'amore per la città? La partecipazione dei cittadini al suo bene? .... ho vist.... diminuire fino a scomparire.

7. Dall'Inghilterra .... siamo andat.... perché non sopportavamo il clima.

8. È indispensabile che la zona costiera sia preservat... dalla speculazione edilizia.

9. Il concerto di Muti è stato molto applaudit... dal pubblico della Scala.

10. Francesco ha lavorat... molto ma non è riuscit...a concludere quasi nulla

E. Indicativo o congiuntivo? Trasformate opportunamente gli infiniti fra parentesi.

1. È chiaro che oggi non (esserci) più quell'amore ed interesse per la città come (esserci) volta

2. Gli stranieri pensano che l'Italia non (avere) più quelle attrattive che aveva un volta, poiché l'ambiente e specialmente le coste (devastare) troppo dalla speculazione edilizia.

3. Temo che tu .... (sbagliare) invitando i Mainetti a passare il fine settimana con noi: sono così noiosi.

4. Spera che loro .... (arrivare) presto, come avevano promesso.

5. Ci auguriamo che tu .... (riuscire) a partire prima dell'ora di punta.

6. Non sapevo che Corsico ....(cambiare) radicalmente

7. È un peccato che tante città non solo italiane .... (mutare) negli ultimi decenni.

8. È vero che (vivere) in città ma si pensa sempre ad (uscirne) per andare in vacanza.

9. Sempre che il tempo (essere) bello, domani andremo al mare.

10. Comunque (parlarne), l'Italia è sempre un paese dove è piacevole vivere.

F. Inserite i pronomi relativi e fateli precedere da una preposizione quando necessario.

1. Dov'era la Corsico operaia, ... venivo di sera per discutere di politica? È triste questo grande anello commerciale .... passano migliaia di miliardi, ... viene scambiato per Milano dal resto del mondo.

2. Molte sono le ragioni .... è sempre più asfittica la vita sociale.

3. Le persone .... Bocca parlava di politica erano spesso operai.

4. Ogni venerdì le strade .... escono da Milano si gonfiano di automobili.

5. La rete autostradale italiana, ... si serve la grande maggioranza degli italiani, è spesso intasata il fine settimana.

6. Lo scorso fine settimana le comunicazioni sono state rese difficili dal cattivo tempo.....imperversava su Milano.

7. Gli amici .... siamo stati a fare la crociera nei Caraibi, sono proprietari di un grosso yacht con .... girano il mondo tutto l'anno.

8. Il paese .... provengo e .... sono cresciuto è la Grecia.

9. La ragazza .... aveva invitat..... e .... siamo andat...., festeggiava il suo compleanno.

10. Sai qual è la ragione .... molti preferiscono vivere in campagna? Perché si vive meglio che in città.

DOMANDE DI COMPRENSIONE

1. Che cosa vuol dire Bocca parlando di "impacchettamento" del centro storico di Milano?

2. Che cosa è successo a Bocca mentre cercava di raggiungere l'autostrada per Genova?

3. Com'era la Corsico che Bocca ricordava e com'è adesso?

4. In qual modo stanno cambiando le metropoli italiane e a quali altre città si possono paragonare?

5. Che cosa si è perduto e si sta perdendo, nella città, rispetto al passato?

6. Che cosa chiedeva spesso Bocca a sua moglie quando viaggiavano negli Stati Uniti?

7. E che cosa gli rispondeva sempre sua moglie?
8. Quale era la routine delle vacanze dei ricchi nell'Ottocento?
9. Ci sono ancora le stagioni oggi?
10. Che cosa fanno i milanesi, al fine settimana, secondo Bocca?

ESERCIZI DI SCRITTURA

Testi di riferimento: testo II e scheda 2 di questa Unità; Introduzione all'Unità V; bibliografia essenziale dell'Unità V; Testo II dell'Unità 4.

1. Mettete al discorso indiretto il secondo paragrafo, apportando al testo tutte le modifiche necessarie. Iniziate così: "Bocca dice che si ferma da un benzinaio e chiede che per favore gli dica che posto è quello".
2. Mettete in diverso contesto le seguenti strutture del testo: (i) il problema è che; (ii) tanto vale; (iii) vivere "dentro" ma pensare a "fuori"; (iv) le strade si gonfiano di fiumi di automobili; (v) è terreno di nascita; (vi) dire una cosa enorme; (vii) fare una puntata.
3. Confrontate le opinioni di Piano, Bocca e Benevolo sul degrado ambientale in Italia. Riferitevi anche al testo II dell'Unità IV.
4. L'associazione *Italia nostra,* nel 1994, ha presentato al Comune di Milano una bozza di regolamento intitolato "Verde a Milano, norme per l'uso" in cui esponeva progetti e suggeriva norme per migliorare l'ambiente e la qualità della vita a Milano. Provate a scrivere voi una proposta per rendere Milano, o altra città, più vivibile. (*A voi la scelta del numero di parole*).
5. Riempite la tabella qui sotto, indicando le caratteristiche della "città ideale" e della città di oggi.

	La città ideale	La città di oggi
• è piena di zone verdi	......	......
• è triste e sta cambiando	......	......
• è difficile circolare in macchina	......	......
• è tutta cementificata	......	......
• è bello starci dentro	......	......
• ha l'aria inquinata	......	......
• ha un traffico caotico	......	......
• ha un centro con una intensa vita sociale	......	......
• non ha un centro	......	......
• ha una vita sociale asfittica	......	......
• ci si passeggia e ci si va a piedi con piacere	......	......
• ha palazzi rilucenti e grattacieli a piramide	......	......
• ha trattorie e osterie	......	......
• ha campi di bocce	......	......
• ha hotel di lusso e night clubs	......	......
• è allegra	......	......
• ha svincoli immensi	......	......
• ha trattorie con pergolato	......	......

Unità 5 / **Sezione 3**

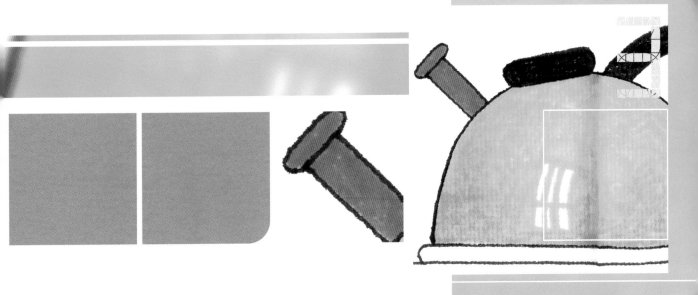

Capire l'Italia e l'italiano
Lingua e cultura italiana oggi

Lia Buono Hodgart

Il Design

Un maestro del design:
Ettore Sottsass

Un maestro del design: Ettore Sottsass

Ettore Sottsass

Nato a Innsbruck nel 1917, si è laureato nel 1939 e nel 1947 ha iniziato la sua carriera a Milano. Dal quel momento Sottsass è sempre stato coinvolto in ricerche e sperimentazioni formali in diversi campi: architettura, design industriale, ceramiche, gioielli, artigianato e grafica.

Nel 1958 inizia una proficua collaborazione con la *Olivetti* che porta alla realizzazione di macchine e mobili per ufficio dall'innovativo design fra i quali il computer Elea 9000, il terminale TC e le macchine da scrivere Praxis, Tekne, Editor e Valentine. Ha partecipato a molte edizioni della Triennale di Milano e ha fatto parte della commissione nella sezione internazionale della 15ª edizione.

Durante gli anni '70 Sottsass ha avuto un ruolo di leader nell'architettura radicale; con altri rinomati architetti italiani ha fondato *Global Tools*, una scuola di creatività libera individuale. Nello stesso periodo scriveva anche per *Domus* e *Casabella*. Ha preso parte alle più importanti esposizioni, come *Italy: The New Domestic Landscape* al *New York Museum of Modern Art*. Sottsass ha anche tenuto numerose mostre personali tra cui quella alla Biennale di Venezia nel 1976.

Nel 1980 fonda la *Sottsass Associati*, che dal 1981 promuove l'attività del gruppo *Memphis*, che presto diventa quasi un mitico simbolo del nuovo design. *Memphis* ha cercato una risposta al bisogno di andare oltre la creazione di prototipi sperimentali e si è prefissa di offrire un prodotto finito come alternativa a quello di produzione di massa.

Memphis è senz'altro uno dei più affascinanti progetti nel campo del mobile e del design, e conta tra i suoi collaboratori alcuni tra i più importanti nomi del design italiano e internazionale. *Memphis* ha le sue radici nello *Studio Alchymia*, un gruppo che verso la fine degli anni '70 produceva un design strano e inaspettato, che nulla doveva al design moderno e i cui pezzi erano prodotti in numero limitato. Aldo Cibic, Andrea Branzi, Michele de Lucchi, Marco Zanini, Nathalie du Pasquier, George Snowden, Martine Bedin, Matteo Thun ed Ettore Sottsass disegnarono la prima collezione per il movimento *Memphis*, che ebbe immediato successo nel settembre 1981 con una mostra di mobili e oggetti colorati presso la galleria di Milano *Arc '74*.

Sottsass ha viaggiato molto ed ha studiato la civiltà e la cultura di popoli vicini e lontani e da tutto ha tratto grande ispirazione. Durante i viaggi, ha tenuto anche lezioni universitarie e seminari in tutto il mondo. Tra gli innumerevoli riconoscimenti ricevuti, conta anche la laurea ad honorem del *London College of Art*.

I suoi lavori e i suoi interventi critici compaiono nelle maggiori riviste internazionali di architettura e di design. La sua produzione, così come le sue motivazioni, sono state oggetto di studio in Italia ed all'estero sia in forma di interventi su riviste e testi specialistici che in opere monografiche.

Il nostro testo III, che segue a questa scheda, illustra la personalità e l'opera di Sottsass. Il testo è un'intervista autentica rilasciata, nel 1997, ad un giornalista del *Corriere della Sera*. Qui Sottsass affronta i problemi del moderno design, diviso fra progettazione autentica ed 'etica', e progettazione al servizio del consumismo e del marketing, ma soprattutto, risponde alla domanda: "che cosa è il design e a che cosa serve".

A questa domanda. che senz'altro molti si pongono, ha dedicato spazio il giornalista ed esperto del settore, Emilio Tadini, in un brillante articolo intitolato: *Ma senza il bello, che vita è?* "(*Corriere della Sera*, 9 aprile 1997, Inserto speciale sul design italiano)". Riportiamo una parte dell'articolo, perché, mentre è molto chiaro ed accessibile linguisticamente (cosa che non sempre si può dire di chi scrive di arte!), ci sembra che serva ad illuminare le dichiarazioni di Sottsass nel testo III: "Il design è la forma. Una forma destinata non soltanto a metterci in grado di usare nel modo migliore una cosa. Una forma destinata anche a farci provare un'emozione estetica, per minima che sia, e a farci sentire, anche senza saperlo, un po' più contenti. Una forma destinata, ancora, ad ordinare in qualche modo il mondo. A definire il nostro spazio - e il nostro tempo. Riuscite ad immaginarla una giornata senza design? Pensate se, di colpo, nella nostra casa e nella nostra città tutte quelle piccole e grandi figure della bellezza cui ha dato vita il design svanissero come fantasmi. Cosa si lascerebbero dietro? La nostra mano si sentirebbe a disagio impugnando una brutta maniglia, stringendo un brutto spazzolino da denti o una brutta forchetta, muovendosi su una brutta tastiera di computer. E i nostri occhi? Brutti vestiti, brutti mobili, brutte automobili... Meglio non parlarne! Possiamo dire che il design serva ad aggiungere un po' di bello ad un oggetto d'uso?"

"Noi, che volevamo disegnare la vita..." *di Gianluigi Colin*

"Il design? Di che cosa vogliamo parlare? Del design al servizio dell'industria o di quello che ci porta, che so... verso i sogni?". Ettore Sottsass, architetto classe 1917, **vecchio leone del design italiano**[1], si muove con movimenti lenti ma sicuri nel suo studio milanese, tra modelli di nuovi progetti e cartelle piene di disegni. Artista delle forme e dei desideri, Sottsass *si misura*° con le parole, alternando *levità*°° e *provocazione*°°°, ironia e amarezza, **visione collettiva**[2] ed esperienza personale.   ○ *si limita* ○○ *delicatezza*   ○○○ *sfida*

Per l'uomo che ha portato il colore nell'architettura e ci ha regalato l'emozione negli oggetti di tutti i giorni, anche i *dettagli*° nell'abbigliamento sono occasioni per ricordare ciò che si ama: ed ecco l'oriente presente nella giacca e la camicia rosso scuro, lo stesso colore delle tuniche dei vecchi tibetani. E Sottsass, proprio come un antico *saggio*°, (la barba e la lunga treccia bianca gli *conferiscono*° ancor di più un'*aura*°° da profeta) parla quasi sottovoce, con tono caldo, rassicurante, forse un po' malinconico. Ma le sue parole tagliano l'aria come rasoi. Sottsass accusa la cultura dell'industrial design, al servizio soltanto del consumo, e ricorda con nostalgia quell'**etica**[3], quel rispetto, quella speranza che *albergava*° nel mondo dei **progettisti**[4] e che oggi sembra perduta.   ○ *particolari*   ○ *sapiente*   ○ *danno* ○○ *aspetto/espressione*   ○ *c'era*

"Ho vissuto a lungo e ho visto cambiamenti nei modelli della produzione industriale. Ho visto crescere la *seduzione*° della pubblicità e il potere del marketing. Negli ultimi anni della Olivetti gli uomini del marketing ci dicevano: quest'anno il blu non si vende. Abbiamo tentato di dare colore alle macchine, ma non c'è stato verso. Così gli oggetti del mondo del lavoro sono tutti grigi o neri. Ieri come oggi non si ha il coraggio di **intervenire sulla qualità dell'ambiente**[5], di dare colore alla vita... Il bello avrebbe potuto essere anche indicazione di eticità. Ora tutto si è diluito. Questo rischio nessuno lo *affronta*° più. Ciò che oggi *conta*°° è soltanto vendere. Avevamo un ideale: collaborare al disegno dell'esistenza. Avevamo una speranza". La cultura industriale *prevede*° alternative? Il ruolo del designer? Boh! Forse si può *incidere*° solo a livello personale. Ma si è così soli, così fragili... Che dire ai ragazzi che *si affacciano*° alla professione? Non ho niente da insegnare. L'unica cosa che mi sembra possibile è vivere, vivere insieme. E crescere piano. Bisogna imparare a capire la tristezza, la felicità, la forza di subire insuccessi . L'uomo è fatto di tutte queste cose: anche il design".   ○ *fascino/attrattiva*   ○ *corre* ○○ *importa*   ○ *contempla*   ○ *avere influenza*   ○ *iniziano*

1. **Vecchio leone del design italiano**. Espressione scherzosa ed affettuosa che definisce la posizione di preminenza di Sottsass nel campo del design italiano.
2. **visione collettiva** = l'opinione generale o dei più.
3 **etica** = atteggiamento morale/modo di pensare, secondo specifici criteri, a ciò che è giusto o morale.
4. **progettisti** > progettista = chi elabora e prepara un progetto.
5. **intervenire sulla qualità dell'ambiente** = operare delle modifiche sull'ambiente.

Incontrare Sottsass significa inevitabilmente **toccare le corde delle emozioni**[6]: il suo parlare e il suo creare è *per*° un "disegno" centrato nel rapporto fra l'uomo e il suo destino. Così, parlando di design, di architettura, del made in Italy, con Sottsass si parla di felicità o tristezza, di amori e di sessualità, di piacere per un piatto di zucchine lesse e dell'odio per il fast food, per concludere poi: "Io disegno per la felicità di disegnare. Quando ho cominciato facevo delle cose, dei disegni, dei progetti per farli vedere alla mia ragazza e farmi dire com'ero bravo. Come i bambini che saltano dal muretto per farsi vedere dal papà. In fondo faccio ancora adesso la stessa cosa. Disegno per qualche amico, o per qualche amico che vorrei avere; per due ragazzi che si devono sposare disegno la camera da letto dove stare insieme, o una cucina dove cucinare gli spaghetti. Disegno per una società che amo immaginare. In fondo, disegno per una speranza".

○ *secondo*

6. toccare le corde delle emozioni = andare incontro ad emozioni o forti sensazioni. Si notino i seguenti idiomi con la parola corda: (a) tagliare la corda = svignarsela/scappare; (b) tirare la corda = esasperare; (c) trovarsi con la corda al collo = essere in una situazione senza via d'uscita; (d) dare corda a qualcuno = prestare attenzione; (e) essere giù di corda = essere abbattuto.

Eserciziario

ESERCIZI DI GRAMMATICA E DI LESSICO

A. Trovate, per ciascun gruppo di parole, quella che per significato le comprende tutte.

1. giacca, camicia, tunica , pantaloni, gilet
2. blu, rosso, verde, nero, grigio
3. Golf, Polo, Brava, Astra, Porche
4. spaghetti, zucchine, formaggio, uova, carne
5. cucina, tinello, salotto, camera da letto, ingresso
6. vaso, candelabro, posacenere, ciotola, lampada
7. disegno, schizzo, piano, bozzetto, studio
8. diffusione, promozione, propaganda, divulgazione, reclame
9. tristezza, malinconia, amarezza, felicità, nostalgia
10. agitazione, turbamento, apprensione, commozione, inquietudine

B. Dalla parola data ricavate le altre e scrivetele così da riempire il diagramma.

VERBO	AZIONE	AGENTE
....	seduzione	....
....	produzione	....
....	provocazione	....
....	lavoro	....
....	ideologia	....
accusare	....	consumatore
tentare	....	collaboratore
ideare	....	progettista
dipingere	....	disegnatore
cucinare	....	intervistatore

C. Completate le frasi inserendo il verbo e la preposizione richiesti dal contesto.

disegnare, collaborare, tentare, parlare, intervenire, cominciare, affacciarsi, riflettersi, prevedere, contemplare, centrare

1. Durante il colloquio Sottsass ha detto: "Io .... la felicità di disegnare".
2. Quando .... industrial design, le sue parole tagliano l'aria come rasoi.
3. Sottsass............ ...... dare colore alle macchine quando lavorava alla Olivetti.
4. Sottsass pensa che ieri come oggi non si ha il coraggio di .... qualità della vita, dandole colore.
5. Sottsass aggiunge che mentre oggi ciò che conta è vendere, un tempo i progettisti avevano un ideale: .... disegno dell'esistenza.
6. Sottsass dice che quando........ la sua attività, faceva delle cose per portarle alla sua ragazza.

7. Il design di Sottsass......... ..... rapporto fra l'uomo e il suo destino.

8. Quando......... ..... una nuova professione, bisogna dimostrare creatività, entusiasmo e disciplina.

9. Il gusto del pubblico......... ..... scelte che gli imprenditori devono fare, relativamente ai modelli ed ai colori della produzione.

10. Purtroppo non .... poter studiare il design italiano all'università, perché corsi specifici su questa materia non........ ..... piano di studio.

D. Trasformate le proposizioni implicite in esplicite.

1. Parlando con Sottsass di design, di architettura e del "Made in Italy", si parla di felicità, di amore, di piacere....

2. Rispondendo alle domande dell'intervistatore, Sottsass dimostra un certo pessimismo sul futuro del design italiano.

3. Portando il colore nell'architettura, Sottsass ci ha regalato l'emozione negli oggetti di tutti i giorni.

4. Non avendo avuto il coraggio di intervenire ieri come oggi sulla qualità dell'ambiente, non si è dato colore alla vita.

5. Non essendomi mai interessato di design, non sapevo chi fosse Sottsass.

6. Sono andato a vedere la mostra degli ultimi quadri di Freud ma, aspettandomi troppo, sono rimasto deluso.

7. Desiderando studiare l'arte italiana, sono andato in Italia per sei mesi.

8. Avendo molti amici pittori, Fabio incominciò ad interessarsi di arte.

9. Avendo abbandonato il corso di laurea in architettura, perché lo trovavo troppo difficile, ora non so cosa fare.

E. Inserite i pronomi mancanti. (Essi possono essere: relativi, personali, interrogativi ecc.)

.... è Sottsass? Credo sia un architetto famoso. .... ho sentito molto parlare da persone .... conoscono il suo lavoro. Si dice che abbia introdotto il colore nell'architettura. Che ami il colore .... si vede dal suo abbiglia-mento che riflette .... lui ama. La barba lunga e la treccia bianca .... conferiscono l'aria di un vec-chio saggio, la .... voce ha toni caldi e malinconici allo stesso tempo. Sottsass dice che .... sembra .... che la cultura dell'industrial design sia, ora, al servizio del consumo e .... rammarica che la speranza e l'etica che albergavano nel mondo di molti progettisti siano andate perdute.

F. Identificate la funzione del *si* nelle seguenti frasi (riflessivo, passivante, impersonale).

1. Sottsass si muove con movimenti lenti ma sicuri e quando parla si misura con le parole.

2. Ciò che si ama, si riflette anche nel nostro abbigliamento.

3. Quest'anno il blu non si vende perché non è di moda.

4. Quando si parla di design non si può non pensare a Sottsass.

5. Dice di aver cominciato a disegnare per farsi apprezzare dalla sua ragazza.

6. Ora, per esempio, Sottsass disegna la camera da letto per due giovani che si devono sposare.

7. Quando si parla dello sviluppo dell'arte italiana di questo dopoguerra, si dovrebbe mettere in evidenza anche l'e-norme importanza del design.

8. Alla Olivetti si sono realizzati molti progetti di Sottsass.

9. A via Margutta, a Roma, si trovano famosi negozi d'arte e di antiquariato ed anche studi di pittori.

10. In Italia, spesso si vedono 'esposizioni' di quadri lungo le vie e nelle piazze.

G. Sostituite le strutture sottolineate con strutture di pari valore semantico.

1. Giovedì sono andato alla riunione del consiglio di amministrazione, ma appena ho potuto, ho tagliato la corda.
2. Sono molto giù di corda dopo aver visto i risultati degli esami.
3. Quando è venuto a spiegare le ragioni del suo assurdo comportamento, gli abbiamo dato corda per un bel po', poi gli abbiamo intimato di andarsene.
4. Dopo aver fatto bancarotta, si è trovato con la corda al collo ed ha dovuto emigrare.
5. Non tirare troppo la corda! La mia pazienza ha un limite.

DOMANDE DI COMPRENSIONE

1. Chi è Sottsass?
2. Come manifesta il suo amore per il colore?
3. In quale circostanza si dice che le parole di Sottsass tagliano l'aria come rasoi?
4. Perché, secondo Sottsass, c'è tanto grigiore tra gli oggetti del mondo del lavoro?
5. Si sono avverate le speranze dei progettisti della sua generazione?
6. Qual è la filosofia di Sottsass riguardo al design?
7. Descrivete l'aspetto esteriore di Sottsass.
8. Come si potrebbe definire l'umore di Sottsass in questa intervista?
9. Che cosa ha da dire Sottsass ai giovani designer?
10. Quali sono i gusti di Sottsass in cucina?

ESERCIZI DI SCRITTURA

Testi di riferimento: Testo III e scheda 3 di questa Unità; Introduzione all'Unità V; Bibliografia essenziale dell'Unità e bibliografia specifica su Sottsass.

1. Mettete al discorso indiretto le dichiarazioni di Sottsass contenute nel terzo paragrafo e modificate opportunamente il testo quando necessario. Cominciate così: "Sottsass dice di aver vissuto a lungo...".
2. Fate un'intervista a Sottsass e scrivetene il testo. (Scrivete 400 parole).
3. Illustrate la personalità e la carriera di Sottsass. (Scrivete 450 parole).
4. Leggete il "Decalogo del buon design" e spiegate con parole vostre ogni voce.
5. Fate un elenco di oggetti che vi piacciono o che fanno parte della vostra vita quotidiana e poi, tenendo presente il decalogo, dite se e perché sono conformi ad un buon design.

DECALOGO DEL BUON DESIGN

✧ il design è innovativo
✧ il design è discreto
✧ il design è onesto ed efficace
✧ il design è coerente anche nei minimi dettagli
✧ il design è compatibile con l'ambiente
✧ il design è facile individuazione delle funzioni
✧ il design è semplice e sicuro da utilizzare
✧ il design è acquistabile al giusto prezzo
✧ il design è lunga durata esente da mode
✧ il design è il minor design possibile

Unità 5 / **Sezione 4**

Capire l'Italia e l'italiano
Lingua e cultura italiana oggi

Lia Buono Hodgart

Il Design

Il car design e Pininfarina

Il car design e Pininfarina

Pininfarina

La società Pininfarina viene fondata nel 1930 da Giovan Battista Farina soprannominato "Pinin". Nel 1962 ottiene di mutare il cognome in Pininfarina. Sergio, figlio di Giovan Battista, è oggi a capo di un grande gruppo industriale e di ricerca. Il successo di Pininfarina nel mondo dell'automobile è dovuto in larga misura all'innovazione nel design. Le automobili carrozzate da Pininfarina sono da sempre state caratterizzate dalla sobrietà delle forme e dalla chiarezza della qualità estetica. L'assenza di elementi decorativi aumenta la forza espressiva del prodotto che è destinato a durare ben oltre gli effimeri capricci imposti dalla moda. La chiarezza dello stile delle auto firmate Pininfarina è tale che pare legittimo il richiamo al classicismo. La formula del successo va però anche cercata nella capacità della società di portare avanti una produzione industriale in stretta collaborazione con i produttori di automobili, rendendo così possibile una costruzione di modelli individuali che sarebbe stata proibitiva, per le grandi marche di automobili, dal punto di vista economico. La società è riuscita a sfruttare questa opportunità combinando il puro lavoro di design con l'attività industriale e di ricerca. Ecco le tappe più significative.

Negli anni '30, la società si dedica alla costruzione artigianale di carrozzerie per automobili per singoli clienti o in piccola serie, ma già negli anni '40 i modelli Pininfarina diventano innovativi dal punto di vista estetico e tecnico. Con gli anni '50 inizia un'intensa collaborazione con Peugeot, Alfa Romeo, Fiat e Lancia, che si è man mano consolidata in una produzione su scala industriale negli anni '60. Ma la collaborazione con i grandi costruttori di automobili avviene anche oltre oceano con la creazione dei modelli Nash Healey che hanno introdotto il design Pininfarina al pubblico americano. Nel 1952 Pinin Farina incontra Enzo Ferrari e fra i due nasce subito un'intesa che permetterà loro di operare in stretta collaborazione. I modelli Ferrari carrozzati da Pininfarina hanno contribuito in larga misura a creare il mito Ferrari nel mondo. Nel 1972 viene costruito il "Centro Ricerche Aerodinamiche e Aeroacustiche Pininfarina" per la ricerca e lo sviluppo, che permetterà alla società di operare in vari settori di attività: dalle auto passeggeri a quelle sportive e da competizione; dai veicoli industriali ai treni veloci; dagli edifici civili agli impianti industriali. La società è oggi un complesso industriale diversificato che si pone all'avanguardia del design, dell'innovazione tecnologica, dell'ingegneria e della produzione industriale su scala mondiale.

La vicenda umana e professionale dei Pininfarina rappresenta, nel mondo del design, la storia tramandata da padre in figlio, che a volte ha accompagnato e a volte ha anticipato, i cambiamenti sociali, economici e tecnologici del ventesimo secolo accrescendo il valore e l'importanza del "Made in Italy" nel mondo.

"Pininfarina: la marcia in più" *di Raffaella Polato*

Non stile, non eleganza delle forme, soprattutto non bellezza: "Che alla lunga, come negli esseri umani, diventa ripetitiva e finisce per essere *stucchevole*°". Volete entrare nell'anima del design? Allora se parlate con Sergio Pininfarina, usate altre parole. Le sue: "Personalità estetica. Un uomo, una donna, possono essere bellissimi però senza personalità quella bellezza è vuota. Lo stesso vale per gli oggetti. È questo il segreto. È questo che fa e farà sempre più la differenza". Si illumina, il re del car design, l'uomo che **dà una veste**(1) ai sogni Ferrari o alle più *accessibili*° carrozzerie Peugeot, l'erede diretto di quel "Pinin" Farina che negli anni Venti cominciò a produrre auto *di lusso*° per pochi ricchi signori in grado di permettersi **Rolls o Bentley personalizzate**(2). E oggi ecco il risultato: un gruppo quotato in **Borsa**(3), 2 mila dipendenti, 800 miliardi di fatturato, 30 mila vetture realizzate ogni anno per le case di tutto il mondo. Eppure ti dice: "Mi sento una persona che crea, che inventa, più che uno che costruisce. Però è anche vero che disegnare non basta: se poi non costruisci, se non arrivi alla fine del progetto e non lo vedi lì, pronto a **rombare**(4) e ad aggredire la strada, ti manca un pezzo… Ti manca l'emozione che può darti solo il vedere trasformato in realtà funzionante e funzionale quello che avevi immaginato."

Industriale e artigiano. Manager e artista dei tempi moderni. È la doppia **anima**(5) di Pininfarina. Tutti i designer coniugano tecnologia e creatività. Il design, Pininfarina ne è sicuro, non sarà *determinante*° solo per il mercato dell'auto. "Sono convinto che tutti i prodotti dovranno il loro successo al design. Al telefono ieri chiedevi solo che funzionasse, oggi vuoi che sia anche *esteticamente gradevole*°. La vecchia caffettiera stava in cucina, oggi ci sono **macchine per espresso che puoi mettere in salotto**(6)." Così anche il Pinfarina team ha *staccato*° una vera e propria divisione che risponde alla domanda di aziende che vogliono "**carrozzate**"(7) giust'appunto cucine, occhiali, perfino mazze da golf. Ma anche programmi urbanistici: dal progetto per lo sviluppo turistico di Malta fino a un ponte autostradale sul fiume Tago a Lisbona.

Resta però l'auto la passione di Pininfarina. Dalla vecchia carrozzeria torinese sono usciti **bolidi**(8) mito dell'automobilismo mondiale: dal Duetto Alfa celebrato dal film *Il laureato*

° fastidiosa

° economiche
° costose

° importante

° bello a vedersi

° stabilito

---

1. **Dà** (> dare) **una veste ai sogni** = trasformare i sogni in realtà.
2. **Rolls o Bentley personalizzate** = automobili (Rolls-Royce o Bentley) costruite su uno chassis di fabbrica e modificate, per quanto riguarda la carrozzeria e gli interni, a soddisfare i gusti del singolo acquirente.
3. **Borsa** = mercato organizzato di valori mobiliari (azioni, titoli di stato ecc.).
4. **rombare** = fare un rumore assordante come quello che viene prodotto dal motore di un'auto sportiva.
5. **anima** = (s.f.) sede dell'intelletto. Pininfarina ne avrebbe due ("**è la doppia anima**") perché riesce, ad un tempo, a creare artigianalmente e a produrre industrialmente.

6. **macchine per espresso che puoi mettere in salotto** = le macchine per fare il caffè non sono solo funzionali, come lo erano una volta (quando, per il loro aspetto inelegante, rimanevano in cucina), ma sono anche molto belle a vedersi così che, ora, possono essere esposte anche in salotto.
7. **carrozzate** > carrozzata = si dice di autoveicoli provvisti di una particolare carrozzeria, diversa da modello a modello. Nel testo, l'aggettivo è usato in senso metaforico. La frase "le aziende vogliono 'carrozzate' anche cucine, occhiali" ecc., significa: "le aziende richiedono che anche la progettazione e la produzione degli oggetti più semplici o insignificanti sia molto curata e dettagliata, così da conferire un aspetto elegante e unico".
8. **bolidi** > bolide = automobile dotata di grande velocità.

alla Giulietta e alla Jaguar Spider. Fino al grande amore: la Ferrari. "Ricordo come
nacque. Era il '52, io studiavo ingegneria e amavo le *corse*°. Mio padre ed Enzo Ferrari si   ● *gare di automobili*
incontrarono. E non fu facile per due uomini dalle personalità così forti: uno non voleva
andare a **Maranello**[9], l'altro non voleva venire a Torino. *Finì che*° si videro a metà   ● *alla fine*
strada, a Tortona. E quei due giganti, che prima si guardavano con diffidenza, si capirono
al volo. Da allora non abbiamo mai smesso di produrre per Ferrari. Quella che amo di
più tra quelle progettate da me? Potrei dirne almeno dieci, limitiamoci al primo amore,
la prima interamente mia: la Dino Berlinetta del '65 anticipò soluzioni tecniche che
fecero scuola[10]."

Dall'idea, al progetto, al prodotto finito: insomma quello che viene definito design
industriale. E che viene spesso guardato con un po' di *sufficienza*° dai cosiddetti   ● *presunzione*
"designer puri", dagli architetti, dai profeti dello stile. "Sì, un po' è così. Se crei una bella
poltrona, sei un buon designer. Se costruisci una macchina da capo a fondo per
qualcuno, sei solo un meccanico, anche se dentro quella macchina di belle poltrone ce
ne sono almeno due. Per non parlare del resto: un'auto non è solo una linea esterna, c'è
anche un interno, e per di più non è un oggetto *statico*° ma qualcosa che si muove,   ● *che non si muove*
spesso a velocità estreme. È stile, tecnologia, sicurezza, comfort. Nessuno aprirebbe mai
un rasoio per vedere come è fatto dentro. Con l'auto lo fai. E **dà** emozioni, **pugni nello
stomaco**[11] quando la vedi, quando ci entri, quando la accendi." Solo industria?

---

9. Maranello = centro dell'Emilia Romagna sede della Ferrari.
Maranello viene spesso usato come sinonimo della scuderia
Ferrari.
10. fecero (> fare) **scuola** = le soluzioni tecniche anticipate dalla

Dino Berlinetta erano così nuove da stabilire un *trend* (una
scuola) nel modo di concepire carrozzeria, chassis e motore.
11. dà pugni nello stomaco = dà emozioni tali da far rimanere
senza fiato.

Eserciziario

ESERCIZI DI GRAMMATICA E DI LESSICO

A. Formate delle frasi usando il verbo *piacere*.

Es. Carlo / la mia macchina nuova
>   **A Carlo piace la mia macchina nuova**
    Signor Gatti / libro che gli ho prestato
>   **Al signor Gatti è piaciuto il libro che gli ho prestato**

1. giovani/automobili da corsa
2. Sergio Pininfarina/Dino Berlinetta del 1965
3. i designer/ tecnologia e creatività
4. tutti/Ferrari Testarossa
5. Enzo Ferrari/Pininfarina
6. italiani/gare automobilistiche
7. Maria/ la Uno che il padre le ha regalato
8. signori ricchi, negli anni '20/auto di lusso personalizzate
9. ragazza che lavora/utilitaria
10. manager di successo/Jaguar spider

B. Volgete al passato le frasi, scegliendo il corretto tempo e apportando le eventuali modifiche.

1. Sergio Pininfarina crea modelli, come la Dino Berlinetta, che fanno scuola.
2. Il padre, Giovan Battista, comincia a carrozzare auto negli anni '20.
3. Un reparto della Pininfarina progetta da tempo cucine, occhiali e perfino mazze da golf.
4. Il design Pininfarina, appena nato, diventa famoso in tutto il mondo.
5. Il progetto deve essere approvato dalla commissione, che però non si riunisce prima della fine del mese.
6. Oggi scrivo la lettera di dimissioni, dicendo che lascio la ditta prima della fine della settimana.
7. Ti sconsiglio di comprare questa macchina, a meno che tu non voglia buttare via i soldi.
8. Durante le gare automobilistiche si prendono ingenti misure di sicurezza per evitare al massimo gli incidenti.
9. Mi iscrivo alla gara anche se so che non vincerò.
10. I designer 'puri' non vogliono ammettere che la costruzione di un'automobile comporta una ricerca complessa che va dallo stile alla sicurezza, alla tecnologia al comfort.

C. Inserite la corretta forma di *essere* o *avere* e completate la desinenza del participio.

1. Il gruppo Pininfarina .... spes_ miliardi nella ricerca e nello sviluppo.
2. Le Ferrari ....arrivat_ al traguardo davanti a tutte le altre macchine.
3. Negli ultimi anni l'importanza del design .... cresciut_ molto.
4. Il Gruppo Pininfarina .... cominciat_ a collaborare con molti progettatori e costruttori stranieri.
5. Il progetto del ponte autostradale .... cominciat_ nel 1997.
6. Dall'azienda di Grugliasco, vicino a Torino, ... uscit_ migliaia di auto all'anno.
7. La bellezza non è una componente fondamentale del design,............... affermat_ Sergio Pininfarina.
8. Noi abbiamo cercato di dare una risposta a quello che i clienti ci.................... chiest_.
9. Quando ci...............recat_ a Maranello ed ....vist_ tutte quelle Ferrari, non potevamo credere ai nostri occhi.
10. Quando.......compiut_ diciotto anni, ...avut_ in regalo la mia prima macchina, una Fiat Panda.

D. Completate le risposte con il giusto pronome e concordate opportunamente.

Es. Hai bevuto lo sciroppo?
> **Sì, l'ho bevuto**
   Hai già spedito il nuovo catalogo ai clienti?
> **Sì, gliel'ho già spedito**

1. Negli anni Venti, Pininfarina ha creato auto di lusso per i pochi clienti che le richiedevano?
   Sì, ...

2. Sergio Pininfarina ha detto ai suoi collaboratori di mettere in pratica il progetto?
   Sì, ...

3. Negli anni Sessanta, Sergio Pininfarina ha disegnato la nuova Ferrari?
   Sì, ...

4. Hai visto l'ultimo modello della Ferrari?
   Sì, ...

5. La maggior parte dei prodotti industriali, devono il loro successo al design?
   Sì, ...

6. E. Ferrari ha incontrato Pininfarina a Tortona?
   Sì, ...

7. È l'auto la vera passione di Sergio Pinifarina?
   Sì, ...

8. Avete sentito le ultime due canzoni di Vasco Rossi?
   Sì, ...

9. Hai mandato gli auguri di buon compleanno a tua sorella?
   Sì, ...

10. Hai parlato della vendita della casa con la zia?
   Sì, ...

E. Sostituite il gerundio con una frase introdotta, a seconda del caso, da: *dopo che , quando, mentre, poiché, perché, se*.

Es. Fornendo le auto, oggi, prestazioni simili, quello che le distingue è il design
> **Poiché le auto, oggi, forniscono prestazioni simili, quello che le distingue è il design**

1. Lavorando nel *car design*, sei considerato quasi un meccanico.
2. Avendo creato un nuovo modello d'auto, occorre fare tutti i test necessari.
3. Essendo quotata in Borsa, la società Pininfarina è diventata una delle maggiori industrie italiane.
4. Uscendo, mi sono assicurato di aver spento tutte le luci in casa.
5. Avendo letto parecchio su quest'argomento, sono in grado di rispondere alle tue domande.
6. Andando al lavoro in auto mi sono accorto all'improvviso che i freni non tenevano.
7. Guidando, mi distraggo facilmente.
8. Essendosi assunto la responsabilità dell'incidente, Marco non si può più tirare indietro, anche se non è colpa sua.

9. Avendo spinto al massimo il motore, al ritorno l'ho lasciato riposare ed ho moderato la velocità.

10. Avendo appena comprato un'altra macchina, abbiamo deciso di inaugurarla con un lungo viaggio in Spagna.

11. Avendo avuto tre incidenti, Maria ha smesso di guidare.

12. Volendo una macchina extra, puoi comprare solo una Ferrari!

DOMANDE DI COMPRENSIONE

1. È importante la bellezza per Sergio Pininfarina?

2. In che cosa si differenziano le *Peugeot* dalle *Ferrari*, secondo il testo?

3. Perché il lavoro del designer di automobili è carico di emozioni?

4. Qual è, secondo Pininfarina, la grossa differenza fra ieri e oggi per quanto riguarda il design?

5. Che cosa hanno in comune il *Duetto Alfa* e la *Jaguar Spider*?

6. Com'è nata la collaborazione fra Pininfarina e Ferrari?

7. Che rapporto esiste fra Pininfarina e Ferrari oggi?

8. Perché Sergio Pininfarina ha una speciale predilezione per la *Dino Berlinetta* del '65?

9. Perché secondo Sergio Pininfarina c'è una contraddizione nel modo in cui viene valutato il lavoro del designer industriale e quello del designer "puro"?

10. Perché le aziende vogliono 'carrozzare' anche cucine, occhiali e mazze da golf?

ESERCIZI DI SCRITTURA

Testi di riferimento: Testo IV e scheda 4 di questa Unità; Introduzione all'Unità V; Bibliografia essenziale dell'Unità e bibliografia specifica.

1. Mettete al passato prossimo il racconto che, nel terzo paragrafo, Sergio Pininfarina fa dell'incontro fra suo padre e Ferrari. Iniziate così: "Ricordo come è nato."

2. Riassumete il testo in 300 parole.

3. Trovate nel testo tutti gli aggettivi e le strutture che descrivono o qualificano Sergio Pininfarina.

4. Fate una ricerca su Pininfarina o la Ferrari e scrivete un documento di 300-400 parole.

5. Contestualizzate in una frase di senso compiuto le seguenti strutture: (i) essere stucchevole; (ii) entrare nell'anima di; (iii) dare una veste ai sogni; (iv) essere determinante; (v) guardarsi con diffidenza; (vi) guardare con sufficienza.

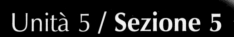

Unità 5 / **Sezione 5**

Capire l'Italia e l'italiano   Lia Buono Hodgart   Il Design   **Giorgio Armani**
Lingua e cultura italiana oggi

Giorgio Armani

Giorgio Armani

Tra gli stilisti italiani noti nel mondo, esiste tutta una gamma non solo di stili ma anche di atteggiamenti, di prese di distanza e di pose: dipendono dalla storia di ciascuno e dal modo con cui ciascuno si pone nei confronti del suo status sociale e dello status sociale per cui opera. Ci riferiamo, quindi, non solo al loro lavoro come stilisti ma anche all'immagine che loro stessi ci propongono e i media ci proiettano. Nel firmamento degli stilisti italiani "creatori" di moda di cui, come si vedrà, Versace è l'astro più luminoso, Giorgio Armani occupa una posizione particolare.

Il suo più grande ed espresso desiderio è di voler essere valutato solo per il suo lavoro. Lui stesso dice: "Voglio essere giudicato solo per i vestiti che disegno". Nelle interviste, Armani dice di non considerarsi un artista, ma solo un serio professionista. Nella sua casa non c'è un solo quadro, un solo oggetto di pregio. Nell'atelier di Palazzo Durini ha creato dei diaframmi, lievi ma rigorosi, fra gli antichi affreschi e i paraphernalia della moda. Armani rinuncia a tutti gli arricchimenti che, ai vestiti che disegna, potrebbero venire da un habitat affascinante.

Armani dice di non voler progettare abiti che donino, come fa Versace, né che segnalino l'appartenenza a un gruppo o ceto sociale, come fa Valentino. I suoi modelli sono un tentativo di reinventare la moda all'insegna dell'essenzialità, del buon gusto e della praticità. La "linea" Armani è studiata per una donna dinamica, una donna che lavora, una donna manager, che però non dimentica la femminilità e la raffinatezza.

Lo stile Armani-donna si identifica in pochi pezzi, universalmente identificabili - il tailleur dalle linee rigorose ma morbide, il tailleur pantalone dai colori smorzati, le magliette sottogiacca in seta o filo che prendono il posto della camicia tradizionale, la giacca maschile, i jeans. Le ragioni del successo? Il taglio è impeccabile, lo stile è sofisticato, i colori sono facili, mai aggressivi - beige, blu, bianco, pastello e naturalmente, nero; gli accostamenti casual-elegante sono originali. I pezzi firmati da Armani sono, tutti, facilmente "portabili" e "vestono" ad ogni ora del giorno - basta cambiare gli accessori e si può passare con disinvoltura da una riunione d'affari ad una cena romantica, senza andare a casa o in albergo a cambiarsi. Secondo alcuni osservatori di moda, con i vestiti di Armani, la donna si sente efficiente, elegante, sofisticata, ma soprattutto sicura di se stessa.

L'impero di Armani è esteso. La *Giorgio Armani SpA* pensa alla progettazione e all'immagine. La progettazione si esplica su numerose linee di abbigliamento che vogliono affrontare diversi strati del mercato. Le due prime linee, *Armani Uomo* e *Armani Donna*, si indirizzano alla fascia più alta ed hanno prezzi molto elevati, in quanto sono "alta moda". La *Mani* si indirizza ad una fascia inferiore ed ha prezzi più abbordabili. Gli *Empori Armani* sono concepiti per un pubblico giovane. A queste linee principali si affianca *Giorgio Armani bimbo*, che però è venduta solo in Italia. L'impero Armani è dunque organizzato in quattro linee: alle due linee principali, di "alta moda", Armani riserva i capi più caratterizzati e ne fa una gamma meno ampia; alle altre linee riserva, invece, un'elaborazione meno accentuata delle idee e del capo stesso. Molti, osservando con interesse la politica di Armani, si dichiararono convinti, all'apertura degli Empori, negli anni '80, che l'espansione nel mondo giovanile, avrebbe danneggiato, alla lunga, l'immagine di Armani. Ma il gran successo degli *Empori* presso il pubblico giovane ha dimostrato l'infondatezza dei dubbi e ha rafforzato, invece, l'immagine dello stilista.

L'organizzazione dell'impero Armani si differenzia molto da quello di Versace che, come si vedrà alla scheda 6, controlla, invece, una sola linea e forma la sua collezione con un'ampia gamma di prodotti.

"Un re a Manhattan" *di Giorgio Armani*

Lunedì 1 febbraio. Dalla finestra dell'hotel vedo i primi piani dei grattacieli di fronte e sono assalito da molti ricordi: i primi viaggi a New York, i primi impegni di lavoro importanti con i presidenti dei grandi magazzini, gli imbarazzi nell'affrontare un mondo che mai avrei pensato che sarebbe diventato anche il mio. È una città fantastica e ora come allora vorrei poterne vivere *appieno*°, nel bene e nel male, gli aspetti che amo e anche quelli che non amo. Sono arrivato con i miei collaboratori e alcuni miei familiari. Il tempo di una cena con lo staff americano e subito, a tarda sera, a controllare le vetrine di Saks che ho suggerito da tempo per il lancio di Giò, il mio nuovo profumo. I **vetrinisti**(1) mi riconoscono e mi salutano con molto entusiasmo. Il giro all'interno è **di prammatica**(2). Fuori una signora di colore mi *porge*° timidamente un'agenda su cui vorrebbe il mio autografo. "Lei è Armani, vero? Tutti i miei complimenti". Sono veramente a New York. Questa sera devo essere presente alla premiazione degli stilisti americani al Lincoln Center. Donna Karan è toccata a me, con la motivazione che la fonte di ispirazione per la sua moda sono proprio io. Le performance mi *terrorizzano*° abbastanza. Mi sono impegnato a reagire al nervosismo che le precede, dandolo per scontato.

° *interamente*

° *offre/dà*

° *spaventano*

Martedì. Ieri sera, entrando nel grande **ridotto**(3) del Lincoln Center Theatre dove era allestito il grande pranzo mi sono sentito **sprofondare**(4) di emozione quando, al mio ingresso, molti tavoli si sono improvvisamente *zittiti*°. Ho notato anche qualche sguardo di gelosia ma, seduto al mio tavolo con Barbra Streisand accanto, ho vissuto comunque un momento bellissimo. Barbra è una donna deliziosa, piena di humour, curiosa di tutto. Dopo la cena, la cerimonia. Avevo preteso che la prima frase fosse: "Io sono Giorgio Armani", per un certo qual timore che non tutta la gente presente mi avrebbe riconosciuto. I pochi passi che mi dividevano dal podio *sono bastati*° per far scoppiare un lunghissimo applauso. Alla prima frase: "Io sono Giorgio Armani", un altro applauso, più sentito del primo, mi ha zittito nel mio piccolo discorso e convinto che in questi 10 anni di assenza dalla città era successo qualcosa fra me e New York.

° *ammutoliti*

° *sono stati sufficienti*

Mercoledì. Appuntamento all'hotel per le riprese tv di *Good Morning America*. Viene la troupe con una certa bella signora Chantal incaricata di intervistarmi. Chantal *sollecita*° la mia vanità maschile perché sembra particolarmente interessata a Giorgio Armani come uomo. È rigorosamente vestita Armani e la sua intervista è di quelle più tradizionali sulla moda, sullo stile di Armani e sull'amore di Armani per le donne americane. La sua presenza è piacevole e serve per *distendermi*°. Il fitting mi impegna tutta la giornata, mi sento nel mio ambiente, lo staff che ha organizzato le prove è molto efficiente. È come ripropormi di nuovo, anzi ex novo, a una New York che nel frattempo è sicuramente diventata più esigente ed esperta. In mattinata devo concedere un'intervista a una giornalista del *New York Times*. Sento di non dover minimamente *barare*° nel rispondere alle domande e cercare di essere più me stesso possibile. Una sua prima *considerazione*° me la fa diventare subito amica. Nel film di Scorsese *Made in Milan* aveva notato come io toccavo i tessuti con le mani con una tale sensualità da desiderare quelle mani sulla nuca. Ridiamo insieme della sua battuta ma quando **si congeda**(5) da me non resisto dal mettere la mia mano oltre la sua, anche dietro la nuca. Il pezzo del *New York Times* è uno dei più belli che sia stato scritto a mio riguardo; "Armani disarmed" era il titolo, e forse era proprio riuscita a disarmarmi. In serata un salto allo spazio, al Rockfeller Centre,

° *stimola*

° *rilassarmi*

° *imbrogliare*
° *osservazione*

---

1. **Vetrinisti** > vetrinista (sost. m. e fem.) = chi allestisce le vetrine di un negozio.
2. **di prammatica** = pratica abituale/consuetudinaria.
3. **ridotto** = sala adiacente alla platea in un teatro o cinema,

dove il pubblico può sostare durante gli intervalli dello spettacolo.
4. **sprofondare** = precipitare nel profondo.
5. **si congeda** > congedarsi = salutare prima di andare via.

dove si svolgerà il lancio del profumo, con la mia sfilata e la mia cena. Il décor corrisponde alle scelte fatte da tempo a Milano. Ora che tutto è pronto, tutto mi sembra perfetto e comincio a *rendermi conto*° delle difficoltà di una serata del genere.

    Giovedì. La sera di giovedì, quando mi *posiziono*° all'ingresso per ricevere gli ospiti, mi rendo conto che sono venuti non per passare una serata diversa, ma per me. Dustin Hoffman è fantasticamente gentile con me; William Defoe mi saluta come un vecchio amico, Lauren Hutton mi abbraccia da dietro e mi bacia secondo il suo stile molto informale; Uma Thurman è elegantissima nel mio vestito, Cher mi si piazza davanti e mi parla lungamente in inglese; Lauren Bacall mi schiocca due bacioni sulle guance. E poi ancora Sigourney Weaver, Scorsese, De Niro, Spike Lee sono le personalità del cinema che, chiamandomi Giorgio, mi mostrano con orgoglio il pezzo di Armani che portano addosso. Sono abbastanza **smaliziato**[6] da distinguere un atteggiamento *artefatto*° da qualcosa di più sincero e io questa sera mi sento amato. La sfilata è finita. Negli sguardi e nell'atmosfera che è regnata durante tutta la sfilata si è avuta la sensazione di una grande emozione…

    Venerdì. Oggi non è certo una giornata di riposo. Ho appuntamento con Francesco Clemente per un ritratto per la rivista *Inteview*, e poi con Irving Penn per una foto da affiancare all'intervista su Vogue America. Il pomeriggio mi vede impegnato con ispezioni ai grandi magazzini e un salto ai miei negozi. Per sabato invece è prevista una mia apparizione al programma *Saturday Night Live*, lo spettacolo di intrattenimento più visto d'America. Dovrei recitare la parte del presidente del Consiglio Amato in uno sketch che ironizza sulla grande disponibilità di Clinton ad aprire a vari generi di umanità la Casa Bianca. In questo caso una serie di malati di mente fra i quali viene per errore inserito anche Amato. L'idea mi terrorizza ma so dentro di me che devo accettare, fa parte del gioco e ho ancora voglia di mostrarmi diverso da come le foto ufficiali e le interviste non approfondite mi fanno apparire. So che sarò nervosissimo con il mio staff e che chiederò conforto a mia sorella Rosanna, ma so che ci andrò. E so anche che mi riuscirà di cavarmela grazie a quel certo misterioso personaggio che si mette al mio posto in questi *frangenti*°, l'altro io, quello che deve apparire disinvolto, disponibile, divertito e con senso dello humour. Questa sera invece sono atteso al mio negozio A/X per firmare magliette, e poi alla festa alla discoteca *Sun Factory Bar*. Ci entro praticamente sollevato per un braccio da una guardia del corpo gigantesca che *fende*° la folla di ragazzi e ragazze che mi riconoscono e salutano con una certa **soggezione**[7]. Mi hanno sistemato su una specie di palchetto dal quale posso vedere ed essere visto ma non avvicinato più di tanto. Io detesto la cosa: vorrei immergermi tra quella folla a cui vorrei domandare: "Perché mi amate così?"

    Sabato. Le prove al *Saturday Night Live* sono state un piccolo trauma, ma Mick Jagger, presente nello show, è stato gentilissimo. Durante la prima prova ho un attimo di incertezza ma mi riprendo e faccio la seconda *a dovere*°. Quando è il momento di andare in scena, come in un sogno, interpreto la mia piccola parte e dalla pacca sulla spalla del tecnico dello studio capisco che tutto è andato bene. Gli applausi alla fine sono veramente tanti. Credo che potrei farlo ancora. Il vento gelido della sera mi riporta alla realtà: il Concorde è per domani mattina e con il Concorde la mia vita di lavoro di tutto un anno. Ringrazio ma non mi sembra abbastanza… sono anche un po' felice.

    ○ *accorgermi*

    ○ *metto*

    ○ *falso*

    ○ *circostanze*

    ○ *taglia*

    ○ *bene*

---

6. smaliziato (agg.) = esperto.
7. soggezione = rispetto misto a imbarazzo e timore, che si prova nel trovarsi in ambienti nuovi o insoliti o di fronte a persone particolarmente importanti.

Eserciziario

ESERCIZI DI GRAMMATICA E DI LESSICO

A. Completate le seguenti frasi scegliendo la particella più adatta tra *Ne, Ci* e *Vi*.

1. Armani ha controllato gli abiti selezionati per la collezione e ..... ha scartati tre.
2. Armani ha controllato gli abiti selezionati per la collezione, ma non ..... ha fatto nessuna modifica.
3. Armani è andato a New York per una settimana e ...... ha portato tutto il suo staff.
4. Armani ha ricevuto qualche critica, ma non ..... vuole parlare.
5. Anche noi abbiamo letto le critiche su Armani, ma non ...... crediamo.
6. Armani ha rilasciato quell'intervista, ma poi se ...... è pentito.
7. Mi piacciono i vestiti di Armani, e appena ho un po' di soldi ....compro qualcuno.
8. Adoro le sfilate di moda, ma purtroppo non ho tempo per andar.........così spesso come prima.
9. Se il caffè è amaro, devi aggiunger..... dello zucchero.
10. Se questi miei vestiti ti piacciono, puoi prender..... uno.

B. Trasformate le seguenti frasi usando il gerundio.

Es. Poiché mangi così tanto, ingrasserai
> **Mangiando così tanto, ingrasserai**

1. Dopo aver fatto molte sfilate di gran successo a New York e Tokyo, Armani ha confermato di essere uno stilista apprezzato anche fuori dell'Europa.
2. Poiché è così famoso, Armani viene spesso fermato per strada da persone che gli chiedono un autografo.
3. Nel dare quell'intervista, lo stilista ha rivelato alcuni dettagli della sua vita privata.
4. Armani è tornato in Italia molto soddisfatto, perché è stato accolto con gran calore e simpatia a New York.
5. Chantal solletica la vanità di Armani, perché sembra molto interessata a lui come uomo.
6. Mentre si congeda da Armani, Chantal sente la sua mano sulla nuca.
7. Anche se tremava dall'emozione, Giorgio è salito sul palco per fare il suo discorso.
8. Se continui a bere tutto quel caffè, diventerai sempre più nervoso.
9. Se continui a dormire solo cinque ore per notte, prima o poi ti ammalerai!
10. Se prendi il primo treno domattina, arriverai alla conferenza con largo anticipo.

C. Unite le seguenti frasi usando la forma comparativa di maggioranza (più... che/di...) e modificando opportunamente.

Es. Oggi sono molto stanco. Ieri non ero così stanco
> **Oggi sono più stanco di ieri**

1. Giorgio Armani è spesso nervoso. Sua sorella non è così nervosa.
2. Disegnare una nuova collezione è stimolante. Concedere interviste non è così stimolante.
3. Il pubblico americano è molto caloroso. Il pubblico americano non è molto esperto di moda
4. Lo stilista ha bisogno di critiche costruttive. Non ha molto bisogno di falsi complimenti.
5. Scegliere le stoffe e i tessuti è affascinante. Contrattare sui prezzi non è molto affascinante.
6. Vorrei dedicare molto tempo ai miei figli. Non vorrei dedicare molto tempo al lavoro.
7. Ai nostri clienti piacciono molto i vestiti da sera. Ai nostri clienti non piacciono molto gli abiti sportivi.
8. Amo leggere un buon libro. Non amo molto andare a teatro.

D. Trovate l'articolo determinativo adatto e trasformate le preposizioni da semplici in articolate.

Es. Questo libro è di ... mia amica
> **Questo libro è della mia amica**

1. In....... sua lunga carriera, Armani ha ottenuto molti riconoscimenti.
2. Viaggiando continuamente di ....Europa a .... Stati Uniti, Armani ormai conosce molto bene i due continenti.
3. In..... film di Scorsese, Armani ha una piccola parte.
4. Gli ospiti devono salire su .... palco a .... sette precise.
5. In ....ultimi anni la moda italiana è diventata un business a livello mondiale.
6. Il decor di......salone di..... sfilata corrisponde a.......scelte fatte da tempo a Milano.
7. La mostra è stata allestita in ....stessi spazi di ....sfilata.
8. L'intervista di Chantal è di........più tradizionali.
9. Un pranzo sontuoso è stato allestito per Armani in..... saloni del Lincoln Centre.
10. Lauren Bacall dà ad Armani due baci su... guance.
11. La villa è stata arredata in .... stile tipico di questa zona.
12. Vorresti mostrare la casa da affittare a.... amici di.... stilista?

E. Completate le frasi con i verbi riportati di seguito, coniugati nel tempo più appropriato:

porgere, terrorizzare, sprofondare, zittirsi, bastare, distendersi, congedarsi, rendersi conto, bastare, sollecitare

1. Mentre io .... dalla padrona di casa, mio marito è arrivato.
2. Vorrei .... a tutti voi e alle vostre famiglie i miei più sinceri auguri.
3. Ieri sera, nell'udire quella tragica notizia, tutti i presenti ....
4. Non credo che questo dolce .... per tutti gli invitati alla festa.
5. Suo fratello non .... che stava facendo un terribile errore.
6. Quando voglio .... di solito vado a fare una passeggiata lungo il fiume.
7. La sola idea di andare a parlare con il mio capo mi ....
8. Quando ho detto quella sciocchezza avrei voluto ....!
9. .... la presenza di Armani per far scoppiare un grande applauso.
10. La moda non ha mai .... i miei interessi.

DOMANDE DI COMPRENSIONE

1. Che cosa pensa Armani di New York?
2. Chi riconosce Armani a New York?
3. Come si conclude l'intervista con la giornalista del New York Times?
4. Quale accoglienza riservano gli ospiti del Lincoln Centre ad Armani?
5. Chi incontra Armani alla serata al Rockefeller Centre?
6. Perché Armani, alla fine della sua serata al Rockefeller Centre dice: "Io questa sera mi sento amato"?
7. Come si svolge, per Armani, la giornata di venerdì?
8. Chi deve impersonare Armani allo spettacolo Saturday Night Live?
9. E come se la cava?
10. È soddisfatto della sua settimana a New York? Quali sono i suoi commenti sul soggiorno?

ESERCIZI DI SCRITTURA

Testi di riferimento: Testo V e scheda 5; Introduzione all'Unità V; Bibliografia dell'Unità V.

1. Considerate la descrizione che Armani fa della sua giornata di lunedì. Mettete tutta la descrizione al discorso indiretto. Cominciate così: "Armani dice che dalla finestra dell'hotel vede i primi piani dei grattacieli di fronte".

2. Considerate ora la descrizione del mercoledì e mettetela al passato prossimo. Incominciate così: "È venuta la troupe con una certa bella signora Chantal incaricata di intervistarmi".

3. Passate al giovedì e mettete tutta la descrizione al passato remoto. Incominciate così: "La sera di giovedì, quando mi posizionai all'ingresso per ricevere gli ospiti, mi resi conto che...".

4. Considerate infine la descrizione della giornata di venerdì. Mettete opportunamente al futuro il primo paragrafo.

5. Definite con parole vostre l'uomo Armani e il suo stile. *(Scrivete 300 parole).*

Unità 5 / **Sezione 6**

Capire l'Italia e l'italiano
Lingua e cultura italiana oggi

Lia Buono Hodgart

Il Design

Gianni Versace

Gianni Versace

Gianni Versace

Gianni Versace era un uomo del Sud: nacque a Reggio Calabria nel 1947 ed è morto, in circostanze tragiche, nel 1997, nella sua villa di Miami, in Florida.

La carriera di Versace fu rapidissima. Si trasferì a Milano nel 1972 e si affermò lavorando per Genny e per Complice. In pochi anni fu in grado di mettersi in proprio e di fondare, nel 1981, la "Finanziaria Versace" insieme al fratello Santo e alla sorella Donatella. La "Finanziaria" è costituita da due aziende principali: una commerciale, la GI VI Moda, per la distribuzione, e l'altra, la Gianni Versace S.r.l., che è proprietaria del marchio, per la creazione. Dell'impero finanziario fanno parte anche altre 14 aziende, che concorrono alla produzione della "Linea Versace" per i vari settori dell'abbigliamento: scarpe, foulard, maglieria, borse, cravatte, capi in pelle, sportswear. Come si vede, è un ventaglio molto ampio di prodotti, di una sola linea, che offre ampia varietà di scelta. Dopo la morte di Gianni, la sorella Donatella ne ha raccolto l'eredità. Definire lo stile di Versace in poche parole non è facile, perché molte e diverse sono le componenti. Lui stesso amava dire di essere figlio del Sud, di quella Calabria che, in epoca classica, aveva conosciuto il dominio dei greci e dei romani. La classicità è stata il suo punto di partenza e una costante della sua ispirazione. Viene poi l'arte, di tutti i tempi, che Versace ripensa e ripresenta: nasce lo "stile Versace", ora "neoclassico" (come le famose maglie), ora "barocco" (come alcuni dei suntuosi e magnifici vestiti da sera), ora "decadente" (come i suoi "uomini nudi con mantello") ma sempre assolutamente originale e unico.

Nella storia della moda Versace occupa una posizione antitetica ad Armani. Secondo i commentatori e gli studiosi, Versace si colloca, volutamente, nella tradizione dei "creatori", di quegli stilisti, cioè, che hanno fatto della loro opera e del loro mondo un "mito". Questo "mito del creatore" di moda è nato in Francia con Chanel, Ertè e Poiret, che non solo segnarono, con le loro creazioni, il gusto e il costume di un'epoca, ma proiettarono, nel loro inconfondibile stile, anche immagini di vita e di comportamento altrettanto inconfondibili. Versace ha cercato di creare, non solo nei suoi modelli ma anche intorno a sé, un mondo di eroiche fantasie che si alimentavano nel passato ma vivevano nel presente. Così, dalle collezioni, diventarono subito famosi, dovunque, i suoi mantelli sontuosi in velluto pesante, broccato o damasco, i suoi cappelli piumati, i suoi calzari romani. Al tempo stesso, diventarono famose le sue ville da miliardario, una sul lago di Como e l'altra a Miami - quest'ultima costruita in stile neoclassico, con colonne spezzate, marmi intarsiati, bassorilievi, fregi e busti di antichi romani. Diventò famoso anche il suo atelier di Milano, arredato con arazzi e pezzi di gran antiquariato; infine diventò famoso anche il suo ritratto che lo presenta in pose statuarie, con un atteggiamento di sfida e con uno sguardo intenso e fiero. Versace pensava che al creatore di moda fosse riservato un destino meraviglioso: interpretare il proprio tempo, incapsularlo nella creazione di moda e poi consegnarlo ai posteri che, di lì a pochi anni, nel rimpianto e nel desiderio di rivivere quell'epoca, ne avrebbero creato "il mito".

Versace diceva: "Sono convinto che nel nostro campo la creatività è sempre calata nella vita e nei problemi del momento. Il mio sogno è questo: che se fra duecento anni si pubblicassero delle fotografie di quest'epoca, si scegliesse anche "un Versace" capace di rappresentarla, avendola capita". Si avvererà questo sogno?

"Maschio, dove sei?" *di Maria Vittoria Carloni*

Sguardo *tenebroso*°, petto **villoso**[1], ogni muscolo teso e **vigile**[2], Joaquin Cortés balla il ° *cupo*
flamenco sul palcoscenico della **Stazione Leopolda**[3] di Firenze. Davanti a tutto il popolo
della moda di **Pitti Uomo**[4], in prima fila un **plaudente**[5] Giorgio Armani, **che vestirà il
ventiseienne artista cubano**[6]. Quasi un **canto del cigno**[7] per il maschio **rude**[8] e
seduttore di cui si celebrano **fasti e nefasti**[9] nella mostra *Latin lover - a sud della
passione*, aperta fino al 15 febbraio negli stessi spazi.

Non un pelo su tutto il corpo, invece, ma una fitta pelliccia naturale a celare il membro
virile, per l'uomo nudo che accompagna l'invito di Gianni Versace per la sua sfilata
milanese. Una *provocazione*°, quasi a spogliare il maschio di ogni aggressività verso gli ° *sfida*
altri, donne in testa. Vuol ritrovare il gioco di vestirsi e travestirsi l'uomo di **Vivienne
Westwood**[10]: *prelato*° o **paggio**[11], **dandy o cacciatore delle Highlands**[12]. ° *prete*

Via i muscoli gonfiati, basta con l'esibizione di potenza sessuale, l'altro tipo *imperante*° è ° *dominante*
il **minimalista**[13] o il ventenne **alternativo**[14], accomunato dall'appartenenza a una
minoranza etnica e intellettuale.

Dalla strada alle passerelle, dalle sfilate alla strada, con il filtro della società dello
spettacolo, cinema, danza, musica, tv: così la moda **si fa interprete**[15] di un fenomeno, la
fine dello stereotipo del macho. "È un modello superato che non trova più *riscontro*° nella ° *conferma*
vita sociale", osserva il sociologo Francesco Alberoni. "Le donne sono troppo autonome,
vogliono **guidare la partita**[16], sono orgogliose del potere conquistato e non lo vogliono

---

1. **Villoso** = (agg.) riferito all'uomo, significa peloso. Per esempio: torace villoso.
2. **vigile** = (agg.) che osserva/ attento/pronto.
3. **Stazione Leopolda** = attualmente è un centro di arte e spettacoli. Il nome deriva dall'antica stazione fatta costruire dal Granduca Leopoldo nel 1847 e recentemente ristrutturata.
4. **Pitti Uomo** = denominazione della sfilata, di modelli maschili, che si tiene annualmente, nel famoso "palazzo Pitti" a Firenze.
5. **plaudente** = (agg.) che applaude e manifesta consenso.
6. **Giorgio Armani vestirà il ventiseienne artista cubano.** (a) (tr.) mettere i vestiti addosso (es. "ho vestito i bambini in fretta e furia, perché si sono alzati tardi ed erano in ritardo per la scuola"); (b) (estens.) confezionare vestiti (es. "lo stesso sarto mi veste da trent'anni"); (c) (detto di indumento) stare, andare (" il nuovo cappotto ti veste benissimo"); (d) (rifl.) prepararsi ("mi vesto in due minuti"). **Nel testo vale l'accezione (b).**
7. **canto del cigno** = secondo la leggenda, è il canto melodioso emesso dal cigno prima di morire; figurativamente, indica l'ultima opera importante di un artista o di un personaggio di particolare rilievo.
8. **rude** = (agg.) (a) persona rozza e grossolana; (b) cosa ruvida e aspra; (c) riferito a persone o cose, può indicare una durezza franca e risoluta, ma non grossolana. **Nel testo vale l'accezione (c).**
9. **fasti e nefasti** = l'insieme degli aspetti positivi e negativi, gloriosi o deplorevoli. Nel testo l'espressione ha valore ironico.
10. **Vivienne Westwood.** Nome di una nota stilista inglese.
11. **paggio** = giovane nobile avviato alle cariche di corte. Lo stile "paggio" comporta fra l'altro un ben noto taglio di capelli a caschetto, chiamato appunto "taglio alla paggio".
12. **dandy o cacciatore delle Highlands. Dandy** = persona raffinata di abiti, gusti e maniere. Il termine ha origine in Inghilterra, dove vissero dandy famosi che si distinguevano anche per i loro atteggiamenti provocatori e a volte, scandalosi. Fra questi ricordiamo Lord Brummel e Oscar Wilde. (Cfr. poco sotto nel testo, **Dandismo**). **Highlands** = complesso montuoso della Scozia. Lo stile "dandy" e lo stile "cacciatore delle Higlands" sono opportunamente messi in contrapposizione, in quanto si riferiscono a due stili di vita antitetici e, quindi, a due tipi di abbigliamento molto differenti.
13. **minimalista** = persona che pratica il minimalismo (di cui si dice poco sotto nel testo). **Minimalismo** = atteggiamento di pensiero che (in politica, cultura, ecc.) sostiene la necessità di attuare un programma minimo. Nel testo, l'aggettivo si riferisce ad uno stile di moda che comporta un abbigliamento "essenziale".
14. **alternativo** = (s. m.) chi non appartiene alla cultura dominante e non è integrato in un'istituzione.
15. **si fa interprete** > farsi interprete = farsi tramite fra una persona e l'altra di pensieri, atteggiamenti, ecc.
16. **guidare la partita** = avere funzioni di leader/svolgere un ruolo di guida e di preminenza.

cedere. Il macho è irritabile, **picchia**[17]. D'altra parte c'è il finto-macho, che si traveste da vero uomo, si gonfia i pettorali da macho. Ma è un gioco, uno spettacolo. Perché allora Cortés piace tanto a donne e uomini? Perché va il modello ispanico, fiero, orgoglioso, instancabile, un nobile guerriero. La Spagna, come paese, è venuta fuori con il suo alto senso artistico. Ne potrebbe venir fuori anche un personaggio al femminile".

La Spagna, ma anche altri paesi, nel *calderone*° multietnico che **ha messo in crisi**[18] **l'idea del dominatore, che storicamente è sempre stata declinata al maschile**[19]. "Io non mi ispiro a un modello maschile", spiega Romeo Gigli, che da campione del minimalismo intellettuale, negli anni si è evoluto verso una visione più libera e **sfaccettata**[20] della moda e del vestire, soprattutto maschile. "Ho pensato agli uomini nel mondo, questa volta ne ho fatti sfilare 98, tutti diversissimi tra loro, per età, taglia, colore". Un universo multietnico, quello di Gigli, uno stile di vita, un modo di pensare, che deve essere libero, almeno nell'intenzione. "Ho chiamato la collezione "contaminazione", perché ho raccontato i grandi momenti della storia, dal Rinascimento al Romanticismo, dal dandismo al **decadentismo**[21], fino agli anni Sessanta della rivolta giovanile, tutti *filtrati*° dalla nostra cultura".

Ardua°, in questa **tavolozza**[22] di immagini d'uomo, che non si impongono appunto come dominanti, la scelta delle donne. Potrebbe *far capolino*° una specie di fastidio per questa **resa**[23] della virilità? "Il mio ideale continua ad essere quello del maschio *verace*°" confessa Claudia Gerini, la giovane attrice romana, esplosa con il successo di *Viaggi di nozze* di Carlo Verdone. "Però io sto con Stefano Dionisi, che è l'opposto, è un tipo molto delicato…".

Meno machi, più *narcisi*°? "Non credo ci sia il rischio di perdere la virilità" risponde Donatella Girombelli, imprenditrice e stilista, che a Milano ha presentato la collezione Byblos. "Importante è la libertà del modo di porgersi e la possibilità di giocare con la propria immagine". Incalza un **maître à penser**[24] della moda, il milanese Elio Fiorucci: "Non esistono più modelli da seguire. Grazie al cielo non ci sono più diktat e stereotipi imposti. Siamo diventati meno tribù e più individui pensanti. Prima la moda **massificava**[25] e omologava".

Margin glosses:
° confusione
° divulgati
° difficile
° emergere
° vero/reale
° uomini vanitosi

---

17. **picchia** > picchiare = percuotere/dare botte.
18. **ha messo in crisi** > mettere in crisi = provocare uno sconvolgimento.
19. **l'idea del dominatore è sempre stata, storicamente, declinata al maschile** = per tradizione, è sempre stato l'uomo, e non la donna, ad avere la supremazia, rivestendo la funzione di leader.
20. **sfaccettata** > sfaccettato = (agg.) (a) che presenta diverse facce, come le pietre preziose lavorate; (b) (fig.) che si presenta sotto molteplici aspetti. **Nel testo vale l'accezione (b).**
21. **Decadentismo** = tendenza letteraria caratterizzata da una forma esasperata di estetismo e da una sensualità che evoca sentimenti di morte e di decadenza.
22. **tavolozza** = sottile asse sulla quale i pittori tengono i colori durante il lavoro. **Nel testo la parola ha senso metaforico.**
23. **resa** = l'atto di arrendersi davanti al nemico.
24. **maître à penser** (francese) = persona che, con le proprie idee, orienta e guida il modo di pensare di un gruppo o della società.
25. **massificava** > massificare = nel linguaggio sociologico, portare a uno stesso livello, eliminando così personalità e individualità.

Eserciziario

ESERCIZI DI GRAMMATICA E DI LESSICO

A. Completate le frasi con l'aggettivo possessivo e l'articolo determinativo (quando è necessario).

1. Joaquin Cortés sceglie .... vestiti da Armani.
2. Secondo Alberoni, le donne oggi non vogliono cedere .... potere.
3. Vivienne Westwood terrà .... prossima sfilata a Milano.
4. Claudia Gerini racconta: "................ padre era un uomo all'antica, mentre .... fidanzato è un ragazzo delicato e sensibile".
5. Signora Rossi, crede che .... figlio possa trovare lavoro nel mondo della moda?
6. Giorgio, questa è la .... nuova macchina? No, è quella di .... fratello.
7. Il mio amico Gianni ha portato .... figlie alla sfilata di Versace a Firenze.
8. Secondo Fiorucci, la moda oggi non ci impone più .... modelli.

B. Completate le frasi con l'aggettivo possessivo e cambiate le preposizioni da semplici in articolate.

1. Giorgio Armani ha scelto il testimonial di .... nuova campagna pubblicitaria.
2. Dolce e Gabbana hanno detto: "In .... nuova collezione c'è spazio sia per abiti tradizionali che per capi più moderni".
3. Dolce e Gabbana sono stilisti di successo: è appena uscito un libro su .... storia professionale.
4. In ....ultimo film, Carlo Verdone racconta la storia di alcune coppie in viaggio di nozze.
5. A Milano passerò una settimana da................. nonni.
6. Riccardo è il nuovo fidanzato di .... nostra amica Rosetta.
7. Quell'uomo è molto misterioso, non sappiamo niente di .... origini.
8. Ragazzi, avete chiesto a .... amici cosa ne pensano della moda italiana?

C. Trasformate le seguenti frasi usando l'imperativo.

Es. Devi mangiare tutto!
> **Mangia tutto!**

1. Dovete scrivere un articolo sulle sfilate milanesi!
2. Devi smettere di fare sport!
3. Vi dovete liberare dagli stereotipi del passato!
4. Ti devi aspettare molte novità da questa sfilata!
5. Devi andare a Firenze e devi intervistare Joaquin Cortés!
6. Vi dovete decidere subito!
7. Mi devi pagare in contanti!
8. Gli dovete dire che non posso aspettarlo!

D. Trasformate le frasi dell'esercizio precedente nella forma negativa dell'imperativo.

Es. Devi mangiare tutto! > Mangia tutto! > **Non mangiare tutto!**

E. Completate le seguenti frasi inserendo una delle parole o espressioni date qui sotto:

canto del cigno, fasti, riscontro, calderone, capolino, bastare, picchiare, narciso

1. Ora che ha smesso di piovere forse il sole farà .... da dietro le nuvole.
2. Anche se sei arrabbiato, è inutile gridare e .... sul tavolo.
3. Questo spettacolo è stato pensato per i .... della corte di un re.
4. Antonio è sempre davanti allo specchio a rimirarsi: è veramente un ....
5. Se invitiamo anche Lucia e Aldo, le sedie potrebbero non ....
6. Ho ascoltato tutte le tue accuse, ma non trovo alcun .... con i fatti.
7. Questo libro è l'ultimo che ha scritto, è stato il suo ....
8. La società di oggi è un .... di razze e stili di vita.

F. Indicativo o congiuntivo? Trasformate gli infiniti, scegliendo opportunamente forma, modo e tempo.

Es. È proprio vero che Versace, con la sua idea provocatoria, [spogliare] il maschio di ogni aggressività verso gli altri, donne in testa?

> **È proprio vero che Versace, con la sua idea provocatoria, ha spogliato il maschio di ogni aggressività verso gli altri, donne in testa?**

1. Sembra che la moda [farsi interprete] di un fenomeno, la fine dello stereotipo del macho.
2. È chiaro che le donne [diventare] più autonome e [decidere] di guidare la partita.
3. C'è chi dubita che le donne [vincere] davvero la loro battaglia per l'emancipazione.
4. Tutti si chiedono perché Joaquin Cortez [piacere] tanto a donne e uomini.
5. L'articolista dice che Romeo Gigli, negli anni, [evolversi] verso uno stile più cosmopolita e vario.
6. Gli esperti di moda non hanno capito perché Romeo Gigli [chiamare] la sua collezione "contaminazione".
7. Che cosa [pensare] le donne del cambiamento di prospettiva della moda maschile, è difficile dirlo.
8. Donatella Girombelli, imprenditrice e stilista, pensa che il suo ideale di uomo [essere] ancora quello del maschio verace.
9. Secondo alcuni popoli europei, come per esempio gli inglesi, la moda [avere] poca importanza; secondo altri, e fra questi gli italiani, la moda [essere] un elemento fondamentale e [servire] anche come mezzo di identificazione sociale.
10. Non ci sono dubbi che la moda italiana [raggiungere] una dimensione mondiale, grazie soprattutto ai grandi stilisti degli ultimi trent'anni, come Armani e Versace.

DOMANDE DI COMPRENSIONE

1. Chi è Joaquin Cortez e che cosa sta facendo sul palcoscenico della Stazione Leopolda di Firenze?
2. Di quale "provocazione" si è reso autore Gianni Versace?
3. Di quale fenomeno si è fatta interprete la moda in questo momento?
4. Che cosa pensa Francesco Alberoni dell'uomo di oggi?
5. A che cosa si ispira Romeo Gigli per le sue creazioni di moda?
6. Che cosa ha interpretato Claudia Gerini?
7. Secondo Fiorucci, in che direzione va la moda oggi?
8. Quali sono le proposte di Vivienne Westwood per la sua collezione di moda maschile?
9. Chi vestirà Armani?
10. Dove si è tenuta la sfilata di moda di cui si parla nell'articolo?

ESERCIZI DI SCRITTURA

Testi di riferimento: Testo VI e scheda 5 di quest'Unità; Introduzione all'Unità V; Bibliografia essenziale dell'Unità V.

1. Riassumete il testo in 300 parole.
2. Isolate, nel testo VI tutti gli aggettivi e le strutture che definiscono o qualificano l'uomo "macho". Es: "sguardo tenebroso; seduttore...".
3. Mettete al discorso indiretto le dichiarazioni di Claudia Gerini, Donatella Girombelli e Elio Fiorucci. Iniziate così: "C.G. dice che il suo ideale maschile continua ad essere...".
4. Dite a quale registro appartengono le seguenti strutture del testo e datene spiegazione: (i) è un modello superato; (ii) non trova riscontro; (iii) si fa interprete; (iv) è venuto fuori che; (v) ha messo in crisi; (vi) far capolino; (vii) guidare la partita; (ix) siamo diventati meno tribù.
5. Fate l'identikit del vostro uomo ideale. *(Scrivete 400 parole).*

Unità 5

Capire l'Italia e l'italiano   Lia Buono Hodgart   **Il Design**
Lingua e cultura italiana oggi

Esercizi di scrittura sull'Unità 5

Esercizi di scrittura sull'Unità 5

Testi di riferimento: testi I-VI e schede 1-6 di quest'Unità; Introduzione all'Unità V; Bibliografia essenziale dell'Unità V; bibliografie specifiche; giornali di moda femminile; Introduzione all'Unità II e scheda 3 (La stampa femminile).

1. Che cosa pensate della moda? È una necessità, una forma di evasione, un'impresa commerciale, un fatto di costume o una fabbrica di falsi miti? *(Rispondete con 400-500 parole)*.

2. Armani e Versace: due uomini, due stili. Mettete a confronto. *(Scrivete un saggio di 500 parole)*.

3. Secondo voi, quale stilista sarà ricordato come più idoneo a rappresentare il nostro tempo? *(Scrivete 300 parole)*.

4. Servendovi anche della stampa femminile, fate una ricerca sul linguaggio della moda e isolate almeno 30 strutture fra quelle a più alta frequenza d'uso.

5. Immaginate di essere ad una sfilata di modelli e di essere voi il commentatore. *(Scrivete un reportage di 500 parole)*.

6. Fate una ricerca sulla "città ideale" del tardo Medio Evo e Rinascimento e poi riferite. *(Scrivete 400 parole)*.

7. La città che cambia, ovvero immagini della città nella cinematografia italiana. *(Scrivete un saggio di 500 parole)*.

8. "La città, che nel passato era un luogo chiuso e sicuro, quasi il grembo materno, oggi è diventata il luogo della paura, dell'angoscia e della disperazione" (G.C. Argan). *(Scrivete un saggio di 500 parole)*.

9. La natura e l'equilibrio ecologico sono da rispettare, perché con essi si salva l'uomo. *(Scrivete un saggio di 400-500 parole)*.

10. Definite il contributo dato dal design italiano all'immagine dell'Italia nel mondo. *(Scrivete un saggio di 500 parole)*.

11. Esprimete le vostre opinioni sul degrado ambientale in Italia o in un altro paese di vostra conoscenza. *(Scrivete 400 parole)*.

12. Nei suoi diari del 1820-1830 il grande scrittore francese ed amante dell'Italia, Stendhal, scrisse così del nostro paese: "L'architettura è un ornamento in più di questo paesaggio ove niente ricorda la bruttezza della civilizzazione". Quanto di questo è, secondo voi, ancora vero? *(Scrivete 400 parole)*.

13. "Il problema del design è sempre stato quello di progettare un palcoscenico per la vita della gente" (Ettore Sottsass). Commentate. *(Scrivete 400 parole)*.

14. "Non basta la bellezza che alla lunga diventa stucchevole: è la personalità estetica che fa il successo di un prodotto. Dall'automobile alla macchina per il caffè". (Sergio Pininfarina). Commentate. *(Scrivete 450 parole)*.

15. Pensate che Emilio Tadini abbia ragione a dire: "Ma senza il bello, che vita è?" Illustrate con esempi. *(Scrivete 450 parole)*.

Indice grammaticale degli esercizi

Testi	I	II	III	IV	V	VI
Lessico						
Generale	c	a	a,c	a	a,e	
Sinonimi e contrari	a					
Espressioni idiomatiche			g			e
Formazione/derivazione parole	b		b			
Grammatica						
Analisi grammaticale e logica						
Articoli determinativi/indeterminativi					d	a
Comparativi e superlativi					c	
Comunicazione libera /semi-libera						
Condizionale						
Congiuntivo		e				f
Congiunzioni e connettivi				e		
Coniugazione e sintassi	d,e,f	c,e	c	b,c	e	f
Discorso diretto/indiretto; interrogativa						
Forma attiva/passiva del verbo						
Forma implicita/esplicita			d			
Futuro	e,f					
Gerundio			c	e	b	
Imperativo						c,d
Indefiniti						
Indicativo	d,e	c,e		b		f
Infinito						
Ortografia						
Participio		d		c,d		
Periodo ipotetico						
Preposizioni semplici/articolate		f	c		d	b
Pronomi e aggettivi possessivi						a,b
Pronomi diretti/indiretti/riflessivi		d		d		
Pronomi relativi e interrogativi		f	e			
Si impersonale/passivante/riflessivo			f			
Sostantivi e aggettivi; concordanza		b	b			
Verbi transitivi / intransitivi				c		
Verbi riflessivi						

Indice degli esercizi di scrittura sui testi

Testi	I	II	III	IV	V	VI
Analisi della frase e del periodo		2		5		2
Esercizi di manipolazione del testo	1	1	1	1	1,2,3,4	3
Attività analitiche e critiche sul testo	2	5,3	4	3		4
Attività creative		4	2			5
Riassunto	5			2		1
Saggio, rapporto, commento	3,4		3,5	4	5	

Sull'architettura italiana

LEONARDO BENEVOLO, *L'architettura nell'Italia contemporanea,* Bari, Laterza, 1998. Questo testo, che abbiamo citiamo nel no-stro volume, è di fondamentale importanza e di facile lettura.

C. e A. MERCANDINO, *Storia del territorio e delle città d'Italia dal 1800 ai nostri giorni,* Mazzotta, Milano, 1976.

S. POLANO, *Guida all'architettura italiana del Novecento,* Electa, Milano, 1991.

A. BELLUZZI - C. CONFORTI, *Architettura italiana 1944-1994,* Laterza, Bari, 1994.

L. CRESPI, *Il principe e l'architetto. Il rapporta complesso fra progettisti e committenti,* Firenze, Loescher, 1990.

Sulla "città"

P. COPPOLA PIGNATELLI, *I luoghi dell'abitare,* Roma, 1985.

E. BONFANTI - M. PORTA, *Città Museo e architettura,* Firenze, Loescher, 1983.

V. DE LUCIA, *Se questa è una città,* Editori Riuniti, Roma, 1992.

AA.VV., *Milano, ricostruisce. 1945-1954,* a cura della Cariplo, Milano,1990.

G. BOSONI - F. CONFALONIERI, *La storia del paesaggio urbano di Milano,* Firenze, 1989.

Su Renzo Piano:

Di facile e piacevole lettura sono i seguenti testi:

G. DONIN (a cura di), *Renzo Piano. Pezzo per pezzo,* Casa del libro editrice, Roma, 1982.

M. PATERNOSTRO, *Lezioni di Piano,* De Ferrari editore, Genova, 1999.

La monografia più completa su Renzo Piano è in tre volumi:

Vol I: *Renzo Piano, 1964-1983,* a cura di M. Dini, Electa, Milano, 1983, 7 edizioni.

Vol II: *Renzo Piano, 1984-1986,* a cura di A. Castellano, Milano, Electa, 1993.

Vol III: *Renzo Piano, 1987-1994,* Milano, Electa, 1996.

Sul design domestico e industriale:

A. BRANZI, *Il design italiano,* 1964-1990, Electa, Milano, 1996.

S. GIACOMINI - A. MARCOLLI, *Designer italiani,* Idealibri, Milano, 1998.

R. DE FUSCO, *Il gioco del design,* Electa, Milano, 1988.

A. GRASSI - E. PANISERA, *L'Italia del design,* Tecnicalibri, Casale Monferrato, 1986.

G. BOSONI - F. CONFALONIERI, *Paesaggio del design italiano 1872-1988,* Electa, Milano, 1988.

G. RAIMONDI, *Abitare Italia, la cultura dell'arredamento in trent'anni di storia italiana,* Electa, Milano, 1988.

V. GREGORETTI, *Il disegno del prodotto industriale. Italia 1960-1980,* Electa, Milano, 1982.

Su Ettore Sottsass:

BARBARA RADICE, *Ettore Sottsass,* Electa, Milano, 1993.

BARBARA RADICE, *Memphis,* Electa, Milano, 1984.

AA.VV., *Memphis, catalogo generale,* Electa, Milano, 1991.

AA.VV., *Ettore Sottsass architetto,* Electa, Milano, 1991.

Su Pininfarina:

D. CARUGATI, *Pininfarina,* Electa, Milano, 1999.

G. ROGLIATTI, *Ferrari e Pinifarina,* edizione speciale di *Ferrari Story,* Torino, Museo dell'automobile, 1987.

Sulla moda:

S. GIACOMONI, *L'Italia della moda,* Mazzotta editore, Milano, 1984.

C. MOROZZI (a cura di), *Neomoda e neodesign,* Expo CT, Milano, 1986.

G. VERGANI, *La sala bianca; nascita della moda italiana,* Milano, Electa, 1992.

BIANCHINO - BUTTAZZI - MOTTOLA, *La moda italiana,* (2 voll.), Milano, Electa, 1990.

Su Versace:

G. VERSACE, *La reinvenzione della materia,* Leonardo ed., 1997.

G. VERSACE, *The art of being you,* Leonardo ed., 1993.

MARTIN - HANNA, *L'uomo senza cravatta,* in: M. CASADIO, *Made in Italy,* Leonardo ed.

Su Armani:

AA.VV., *Armani,* Franco Maria Ricci, Milano, 1982.

AA.VV., *Collezioni Armani 1991-1992; 1994-95;1998-1997,* Milano, Electa, 1994; 1997.

Biblioteca minima

Diamo qui di seguito indicazioni su alcuni testi che possono essere di grande aiuto nell'apprendimento della lingua italiana e dei suoi contesti.

Il testo base, che copre (i) la morfosintassi, (ii) l'analisi del testo, (iii) gli aspetti sociolinguistici e comunicativi dell'italiano; (iv) le tecniche della scrittura (riassunto, saggio, comprensione) e una breve storia della lingua, è: SCARDUELLI-ACHIARDI-BARDI, *Lingua e grammatica,* Milano, Principato, 1993 (ISBN 88-416-1595-8).

Per una storia della lingua italiana, si veda la bibliografia dell'Unità I, alla voce "Sulla lingua italiana, i dialetti e la lingua della canzone".

Per una guida alla scrittura e alla produzione di testi

M. MATERAZZI, *Non solo tema,* Torino, Thema, 1999. (ISBN 88-7608-534-3).

M. MATERAZZI, *Problemi d'oggi* (Guida al tema di attualità), Torino, Thema, 1996. (ISBN 88-7608-314-6).

M. MATERAZZI, *Verso il Duemila,* Torino, Thema, 1993. (ISBN 88-7608-396-0).

C. LOMBARDI, *Il mondo che cambia,* Napoli, Il Girasole ed., 1994. ((ISBN 88-85906-90-7).

V. PAGANINI, *Issimo (Quaderno di scrittura),* Roma, Bonacci, 1995. (ISBN 88-7573-292-2).

PICHIASSI-ZAGANELLI, *Contesti italiani,* Perugia, Guerra Edizioni, 1994. (ISBN 88-7715-098-X).

F. SABATINI, *La comunicazione e gli usi della lingua,* Milano, 1991. (ISBN 88-201-1779-7).

C. BENAZZO, *Attualità e cultura,* Torino, Petrini, 2001. (ISBN 88-494-0274-0).

Per lo studio della lingua

G. e L. LEPSCHY, *La lingua italiana,* Milano, Bompiani, 1992.

PICHIASSI-MAFFEI, *Incontri,* (Corso medio e superiore), Atene, Primus, 1999.

K. KATERINOV, *Corso medio,* 2 voll. Perugia, Guerra Edizioni, 1987. (ISBN 88-7715-004-1).

K. KATERINOV, *Corso superiore,* Perugia, Guerra Edizioni, 1992. (ISBN 88-7715-006-8).

G.B. MORETTI, *L'italiano come prima o seconda lingua,* (2 voll.), Perugia, Guerra Edizioni, 1996³. (ISBN 88-7715-074-2).

M. Mezzadri, *Grammatica essenziale della lingua italiana con esercizi,* Perugia, Guerra Edizioni, 2001. (ISBN 88-7715-454-3).

Per il lessico

T. DE MAURO, *Lessico di frequenza dell'italiano parlato,* Milano, 1995. (ISBN 88-453-0574-0).

T. DE MAURO, *Dizionario di base della lingua italiana (DBI),* Torino, 1996. (ISBN 88-85438-11-3).

S. RADICCHI, *In Italia (Modi di dire ed espressioni idiomatiche),* Roma, Bonacci, 1995. (ISBN 88-7573-071-7)

AMBROSO-STEFANICH, *Parole,* Roma, Bonacci, 1996. (ISBN 88-7573-257-4).

G. BONAZZI, *Quaderno di italiano* (Esercizio di lingua italiana per stranieri), Bologna, Pitagora, 1996. (ISBN 88-371-0251-8).

DELLA VALLE-PATOTA, *Il salvalingua (Manuale aggiornato per risolvere tutti i dubbi dell'italiano parlato e scritto),* Milano, Sperling Paperback, 1995. (ISBN 88-200-2079-3).

Per le varietà dell'italiano

G. DEVOTO, *Il linguaggio d'Italia,* Milano, Rizzoli, 1995. (ISBN 88-17-11667-X).

P. DIADORI, *L'italiano televisivo,* Roma, Bonacci, 1994. (ISBN 88-7573-287-6).

F. LIVERANI, *L'italiano contemporaneo visto attraverso la stampa,* Guerra Edizioni, Perugia, 1994. (ISBN 88-7715-152-8).

COVERI-BENUCCI-DIADORI, *Le varietà dell'italiano,* Roma, Bonacci, 1998. (ISBN 88-7573-346-5).

Dizionari

DEVOTO-OLI, *Il dizionario della lingua italiana,* Torino, Le Monnier, 1995. (ISBN 88-00-51083-3).

Dizionario italiano Sabatini-Colelli (DISC), Firenze, Giunti, 1997 (I ed.).

G. PITTANO, *Sinonimi e contrari,* Zanichelli, 1995. (ISBN 88-08-03070-9).

CORTELAZZO-CARDINALE, *Dizionario di parole nuove,* 1996. (ISBN 88-08-13530-6).

S. VASSALLI, *Il neoitaliano,* Zanichelli, 1994.

V. CEPPELLINI, *Dizionario grammaticale,* Istituto Geografico De Agostini, Novara, 1987..